Vai passar

Julia Samuel

Vai passar

Histórias de mudança,
crise e esperanças
de recomeço

Tradução
ANDRÉ FONTENELLE

Copyright © 2022 by Julia Samuel

O selo Fontanar foi licenciado pela Editora Schwarcz S.A.

Grafia atualizada segundo o Acordo Ortográfico da Língua Portuguesa de 1990, que entrou em vigor no Brasil em 2009.

TÍTULO ORIGINAL This Too Shall Pass: Stories of Change, Crisis and Hopeful Beginnings

IMAGEM DE CAPA *A grande onda de Kanagawa*, de Katsushika Hokusai (1760-1849) © Metropolitan Museum of Art, Nova York, EUA/ Bridgeman Images.

PREPARAÇÃO Angela Ramalho Vianna

REVISÃO Renata Lopes Del Nero e Marise Leal

Dados Internacionais de Catalogação na Publicação (CIP)
(Câmara Brasileira do Livro, SP, Brasil)

Samuel, Julia
   Vai passar : Histórias de mudança, crise e esperanças de recomeço / Julia Samuel ; tradução André Fontenelle. — 1ª ed. — São Paulo : Fontanar, 2022.

   Título original: This Too Shall Pass : Stories of Change, Crisis and Hopeful Beginnings.
   Inclui bibliografia
   ISBN 978-85-8439-240-7

   1. Adaptabilidade (Psicologia) 2. Ajustamento (Psicologia) 3. Mudança (Psicologia) I. Título.

22-106978   CDD-155.24

Índice para catálogo sistemático:
1. Mudança : Adaptabilidade : Psicologia 155.24

Cibele Maria Dias – Bibliotecária – CRB-8/9427

[2022]
Todos os direitos desta edição reservados à
EDITORA SCHWARCZ S.A.
Rua Bandeira Paulista, 702, cj. 32
04532-002 — São Paulo — SP
Telefone: (11) 3707-3500
facebook.com/fontanar.br
instagram.com/editorafontanar

Sumário

Introdução 11

O processo de mudança na vida 17

Família 25
    Leena: A mãe da noiva 25
    Lucas: Recém-nascido, pai recente 36
    Wande: Ser mãe e trabalhar 49
    Reflexões sobre a família 62

Amor 84
    Maria: O casamento e os negócios 84
    Jackson: Amor, saúde e família 96
    Robbie: Amar e perder o amor 110
    Esther: Começar de novo, amar aos 73 124
    Isabel: O divórcio e um novo amor ao 43 139
    Reflexões sobre o amor 161

Trabalho 193
    Caz: O primeiro emprego 193
    Rachel: Voltando da licença-maternidade 205

Heinrich: A vida depois do trabalho 219
Cindy: A demissão e a incerteza no amor 229
Reflexões sobre o trabalho 243

Saúde 264
Geoffrey: Doença na família 264
Ayesha: A menopausa, a demissão e a família 272
Ben: Um pai solteiro com câncer 286
Reflexões sobre a saúde 298

Identidade 313
Sara: A fuga de Raca para Berlim 313
Owen: Saindo do armário 328
KT: Além do binário 338
Reflexões sobre identidade 361

Conclusão 378
Os Oito Pilares da Força para tempos de mudança .. 382

Apêndice: Desenvolver-se a vida toda 395
Tarefas de desenvolvimento 395
Tarefas da vida 398
Contexto e definição para as diferentes gerações .. 399

Eu como psicoterapeuta 409

Agradecimentos 413
Fontes e referências para saber mais 417

*Este livro é dedicado a Michael, Natasha, Emily,
Sophie e Benjamin, com todo o meu amor, sempre*

Tudo flui e nada permanece, tudo passa e nada fica imutável.
Heráclito

Uma citação antiga sobre "vai passar", de 1848:

Quando um sultão pediu a um de seus sábios orientais que inscrevesse em um anel o sentimento que, em meio à faina perpétua dos assuntos humanos, melhor descrevesse sua verdadeira inclinação, ele escolheu as seguintes palavras: "Isso também vai passar".

Introdução

No dia em que completei dez anos, me lembro de estar deitada na cama e, ao atingir a inexorável barreira dos dois dígitos, pensar na proximidade assustadora da idade adulta. Eu imaginava que minha vida seria exatamente como a da minha mãe: encontraria um homem, me apaixonaria, me casaria, teria filhos e me tornaria instantaneamente adulta. Parecia simples. Ia acontecer, só isso. E, pensando bem, foi como minha vida se desenrolou. Tive uma sorte incomum. Mas isso não dá conta das perdas, as perdas ao longo do percurso que me forçaram a mudar por dentro e me adaptar, as transições pelas quais, por causa dessas perdas, eu tive que passar: meus cinco diferentes casamentos (todos com o mesmo homem), os tão diversos relacionamentos que eu tive com cada um dos meus filhos, o sofrimento e a impotência diante dos problemas de saúde, meus e dos meus entes queridos, todos os fins e os começos, meus empreendimentos fracassados, tanto esforço e decepção. Nem mesmo os triunfos foram exatamente como eu imaginava, exigindo ajustes. Não existe um jeito perfeito de viver a vida. A vida é transformação. Sabemos disso na teoria, mas na prática costuma ser mais complicado do que esperamos, e ficamos amedrontados, até mesmo paralisados. E nessas horas pensamos que estamos fazendo algo de errado.

A mudança é um processo ativo, que exige compromisso e resistência, nos obrigando a encarar verdades incômodas. Subestimamos *o quanto* mudaremos nos próximos dez anos, que dirá numa vida inteira. Se parássemos de verdade para pensar no impacto de algumas de nossas decisões, será que as teríamos tomado? É provável que não. Infelizmente, as mudanças vêm para o mal tanto quanto para o bem. Quando a vida está insuportável, dizemos: "Isso vai passar", e em geral passa — mas eis a pegadinha: quando a vida está boa, isso também, inevitavelmente, vai passar. A verdade dolorida, que precisamos encarar, é que a mudança só termina com a morte.

Uma coisa é certa: precisamos nos adaptar para evoluir ao longo dessa mudança. Há reconhecidos estudos a esse respeito: pessoas que tentam permanecer iguais, de forma rígida, limitam a própria capacidade de serem felizes e até de serem bem-sucedidas na vida. Viver exige coragem. Todo mundo quer evitar o desconforto, ninguém acolhe de bom grado o sofrimento que a mudança pode provocar. O tempo todo constato infindáveis formas criativas de anestesiar a dor, mas tentar evitar a infelicidade só prolonga essa dor. A dor é o agente da mudança: quando erguemos muros à sua volta, ela permanece intocada e viva dentro de nós, contaminando lentamente nossas outras emoções. A adaptação acontece no movimento entre os polos do passado e do futuro. Nosso impulso inato de seguir em frente é extremamente poderoso; mesmo assim, precisamos desacelerar, concedendo a nós mesmos um espaço entre o novo e o antigo eu. Em terapia, chamamos isso de "vazio fértil", um momento de desconhecer, uma zona neutra de incerteza que pode ser desconfortável ou até enlouquecedora. Quando a bloqueamos, os mesmos problemas podem se tornar recorrentes em todas as fases da vida. Quando aceitamos a dor do sofrimento e aprendemos a nos adaptar, adquirimos a energia e a confiança para dar o passo seguinte.

Desde que Darwin elaborou a teoria da seleção natural, compreendemos que somos programados para a adaptação. No nível mais extremo, isso significa que ou mudamos ou morremos. Escrevi este livro para analisar o processo de mudança nas pessoas ao longo da vida. As fases que geralmente consideramos mais difíceis são aquelas que trazem consigo medo e incerteza: o ingresso na idade adulta, o término da faculdade, um relacionamento estável, os filhos, a entrada na menopausa, a meia-idade, a aposentadoria e a passagem à velhice, com todos os problemas de saúde decorrentes. Analisei as experiências de indivíduos que passaram por essas transições enquanto faziam terapia comigo. As histórias dos meus pacientes mostram que até as pessoas mais estáveis podem sentir dificuldade com a mudança. O fio que os interliga, quaisquer que sejam suas idades ou circunstâncias, é que cada um deles precisou tomar a iniciativa de trabalhar internamente para compreender sua reação singular à mudança e desenvolver os mecanismos de enfrentamento necessários. Mas se a mudança faz parte da ordem natural das coisas, por que tantos entre nós sentimos despreparo para lidar com ela?

Quero que este livro o ajude a responder a essa pergunta e lhe ofereça ideias úteis para sua experiência pessoal. Acredito que aprendemos melhor com a compreensão mútua, e as histórias sem filtros de pessoas em terapia são uma fonte particularmente poderosa. Talvez um jovem que esteja sofrendo para conseguir um emprego se inspire com a forma como Caz, aos 24 anos, superou suas dúvidas e crises pessoais ao sair da universidade. A história de Wande, que se tornou a mãe que gostaria de ser, mostra como pequenos passos podem gerar desfechos transformadores. Estas não são histórias bem arrumadinhas de vidas perfeitamente organizadas. Quero contar a verdade de como a vida é complicada para com isso ressaltar a tristeza e a angústia, assim como os gloriosos momentos de alegria, e para que você veja como pessoas diferentes encontraram formas de atravessar momentos difíceis, sobrevivendo e até prosperando com o simples fato de falarem e serem ouvidas.

As transformações sociais têm consequências profundas em nossa própria experiência. Nos últimos cinquenta anos, ocorreu um verdadeiro terremoto em todos os aspectos da vida no Ocidente, obrigando as pessoas a lidar com um número de transformações nunca visto. Não podemos mais recorrer ao passado para prever o futuro, e o século XXI é essencialmente fluido: todas as antigas certezas — sobre idade, gênero e sexualidade — são questionadas, e barreiras são rompidas o tempo todo. Parece que estamos vivendo em uma cultura de escolhas ilimitadas. Esses fatores, somados ao número esmagador de escolhas diante de nós, reforçaram o risco de novas crises existenciais.

Entre outras coisas, a transformação social fez com que as instituições da religião e do casamento deixassem de ser normas imutáveis. Isso suscita questões importantes a respeito da fidelidade. Por mais que ainda acreditemos no matrimônio como um ideal, a perspectiva de vivermos até os cem anos gera perguntas fundamentais sobre como um único relacionamento pode durar décadas. Afinal, o casamento foi uma instituição criada quando uma pessoa vivia em média quarenta anos. A medicina prolongou a expectativa de vida, o que é positivo quando permanecemos saudáveis, mas uma vida mais longa também custa mais caro, o que, junto com a tecnologia, trouxe enormes transformações no mundo do trabalho. A previsível vida em três estágios — formação, vida profissional, aposentadoria — foi desmantelada. O mais provável é que vivamos diversos estágios e fases que nos apresentem possibilidades e oportunidades emocionantes — mas também incertezas assustadoras em potencial.

Neste livro, escolhi cinco temas — Família, Amor, Trabalho, Saúde e Identidade — porque para mim eles representam os aspectos centrais que compõem nossas vidas. Não podemos desprezar nenhum deles, ou deixá-los fracassar a longo prazo, sem que isso prejudique o conjunto. A felicidade acontece quando existe harmonia no todo. Há temas que se sobrepõem em cada parte do livro (por exemplo, o foco de KT era a identidade, mas sua primeira relação amorosa foi fundamental para nosso trabalho de terapia). Porém, o tema mais importante ao longo de todo o livro são os relacionamentos.

"Uma vida boa é formada por bons relacionamentos." Nossa forma de construí-los é a base para o resto. O tempo todo, pautada em minhas pesquisas e em meu trabalho com os pacientes, vejo que não é possível fazer isso solitariamente, qualquer que seja o estágio da vida em que estejamos. Pessoas precisam de pessoas, e a qualidade desses relacionamentos é o que mais importa para nós, ao olharmos para trás. No fim das contas, nossa saúde e nosso bem-estar dependem de estarmos conectados e próximos às pessoas que mais amamos, de que elas permaneçam vivas e com boa saúde pelo maior tempo possível — e isso nos inclui.

Espero que este livro o ajude a se informar e a normalizar aquilo que muitas vezes é assustador em relação às diferentes fases da vida. Quando temos a coragem de encarar nossas dificuldades com autocompaixão, aprendendo a conhecer a nós mesmos em vez de deixar tudo para lá, a mudança traz crescimento. Com ele vem a libertadora humildade da gratidão pelo presente, junto com a esperança de um futuro positivo. Evoluímos ao longo da vida inteira. Estamos sempre em processo de vir a ser: não há um lugar certo de chegada, mas, se soubermos a direção em que seguimos, a possibilidade de prosperarmos aumenta. Para vivermos uma vida com significado, uma razão de ser e uma sensação de pertencimento. Uma vida em que amamos e somos amados.

O processo de mudança na vida

A vida consiste numa série de mudanças naturais e espontâneas. Não resista a elas — isso só cria sofrimento. Deixe a realidade ser a realidade. Deixe as coisas fluírem naturalmente como tiverem que ser.

Lao Tzu

Na cultura popular, a mudança decidida por nós tem um sentido positivo. Carrega consigo o verniz da novidade e da animação. Os grandes acontecimentos da vida, como o nascimento de um filho, costumam trazer à mente imagens de felicidade plena e suspiros de êxtase. Até a aposentadoria é vista como uma libertação: férias permanentes. O envelhecimento, em compensação, tem péssimo conceito. Todas as demais fases da vida são vistas como um desenvolvimento, mas envelhecer traz consigo a imagem do declínio até a morte. Naturalmente, fazemos o possível para evitá-lo, e a palavra-chave é "antienvelhecimento". A realidade é que, em todos os aspectos, a transformação exige esforço. É preciso fazer um esforço ativo de adaptação, que, por mais simples que seja, também pode ser um desafio. Por mais que queiramos acelerá-lo, pode levar tempo para nos acostumarmos emocionalmente com um evento externo; não é possível forçar nossas emoções a andarem na mesma velocidade que um caminhão de mudança, que um novo emprego, um novo cargo, um novo status.

Somos criados para conceber a vida como uma jornada sempre para o alto, uma escadaria que leva a um lugar melhor, em que cada degrau nos deixa um pouco mais acima. Porém a realidade é bem mais incerta: há altos e baixos, e a única certeza que resta é de que a mudança acontecerá.

A vida é uma série de fases que se alternam, em que um período de mudança é seguido por um período de estabilidade, e este, por outro de mudança. Pesquisas mostram nossa tendência a fazer um balanço e a pensar em mudanças a cada sete ou dez anos (sim, a crise dos sete anos existe mesmo), e pode levar até um ano para que o processo de transformação seja integrado à nossa vida. Às vezes a transformação gera um sentimento de êxito; outras, de fracasso. Mas a chave é aprender com ela. Já está muito bem demonstrado pelas pesquisas que, quanto mais nos permitimos aprender e evoluir em resposta às mudanças da vida, maior é nossa probabilidade de prosperar. Vale a pena observar que, por mais desconhecida que seja a mudança com que nos deparamos, continuaremos a trazer conosco todos os aspectos importantes do passado. Como diz minha paciente Maria: "Guardei no meu coração muito do meu sofrimento passado". Nunca tirarão de nós aquilo que somos e o lugar de onde viemos, e isso pode servir de fonte de energia e crescimento.

A mudança não é linear, e todos nós carregamos uma bagagem invisível; porém, quando tomamos a decisão de mudar, também passamos por um ciclo.

COMO PENSAR A TRANSFORMAÇÃO

Toda mudança começa com uma avaliação. Primeiro surge uma reflexão: temos uma visão de como ela seria, então partimos em busca de informações que nos ajudem a estimar como irá nos afetar. É um processo que pode ser rápido ou levar muito tempo. Acontece de ser interrompido antes que o ciclo se complete porque o passo seguinte exige uma atitude. Precisamos tomar a decisão, o que por si já exige certo grau de certeza e autoconfiança.

Mesmo as mudanças escolhidas por nós, como assumir um compromisso com um parceiro, exige um ajuste emocional. Por mais que tenhamos certeza de que queremos nos casar com a pessoa amada, assumir esse compromisso significa inevitavelmente dizer não a outros incríveis parceiros imaginados, o que pode criar uma sensação ruim. Às vezes o processo ocorre sem incômodos, mas raramente a mudança se insinua de forma tão fácil. Recomeços costumam ser acompanhados de ansiedade: o desconhecido pode assustar. A ansiedade é um tipo de energia que nos obriga a fazer ajustes, nos informa da necessidade de assumir um novo papel, um comportamento ou ponto de vista. Exige que abandonemos nosso jeito antigo de ser, da mesma forma que um réptil troca de pele, para que surja um novo.

A RESISTÊNCIA À MUDANÇA

Inevitavelmente, é mais difícil lidar com a mudança que não desejamos, como um divórcio ou uma demissão. Acontecimentos externos dramáticos podem provocar crises psicológicas, mas o colapso talvez vire uma transformação. O ser humano anseia por segurança e reluta em abrir mão do passado, que lhe é familiar; é menos assustador que o desconhecido. Quando ocorre uma experiência nova, como uma demissão, sentimentos antigos — mas poderosos — podem ressurgir. Uma de minhas pacientes, Cindy, perdeu o emprego e descobriu que nunca havia parado para analisar as convicções que tinha a seu próprio respeito — por exemplo, "Sou uma fracassada" — e que talvez a tivessem levado a sabotar a mudança necessária. A forma mais comum de resistir à mudança é nunca ter tempo nem coragem de encará-la.

A mudança é um teste de nossas convicções, pois nos força a questionar aquilo que considerávamos dado. É importante permitir que essas convicções evoluam sem deixar de lado nossas crenças fundamentais, para que possamos aprender com as novas experiências. E às vezes precisamos fracassar para avançar. Há quem prefira a infelicidade ao sofrimento da incerteza. Porém, quando deparamos com rupturas, talvez seja libertador lembrar que não temos controle sobre os elementos-chave da vida, os mais importantes para nós: o nascimento e a morte, o comportamento e os sentimentos daqueles que nos cercam. É possível influenciá-los, mas o combate mental para ter o controle absoluto é inútil.

A FACE DA RUPTURA

Muitas vezes o acontecimento externo que provoca uma mudança é fácil de descrever. Captar a sensação, no entanto, nem sempre é tão tranquilo. Nossa reação inicial pode ser uma sensação, mas com o passar do tempo a tendência é percebermos que a sensação se transforma em pensamentos nítidos. Às vezes esses pensamentos continuam confusos, mas, à medida que os compreendemos, o sentimento é de expansão.

Todos nós possuímos mecanismos de enfrentamento naturais quando a mudança chega, e eles são aprendidos desde a infância. São uma resposta habitual — talvez você trave, talvez você desabe, ou, caso seja um desses raros felizardos, absorva o golpe na hora e lide com a mudança. Temos que compreender qual é a nossa resposta, de modo a aprendermos a ser mais flexíveis.

Na maioria dos meus pacientes eu percebo, como certa vez comentou o psicólogo americano Carl Rogers — um dos fundadores do método humanista —, uma face paradoxal da mudança: quanto mais conseguimos aceitar os aspectos que consideramos inaceitáveis, mais provável é que ela ocorra. Portanto, quando paramos de lutar contra ela, é mais provável que consigamos aceitá-la.

Aceitar a mudança leva tempo, às vezes muito mais do que se deseja ou se permite. Nesse movimento entre onde estávamos e para onde vamos, precisamos abrir espaço, um tempo para ser, um tempo de não saber: um "vazio fértil". Como seres humanos, e não máquinas, não temos um botão de liga e desliga. Precisamos de um tempo de distanciamento, reflexão e recuperação antes do novo salto. Avançamos animados, explorando e testando, às vezes agindo, fazendo as coisas de outra forma, e então, naturalmente, damos um passo atrás para analisar. Com o passar do tempo, a paisagem nova fica mais conhecida e menos assustadora.

Muitas vezes nos adaptamos à mudança fazendo ajustes mínimos. Como em qualquer teoria psicológica, nada é certo, e em alguns casos uma alteração repentina pode libertar e transformar a pessoa. Tipos de mudança diferentes terão tipos de impacto diferentes, conforme o porte da mudança. Os aspectos que favorecem uma mudança para melhor variam, dependendo da segurança econômica, da resiliência emocional e da saúde. Nossa relação com a família, com os amigos e colegas, permitindo que eles nos ajudem, é fundamental na maneira como lidamos com o desconforto desse processo. O amor da família e dos amigos é capaz de manter nosso equilíbrio em momentos de abalo.

ESPERANÇA

Um fator-chave é a forma como lidamos com a mudança. Quando não temos esperança de ver uma luz no fim do túnel, é extremamente difícil suportar a dor e o sofrimento do processo. A probabilidade de esperar o melhor aumenta quando, na nossa experiência, as esperanças se concretizaram. Quando houve mais decepções, porém, é mais provável que nossa história pessoal seja negativa, em geral contendo expressões peremptórias como "nunca" e "sempre". Fica difícil, então, acreditar que desta vez vamos chegar lá. Precisamos de esperança para nos sustentar; sem ela é improvável que encaremos a mudança.

Nossa vontade é de ter esperança na quantidade equivalente ao tamanho do nosso sonho. Infelizmente, não é possível controlar a esperança, e não há como nos protegermos da dor da perda, caso nosso sonho se desfaça por falta de esperança no começo.

A partir dos estudos do psicólogo americano Charles Snyder, que buscou compreender como a esperança atua, chegamos à constatação importante de que não se trata apenas de uma simples emoção, embora ela se sustente em emoções. A esperança se relaciona ao nosso modo de pensar. Ela tem três partes: a capacidade de estabelecer metas realistas, a capacidade de bolar uma forma de atingi-las, o que inclui a adaptabilidade a um plano alternativo, e, por fim, a autoconfiança.

INTEGRAÇÃO E SENTIDO

A fase final do processo de mudança é a aceitação gradual, que vem com a sensação maior de serenidade. Com o passar do tempo vamos percebendo, às vezes para nosso espanto, que paramos de pensar na mudança: ela não nos preocupa mais como antes. Isso é um sinal de autêntica aceitação — nosso novo normal. Um adendo importante é analisar o que essa mudança significa para nós, aprendendo a partir da experiência e compreendendo o que é a nossa vida agora. A conversa e a reflexão completam a peça final do quebra-cabeça, a integração ao nosso mundo pós-transição, posto de novo no lugar. É a partir daí que abandonamos o passado, sem esquecer aquilo que continua a ser parte de nós, mas com a consciência de que já não exerce poder sobre nós. Esse fim é o marco de um começo: o momento em que nos defrontamos com a verdadeira natureza da mudança. Com ela vem uma energia nova, às vezes até uma sensação de renascimento, quando ingressamos numa vida renovada.

A imagem do ciclo de transição (ver o diagrama a seguir) apresenta a transformação dos nossos sentimentos no processo de mudança. A empolgação inicial costuma ser seguida de confusão e depressão. Leva tempo até analisarmos e compreendermos essa mudança, fazendo com que ela se transforme em confiança renovada e recuperação.

O ciclo de transição — um modelo para as reações humanas à mudança (Williams, 1999).

REFLEXÕES

Nas reflexões ao final de cada tema, apresento estatísticas e pesquisas relevantes. As estatísticas trazem uma perspectiva mais ampla, permitindo saber que, por mais que nos sintamos anormais, de modo algum estamos sozinhos. Concentrei a pesquisa e a orientação em resposta às experiências individuais de meus pacientes, expandindo nosso conhecimento do pessoal para o universal. Estantes inteiras de livros já foram escritas sobre cada tema, mas optei por apresentar a sabedoria de especialistas da área que refletem minha visão. É, inevitavelmente, uma visão subjetiva e que tem limites, moldada por minhas experiências como mulher, esposa, mãe e filha imperfeitas. Caso esteja em busca de aprofundamento, sugiro consultar as Fontes e referências para saber mais (pp. 416-37).

Família

> *Não deixas para trás apenas o que
> gravaste em monumentos de pedra,
> mas o que teceste na vida dos outros.*
> Péricles

LEENA: A MÃE DA NOIVA

Leena estava enfurecida. Sabia que o noivado da filha, Anita, deveria deixá-la contente. Até gostava do futuro genro, mas andava brigando com a filha. Enquanto falava, ficava mexendo distraída no relógio, a raiva estampada no rosto. Os olhos pareciam buscar um alvo; desconfiei que esse alvo era eu. Por trás daquela raiva, imaginei uma mágoa encoberta que eu precisaria entender e ter sempre em mente para não perder a empatia por Leena.

Eu estava ciente das diferenças entre nós, sobretudo em relação a nossas atitudes contrastantes a respeito da família. Eu, branca, cristã não praticante, impregnada das convicções ocidentais — nossa tendência a sermos mais individualistas, a valorizarmos a autonomia e a independência.

Leena, hindu, tinha uma visão coletivista, valorizando a dependência e a autoridade da comunidade. Compreendi que o dever, para ela, era uma atitude inevitável. Questionar não era sua atribuição; como filha, esposa e mãe, seu dever era obedecer às regras estabelecidas ao longo das gerações anteriores. Eu seria naturalmente tendenciosa; em alguns momentos ela precisaria me corrigir. Pelo jeito autoritário como Leena falava comigo, não tive dúvida de que ela estava acostumada a conseguir o que queria e não tinha interesse em pontos de vista divergentes. Ficaria feliz em me corrigir. Pedi que contasse um pouco sobre ela.

Trinta e cinco anos atrás ela chegou à Inglaterra, proveniente da Índia, para desposar Devang, membro de uma família rica e com muitas propriedades. Por ser um casamento arranjado, Leena não o conheceu antes do noivado, e ela dizia isso com orgulho, como se demonstrasse sua obediência já naquela idade, empinando o queixo, o penteado perfeito balançando, como em concordância. Leena construiu uma vida confortável no Reino Unido: tinha orgulho da família e um casamento feliz, com um filho e duas filhas. Anita era a caçula, advogada, a última a se casar. Leena trabalhava na empresa da família, cuidando de assuntos internos e supervisionando trabalhos filantrópicos.

Devang propôs que ela se consultasse comigo porque não sabia como resolver sua briga com Anita. Quando Leena falava, parecia que o calor da ira reverberava pelo seu corpo inteiro, um escudo de cólera que repelia a todos; era um filtro através do qual cada ideia era processada e modificada. Minha sensação era que ela queimava por dentro, suspendendo qualquer outra emoção, bloqueando o carinho e a ternura. Ao descrever seu conflito com Anita, era como se sua mente construísse de forma obcecada os argumentos para vencer a filha, como se armasse um batalhão para atacá-la. Era uma raiva que exigia ação, mas ela não conseguia agir, como se o corpo estivesse travado. Eu precisava deixá-la expressar essa raiva plenamente.

Procurei não entrar em cumplicidade com Leena, para não aumentar uma indignação que eu não sentia e não estimular ainda mais sua ira. Queria dar a entender que estava atenta aos seus sentimentos, mostrando que assimilara sua fúria e seu ponto de vista com a maior precisão possível, e que reconhecia sua angústia. Não há como argumentar contra a raiva: isso só faz com que ela aumente. É preciso dar-lhe ouvidos, compreendê-la, para reduzir sua potência.

No cerne da briga entre Leena e Anita havia amor, separação e poder. A questão girava em torno do tipo de casamento que uma e outra imaginavam. Leena queria um casamento hindu tradicional, completo, com toda a família e amigos presentes. Anita queria um evento mais simples, com menos pompa, apenas com os amigos e os parentes que ela conhecia. Outra questão — se também haveria uma cerimônia na Índia, como mandava a tradição — era evitada pelas duas: sabiam que seria fonte de novo conflito.

Com o passar das semanas, de várias formas diferentes, ela disse a mesma coisa: sentia repulsa pelo egoísmo, arrogância e teimosia da filha. Leena se sentia adaptada a uma cultura mais ocidental, porém tinha convicções fundamentais, sobretudo as alinhadas à ideia mais tradicional da típica mãe indiana. Perguntei: será que, até certo ponto, ela se sentia culpada por sua filha estar diluindo o legado indiano ou traindo sua identidade indiana?

Pude vislumbrar uma criança medrosa flagrada fazendo malcriação quando Leena concordou e contou que sua própria mãe tinha orgulho dela, e confiança, algo que ela não queria trair. O fato de Anita lutar pelo que queria, contra a opinião da família, não apenas lhe parecia errado, mas também a incomodava. Ameaçava seu senso de unidade familiar. Para Leena, criticar a filha, dizendo-lhe o que era certo e errado, era seu jeito de amá-la: "Quem mais vai se importar?", acrescentou. "Na Índia, não existe o conceito de espaço pessoal, decisões pessoais, opiniões pessoais. Nós nos unimos para sobreviver. Todo mundo sabe o que todo mundo está fazendo, inclusive a opinião dos outros. Não existe opinião própria ou algo entre quatro paredes." Eu via em seus olhos o incômodo ao descrever o desprezo de Anita na última vez em que se encontraram, depois de um veemente apelo de Leena pelo casamento tradicional. Aquilo doeu. Como a filha ousava desrespeitá-la daquela forma? Leena acordou com aquilo na cabeça e o dia inteiro teve brigas e discussões mentais com a filha. Quando comentei cautelosamente o quanto aquilo devia lhe causar cansaço e solidão, ela concordou.

Ao entrar no mundo de Leena, senti carinho por ela e percebi que seu amor por Anita devia ser tão grande quanto a dor que sentia por ser rejeitada pela filha. Comecei a conjecturar se toda aquela fortaleza não esconderia "versões anteriores" dela mesma, mais vulneráveis. Listei para Leena as diferentes fontes de sua raiva que eram fruto de sua vivência, e de que forma Anita as desafiava profundamente. A começar pelas próprias memórias de infância de Leena, dominada pela mãe e pela avó de caráter enérgico, que ela amava profundamente mas também temia, levando tapas doídos quando não demonstrava obediência absoluta. Ela vinha de uma extensa linhagem de mulheres fortes, mas eram mulheres que durante séculos foram subservientes aos homens e às exigências do dever. Depois falei da jovem amedrontada que chegou a um país estranho, entrou na vida de uma família que nunca conhecera e precisou se lembrar do respeito às regras. Seus outros dois filhos jamais haviam suscitado aqueles sentimentos. Casaram-se do jeito que ela queria — sem complicações. A união entre duas famílias era assunto de todos, e não uma escolha do casal.

Era visível seu choque diante da recusa absoluta de Anita, a filha mais próxima e mimada, de fazer o que lhe mandavam. Parecia ser muito pouco, se comparado à criação que a própria Leena tivera. A teimosia de Anita a deixava perplexa. Leena achava que, sendo mãe, merecia a anuência da filha, numa posição de total autoridade. Mas por baixo daquilo tudo havia também uma vulnerabilidade, a questão de seu próprio fracasso como mãe: o que ela tinha feito, o que deixara de fazer para ter uma filha assim?

A relação estava se deteriorando. As duas bateram boca na cozinha, quando Leena falou do penteado novo da filha. Pelo seu tom ao relatar o incidente, percebi que as palavras aparentemente inócuas — "Estou vendo que você mudou o penteado" — estavam carregadas de crítica. Anita pousou a xícara batendo na mesa, olhou para ela com um desprezo frio, disse "Como você ousa?" e saiu furiosa de casa. Leena sentiu no olhar da filha muitas palavras não ditas: "Quem é você? Eu nem a conheço. E certamente não gosto de você".

Desde então, Anita se recusava a falar com a mãe, não respondendo às mensagens de texto e ligações. Isso abalou Leena. Enquanto falava comigo, eu notava cada vez mais a mágoa por trás da raiva e da perplexidade. Senti a pancada do soco verbal de Anita no meu estômago. Nas sessões das semanas seguintes, a sensação era que se travava uma batalha dentro de Leena — ela acordava chorando quase todas as manhãs, mas anestesiava o sofrimento com uma atividade frenética durante o dia, ocupando-se com reuniões intermináveis e visitas a clientes.

Minha sensação, embora Leena não verbalizasse, era que ela tinha saudade de estar perto da filha. Porém, a dor que sentia, expressada na forma de uma ira virtuosa, provinha do medo de ter perdido Anita. Eu notava seu receio em relação ao futuro e me esforcei para descobrir o que estava imaginando. Deparei-me com uma resistência sutil: ela concordava com tudo que eu dizia, mas sem demonstrar emoção. Me dei conta de que Leena não queria sentir a dor do vazio deixado pela perda da filha: queria pular para o "próximo" assunto, algo que a deixasse feliz e segura. Mas lhe faltava a energia emocional para isso, por conta da determinação em não ceder.

Fiquei pensando se falar da cultura ocidental, em que a criança se torna adulta, um dia sai de casa e se torna independente, a ajudaria a entender. Enquanto eu falava, Leena virou o rosto. Eu tentava tocá-la — estava triste por ela como mulher e como mãe, e queria demonstrar que sabia o quanto é difícil deixar um filho ir embora. Um recomeço é impossível sem um fim: precisamos passar pela fase intermediária, vivenciar o caos e a turbulência do desconhecido. Meu ponto de vista ocidental é que, como pais, devemos aprender a nos reposicionar, a abrir mão do comando e deixar nossos filhos tomarem as próprias decisões para suas vidas, deixá-los tomar a iniciativa de ir embora, liberando-os para voltar se quiserem. Se ao menos ela pudesse mudar o jeito de enxergar Anita, isso permitiria à filha mudar. Haveria uma recalibragem do relacionamento, certo, mas ainda com amor.

Ao longo das semanas seguintes, tive a impressão de que era preciso me concentrar mais na relação de Leena com

Anita de forma geral. Isso tinha ficado de lado com a polarização da batalha do casamento. Propus que Leena me mostrasse fotos de Anita na infância. A ideia a animou — ela adorava essas fotos. Quando as trouxe, vi uma Anita recém-nascida, aninhada no colo da mãe, e o êxtase no rosto de Leena, deleitando-se com o amor pela filha mais nova, dedicando tempo e atenção a ela, desfrutando dela como não desfrutara dos dois primeiros filhos. Enquanto ela falava, passando lentamente de uma foto a outra, quase dava para sentir o perfume do laço forte entre a mãe e a recém-nascida, o toque da pele contra a pele suave do bebê. Outras fotos, de aniversários e viagens de férias, mostravam uma criança feliz, alegre e extrovertida, muito parecida com a mãe — dançando e fazendo caretas. Até a adolescência Anita era relativamente tranquila. Para mim, isso significava que elas não tinham resolvido muitos dos conflitos que ensejam a necessária separação entre os filhos adultos e os pais. Também fiquei pensando no quanto Anita escondera da mãe para, nas palavras de Leena, encarnar a "filha perfeita tradicional" dos sonhos, ao mesmo tempo que levava a vida de uma jovem ocidentalizada.

Ergui os olhos das fotografias e vi com clareza o intenso amor de Leena por Anita. Dei um jeito de dizer que, na cabeça de Leena, amor e controle eram sinônimos. Anita estava se opondo a ela não para magoá-la, mas com a intenção de agir como uma adulta prestes a se casar. A identidade de Anita como esposa e como adulta fora moldada tanto por sua criação ocidental quanto pelas raízes indianas. Ela queria conservar as duas coisas. A mim parecia que, de forma inconsciente, Leena via o casamento de Anita como uma ameaça ao vínculo entre elas e tentava retomar o controle assumindo o comando do casamento. Ela confundia amor com obediência: se Anita não lhe obedecia era porque não a amava.

Enquanto eu falava, Leena foi travando. Fez uma cara de criança magoada. Eu lhe disse o que estava percebendo e comentei que ela estava prendendo a respiração. Leena puxou o ar com força e em seguida começou a arquejar, contendo-se. Não estava segurando a barra de conhecer seu próprio grande medo. O silêncio traía a incerteza, o que era uma mudança para quem estava acostumada a achar que tinha razão. Ela se mexia na cadeira, cruzava e descruzava as pernas, como se uma parte sua aguentasse as idas e vindas do apego e do desapego e outra parte não conseguisse... tanto. Falei que não estava tentando forçá-la numa direção específica: eu compreendia a complexidade de seu dilema. Minha esperança era que, se eu fizesse Leena tomar consciência da relação como um todo, talvez ela tivesse uma ideia mais clara do que estava acontecendo. Ela fez um gesto de concordância. O processo de mudança, por mais desconfortável que fosse, acabava de começar.

No jantar de família para comemorar o aniversário de um de seus irmãos, Anita não dirigiu a palavra à mãe, mas foi afetuosa e carinhosa com o resto da família, especialmente com o pai. Essa intimidade, contrastando com a distância entre mãe e filha, criou um clima que dominou a festa. Pude notar o ciúme e a raiva de Leena. Perguntei-lhe como ela se sentia por dentro. Levou a mão ao peito: estava sentindo um aperto. Ao respirar, emitiu um ruído animalesco, leve, mas angustiado. Pedi-lhe que prosseguisse. Lágrimas rolaram pelo seu rosto, indicando que toda aquela rigidez amolecera um pouco.

Nas semanas seguintes, o corpo de Leena entrou em revolta. Ela sentiu dores de cabeça, de barriga e nas costas.

Sugeri que escutasse o próprio corpo, perguntando a si mesma o que ele queria lhe dizer. Propus que começasse a se exercitar para liberar a tensão, e que criasse rotinas que a ajudassem a se acalmar. Isso não era algo natural para Leena, que sabia como superar dificuldades com garra e determinação, mas não fazia a menor ideia de como cuidar de si mesma. Sua regra de ouro era o dever, e não cuidar de suas próprias necessidades ou se preocupar com elas. Depois de muito relutar, começou a frequentar aulas de ioga, e, o que foi significativo, passou a escrever, o que se tornou uma válvula de escape para sua mente em agitada fúria. Leena se surpreendia com o que saía no papel, citando-me o seu diário: "Nunca ninguém me perguntou do que eu precisava, o que pensava ou queria. Nunca briguei com minha mãe nem pedi nada para ela".

Isso nos levou a explorar seu silêncio quando criança e jovem. Aquilo era algo passado de mãe para filha — e, em muitos aspectos, dela para Anita — talvez há vinte gerações. Se não tivesse ido morar no Reino Unido, talvez não fosse contestada, mas agora as expectativas de Anita eram outras. Este era o cerne da dificuldade de ambas: Leena não tinha como entender o custo emocional daquele silêncio para ela. E, ainda assim, uma vez mais, ela não era ouvida nem lhe permitiam tomar uma decisão. Bem na sua hora, como mãe, de influenciar a filha, não era ouvida. Tinha a sensação de que sempre fora oprimida, e lá estava ela oprimida de novo, mas agora pela geração mais jovem. Nossa tarefa era ajudá-la a conceber uma visão mais ampla das diferentes emoções, muitas delas conflitantes, que estavam acontecendo dentro dela.

Pedi que ela me contasse o que o marido e outros parentes achavam daquilo. Ela deu um suspiro e girou o relógio no pulso. Eles queriam que a briga acabasse. O marido a olhava como se estivesse louca. Ela se sentia afastada de todos. Ter "razão", disse eu, pode levar à solidão e à raiva. Finalmente senti que podia dizer que eu suspeitava que um grito físico primitivo se escondia por baixo daquela raiva, suplantando o raciocínio lógico. Ela não queria deixar a filha ir embora — a filha caçula. Sua filhinha. Era como se estivesse fazendo o luto da filha ideal que ela queria sem chegar a aceitar a filha que tinha e que desejava mudar o centro de seu mundo da mãe para o marido. Eu entendia a força daquele sentimento e o quanto ele devia assustar Leena. O quanto ela queria punir e quase esmagar a filha que mais amou e protegeu no mundo com a dor de perdê-la. Porém, a expressão daquela raiva era nociva para ambas.

Leena abotoou o blazer bem cortado, como quem vestisse uma armadura contra as minhas palavras, mas continuou em silêncio, suportando-as. Ou pelo menos parte delas.

Depois de intermináveis cinco minutos, ela me perguntou em voz baixa o que devia fazer. Respondi com voz igualmente baixa. Não era bem uma questão do que ela devia fazer, e sim do que devia permitir a si mesma. Será que conseguiria se permitir, ao mesmo tempo, continuar ao lado da filha e propiciar a ela um pouco de independência? Será que conseguiria deixar Anita ser a filha que realmente era, e não a filha que imaginava que ela deveria ser? Reconheci o quanto aquilo era confuso, já que Anita era bicultural e, do seu jeito, também precisava encontrar um equilíbrio entre a vida como indiana e a vida como britânica.

Leena bateu o pé, com uma frustração infantil. Cobriu os ouvidos com as mãos, como se a cabeça estivesse prestes a explodir. Pedi que ela fechasse os olhos, respirasse e endireitasse o corpo, enrijecendo cada músculo por alguns minutos, e em seguida se soltasse. Depois, fizemos um exercício de relaxamento, e percebi como a calma invadia seu corpo. Aquele não era um momento para palavras: era hora de deixar seu organismo se descontrair. Leena saiu em silêncio, depois de me deixar abraçá-la. Seu corpo robusto tremia contra o meu.

Na semana seguinte, fiquei sabendo que, logo depois de nossa sessão, Leena ligou para Devang, que estava numa reunião. Pediu que voltasse mais cedo para casa. Aquilo era inédito. Ela precisava do seu abraço. Suspirou ao sentir o perfume de seus cabelos já meio grisalhos, ao sentir o calor de seus braços. A pressão no peito diminuiu e ela percebeu uma sensação de segurança correr em suas veias. Devang ouviu-a falar sobre perda, tristeza, raiva e mágoa enquanto seu paletó ficava cada vez mais molhado de lágrimas. Ela chorou durante muito tempo, suspirando alto. Ele foi gentil e a apertou nos braços. Fez um chá para ela. Leena se espantou por sentir tamanha calma. Eles concordaram que precisavam ir ver Anita juntos: tinham de encontrar uma saída.

Leena olhou para mim de um jeito orgulhoso e cordial que eu nunca vira antes. O processo entre uma fase da vida e a seguinte pode ser dolorosamente prolongado, e às vezes maravilhosamente simples. Nesse caso, Leena passou por uma transformação verdadeira: o apoio e o amor do marido permitiram-lhe imaginar um futuro em que eles vivessem como uma família unida, sem que ela tivesse de manter um controle tão estrito. Encontraram-se com a filha e fizeram um acordo para o casamento. Anita ainda estava aborrecida com a mãe, a tensão entre elas persistia, mas a maior barreira fora vencida e havia um plano para avançar. Leena adorava planos.

Senti a tensão diminuir no meu próprio corpo. Disse a

Leena que muitas vezes os pais subestimam o poder que têm de influenciar o bem-estar dos filhos adultos. É preciso reconfigurar a relação, claro, e recalibrar o equilíbrio de poder, mas um filho é fundamentalmente um filho quando está com os pais. Eu queria que Leena soubesse que podia usar seu poder com Anita de forma colaborativa. Não precisava dominá-la. Falei da importância da argumentação, que, quando explicitada, pode ser melhor que deixar latentes as diferenças. Sempre existe um jeito de discutir pontos de vista sem atacar as pessoas envolvidas. Uma discordância franca às vezes aumenta a proximidade, e talvez dê tempo para que cada um dos lados se sinta menos amargo. O que importa mesmo nunca é o argumento, mas a capacidade de reparação.

Toquei no assunto do significado simbólico do casamento da filha. Para Leena, psicologicamente, ele simbolizava sua própria decadência física, o momento de renunciar ao sonho inconsciente de imortalidade da juventude — e a reparação veio pelo reconhecimento do poder de cura da continuidade das gerações, talvez por intermédio dos futuros netos, depositários da juventude e da beleza.

Leena não precisava mais se consultar comigo: ela se permitira mudar e sentiu que nosso trabalho estava terminado. Essa era minha esperança, e desejei-lhe tudo de bom.

LUCAS: RECÉM-NASCIDO, PAI RECENTE

Lucas entrou em contato comigo depois de uma busca on-line, perguntando se eu podia ajudá-lo a se adaptar ao nascimento do primogênito Lee, então com seis meses. No e-mail, contou que a vida estava se acalmando depois do estresse inicial da chegada do bebê. Ele queria arranjar tempo para se concentrar nos próprios sentimentos e na seguinte pergunta: "Que tipo de pai eu sou?".

Algumas semanas depois, ao entrar em meu consultório, Lucas abriu um amplo sorriso e sentou-se com os olhos verdes faiscando. Era um homem pequeno, mas robusto. Examinou a sala e fez um sinal com a cabeça, não necessariamente de aprovação, mas como quem se instala no local onde está. Pude sentir que estava se centrando. Ao ouvir seu sotaque, cometi o erro inaceitável de supor que fosse americano, e ele respondeu com firmeza que não, era canadense de Toronto.

Lucas morava em Londres e era artista freelancer, trabalhando para campanhas de mídia, mas não por escolha própria. O tom de voz ficou mais hesitante, ele franziu o cenho e pressionou o queixo com a mão, traindo o desconforto com que falava. Vendera sua veia criativa para o mercado porque ainda não tinha (o "ainda" era muito importante) conseguido se estabelecer firmemente como artista para ganhar um dinheiro razoável. A esposa, Heather, sino-canadense, era sete anos mais velha que ele. Aos 46 anos, era executiva da indústria farmacêutica. Isso significava horários de trabalho extensos e muitas viagens. Ela ganhava bem mais que o marido.

Logo compreendi como esse processo seria diferente de meu trabalho terapêutico regular. Lucas era cheio de energia, e sua curiosidade ditava o ritmo das sessões. Para adaptar-se à paternidade, queria aumentar sua consciência de si em todos os aspectos: estava angustiado, talvez "abalado" seja a melhor palavra, mas não sofria. O sofrimento não é o único agente da mudança. Lucas parecia uma pessoa confiante. Aquela ia ser uma troca poderosa, o que para mim era interessante.

Lucas me contou sua história, para me dar o contexto. Ele já tinha feito terapia e queria usar sua infância como uma espécie de mapa às avessas de como criar Lee, porém não queria se aprofundar demais — isso ele já tinha feito. Seu ponto de partida era — e me disse com uma certeza enfática — que sua vida era um fluxo constante de mudanças. "A mudança acontece, mas raramente em linha reta." Ele falou que aquela frase era de Barack Obama, talvez não expressada exatamente com as mesmas palavras pelo presidente. Assenti com a cabeça.

Lucas fora criado segundo o que considerava uma visão ilusória de que o mundo funcionava com um conjunto de regras fixas que, caso obedecidas — trabalhar no emprego indicado, vestir-se de um jeito adequado, estudar na escola certa —, resultariam necessariamente em sucesso. Na infância, essa narrativa o deixava confuso, mas agora a via como uma atitude que verdadeiramente lhe trouxera infelicidade. Quando ele me disse "Eu era manipulado", fiquei paralisada. É um termo pesado: a sensação dele era que, como supostamente não lhe tinham contado a verdade, os pais o estariam manipulando psicologicamente, o que afetava sua saúde mental.

O humor era sua reação típica, mas por trás daquilo eu sentia arderem as brasas da raiva, que queimavam lentamente dentro dele durante anos. A pior mentira era a mais importante: sua mãe era lésbica. Ela sabia disso havia muito tempo, mas era algo que a deixava aterrorizada, por isso sublimou a própria sexualidade até Lucas chegar aos dezenove anos, quando por fim saiu do armário e se divorciou do pai. Enquanto contava isso, a voz dele vacilou. Até compreendia a dificuldade da mãe — na época, ser lésbica não era algo aceito —, mas se sentia magoado: perdera a capacidade de confiar nas pessoas que mais amava e de quem mais necessitava. As mentiras e a máscara que seus pais usavam para pintar uma imagem de "família feliz" o arruinaram. Isso acabou roubando de Lucas a história de sua infância, deixando um vazio dentro dele: já não sabia mais o que era verdadeiro e o que era falso.

De modo compreensível, Lucas tinha um forte instinto protetor em relação ao filho. Era algo bem visível. Seu medo era que seu passado ou, pior ainda, seu sofrimento se transferisse inconscientemente para Lee. Ele sabia que os dois eram pessoas distintas, mas muitas vezes tinha visto a história se repetir. Fiquei tocada com sua vontade de ser o pai que não teve e por pensar na sorte de Lee de ter um pai como Lucas. Também me senti um pouco velha: por experiência própria, sabia que parte do processo exigiria que ele perdoasse a si mesmo quando não conseguisse ser o pai perfeito, o que fatalmente aconteceria. Nas palavras de Donald Winnicott, pioneiro britânico do desenvolvimento infantil, é preciso ser "um pai bom o bastante". Mas pelo menos Lucas iria fracassar de um jeito diferente do de seus pais.

Lucas descrevera sua mulher como "inteligente, bonita e super, superengraçada". Heather vinha de uma família de empresários que se mudou de Hong Kong para Toronto no começo dos anos 1990. Um amigo em comum sempre falava dela, e tentou marcar um encontro entre os dois, mas o trabalho de Heather sempre atrapalhava. Quando ele finalmente a conheceu, num rápido encontro em uma galeria, sentiu uma espécie de faísca — "Ela era, tipo, maravilhosa". No dia seguinte, Lucas telefonou e deixou uma mensagem de voz dizendo como tinha gostado dela, o quanto a achara bonita e inteligente e que queria sair com ela. Ao lembrar do seu atropelo, ele sorri. Heather ligou para a melhor amiga e perguntou se devia ou não aceitar o convite; a amiga foi totalmente a favor, confiando em que aquele era "o cara".

O primeiro encontro foi um horror. Lucas a levou a um bar que achava descolado, mas havia muita gente e muito barulho, o que o deixou nervoso e sem graça. Heather não se importou, e, depois de alguns encontros, os dois se apaixonaram. Ela tinha uma independência desafiadora. Queria amor, intimidade e sexo com ele, mas também queria a liberdade propiciada pela carreira. Ele a adorava pelo brilho, o realismo, o humor em comum, o sexo e as risadas, e queria unir sua vida à dela. Ao longo de todo o namoro foi essa batalha. O dinheiro também era uma questão: ela acreditava no talento dele como artista, mas gostaria que tivesse um salário melhor.

Eles se casaram dois anos depois. Lucas quis me contar como as brigas foram pesadas, porque eu me ative apenas ao final feliz, e não às dificuldades. Pensei que talvez o fato de continuarem se amando, mesmo com as brigas, seria uma base interessante no começo de uma relação para se chegar até o casamento, bem mais que um amor perfeito de conto de fadas. Afinal, um já tinha visto o lado ruim do outro, descoberto o jeito de acertar as contas depois de uma discussão e avaliado e reavaliado muitas das questões cruciais — sexo, dinheiro, poder e comunicação —, chegando ou não a um acordo em relação a elas, mas pelo menos conhecendo os percalços.

Levou cinco anos até eles conceberem Lee, depois de quatro rodadas de inseminação artificial, pagas por Heather, como provedora da família. Reconheci que deviam ter sido estressantes e difíceis para a relação aqueles anos tentando engravidar, e Lucas concordou que foi péssimo — a terrível e interminável espera pelo tratamento, pelos resultados, as datas cruciais. Durante a turbulência do tratamento, os dois surtaram mais de uma vez, com a montanha-russa psicológica que é a necessidade de manter a esperança e vê-la destruída a cada fracasso, de juntar os cacos a cada nova tentativa, de marcar na agenda o dia de transar (afinal, poderia funcionar sem a inseminação) e os possíveis dias férteis, na busca vã de tomar o controle sobre a natureza.

A obrigação de transar foi motivo de riso. Concordamos que aquilo era meio burocrático às vezes, mas "para o homem é menos burocrático quando é com alguém que você ama. Será que existe sexo ruim?". Respondi que sim, com certeza existe, mas era bom que para ele não existisse. Me dei conta de que os casais no meu consultório sempre chegavam em desespero por causa da infertilidade, e para Heather talvez tenha sido pior, mas no caso de Lucas senti certo pragmatismo. Talvez a negação fosse seu mecanismo de enfrentamento. Comentei que a pior parte do processo de inseminação não tinha lhe deixado traumas nem influenciado sua visão do futuro. Agora eles tinham Lee, a angústia de Lucas desaparecera e restava tanto a felicidade de ser pai quanto o estímulo extra de ter suportado e superado a dificuldade. Sua resposta imediata, reiterando o quanto a memória daquela dor continuava dentro dele, me espantou.

Hoje, pensando bem, eu deveria ter sacado que uma experiência positiva raramente varre a memória das experiências dolorosas. Mesmo que com o tempo venha um sentimento de progresso. Velhas feridas psicológicas podem ficar adormecidas no fundo da mente e ressurgir com força inesperada, desencadeadas por uma nova experiência dolorosa ou como um eco da anterior. Isso me levou a debatar com minha supervisora a incômoda verdade: eu ignorei o tempo todo o sofrimento de Lucas e pensei apenas no lado da esperança. Juntas, analisamos se o visual impecável de Lucas e sua energia positiva tinham me cegado para a realidade: sua aparência não combinava necessariamente com as lutas interiores. Os olhos verdes e brilhantes não refletiam um coração brilhante e feliz. E como poderiam? Para ajustar-se à infância "manipulada", ele tinha feito terapia, mas nada poderia apagar aquilo. Fiquei pensando também se por fora ele não exibia um quê do jeito otimista canadense, o que tornava ainda mais difícil para mim enxergar a verdade.

Por mais que estivesse feliz em ser mãe, Heather se abalara emocionalmente. O incômodo físico inicial, dos pontos do parto e dos mamilos doloridos, combinado ao pânico de não saber o que fazer ou como fazer, deixou-a num estado de ansiedade permanente. Para funcionar bem, Heather precisava dormir, e a imprevisibilidade esporádica transformou-se numa preocupação obsessiva — a ponto de não conseguir dormir nem quando Lee dormia, de medo que ele acordasse. Essa espiral negativa foi piorando, como demonstrava um registro por escrito que ela fazia para monitorar suas pouquíssimas horas de sono. Mais sensibilizada depois da conversa com minha supervisora, não disse a Lucas que tudo o que Heather sentia era normal. É desestimulante quando alguém descreve sua experiência singular como algo "normal".

O começo foi incrível para Lucas: segurar Lee nos braços, chorar de alegria e alívio. Era uma sensação surreal: difícil acreditar que aquilo que ele havia sonhado e desejado tanto, mas que temia nunca acontecer, afinal virara realidade. Algumas semanas depois, porém, Lucas começou a se sentir sobrecarregado. Acostumado a resolver os problemas com pragmatismo, e embora capaz de acalmar Lee, trocar as fraldas e cuidar de Heather, ele sentiu uma espécie de inquietação, como se o perigo estivesse à espreita. Concordamos que, quando sentimos essa espécie de desconforto, é um sinal de que estamos no processo de adaptação à mudança. Aprender um jeito novo de viver, para começo de conversa, é sempre incômodo. Não havia curso pré-natal capaz de preparar Lucas e Heather para a necessidade de sublimar as próprias necessidades em nome das necessidades de Lee. Aquilo tudo era uma experiência surpreendente em todos os níveis, e ele se deu conta disso ao afirmar que não se ajustara de modo algum. Fez questão de me dizer o quanto amava Lee, a alegria absoluta de estar com ele. Sacudia a cabeça, tentando equilibrar o amor pelo filho com o medo da responsabilidade que aquele pequenino ser lhe despertava. Havia momentos em que ele se sentia impotente. Sentia-se como uma criança.

Fiquei pensando em quem poderia ajudá-los nos primeiros meses, diante daquele coquetel de emoções intensas. Os pais de ambos passaram uma semana de cada vez na casa deles. A presença dos pais reduziu a solidão, e a mãe de Heather ajudava durante a noite, mas aquilo vinha acompanhado de algumas reservas: Lucas tinha que ver os próprios pais separadamente, e a mãe dele, mais do que ajudá-los, era quem precisava de cuidados. Havia uma rivalidade entre os pais de um e de outro: os avós disputavam para ver quem passava mais tempo com Lee. Isso parecia acontecer mais por insegurança que por amor ao neto. Lucas quis relativizar, com medo de parecer maldoso: sabia que os avós também haviam sofrido durante o período de tratamento de fertilidade dele e de Heather, e que ficaram felicíssimos com o nascimento do bebê.

Lucas e Heather perceberam, pela primeira vez, o preço que pagavam por viver longe da terra natal. Sentiam falta dos vínculos antigos, dos amigos de faculdade e dos parentes. O que Heather tinha de mais próximo de uma rede de apoio era o grupo do National Childbirth Trust, uma instituição de caridade britânica de apoio a pais, mas o grupo de WhatsApp era uma faca de dois gumes, às vezes proporcionando informações e dicas úteis, mas também trazendo mensagens competitivas — "Qual o bebê mais perfeito?/Quais os pais mais perfeitos?" — que geravam um sentimento nocivo de deslocamento. Heather disse a Lucas que encontrar a mãe dentro dela era um processo semelhante ao do ator que usa um "gatilho", como um par de sapatos vermelhos, para encarnar um papel novo. Ela precisava fazer um trabalho consciente de desenvolvimento como mãe, experimentar um novo jeito de ser e praticá-lo até que se tornasse natural.

Fiquei olhando Lucas enquanto ele contemplava a vista pela janela. Quando se virou, disse de forma bastante incisiva que não queria usar aquela sessão para olhar para trás. Descrever o começo de tudo tinha sido útil, mas agora ele queria encarar o presente. Heather estava prestes a voltar ao trabalho. Isso impunha questões complicadas.

Nas sessões seguintes, Lucas discutiu a volta de Heather ao trabalho e como isso fazia ressurgir a questão do dinheiro e da divisão de tarefas. Segundo ele, esse era um assunto sempre presente no relacionamento e que eles nunca tinham resolvido. Era como uma bola de tênis: um rebatia para o outro, até que a bola caía no chão e começava uma nova briga. Heather queria que ele ganhasse mais: não queria mais ter a responsabilidade de sustentar a casa e queria poder mudar de função no trabalho, diminuindo a carga horária e passando menos tempo no trânsito. Reiterou o que sempre dissera: acreditava nele como artista, queria que ele persistisse, mas também queria que ganhasse melhor.

O dilema de Lucas era que ele chegara a desistir do sonho, arranjando outros empregos, mais bem pagos, porém odiou todos eles e acabou voltando à arte. As pessoas lhe diziam: "Não desista do seu sonho. É isso que você é". Essa era também a sua impressão, mas ele sabia das dificuldades. Nos dias ruins, ficava pensando se tudo era uma ilusão, se ele era um Peter Pan que precisava virar adulto. Em seguida, sacudia a cabeça: ainda não estava pronto. A necessidade de ser artista era inerente, e ele não tinha vontade de desistir. Olhou para o chão e disse: "Botei todas as minhas fichas nisso — apostei tudo, não posso voltar atrás". Afirmou, falando mais para si do que para mim, que por enquanto ia persistir. Agarrava-se ao fato de que, nos bons momentos, seu trabalho era muito lucrativo, e que ele tivera alguns êxitos, um bom feedback e algumas vendas que mantiveram vivo o sonho. O mercado de arte é difícil, quase sempre incontrolável, mas ele podia controlar seu trabalho, sua qualidade, no dia da semana que reservava para a produção criativa e as visitas ao ateliê, mostrando ao público o que fazia. Era nisso que concentrava suas energias e suas esperanças. A decisão estava tomada. Só que não.

Nos aprofundamos na relação entre ele e Heather para tentar extrair o que tinha mudado desde o nascimento de Lee. Lucas ficou animado: olhando para dentro de si, se deu conta de como os anos de infertilidade tinham esgotado os recursos do casal e de quanto o nascimento de Lee os enriquecera. Enquanto falava, ia se animando à medida que contava como tinham encontrado uma sintonia, trabalhando juntos em algo novo e que representava um crescimento. Comemoramos o fato de que, para um casal que sofrera até se casar, eles até tinham resolvido os problemas da paternidade e da maternidade de forma relativamente simples. Quando discordavam, davam um jeito rápido de encontrar uma solução. Lucas disse: "Quero me concentrar nesse ponto. Era nisso que eu revelei aqui que eu precisava trabalhar, e foi o que fizemos".

Não pode ser coincidência o fato de que, nas semanas seguintes, a vida sexual dos dois tenha ganhado novo impulso: sentiram desejo e conexão de uma forma empoderadora para ambos. Ele disse em voz baixa: "Não tinha percebido como eu me sentia sozinho até que recomeçamos. Tem sido uma parte importante da nossa vida". Lucas abriu as mãos, analisando essa nova paisagem. Como se fizesse uma promessa, ele falou: "É para sempre". Era muito claro que seu comprometimento com a família criara um laço mais estável entre eles. É essa a esperança dos casais que têm filhos, mas muitas vezes ocorre o contrário: o caos que o bebê traz pode abrir abismos ainda maiores onde já existia uma brecha.

Lucas queria explorar em maior profundidade como seus papéis como pais influenciavam a dinâmica de poder entre eles. Enquanto descrevia sua função, ele se endireitou na cadeira, esfregando as mãos nas pernas: "Eu sou um pai muito envolvido. Basicamente invertemos os papéis de gênero. É um casamento moderno". Fiquei sabendo que a maioria das tarefas tinha uma divisão natural, embora ainda houvesse uma ou outra rusga sobre de quem era a vez de fazer isto ou aquilo. Em geral era Heather quem dava a ideia, e ele a executava. Quando Lee desmamou, Heather insistiu exageradamente para que o filho só comesse alimentos saudáveis, como sopa de tutano caseira, e apenas orgânicos, nada processado. Ao pensar nisso, suspirei por dentro. No começo Lucas foi contra, pensando no trabalho que lhe daria, já que era ele o encarregado das compras e de fazer a comida. Mas estufou o peito com orgulho ao contar como acabou gostando de se desincumbir da tarefa e como se sentiu bem por dar alimentos integrais a Lee. Aquilo era seu equivalente à amamentação, tornando Lee mais forte. Determinado a fazer isso pelo resto da vida, ele sorriu com o próprio comprometimento.

Comentei que a tarefa compartilhada de amar e cuidar de Lee fizera Heather passar mais tempo em casa, aproximando o casal. Mas as brigas por dinheiro continuavam e, embora já tivéssemos falado delas, ainda eram um fator de risco. Lucas ficou sentado em silêncio. Levou a palma da mão ao queixo, seu jeito de demonstrar incômodo. "O dinheiro é a pedrinha que a gente joga na água." Sabia que o conflito ia ficar mais forte no futuro, "porque nunca dá para resolver". Ele tinha razão.

A experiência me ensinou que em quase todo casamento costuma haver uma briga que perpassa tudo, em geral sobre quem ama mais, sobre sexo ou dinheiro. Deixar esses assuntos sem solução, sem um movimento de nenhuma das partes, faz com que as brigas se acumulem ao longo dos anos. Cada um dos parceiros vai se aferrando às suas posições até surgir um impasse, em que ambos optam pelo silêncio ou pelo ataque. Com o tempo, vai se erguendo um muro impenetrável, que não resolve nada. Perguntei a Lucas se ele se imaginava mudando.

Lucas se calou. Em seguida, como se estivesse brigando com Heather, me disse que ela até admitia que os horários flexíveis dele eram uma bênção desde o nascimento de Lee, porque o marido assumia grande parte do fardo. Lucas descreveu com orgulho sua rotina. Uma vez por semana saía com Lee de manhã, para alguma atividade criativa; entrou para um grupo de brincadeiras, à tarde, na biblioteca do bairro. Acordava Lee, levava-o e buscava-o na creche, fazia chá para ele, cuidava da rotina do banho e da hora de dormir. Heather tentava chegar em casa antes de Lee adormecer e sempre cuidava dele na parte da noite: esse tempo a sós com o filho era muito precioso. Lucas expunha seus argumentos de forma clara: aquele não era o momento de resolver o problema do dinheiro; seu ritmo de vida era extremamente conveniente à rotina do casal.

Perguntei qual era a sensação, por dentro, dessa adaptação ao papel de pai. "É acreditar que eu...". Lucas começou a chutar o ar, o que me revelava mais que qualquer fala. Ergueu os olhos, embaçados pelas lágrimas, até que a palavra "Lee" escapou dos seus lábios, como se caísse a ficha da realidade de ter um filho vivo e saudável. Derramou um choro de alívio, misturado às lágrimas da dor que não chorara durante os anos da montanha-russa de esperança e decepção na tentativa de fazer um filho. Deixamos que a imagem de Lee ficasse entre nós, enquanto sorríamos e nos olhávamos nos olhos. A constatação de que tinha um filho saudável viera depois de um processo longo e complexo. O que mais poderia ser dito?

Lucas queria ser um pai tranquilo e bem-humorado, mas um pressentimento sombrio não lhe saía da cabeça. Enquanto falava, ia percebendo o temor de que, no momento em que realmente acreditasse que tudo estava bem, a má sorte se abatesse sobre ele. Era algo que afetava seu comportamento: ele odiava deixar que os outros pegassem Lee no colo com medo de que lhe passassem uma doença; ficava hipervigilante quando alguém buscava a criança para sair, e a ideia de entrar em um avião quase lhe provocava um ataque de pânico. Analisamos como Lucas poderia controlar ambos os sentimentos, medo e confiança, sem que um atrapalhasse o outro. Isso o ajudaria a tomar decisões futuras em relação ao filho.

Lucas tinha marcado um número pequeno de sessões, e logo chegamos ao nosso último encontro. Fiquei pensando se havia sido útil. Ele me disse que, ao falar e ser ouvido, admitira para si mesmo aquilo que já sabia instintivamente, mas que agora podia saber com maior confiança. Durante nossa conversa, ele reafirmou que tudo na vida é uma questão de mudança. Todos querem compreender por que certas coisas acontecem em certos momentos, como se houvesse um desígnio geral para a vida. Não achava essa ideia muito útil. Sua certeza era que formar uma família, para ele, era o marco da entrada total na idade adulta. Ter uma família própria era uma base nova e importante para crescer e se transformar. E crescer e se transformar era, sem dúvida, o que ele estava fazendo.

WANDE: SER MÃE E TRABALHAR

Wande, apelido de Yewande, tinha 38 anos e entrou em contato comigo por indicação de uma ex-cliente. Perguntou se eu já a conhecia, porque era famosa como roteirista e humorista de stand-up. Fez uma careta, uma espécie de sorriso pela metade, mordendo o lábio, quando eu disse que não a conhecia, como se eu estivesse dando a prova da opinião que ela tinha a respeito do próprio talento. Wande me contou que era casada e tinha um filho de oito anos. Queria fazer terapia porque tinha a impressão de lutar com problemas de autenticidade: em público, ela era uma artista de palco; em casa, era mãe e esposa. E não conseguia fazer os dois papéis se encaixarem. Baixou a cabeça e o tom de voz para dizer o quanto "ser mãe" era a parte dela que mais a incomodava. Mexia nervosamente nos cabelos negros penteados numa trança embutida presa num rabo de cavalo frouxo. As pernas estavam cruzadas e as botas verdes Dr Martens chutavam o vento. Ela inclinava a cabeça para trás e de vez em quando engolia um confeito de chocolate. Era visível que, mesmo linda e bem-sucedida, não se sentia confiante. Pude notar que por dentro estava confusa, como se alguém a tivesse espalhado em pedacinhos que ela não conseguia juntar.

Eu queria verificar como ela, negra, se sentia ao se tratar com uma terapeuta branca. Quando nos encontramos, a história de nossas vidas também se encontrou, pois as diferenças nos serviam como ponto de influência e informação. Eu sou uma mulher branca e privilegiada, nascida em uma cultura branca, com sua histórica hegemonia sobre as pessoas não brancas; ela, uma mulher preta, de classe média e bem-educada, mas com uma história muito diferente. Perguntei-lhe se eu tinha feito suposições errôneas ou de alguma forma a ofendera. Ela concordou que isso era uma parte importante de sua identidade, e ficou feliz por eu tocar no assunto abertamente. Disse achar que mal-entendidos entre nós poderiam até ser bons, porque aquela era uma rara situação em que era viável resolvê-los — em vez de suportar calada a ofensa.

Wande sentia que nem deveria se consultar comigo: havia muita gente sofrendo mais que ela. Achava que tinha "sorte", mas era uma sorte logo sucedida pelo medo: "Nunca me preocupei tanto com dinheiro quanto agora. Tenho um pressentimento de miséria e azar — de que vai dar tudo errado". À medida que as palavras lhe brotavam da boca, ia surgindo uma compreensão melhor, expressada em uma voz mais baixa e pensativa: "Fundamentalmente, aquilo em que acredito é que, quer sejamos felizardos ou presidiários, somos todos iguais. Todos nós podemos sentir insegurança".

Comentei que ela parecia ter pelo menos duas visões contraditórias a respeito de si: uma delas era mais condescendente. Conjecturei se haveria outras. Ela arregalou os olhos e me contou, com um toque de animação na voz, que era uma "filha congelada". O pai sofrera um grave acidente de carro, que exigiu muitos anos de reabilitação, atirando a família toda num estado de choque permanente. Em compensação, quando subia ao palco, se sentia viva e confiante. Ao descer, contudo, a solidão e o medo se apoderavam dela — em certos dias, nem conseguia sair da cama, esmagada pela tristeza e a melancolia.

Essas duas versões de si mesma ficaram evidentes para ela ao verbalizá-las. Observei que uma parecia não conversar com a outra, e que precisávamos compreender melhor cada uma dessas facetas. Falei pouco: Wande parecia escutar atentamente suas próprias ideias quando expressadas em voz alta. Às vezes extrair tanta informação de um paciente pode levar meses, mas ela, sendo roteirista e atriz, tinha o hábito de analisar a si mesma em busca de material artístico, o que era um bônus de uso prático na terapia.

Foi só depois da consulta que me dei conta, como se um raio de ansiedade me atingisse, de que Wande perguntara: "Qual o objetivo de tudo isso?", mas não respondera à pergunta. Esse tinha que ser o ponto de partida da sessão seguinte. Será que ela era suicida? Ou aquela era apenas uma pergunta sobre o sentido da vida? Ela me contou que já debatera pensamentos suicidas com os amigos, e o grupo concordou que em certos momentos achamos que o mundo ficaria melhor sem nós. Educadamente, perguntei por que ela estava falando na terceira pessoa, como se estivesse fora do próprio corpo.

Wande prendeu a respiração — e ficou imóvel, a ponta

da bota apontada para o teto. Fez-se um longo silêncio, em que ela parecia olhar para o nada. Até que murmurou: "Me assombra a ideia de não vencer a batalha". Deixei um espaço para que essas palavras assentassem, para que nós duas compreendêssemos plenamente seu sentido, e pedi que falasse mais dessa batalha.

Levou algum tempo para ela colocar tudo para fora. As palavras ficavam presas na sua garganta. Formei uma imagem mental das palavras em queda livre, agitando-se o tempo todo em sua mente. Trazê-las à luz, verbalizá-las, seria doloroso, e foi preciso coragem para expô-las. Acabei por compreender que dentro de Wande havia camadas de medo, em parte pelo trauma do acidente do pai. Ela construíra uma carapaça em torno do medo, e isso fazia com que não se sentisse autêntica: era como se vestisse outro "eu" na presença dos outros, sem conseguir absorver o lado bom do sucesso. A maior parte de sua energia era gasta bloqueando pensamentos autodestrutivos. Wande afastava o desespero com bebida e redes sociais — "Corro em círculos como um cachorro que apanhou". Sabia que o filho, Kemi, sofreria se ela morresse. Isso a ajudava a aguentar, mas representava uma conexão com outro abismo de inquietação: seu papel de mãe. Propus que deixássemos isso de lado por enquanto, para nos concentrarmos nos pensamentos que ela reprimia. Era preciso trazê-los à luz.

Era como se houvesse uma interminável "escadaria de deveres". Alguns indicavam que ela era preguiçosa, mas precisava trabalhar; outros, que ela sentia medo, mas precisava ser confiante; ela temia que descobrissem que era uma fraude. Wande travava uma batalha com a bebida: sabia que precisava parar, mas era incapaz de tomar a decisão. Era como se sua geografia tivesse mudado, mas ela não tivesse o mapa.

Expressando seus receios, porém, esse mapa começava a aparecer. No final da sessão, fizemos um exercício de relaxamento que serviu tanto para ela quanto para mim: eu também me sentia incomodada. Notei que ela se acalmou. Ao ir embora, sorriu piscando para mim. Havia sido uma sessão intensa.

Esse momento de animação não durou. Wande saiu da sessão se sentindo mais serena, mas logo iniciou uma agenda incessante de apresentações por todo o país. Longe de casa, com a adrenalina dos shows e a anestesia da bebida para relaxar, ela nem saía da cama pela manhã. Voltei a tocar na questão do padrão tóxico descrito por ela, com cautela, para não constrangê-la, mas para mostrar que eu tinha notado o quanto estava abatida. Ela começou a soluçar alto, chorando por muito tempo, e depois riu enquanto fungava, pedindo desculpas por puxar ritmadamente meus lenços de papel, um atrás do outro. Ambas sentimos alívio por Wande reconhecer que sua dor era verdadeira.

As lágrimas foram parando. Ela apertou o lenço com força nos olhos, respirou fundo, ergueu os olhos para mim e mandou ver: "Preciso parar de beber". Concordei. Admitir isso de forma tão peremptória — nada do cansativo "devo ou não devo" — foi como um raio de sol iluminando seu rosto. Era como um filme 3D, em cores, de como seria a vida sem beber: acordar animada, livre, cheia de energia... Era uma lista sem fim. Questionei como ela planejava ficar sóbria, uma pergunta talvez um pouco bruta, mas importante para trazê-la de volta ao essencial. "Um dia de cada vez", respondeu confiante. Wande chegou rapidamente a essa decisão na minha frente, mas era algo que lhe custara meses de reflexão, análise, dúvidas e incômodo. Nossa conversa fazia parte de um longo processo: nem sempre estamos abertos a um recomeço. Não temos como virar a chave a nosso bel-prazer. Precisamos de tempo. Tempo de distanciamento e retiro, tempo até de hibernação, antes de tentar de novo. Nessa hora, foi como se um alarme tocasse. Houve uma sintonia, um murmúrio de energia, entre ela se permitir ser ouvida e reconhecer sua tristeza, seu problema, sua escolha e sua decisão, até o clique final. Bum!

Passamos várias sessões analisando sua confiança cada vez maior em sua vida de pessoa sóbria. Ela iniciava cada sessão dizendo "Segunda semana, estou sóbria", "Terceira semana, estou sóbria", como medalhas de honra que eu comemorava junto com ela. Wande foi ficando mais pensativa e sorria para mim, às vezes até ria consigo mesma. Eu encarava isso não como uma defesa, mas como expressão de alívio e vontade de viver. Era como um antídoto para o próprio veneno.

Pela experiência que eu tenho, a velocidade da recuperação de Wande foi incomum. Ela demonstrou uma forte resiliência interior, graças à infância tranquila e previsível, com pais que a amavam, um monte de amigos e uma estrutura razoável. O cerne de seu senso de identidade e suas convicções serviam como base para ela se sustentar nas horas de ameaça. O acidente do pai foi uma espécie de fissura que abalou essa fundação, fazendo-a perder a confiança em si como mulher, como mãe, como roteirista e comediante bem-sucedida. O álcool, o falso Deus a que ela recorrera para se sentir melhor, tinha exacerbado essa fissura. Ainda precisávamos trabalhar explorando e compreendendo várias camadas de sua experiência, para que ela conseguisse fazer a transição do eu passado, integrando-o com quem ela se tornara. Eu estava confiante na sua capacidade de reconfigurar esse novo eu com o passar do tempo.

Ao lançar o foco sobre si mesma, Wande erguia os olhos para o céu, em direção à luz, onde podia buscar lembranças agradáveis. Ao ser invadida por uma onda de dor ou tristeza, olhava para o lado, como se um diabinho estivesse sentado em seu ombro. Parte da luta de Wande para descobrir quem realmente era, em contraste com quem deveria ser, consistia em permitir a si mesma admitir o quanto ela odiava o fardo de ser mãe. Reclamar disso era um tabu, como se o simples fato de se queixar atraísse coisas ruins. Filha de um casal imbuído da importância do trabalho árduo como caminho para sair da pobreza (motivo que levou os avós a fugirem da Nigéria), ela tinha a impressão de que reclamar era errado e até uma transgressão. Chorou lágrimas pesadas de frustração consigo mesma por "se sentir mal com a vida de privilégio", enquanto os avós nada tinham esperado da vida e jamais se queixavam de nada. Em seguida, ela respirou fundo, e eu a ajudei a imaginar uma conversa com a avó. Notei o carinho em seus olhos. Logo depois, a energia de Wande despontou, ao lembrar a risada alegre da avó. Na hora em que ela falava desses problemas, eu podia ver a humorista no palco, e tinha ciência de que aquilo lhe proporcionava material artístico. Mas não queria que desperdiçasse aqueles sentimentos que vinham de dentro. Havia momentos em que ela sentia muita falta de beber, mas nessas horas fazia um exercício respiratório que tínhamos combinado e voltava a atenção para outra coisa, afastando as ideias obsessivas.

Era inevitável que Wande brigasse com o marido, Ty. Eram brigas que iam e vinham, magoando e aborrecendo os dois, que se culpavam mutuamente mesmo sabendo que não era culpa de ninguém, e que tudo que precisavam era de um abraço. Uma imagem mais clara de Ty foi se formado. Na infância, ele sofria bullying e sentia solidão. Tinha uma personalidade analítica e matemática, qualidades opostas às de Wande. Era paciente e fundamentalmente gentil. Queria fazer as coisas certas pelos motivos certos, e sempre que Wande lhe explicava uma coisa ele era compreensivo e colocava aquilo em prática. Desde o início da terapia de Wande, Ty adquirira um hábito de que se orgulhava: deixava a esposa descarregar todos os seus receios, escutava sem procurar dar respostas. Ela ficava imensamente comovida ao ver a seriedade em seu rosto e o esforço que ele fazia para não lhe sugerir soluções. A impressão que ela tinha era que, em termos de inteligência emocional, ela possuía um doutorado, e ele, só o ensino médio. Ao fazer essa comparação, Wande deu uma risada e uma luzinha se acendeu: saber o quanto eram diferentes a ajudava a ter paciência e a explicar de forma mais clara para ele como estava se sentindo.

Quando Wande falava sobre os pais, ela sussurrava, como se eles pudessem ouvi-la. Tinha grande afeição e respeito por eles, mas, como em muitos aspectos de sua vida, também alimentava sentimentos confusos. Sentia-se culpada até de falar sobre eles. Antes do acidente, o pai era do tipo tradicional, que se dirigia a ela em tom professoral, na expectativa de ser obedecido, o que ela raramente fazia. Depois do acidente, ele ficou parecido com a mãe, mais carinhoso e sereno, mas Wande sentia falta da autoridade de antes.

O acidente de carro aconteceu em uma noite chuvosa, bem perto de casa. Ele desviou para evitar bater em outro carro, que vinha em alta velocidade no meio da pista. Era para ter morrido. Ficou inconsciente na UTI por vários dias e, quando acordou, os médicos não sabiam até que ponto recuperaria as funções cerebrais. Com o passar das semanas, ele recuperou a voz e foi reaprendendo a conversar. Mas também fraturara o pescoço. Passou cinco meses no hospital, e chegaram a dizer que nunca mais poderia andar. Anos de fisioterapia e muita determinação superaram o obstáculo, mas ele não recuperou o uso do lado esquerdo do corpo, e andava com uma bengala. Às vezes a dor o obrigava a recorrer a uma cadeira de rodas.

O acidente era um campo minado por onde Wande não queria mais passar. Ela prendia a respiração e engolia em seco sempre que tocava no assunto. Fez terapia e um tratamento chamado EMDR (sigla em inglês para "dessensibilização e reprocessamento por movimento ocular"), que reduz os sintomas do trauma, mas a ferida estava logo abaixo da superfície, prestes a reabrir a qualquer momento sem que ela pudesse fazer nada. Quando estava com o pai, sentia o abismo entre suas raízes e a pessoa que ela tinha passado a ser agora, a forma como vivia. Na época da faculdade e durante a carreira começou a conviver "com os ricaços. Esse negócio de mobilidade social é uma merda quando é você quem está se movendo. Na faculdade eu tinha a impressão de viver em dois mundos. Um era o mundo dos meus amigos — muito britânico e sobretudo branco —, e aí eu ia para casa e era outro país, com cores e comidas exóticas, regras e atitudes diferentes. Um pai acamado. Mas eu também não entendia as regras dos riquinhos brancos". Ela notava o orgulho dos pais, mas — algo que não era dito — eles se preocupavam por ela ser uma comediante negra atuando num espaço predominantemente branco. Aceitavam um sistema que não os tratava como iguais, engoliam as dificuldades, mas tinham conseguido construir uma vida confortável sem sair da própria comunidade. Wande, por sua vez, entrara em um mundo desconhecido, que parecia tão perigoso quanto instigante.

Uma preocupação recorrente em transições assim diz respeito à identidade: quem somos, nossa autonomia, nosso senso de liberdade e de significado; o propósito básico que atribuímos a nossas vidas. Tudo isso cai por terra quando temos filhos. Minha impressão era que o processo de ajuste de Wande à maternidade fora bloqueado pelo nascimento traumático de Kemi, reforçado pelo trauma do acidente do pai, décadas antes. O sucesso e o reconhecimento público só aumentaram a pressão em relação às questões de identidade. Ela sentia que não havia motivo para as pessoas gostarem tanto dela, assim como havia pessoas que não gostavam sem ter motivo algum. Embora apreciasse o senso de competência que atuar no palco lhe proporcionava, sentia vergonha da incompetência como mãe. Notou isso quando tentou escrever roteiros em casa: "Eu me senti como uma lesma em que alguém joga sal. Toda vez que me sento para escrever, tenho que lutar contra tudo isso". E ela sentia o conflito da autoexposição, o constrangimento de falar de coisas pessoais em um mundo que se opunha a seus valores familiares. Quando reconheceu sua sede de atenção, sentiu um desgosto de si mesma, como um veneno bloqueando a abertura para as coisas boas. Depois de vomitar o desgosto, ela se liberara para ser pragmática. Reconheceu que seu trabalho era "incrível. É uma coisa que eu posso fazer sem deixar de buscar meu filho na escola todo dia".

Os pais dela eram avós participativos, sempre ajudando com Kemi — que os adorava — quando Wande e Ty estavam ocupados com o trabalho. Ela começou a chorar ao falar dos pais. Não eram lágrimas de tristeza, e sim de carinho e reconhecimento. Percebi que cerrou os punhos e perguntei o motivo. A preocupação era se eles não estariam ajudando demais, levando-a a constatar que "o que me incomoda é que eu me comparo desfavoravelmente com meus pais. Fico achando que estou prejudicando Kemi, mas não sei em quê". Instintivamente, sentia que eles sabiam cuidar melhor do filho que ela. Sempre estavam presentes, firmes e fortes. Além disso, ao longo de todos esses anos desde o acidente, a relação com eles tinha mudado. Wande passou a sentir necessidade de agradá-los, escondendo os próprios receios. Parte dela se sentia triste por esconder deles seu verdadeiro eu. E isso também tinha um preço para ela. Perdera aquela ignorância inocente do risco de amar alguém, pois um acidente devastador poderia acontecer com aqueles que mais amava.

Perguntei a Wande se estava pronta para falar de Kemi. Ela baixou os olhos, pressionando contra a testa os dedos carregados de lindos anéis. Disse que sentia como se o solo sob os dois "balançasse", e que o bebê feliz se transformara num menino complexo. Para sua vergonha, ficava feliz quando fugia dele e partia para as turnês na estrada. Longe de casa, imaginava uma família feliz e sentia saudade, mas quando voltava era recebida por uma criança furiosa. "Kemi é capaz de partir você em pedaços e jogar na fogueira." Tinha dificuldade em admitir o emaranhado de raiva que o menino lhe despertava. Acabou dizendo, com um ar pesado: "Não sei se foi uma boa ideia ter um filho. Não sinto segurança para isso". Acrescentou que, como feminista e intelectual, não via problema algum em sair para trabalhar, mas que a realidade era totalmente diferente da teoria, o que não ajudava a resolver a culpa que sentia por estar longe de casa, ou a fúria de Kemi quando ela voltava.

O instinto me fez dar um passo atrás e perguntar sobre os primeiros anos com Kemi. Na opinião dela, em que momento as coisas desandaram? Wande me contou que o parto foi terrível, acabando em uma cesariana de emergência. Ela sofrera muito, gritara e se sentira impotente. Chegaram os homens de jaleco verde, abriram seu corpo e ela quase morreu. Kemi saiu, mas quase a matou. O médico lhe contou depois, com um tom tranquilo: "Quase perdemos você". Mas Wande não se sentia tranquila, sentia que tinham "ferrado" com ela. Compreendi que o parto de Kemi dera início a um processo complicado, que só agora se desvelava, oito anos depois, enquanto conversávamos. A dor e o sofrimento do acidente do pai haviam ressurgido no assustador parto de Kemi — a imagem de homens com bisturis junto com a sensação de que amar o filho era como amar uma bomba-relógio. Sua determinação de ser uma boa mãe a fez ignorar tudo isso enquanto amamentava, mas, ao voltar ao trabalho e logo ao sucesso, ela perdeu o prumo e, mais que isso, a conexão consigo mesma. Odiava-se por gostar tanto dos elogios, recorrendo ao Twitter e à bebida para anestesiar a sensação dominante de ser "alguém inútil e sem valor".

Nosso trabalho não seria eliminar a parte ruim e celebrar a parte boa, e sim fazer com que ela desse espaço para essas duas vozes, calibrando seu ponto de vista em direção a uma imagem mais aceitável, que lhe permitisse prosseguir na carreira.

Nas semanas seguintes, Wande pensou muito em Kemi, conversou com Ty e, depois disso, passou a falar de outro jeito com o filho, ciente de que ele não tinha o menor interesse pela vida profissional dela. Kemi encarava seu trabalho como um concorrente. Ela começou a deixar que ele decidisse como passariam o tempo juntos e a lhe dar mais atenção. Dizia o quanto sentia saudade dele e, por mais chato que fosse, jogava os jogos favoritos do filho: Pokémon e Match Attax. Ele adorou. Certa manhã, antes da aula — sempre um momento difícil —, quando Kemi fez um escândalo, ela lidou melhor com a situação. A sensação que tinha era de ter encontrado um meio-termo em que ele conseguia expressar o que sentia e ela conseguia ser a mãe que queria ser. Ao longo das semanas, se surpreendeu ao constatar o quanto tinha passado a curtir a companhia de Kemi. Wande havia lido num livro: "Toda forma de amor exige esforço e compromisso firme". Ter isso em mente, como foco, a ajudou a sentir menos vergonha.

Fizemos uma pausa durante as férias, e na sessão seguinte senti uma Wande mais animada. "Estou curtindo de verdade ficar sóbria", disse, com um sorriso orgulhoso de adolescente que ganhou um prêmio. A clareza mental a agradava. Em certos momentos, porém, ela ouvia aquele diabinho no ombro, perguntando se ela era ou não viciada: "Será que eu tenho mesmo que fazer isso? Por que não posso ser uma pessoa normal?". Essa era a chave da sua sanidade mental. Antes, era como se houvesse uma confusão de vozes. Agora, que ouvia com clareza as mensagens cruzadas martelando em sua mente, podia escolher qual delas era a melhor. Isso lhe dava o comando da própria vida, de uma forma que ela nunca conhecera antes.

Pude sentir a autoconfiança cada vez maior de Wande, seu verdadeiro eu em toda a sua complexidade. Ela devotava atenção e seu tempo de sobriedade a esse eu, o que fazia muita coisa acontecer na cabeça dela entre uma sessão e outra. "São os segredos que fazem a gente adoecer", disse. A estranha magia de expressar seus pensamentos e ser ouvida estava funcionando. Concordamos que nosso trabalho estava terminado, nessa fase de sua vida: agora Wande conhecia a si própria o bastante para se dedicar a atenção necessária para seguir nos trilhos. "Entendi que, se eu ficar bem atenta e perceber o que há de bom, mas sem ignorar e deixar de perceber o que há de ruim, tudo rola para mim. Viver o momento, com propósito e com gratidão."

REFLEXÕES SOBRE A FAMÍLIA

A etimologia de "família" é interessante: a palavra vem do latim *famulus*, que significa "serviçal doméstico". Essa sensação de estar a serviço da família, e a família a serviço de nós, é um ponto de vista revigorante e autêntico. As relações familiares podem ser a conexão mais gratificante e crucial para nós, embora não sejam nada simples. A própria palavra "família" despertará imagens e sensações diferentes em cada um de nós.

A imagem tradicional da família no Ocidente consiste em pais e filhos que moram juntos formando uma base estável para que os filhos se tornem adultos. No Reino Unido há 19 milhões de famílias e nenhum padrão: cada filho, cada pai e cada casal são diferentes e criam seu próprio jeito de ser. As famílias não são mais definidas pela biologia, pelo casamento, nem mesmo pelo lar. Nas últimas décadas surgiram novas formas de constituir família: há famílias monoparentais, famílias do mesmo sexo, famílias extensas, famílias poliamorosas, famílias formadas por amigos sem laços de sangue e famílias mistas, compostas de um casal, seus filhos em comum e os filhos de relacionamentos anteriores.

Por maior que seja a complexidade, o papel da família não poderia ser mais essencial para nosso bem-estar e o bem-estar da sociedade. Para a maioria de nós, a família é a rede mais íntima de pessoas que amamos de forma constante, que nos conhecem pelo avesso e que são uma base confiável a quem recorrer em caso de necessidade. A família é a influência isolada mais importante na vida da criança e em seu futuro. É essencial para a criança sentir-se amada, conectada e protegida para crescer e se desenvolver. A criança aprende com a família como formar relacionamentos e agir na sociedade e no trabalho. Crianças felizes e seguras têm maior probabilidade de se tornarem adultos felizes e seguros.

Quando uma família se estrutura bem, é fonte de uma confiança profunda e arraigada de que somos amados, de que temos um time que nos apoia, acredita em nós e se importa com o que acontece em nossa vida e em nosso mundo interior. A família forma uma argamassa invisível e nos faz saber que não estamos sozinhos. Nos dá força para enfrentar os percalços da vida. Famílias fortes possibilitam até a luta por espaço entre seus integrantes, assim como a luta de cada um para ser o que é. Não existe bênção maior que essa. A família, porém, muitas vezes é a fonte do nosso maior sofrimento, pois onde há mais amor também pode haver mais ódio e mágoa. Daí vem o ditado: todo pai e mãe só são felizes na medida da felicidade do filho mais infeliz. Todo parente tem uma influência profunda sobre o outro, para o bem ou para o mal.

Famílias são sistemas complexos. Sob a superfície, acontece muito mais coisa do que conseguimos enxergar Por trás de cada avô, avó, pai e mãe há os legados ocultos da própria infância de cada um, os "fantasmas do berçário", que criam padrões de relacionamento. São padrões que desencadeiam todos aqueles sentimentos primitivos, quando amamos e tememos não sermos amados: ciúme, raiva, obsessão, esperança e desespero. Nas famílias, o território amoroso é o espaço oculto pelo qual lutamos, consciente e inconscientemente. No meu entender, é a fonte do que há de funcional e disfuncional na vida de todos nós.

A vida é complicada e apresenta desafios difíceis para as famílias, como a perda de um emprego, a morte ou a doença, que é preciso superar. Mesmo quando não ocorrem eventos negativos, lidar com as demandas do trabalho e do lar é algo implacável. Criar uma família funcional exige enormes recursos psicológicos, tempo, dinheiro, paciência, consciência de si, resistência e comprometimento. Não estou me referindo a relacionamentos idealizados e perfeitos: estou falando da ideia de Winnicott de "bom o suficiente", que possibilita, com todos os nossos defeitos e vulnerabilidades, criar um senso geral de amor confiável entre parentes, cuja intenção é o bem de todos e em que todos são amados do jeito que são, incondicionalmente.

Uma família saudável é aquela em que há mais interações positivas que negativas, em que cada um se sente respeitado, valorizado e escutado, em que os conflitos são reconhecidos e resolvidos — sempre existem conflitos: onde há pessoas, há discordância. A força de uma família funcional está na capacidade de seus membros se comunicarem abertamente uns com os outros, seu senso de pertencimento, como decidem passar o tempo juntos, divertir-se juntos, rir juntos, e em como são estimulados pelo amor e pelo carinho de se verem. Famílias sadias apresentam um nível básico de confiança: saber que há alguém, ou um grupo de pessoas, do nosso lado. Também permitem que se comemorem os êxitos de cada um, sem o medo da inveja reprovadora — problema bastante comum. Tudo isso exige dedicação e compromisso: é preciso priorizar a família em relação às demais exigências da vida. Voltando à raiz latina da palavra, a família exige que estejamos a seu serviço.

Meus estudos de caso se concentraram na dimensão parental das famílias: a dificuldade de Leena em reconhecer Anita como uma adulta que precisava ter autonomia; a transição de Lucas para a paternidade; a adaptação de que Wande necessitava, como mulher que trabalha e tem um filho de oito anos. Cada história deste livro tem uma parte relevante dedicada à família, porque a família, seja ela funcional ou disfuncional, é o pilar de nossas vidas. Nos casos de Leena, Lucas e Wande, o mais importante foi a conscientização de reconhecer que a responsabilidade pela mudança cabia a eles próprios. Eles se dispuseram, por mais sofrido que fosse, a explorar suas dificuldades, protegendo-se da "paralisia" e dos prejuízos inevitáveis que viriam caso não as confrontassem. O problema das famílias disfuncionais é a incapacidade de seus membros de assumirem a responsabilidade pelas consequências de seus atos, repetindo continuamente essas atitudes nocivas, em vez de lutar para mudá-las.

SISTEMAS FAMILIARES

Cada membro da família contribui para a criação de um padrão de crenças, modos de se comportar, permissões ou interdições em relação àquilo que pode ser debatido dentro daquela família específica. Cada qual pode desempenhar um papel diferente — o resolvedor, o complicador, o criativo —, e existe uma dinâmica entre os parentes que influencia a todos. Tudo isso entra na composição do sistema familiar, e, como em todo sistema, o equilíbrio é desejável: cada elemento tem um papel a desempenhar no todo. Quando um membro da família não desempenha seu papel, ocorre um desequilíbrio. Os pais são os agentes primários da mudança, carregando a responsabilidade de lidar com as dificuldades. Famílias em que a comunicação é livre, os limites são claros e onde há conscientização, boa vontade e confiança administram com maior robustez as transições e as consequentes e inevitáveis rupturas. O que importa não é necessariamente a solução dos problemas, mas a confiança que se desenvolve por meio do debate aberto.

Famílias disfuncionais não sabem lidar com dificuldades: ninguém sabe o que esperar, seja no plano verbal ou do comportamento, nem confia na admissão e resolução dos problemas. Nos piores casos, os conflitos, os comportamentos inadequados ou o abandono dos filhos ocorrem o tempo todo. Isso acarreta níveis elevados de sofrimento, o que pode levar à destruição da família.

Tolstói escreveu: "Todas as famílias felizes se parecem, cada família infeliz é infeliz à sua maneira". Eu discordo. Acho que toda família feliz é única. Nenhuma família é igual a outra, e não ajuda em nada pensar nelas como "boas" ou "ruins". A maioria das famílias atua num espectro que, em diferentes momentos, pode pender mais para o funcional ou para o disfuncional.

Uma imagem muito comum para representar o sistema familiar é a do móbile sobre o berço do bebê. Quando a família funciona bem, o movimento dos componentes do móbile é dinâmico. Ele se ajusta para atingir o equilíbrio de acordo com o ambiente. Quando se tira uma peça do móbile ou se mexe nela, o eixo todo se desloca, e dá trabalho reequilibrá-lo. Um membro da família pode agir como o veneno no sistema, às vezes devido a um problema físico ou mental, um comportamento destruidor ou um vício, e, a menos que o sistema assuma a responsabilidade e lide coletivamente com a questão, a disfunção pode persistir para todos. São padrões que se enraízam, tornando a ruptura cada vez mais inevitável. A rivalidade entre irmãos é um exemplo doloroso, uma espécie de veneno que corre nas veias de várias famílias: um dos irmãos precisa rebaixar o outro para sobressair. Em consequência disso, cerca de um terço dos irmãos descreve sua relação com o outro como distante ou competitiva.

Todos nós sabemos o mal que as rixas familiares causam àqueles que nutrem uma mágoa, impactando as pessoas próximas. Isso vale tanto para pais divorciados e seus filhos quanto para irmãos. Monica McGoldrick, terapeuta familiar americana, considera que é impossível cobrar lógica em um sistema emocional. Ou seja, temos que encontrar formas de processar as emoções, por mais sofridas e devastadoras que sejam. Por exemplo, diz a lógica que pais divorciados precisam se dar bem em nome dos filhos, mas na prática cada núcleo quer aniquilar o outro. McGoldrick aponta ainda que mesmo quando, em nome da saúde mental, tomamos a decisão difícil mas necessária de romper todo o contato com a família, os parentes nunca nos deixam por completo. Sempre há uma parte de nós que sofre o calafrio da desconexão com eles.

Os sistemas familiares podem ser influenciados e informados, consciente ou inconscientemente, pelo que ocorreu nas gerações anteriores. Teóricos acreditam que perdas sublimadas, segredos ou eventos negativos atravessam gerações, vivos e intocados, até que alguém se sujeite a lidar com eles. Exemplos típicos são a morte trágica de um membro da família, ou primos que não se falam porque os avós brigaram por causa de dinheiro. Os terapeutas familiares costumam montar genogramas para desencavar essas histórias e mensagens do passado que continuam a exercer poder sobre o presente. McGoldrick aconselha: "Tomamos as melhores decisões quando prestamos atenção ao lugar de onde viemos e ao futuro — o que devemos a nossos avós, pais e netos?".

A IMPORTÂNCIA DO PAI

Na estrutura tradicional do que pensamos como família nuclear, a mãe cuida dos assuntos domésticos enquanto o pai é o "provedor", trabalhando fora de casa; o casal tem pelo menos um filho. Nesse modelo, o pai tende a ser condenado por não se envolver o suficiente, e a importância de seu papel é ignorada. No passado, o pai ocupava a posição do patriarca todo-poderoso. Depois, seu valor passou a ser medido pela renda, e ele era até escanteado pela pesquisa em psicologia, cujo foco estava na mãe. Isso mudou, a começar pela ampliação do leque de paternidades (por exemplo, nos relacionamentos gays) e da percepção do papel do pai em geral.

As pesquisas mostram a importância cada vez maior do pai na família moderna. O pai está mudando, e a forma que essa mudança vem assumindo nem sempre é clara. A expectativa atual em relação ao homem que faz a transição para a paternidade é multifacetada: pode-se esperar que ele seja o provedor, o amor, o guia, o amigo, o coleguinha e o cuidador. Uma expressão muito comum nos estudos sobre o novo pai é a importância do "estar", o que sem dúvida representa uma mudança em relação às gerações anteriores, cuja experiência infantil muitas vezes era a do pai "ausente". Certamente houve uma transformação geracional: o pai, como Lucas, quer se envolver mais, sente-se triste e aborrecido quando perde momentos-chave da vida do filho e não deseja carregar a pressão de ser o único provedor.

À medida que os filhos crescem, o papel do pai continua tão complexo, e inquestionavelmente tão importante, quanto o da mãe. Desde os primeiros dias da criança, o envolvimento do pai tem uma influência direta no desenvolvimento da autoestima do filho, mais até que a influência da mãe. Isso está relacionado ao êxito educacional e, idealmente, profissional. A criança cujo pai investiu nela, com quem passou tempo junto, tem maior probabilidade de sentir segurança emocional: isso lhe confere confiança para explorar o mundo e deixar a estabilidade do ambiente familiar. A criança que guarda uma relação segura com o pai apresenta maior probabilidade de formar conexões sociais fortes com os outros ao amadurecer. O pai representa um modelo social positivo para a criança, ajudando-a a construir as características dos papéis de gênero nos meninos e meninas adolescentes. Para as adolescentes, ele se torna um modelo para formar opiniões e experiências positivas em relação aos homens, o que exerce uma influência profunda sobre a qualidade dos relacionamentos futuros.

O NOVO PAI

Quando Lee nasceu, forte e saudável, Lucas e Heather imaginaram que, tendo sofrido por tantos anos tentando ter um bebê, o alívio e o contentamento superariam o cansaço e os problemas de aprender a cuidar dele. Não foi o que aconteceu. A alegria e o amor não tinham limites, mas não os blindaram contra as turbulências criadas pelo nascimento.

A paternidade moderna é complicada em vários aspectos. Há o nível neurobiológico da mudança: eleva-se a taxa de ocitocina, e os padrões de sono e vigília são radicalmente rompidos. No plano interpessoal, é preciso renegociar a relação do casal, à medida que se forma uma nova relação com o bebê, restando quase nenhum tempo a dois. No plano prático, aprendem-se novas habilidades, para acalmar e cuidar de um ser dependente, ao mesmo tempo que é preciso reorganizar a rotina de trabalho e lidar com questões financeiras.

Essa enorme transformação do casal ocorre no momento em que as demandas do bebê são intensas, e é improvável que seja possível atender às necessidades do próprio casal, de amor, sono e carinho. É uma fase em que o relacionamento passa por um forte estresse. Paradoxalmente, é na hora que surge uma feliz família a três que pai e mãe podem se sentir mais solitários que nunca. Podem descobrir versões de si mesmos que desconheciam e que não lhes agradam; o ressentimento e as críticas se acumulam. Isso exige muita respiração profunda, muito comprometimento e uma boa comunicação para se defender de fraturas no relacionamento. O apoio recíproco é crucial: ele cria a confiança e a coragem para se abrir a novas ideias e, pela reflexão, à mudança. O ideal é que, nessa caminhada tortuosa, os dois entendam que a realidade é diferente do sonho. E se eles tinham um retrato da família ideal, que aprendam a aceitar, e até a assumir, que esse "ideal" não existe.

Tornar-se pai força inevitavelmente o adulto, como Lucas, a vasculhar a própria infância, evocando o medo da agitação infantil e da repetição de um padrão. Não espanta que uma pesquisa do National Childbirth Trust, de 2015, tenha mostrado que 38% dos pais de primeira viagem se preocupam com a própria saúde mental. No estudo, o que mais surpreendia os pais era o grau de tensão que ter um filho causava na relação com a parceira. De certa forma, ninguém está preparado para o impacto de ter um bebê, mas aparentemente os homens não falam tanto entre si, ou não esperam que esse período seja de turbulência, tensão e caos.

Dados de 2017 do serviço nacional de estatísticas do Reino Unido mostram que havia 232 mil pais "que ficam em casa", curiosamente o menor número desde 2014. Esse número vinha crescendo desde 1993. Para os analistas, pais que antes ficavam em casa estão voltando para o mercado de trabalho por considerarem, como as mulheres, que a sociedade não os valoriza ou os recompensa pelo trabalho que realizam no lar. Acham que só obterão um status melhor se tiverem uma atividade remunerada. Talvez Lucas e Heather representem o futuro, ao terem de negociar entre si quem trabalha e quem fica em casa. É improvável que esses papéis sejam fixos. Eles mudarão com o tempo e com as circunstâncias — casais dividirão o sustento da família, em vez de apenas um dos dois ser o provedor. Todas as pesquisas apontam para a necessidade, ao longo da vida, de reinvenção e adaptabilidade para entrar e sair de diferentes empregos.

Enquanto a mãe amamenta, nem sempre o pai sabe como "participar", mas, refletindo um pouco, é possível encontrar outras formas de estar fisicamente perto, cuidando do filho. Acariciar, dar banho ou ninar o bebê depois da amamentação são formas de criar conexão com ele — com o benefício extra do descanso para a mãe. Uma pesquisa de 2006 mostra que os parceiros que passam mais tempo cuidando dos filhos sozinhos têm menor probabilidade de se separar do que aqueles que se envolvem pouco.

PARENTALIDADE: AME-A OU DEIXE-A

O substantivo *parenting* ("parentalidade") entrou no vocabulário da língua inglesa em 1959, mas com certeza não era um conceito conhecido da maioria dos pais e mães daquela geração. A partir do final dos anos 1970, foi aumentando a compreensão da importância da parentalidade. Em consequência, o estilo de parentalidade mudou. Na nossa cultura atual, pais e mães, mais frequentemente as mães, levam a sério tudo o que se relaciona ao bem-estar, ao cotidiano e ao êxito da criança. Para algumas pessoas, a parentalidade pode ser excessivamente desgastante, consumindo tempo e recursos apenas na atenção a todos os aspectos da vida do filho. Com o surgimento das mídias sociais a parentalidade se tornou, para alguns, uma espécie de esporte olímpico, em que um deve superar o outro com imagens de uma vida familiar perfeita — embora já exista até um movimento contra isso, com blogs novos e realistas que tentam restabelecer um equilíbrio, como o Unmumsy Mum [Mamãe antimamãe], de Susan Kirby, e o Why Mummy Drinks [Por que mamãe bebe], de Gill Sims, para citar apenas dois.

Foi em um ambiente assim que Wande sentiu estar fracassando como mãe. Um dos argumentos com os quais ela lutava era o seu direito absoluto, como feminista, de trabalhar, e a doída realidade da ira do filho diante de sua ausência. Para que um pai ou mãe seja o pai ou mãe que deseja ser, de que se orgulhe, é preciso equacionar as várias e complexas emoções dentro de nós. Escrever um diário é uma boa maneira de fazer isso — jogar no papel emoções e ideias semanas a fio, para que as coisas fiquem mais claras.

Uma das transições cruciais para um pai ou mãe consiste em amar e responder à criança que está diante dele, e não à criança que gostaria de ter tido. Podemos estabelecer um vínculo com o filho porque ele se parece conosco, ou criar distanciamento exatamente pelo mesmo motivo, ou até odiá-lo porque ele tem características da pessoa de quem nos divorciamos. Mas isso é inaceitável. Devemos enxergá-lo e amá-lo pelo que ele é.

Em meio à pilha de conselhos sobre a parentalidade, considero um dos mais úteis a ideia de que é preciso criar resiliência nos filhos. Indico o trabalho do dr. Michael Ungar, terapeuta familiar canadense que está entre os escritores e pesquisadores sobre resiliência mais conhecidos do planeta. A mensagem de seu livro I Still Love You [Ainda amo você] — o título já diz tudo — é que, se quisermos que nossos filhos sejam resilientes e floresçam num mundo complexo e em permanente transformação, precisamos de nove coisas: estrutura; consequências; conexões entre pais e filhos; relacionamentos muito, muito sólidos; uma identidade poderosa; senso de controle; senso de pertencimento/cultura/espiritualidade/propósito na vida; direitos e responsabilidades; segurança e apoio. Gosto da clareza dele — gosto, no mínimo, de saber o que preciso proporcionar a meus filhos —, mesmo que pareça uma verdade difícil.

COMO CRIAR FILHOS ADULTOS

Leena enfrentou o desafio do casamento de Anita e da perda de controle sobre a filha. À medida que a vida passa, haverá milhares de versões, menores ou maiores, dessa dinâmica. Nosso ponto de vista ocidental valoriza a autonomia e a separação quando os filhos se tornam adultos. Uma definição de sucesso dos pais, de que fizeram um bom trabalho, é quando os filhos não precisam mais deles e não devem mais lhes prestar contas.

Hoje, porém, a separação é muito menos clara para os pais modernos do que nas gerações anteriores. A maioria dos baby boomers (ver pp. 401-2) tem uma relação mais próxima e conectada com os filhos do que tinham com os próprios pais. Estes esperavam que os filhos saíssem de casa e cuidassem da própria vida assim que fizessem dezoito anos. Hoje, na condição de pais, como negociamos o limite entre apoio e disponibilidade sem abandonarmos nossos filhos nem nos intrometermos na vida deles? É um equilíbrio complicado de alcançar, que muda ao longo do tempo, desde o momento em que os filhos são jovens adultos e eles próprios se tornam pais até o momento em que, no mundo ideal, passam a ajudar os pais idosos.

Convém refletir e discutir com os filhos adultos quais os pontos de tensão mais prováveis e como lidar com eles. Como acontece com qualquer conversa complicada, a forma de se comunicar, tanto quanto aquilo que é dito, ajuda a prever se a recepção será boa ou não. O tom de voz, a linguagem corporal, ser aberto e propositivo, em vez de impositivo, tudo isso contribui para uma discussão colaborativa.

Alguns pais acham que merecem mais reconhecimento, e até retribuição, do que recebem. Podem extrair isso à força mantendo o controle sobre o filho adulto. Alguns nunca recebem de volta tudo aquilo que deram. Com outros ocorre o contrário: podem ser amplamente recompensados. Talvez os filhos só se deem conta de tudo que os pais fizeram por eles tempos depois — muitas vezes apenas quando têm seus próprios filhos. Seja como for, é preciso definir novas fronteiras entre os filhos adultos e seus pais, onde o poder não está mais apenas nas mãos dos mais velhos.

Os pais precisam respeitar as escolhas e decisões dos filhos e, em linhas gerais, opinar apenas quando lhes solicitarem. Questionar os filhos é complicado, porque queremos que eles saibam de nosso interesse por eles e pela vida deles, mas os temas difíceis, como a busca de um parceiro ou a decisão de ter um bebê, são mais bem abordados quando é o filho quem toca no assunto.

Dinheiro é sempre um ponto sensível, sob diversos aspectos. É carregado de emoções poderosas que não podem ser ignoradas: poder, amor, favoritismo entre irmãos. Os problemas do filho que pega dinheiro emprestado dos pais, dos termos do empréstimo, ou do que cada um terá quando você morrer são apenas alguns dos mais habituais. Convém ser claro e transparente, discutindo abertamente as questões a fim de prevenir ressentimentos e rusgas futuras. Cada família é única, ou seja, não existe uma regra geral para o momento de socorrermos os filhos com dinheiro ou planejamento, mas nossa atitude pode fazer a diferença: devemos demonstrar confiança no ponto de vista deles, respeitar seus projetos, não provocar dependência nem assumir o comando. Para os pais, a dificuldade é que fomos programados para proteger nossos filhos, mantê-los vivos e saudáveis, e esse instinto protetor não diminui quando eles são adultos. Para nós, até certo ponto, sempre serão nossos bebês. Mas precisamos amar e aceitar o que acontece com eles, e dar um passo atrás ao mesmo tempo que buscamos outras formas de conter nossa própria ansiedade.

A chegada de uma pessoa, seja pelo casamento ou por outro tipo de união, altera a composição familiar, ainda mais quando o novo casal tem um filho. Para aquele que se casa ou passa a morar junto, vale observar que, a menos que exista algum tipo de rompimento, você se casa com a pessoa amada e com a família dela. Dois mundos e dois jeitos de ser se unem, o que pode ensejar conflitos reais: numa ponta do espectro, inquietação e, na outra, êxtase total. Famílias multigeracionais que se dão bem são mais resilientes na gestão dos problemas da vida pelo simples fato de haver mais pessoas a quem recorrer em busca de auxílio. Todos têm a responsabilidade de se adaptar, sendo abertos, flexíveis, sensíveis e cooperativos. O timing é importante: frases ou comportamentos ofensivos no início, antes que a confiança e o amor se estabeleçam, podem assombrar o relacionamento a longo prazo.

Ser um pai ou mãe bem-sucedido representa dar ao filho raízes *e* asas. O filho adulto precisa sair da "nave-mãe" (ou da "nave-pai") e criar sua própria nave. A vida deles não é a nossa vida: precisamos admitir que eles são diferentes de nós. Precisamos não apenas aceitar essa ideia, mas aceitá-los como são e aceitar quem eles amam. Querer exercer controle ou influência sobre os filhos só causa fraturas. Fica evidente, a partir das pesquisas da dra. Deanna Brann, psicoterapeuta e autora do livro *Reluctantly Related* [*Parentes com relutância*], que a lealdade do filho adulto deve ser em relação ao cônjuge/parceiro, e não à família em que nasceu. Caso o filho permaneça leal à família original, a relação amorosa corre enorme risco de rompimento. Pela minha experiência, nunca é uma boa ideia criticar a forma como seu filho cria os próprios filhos, especialmente usando suspiros não verbais e "hums", ou comentários passivos-agressivos como "Que interessante o que você está fazendo... Eu fazia de outro jeito...". Isso é ofensa na certa, e o que você acha certo pode estar ultrapassado e não ser mais considerado apropriado para seus netos.

Em minha opinião, subestima-se o poder que os pais

têm de influenciar o bem-estar dos filhos adultos. É importante reconhecermos isso e fazermos o possível para reconfigurar o relacionamento e recalibrar o equilíbrio de poder. Lembra-se de como você, já adulto, chega à casa de seus pais e volta a se comportar como criança ou, pior ainda, como um adolescente resmungão? Isso acontece porque o relacionamento com os pais está introjetado em nós e é desencadeado à velocidade da luz, antes mesmo de conseguirmos pensar. Quando éramos bebês, precisávamos do amor e do carinho de nossos pais para sobreviver, e a força desse elo nunca se desfaz totalmente.

Isso também vale para os pais em relação ao filho adulto. O sentimento que pais e filhos nutrem uns pelos outros pode ser opressivo quando os pais se preocupam com os filhos ou quando há uma discordância completa. Não falo aqui de picuinhas que acabam esquecidas e perdoadas. Leena, cuja raiva a fazia querer punir e dominar a filha que amara e protegera com todo o seu ser, tinha uma fúria assustadora. Agir com base nesses sentimentos é catastrófico para um relacionamento: leva a uma punição mútua, ferindo as duas pessoas e criando um círculo vicioso que gera um impasse. Não há como desdizer o que foi dito num momento de raiva, e isso pode assombrar para sempre a relação, ressurgindo a cada desentendimento.

Quando estiver irritado com os filhos, ou muito preocupado com eles, convém não falar no calor da ira. Espaireça um pouco com um amigo ou parceiro: descarregue a raiva — mas não no seu filho. Precisamos exercitar o autocontrole, por mais difícil que seja. Palavras de fúria, que ferem, abrem buracos na relação. Costumam surgir de um sentimento de mágoa, e às vezes se baseiam na rejeição. Mas seu filho é um adulto que precisa "rejeitar" você e seguir com a própria vida. Deixe que a fúria ou o receio assentem, e em seguida ensaie o que pretende dizer — por escrito. Pense muito a respeito, para que, quando for dito, soe como algo pensado, e não como um ataque.

Há muitas histórias de pais que sofrem quando ocorre uma separação entre eles, os filhos adultos e, por consequência, os netos. As causas para esses rompimentos são tantas quanto são variadas as pessoas. Há certas circunstâncias sobre as quais os pais de filhos adultos não têm controle, por mais que se esforcem para reconciliar o relacionamento. Só lhes resta a doída missão de encontrar um jeito de conviver com essa nova e arrasadora perda. Também existem histórias opostas, em que os pais optam por romper o relacionamento com os filhos ou ter com eles um contato mínimo, o que é uma fonte de sofrimento para os filhos. Em minha experiência, é como se a pessoa que se afasta faça isso por ter sentimentos tão fortes que o rompimento se torna a única forma de lidar com o problema. O inverso do amor é o ódio, não a indiferença.

O rompimento é tóxico, causando danos a várias partes inocentes pelo caminho, podendo até passar para a geração seguinte. Eu conclamo cada um dos envolvidos a lutar o máximo possível para consertar o relacionamento, o que não é pedir pouco. Exige a coragem de superar a mágoa profunda da rejeição e de suportar ainda mais sofrimento. Contudo, por mais difícil que seja, é importante saber que no fundo do coração você fez tudo ao seu alcance para construir a ponte da reconciliação. Uma maneira de você lutar pelo reconhecimento é enviar pequenos sinais de conexão, como cartões, fotos ou mesmo algo engraçado. Não precisa ser um gesto grandioso e complicado. Muitas vezes a conexão é restabelecida em pequenos passos. Em alguns casos, talvez seja transformador o aconselhamento profissional de um terapeuta ou mediador que, num espaço seguro e neutro, ajude a analisar o que aconteceu. O resíduo de mágoa que fica de uma separação permanente nunca desaparece, mesmo depois da morte, e às vezes se reacende até depois dela.

"FILHOS BUMERANGUE"

Cada vez mais filhos adultos, como Caz (mencionado na seção Trabalho, pp. 193-205), não conseguem — ou não querem — sair de casa, ou voltam depois de alguns anos fora. O número de "filhos bumerangue" é cada vez maior: em 2015 o órgão de estatísticas do Reino Unido registrou 3,3 milhões de jovens adultos (entre vinte e 34 anos) que dividem o lar com os pais. É a maior cifra desde que o registro começou a ser feito, em 1996. O motivo principal pode ser econômico, ou causado pela demora para formalizar relacionamentos amorosos ou decolar na carreira profissional. No entanto, vale a pena os pais analisarem seu papel: será que estão dando tanto que o filho não quer ir embora? Estariam infantilizando os filhos? Estariam com medo de que o filho vá embora, deixando-os sozinhos com o parceiro? O filho ficar em casa não é necessariamente bom para nenhuma das partes: uma pesquisa recente da London School of Economics mostrou que a qualidade de vida dos pais diminui quando um filho volta a morar com eles. Isso também pode aumentar as preocupações financeiras, já que as economias dos pais acabam sendo gastas, o que os fragiliza na velhice.

Minha opinião é que, nesse tipo de situação, os pais precisam estabelecer outro conjunto de regras para os filhos adultos. Pense nas seguintes:

- Desde o primeiro momento, chegue a um acordo para estabelecer um intervalo de tempo para o filho adulto morar com você — depois fica mais difícil fazer isso.

- Chegue a um acordo para que o filho adulto dê uma contribuição financeira para a casa.

- Concordem, todos, em dividir as tarefas domésticas.

- Discuta quais eram os pontos de discordância mais comuns entre vocês antes de o filho adulto sair de casa e analise formas de evitá-los no presente.

- Chegue a um acordo quanto às regras da casa relativas a amigos, som alto etc.

CULTURA E PARENTALIDADE

Eu me concentrei aqui na cultura asiática porque ela era relevante para Leena, mas a teia complexa de legado, cultura e integração na sociedade atual é válida para qualquer imigrante e para as gerações subsequentes.

As pesquisas mostram que o imigrante de primeira geração vindo de uma cultura coletivista — que privilegia as necessidades e metas do grupo em detrimento das necessidades e dos desejos do indivíduo — pratica aquilo que no Ocidente consideramos um estilo parental autoritário e controlador. São pais que podem fazer questão de um casamento arranjado ou de que o filho exerça determinada profissão, de modo a manter o senso de identidade em uma terra estrangeira; podem até estar de certa forma presos a algum período histórico-cultural específico do passado. Isso gera tensão, às vezes até conflitos pesados, com a segunda, a terceira e a quarta gerações já ambientadas à cultura mais individualista do Ocidente.

Outros pais querem transmitir aos filhos as regras e obrigações que refletem as próprias etnia e cultura para preservar sua herança cultural e continuar a pertencer à colônia asiática no Reino Unido. Ao mesmo tempo, também querem que os filhos façam uma imersão na cultura britânica, aprendam inglês, compreendam as instituições e comemorem as tradições e os feriados nacionais. Isso exige uma oscilação complicada entre as duas culturas, a fim de encontrar um incentivo para que os filhos se apeguem às normas que herdaram ao mesmo tempo que se integram à cultura do lugar onde nasceram, tornando-se parte dela. Quando isso dá certo, propicia aos filhos o bônus de uma experiência mais profunda e de uma criatividade flexível para transitar entre os dois mundos.

Quando os britânicos asiáticos de segunda geração se tornam pais, como demonstram as pesquisas, um fator importante na escolha da escola dos filhos é a diversidade. Eles ficam extremamente incomodados (mais até que seus próprios pais) quando os filhos sofrem abuso racial, embora a tendência seja de sofrê-lo de maneira menos escancarada que seus pais (em geral, sob a forma de microagressões). Costumam preferir que as amizades dos filhos sejam mistas, ao passo que isso era algo que desagradava a seus próprios pais. O legado continua a ser importante para eles — assim como é para todos nós —, e por isso podem recorrer aos pais (os avós) para ensinar aos filhos (netos) os aspectos importantes de sua herança cultural, entre eles as práticas religiosas e a culinária, contra a qual eles próprios às vezes se rebelavam, sem aprendê-los por completo.

Essas segunda, terceira e quarta gerações criam suas

próprias regras. Por exemplo, podem ou não reprovar o casamento inter-racial. Todos nós conhecemos ou pertencemos a famílias que guardam tradições específicas, às vezes relacionadas a um feriado ou aniversário, que atravessaram inúmeras gerações. A verdade é que toda família cria seus próprios rituais e comportamentos aceitáveis. É parte da natureza humana elaborar regras e hábitos que nos permitam viver juntos e em sociedade com maior facilidade. Isso é algo que preenche uma exigência fundamental na família: manter estável o sistema familiar.

OS AVÓS

Os pais de Wande se envolveram profundamente nos cuidados com o neto. Os pais de Lucas e os de Heather se dispunham a ajudar quando o menino nasceu e, de uma forma geral, sentiam-se gratificados com isso. Pesquisas sobre famílias funcionais revelam que os avós consideram a tarefa gratificante e passam uma média de pouco mais de oito horas por semana cuidando dos netos; no Reino Unido, 2,7 milhões de avós são cuidadores regulares.

As avós, assim como as mães, em geral cuidam mais dos netos e alteram mais sua própria rotina profissional para isso. As que trabalham em tempo parcial se dedicam tanto quanto as aposentadas. A mesma pesquisa mostrou que 65% dos avós no Reino Unido proporcionam algum tipo de cuidado aos netos, tornando mais fácil para os pais sair para trabalhar. Isso poupa cerca de R$ 12 mil por ano em serviços de babá — ao todo, R$ 105 bilhões por ano no Reino Unido. Essa economia é inestimável, até mesmo vital para algumas famílias.

Em caso de separação e divórcio, os avós muitas vezes são a solução para os problemas financeiros, por cuidarem das crianças de graça. Os índices mais altos de ajuda dos avós ocorrem nas famílias de pais separados, sem que isso seja acompanhado pelo mesmo índice de satisfação. Este, na verdade, diminui, talvez porque seja muito mais trabalhoso ajudar crianças e pais que estão sofrendo. Uma pesquisa recente mostrou que 90% dos avós acreditam que a tarefa tem um impacto positivo em suas vidas. No entanto, muitos comentam que precisam "se anular", e quase metade sente que os filhos não reconhecem seu esforço o suficiente. Outros se dizem pressionados a assumir mais tarefas do que gostariam.

O problema mais comum ocorre quando os avós se sentem impotentes para exercer controle sobre os netos, por discordarem do estilo disciplinar dos filhos.

Há vantagens importantes: a saúde dos avós melhora quando têm de correr atrás dos pequenos, e os netos ganham com a colaboração de duas gerações de pessoas que os amam. Para os pais, a tranquilidade de saber que os filhos estão sendo cuidados por alguém em quem confiam e que os ama é imensurável.

Amor

*Odiar é fácil, amar é difícil [...]. Tudo o que
é bom é difícil de alcançar; e tudo
o que é ruim é muito fácil de se conseguir.*
Confúcio

MARIA: O CASAMENTO E OS NEGÓCIOS

Antes da primeira sessão, conversei com Maria pelo telefone. Notei um simpático sotaque americano e uma fala atropelada, como se ela tivesse tanta coisa para dizer que não houvesse tempo suficiente. Maria queria me ver porque estava numa encruzilhada em sua vida: aos cinquenta e poucos anos, casada há 26, com três filhas, tinha perguntas fundamentais sobre amor e casamento que precisava responder.

Quando nos vimos pela primeira vez, Maria entrou correndo na minha sala e sentou-se, respirando fundo. Sorria o tempo todo. Tinha olhos castanhos vivos num rosto que passava muito tempo ao sol, o que fez sentido quando ela explicou que era paisagista, mostrando como prova as unhas sujas de terra. Quando falava, enrolava uma mecha de cabelo com o dedo, como se isso fosse ajudá-la a tirar as ideias da cabeça, enquanto o resto da brilhante cabeleira castanha caía em ondas ao redor de seu rosto.

Maria questionava seu casamento com Ken: se devia aceitar a situação atual, tentar mudá-la ou separar-se dele. Era um momento complexo: Ken não tinha mais interesse sexual por ela e até ironizava suas tentativas de seduzi-lo. Fugia de conversas sobre o relacionamento com versões da frase "Você quer estragar um dia tão bonito discutindo nosso casamento?". Só se preocupava em falar dos filhos ou do trabalho. Maria, católica praticante, ficava magoada com isso. Tinha a sensação de que ele estava renegando a promessa que fizeram ao se casar. Mais que tudo, ela sentia falta da intimidade que o sexo lhe proporcionava, com aquela abertura emocional e o compartilhar da vulnerabilidade. Quando Maria acatava os argumentos de Ken, tudo ia bem: ele era divertido, ela o respeitava como pai dos filhos do casal e sabia que ele era um homem decente e trabalhador.

Para temperar esse caldo, Maria tinha um amante, Andrew, havia cinco anos. Durante décadas sentira por ele um amor não correspondido, e agora mantinham uma relação sexual que ela considerava íntima e satisfatória. Conseguia conciliar isso com sua fé, ciente de que acreditava em Deus sem precisar seguir a doutrina católica para ser uma boa cristã. Andrew mostrara a ela, pela primeira vez, como o "sexo selvagem" podia melhorar a qualidade de vida, insuflando uma energia nova em todo o seu ser.

No entanto, o que veio "bagunçar de vez" essa história já complicada foi Ted, colega de paisagismo, com quem ela também tivera um caso durante um ano. Ted era vinte anos mais novo que Maria e quis pôr fim ao relacionamento para investir na própria família e no casamento, especialmente por ser pai de um menino de dois anos. Maria sofreu muito quando o novo amante a deixou, o que desestabilizou sua vida e seu casamento. O tempo todo ela chorava por causa de Ted: embora compreendesse a lógica da atitude dele, achava especial o amor que sentiam um pelo outro. Nunca tivera tanta conexão com alguém, nem com Andrew, e pensava que aquilo os tornava pessoas melhores. Era uma intimidade compartilhada não apenas na cama, mas no trabalho, quando estavam juntos. A proximidade, o suor, o trabalho árduo e o contato físico entre eles, enquanto criavam lindos jardins, tornavam quase insuportável trabalhar com Ted. Alguns de seus melhores trabalhos tinham sido com ele. Maria concordava que era preciso terminar a relação física — por melhor que a achasse, ela não se sentia à vontade tendo dois amantes. Só que não conseguia aceitar o fim da amizade.

Curiosamente, não havia segredos. Ken sabia de Andrew e sabia de Ted, de um jeito distante e superficial. E ela contou a Andrew sobre o amante mais jovem; ambos respeitavam os relacionamentos dela.

Fiquei aliviada ao perceber que não a julgava mal. O sofrimento de Maria me despertava compaixão. Assumi o compromisso de ajudá-la a encontrar um jeito de viver a própria vida que funcionasse para ela. Maria teve a agradável surpresa de descobrir que falar francamente a ajudava a compreender a si mesma. Enquanto seus pensamentos estavam ocultos, ficavam girando em sua cabeça, ganhando corpo a ponto de fazê-la se sentir sufocada. Queríamos explorar a raiz de seu amor por Ted: como ela encontrara espaço para outro amante? Qual seria sua necessidade não atendida?

Ao longo de uma série de sessões, foram surgindo algumas descobertas: não era mera coincidência que o primeiro caso de Maria tivesse começado na sequência de um câncer que em determinado momento chegou a ameaçar a sua vida. O sexo é a força vital máxima, uma resposta instintiva à possibilidade da morte. Certa falta de dinheiro fora um tema recorrente durante toda a sua vida: ela nunca fora ambiciosa, mas essa preocupação constante era fonte de desgaste. Conjecturamos se haveria uma conexão com o enriquecimento pessoal proporcionado por múltiplos relacionamentos, como forma de compensar a preocupação financeira. Com os dois amantes, Maria descobrira aspectos de si mesma que lhe pareciam inteiramente novos: cada homem abrira uma versão diferente dela que ficara oculta durante os anos de fidelidade no casamento com Ken.

Duas das suas filhas trabalhavam, e a caçula estava na faculdade. Todas moravam com eles. Por isso, ela não conhecia a sensação do ninho vazio, mas concordamos que inquestionavelmente agora os pais tinham tempo livre. Era visível o orgulho em seu rosto, ao reconhecer seu eu sexual, que até certo ponto fora abafado por ela ter sido extremamente física como mãe: amamentou as três filhas durante um ano e meio ("Elas me engoliam"), e as três sempre foram apegadas a ela.

Seu estilo de parentalidade era diferente do estilo de seu próprio pai: ele acreditava que o amor se demonstrava pelos atos, e não pelas palavras. Ele era distante, o que deixava nela uma carência e uma vulnerabilidade à rejeição. Os três homens que ela agora amava a magoaram, rejeitando-a em momentos diferentes: Ken, ao afastar-se sexualmente; Andrew, ao rejeitá-la na juventude, quando ela o considerava o amor de sua vida. Agora se dava conta de que se casara com Ken em reação a Andrew. E Ted a rejeitara pondo fim ao caso. Era complicado.

87

Olhando de fora, tudo parecia simples: afaste-se de Ted. Apesar do doloroso processo de ajustar-se à perda (e à complicação do convívio no trabalho durante algum tempo), que esperança ela podia ter com um homem mais jovem que deixou claro enxergá-la como ameaça à sua estabilidade, e não como a amante desejada? A esperança que ela nutria de ficarem juntos contaminava seu cotidiano, sugando a satisfação que podia ter com o amor das filhas e com o trabalho. Todos nós sabemos que nossas vidas seriam infinitamente mais felizes e tranquilas se pudéssemos casar nosso desejo com aquilo que é melhor para nós; contudo, a maior parte das decisões que tomamos não é racional: é influenciada por nossos sentimentos e nossa experiência anterior. Exige muito esforço psicológico sincronizar pensamentos e emoções.

No caso de Maria, falar permitiu que ela descobrisse o que a levara a ter casos, mas não a impediu de nutrir a esperança de que Ted voltasse. Ela repetia sem parar estas palavras: "Se tivermos que ficar juntos, vamos ficar juntos". O fato de ter conseguido finalmente que Andrew se apaixonasse por ela, tantas décadas depois, levou-a a acreditar que as esperanças um dia se realizam. Achava que, se esperasse o bastante, ia acontecer.

Não neguei o amor dela por Ted, o quanto isso a fazia sofrer, e expus meus pontos de vista. Por mais que ela quisesse que fosse verdade, o fato de um amante ter voltado para ela não servia para prever o que viria a seguir com Ted. Questionei se ela conseguia imaginar um futuro em que um só homem satisfizesse todas as suas necessidades. Ou será que ela sofria a influência da frieza do próprio pai, expressada sobretudo pela falta de interesse, como se ela não existisse? Isso tinha lhe despertado um desejo de atenção.

Fiquei pensando se ela se achava capaz de conseguir tudo o que queria.

A resposta de Maria foi poderosa. Disse que tinha pensado muito no assunto e que tinha várias amigas com casamentos imperfeitos. Achava que o relacionamento perfeito era uma ilusão, ou algo extremamente raro. Pôr fim a uma relação em andamento, na esperança de que aparecesse alguém melhor, parecia muito mais arriscado.

Fizemos uma pausa de algumas semanas, em que Maria voltou aos Estados Unidos para visitar a família: a mãe, uma mulher cheia de energia, o pai, agora mais recolhido. Sentiu-se culpada por não poder ajudá-los mais e ficou triste quando foi embora, com medo de que o pai morresse e ela não voltasse a vê-lo. Isso lhe trouxe a lembrança da separação com que convivia, nem totalmente adaptada ao Reino Unido nem próxima de sua família de sangue, do outro lado do Atlântico. Refletimos juntas se essas circunstâncias não teriam tornado mais fácil ela ter um caso, já que sabia manter relacionamentos diferentes em compartimentos internos separados. Não chegamos a uma conclusão clara, mas pudemos compreender que Maria tinha atração por territórios novos, por ultrapassar fronteiras. Ela conhecera Ken no Reino Unido, enquanto sentia necessidade de sair de casa, saborear uma vida nova, ter aventuras. Esse impulso ainda estava vivo dentro dela mais de vinte anos depois.

Maria precisou de algum tempo detalhando "esse grande amor que normalmente não temos na vida inteira", buscando palavras para algo que, em sua cabeça, parecia indescritível. Ted e ela se conheceram em um projeto paisagístico, sendo ele o paisagista mais graduado. No começo Ted a procurara pela competência profissional; com o passar do tempo, surpreenderam-se conversando sobre qualquer assunto. O projeto foi concluído, Ted mandou uma mensagem dizendo que sentia falta dela, o que em pouco tempo levou a mensagens sem fim e longos e-mails verborrágicos, em que um se abriu ao outro sobre a própria vida, aumentando a excitação mútua. Fiquei comovida com Maria, que enrolava o cabelo, dizendo: "Quando é que um caso começa? Ele diz que eu o seduzi quando fui ao seu encontro para transar. Para mim foi o primeiro beijo. Parecia uma promessa. Quando ele pegou a minha mão no café, senti tesão". Durante um ano transaram em qualquer ocasião possível; o sexo era divertido, alegre e criativo. Ela conseguira mostrar a Ted jeitos novos de se conectar. Ele se sentia um pouco desajeitado até então. Fizeram listas do que gostavam um no outro, trocaram poemas, riram e choraram juntos, cientes o tempo todo de que não abandonariam os respectivos cônjuges.

Maria confiava em Ted como nunca confiara em ninguém, e acreditava que a confiança era algo inviolável. Chorou ao contar que o que mais a machucava era a confiança absoluta que tinha nele. Acreditava que o amor entre eles era algo intocável. E agora Ted nem queria falar com ela. Maria se revoltava com isso, e nessa hora percebia que ele detinha o poder, invertendo os papéis iniciais. Quando finalmente admitiu o poder de Ted, Maria "despertou" e pela primeira vez sentiu um pouco de raiva dele.

A raiva fez Maria parar de se vitimizar. Ela conseguiu convencer Ted a encontrá-la, o que ele vinha recusando havia oito meses. Foi um encontro crucial: Ted foi frio e procurou manter distanciamento físico. Ela saiu pasma e magoada com tanta crueldade. Mas, ao processar o que acontecera, enxergou que havia um Ted diferente: e ela não queria aquele Ted de modo algum. Nem sequer gostava dele. Perguntei se ele tinha dito algo dando a entender que não havia nenhuma chance de os dois voltarem. Fiquei surpresa com a resposta: "Não há nada que ele possa dizer que mude minha opinião. Eu vou amá-lo sempre, e acredito que ele me ama". Fiquei com a impressão de que estávamos vendo o mesmo filme de novo, mas ela explicou que, embora acreditasse firmemente que ainda voltariam a ficar juntos, sabia que agora era *ela* quem precisava rejeitar *ele*. Compreendi que Maria podia lidar com duas coisas: manter dentro de si um espaçozinho para acreditar na paixão e ao mesmo tempo admitir que o homem amado já não estava mais presente. Expressei meu receio de que pensar "Quando eu o largar, ele vai voltar" fosse uma espécie de pensamento mágico, e que ela estivesse se apoiando em algo inexistente. Isso consumiria uma energia que, investida no presente, poderia lhe trazer mais satisfação. No entanto, minha conjectura foi recebida com frieza.

Embora Maria estivesse se sentindo mais forte, esse processo teve idas e vindas. Ela procurava Ted no WhatsApp, incapaz de superar a tristeza da separação. Em outras horas, parecia otimista em relação à própria vida, desfrutava das filhas e do amante. Insisti: se ela quisesse virar devidamente a página precisava romper qualquer contato com Ted. Cada mensagem era uma forma de reviver toda a história dos dois e a expectativa do sonho. Ela concordava na teoria, mas na prática não conseguia. Eu tinha ciência da dificuldade, porque só de abrir o aplicativo de mensagens ela sentia uma injeção de dopamina, seguida pela devastadora decepção, que alimentava ainda mais a necessidade de procurá-lo.

Um momento de inflexão ocorreu quando Maria falou das filhas e do orgulho que sentia por elas. Mudando de assunto, perguntei-lhe se não quisera ter um filho homem. A resposta inicial foi não, e ela argumentou, de forma bastante convincente, o quanto era bom ter três filhas. Mas eu havia plantado uma semente que foi crescendo com o passar dos dias, e na semana seguinte ela me disse, hesitante: "Ted ocupou um lugar dentro de mim onde caberia um filho. Você não abriria mão de um filho, abriria?". Em outra ocasião, conjecturou se um dos três abortos espontâneos que sofrera não teria sido de um menino. Essa nova compreensão foi surgindo na mente dela nas semanas seguintes. Maria lembrou-se de um comentário de Ted sobre como ela era maternal. Em algum lugar de seu inconsciente, ele preenchia o espaço que seria de um filho homem: ele era o filho que ela nunca teve. Isso a ajudou a sair do próprio impasse, do sonho de que em algum momento ele iria implorar para voltar e ela poderia rejeitá-lo, triunfante, magoando-o como ele a magoara.

Um dia, Maria chegou com um penteado novo e, animada, mostrou-me seu novo par de botas. Eram bem bonitas. Fiquei na expectativa de que aquilo fosse um sinal de mudança interior. As botas tinham sido um presente de aniversário de Ken, aconselhado pelas filhas; falar disso fez Maria sorrir da cabeça às botas. O jantar de aniversário foi gostoso, e ela se sentiu orgulhosa pela família que construíra com Ken, um lar que os filhos e os muitos amigos visitavam. No seu entender, esse era o propósito central de sua vida. Contemplando Ken, se deu conta de que, se o deixasse, não resolveria os próprios problemas, mas criaria outros. Ela queria proteger as filhas. Quando se casou com Ken, os problemas dele eram os dela e vice-versa. Caso se divorciassem, passariam os problemas para as filhas. Ela não queria pensar em si mesma como mártir em nome da felicidade das filhas, e sim como exemplo de alguém que leva uma vida interessante. Percebeu que já tinha realizado a maior parte de sua missão com elas: agora era hora de comemorar o contentamento que as filhas lhe davam e colher a recompensa de tantos anos difíceis de maternidade.

No mundo ideal, Maria preferiria nunca ter tido um amante, mas ela sabia que a vida não é perfeita. Andrew preenchia lacunas, de um jeito carinhoso e relevante, sem atrapalhar a vida dela. Era possível guardá-lo em uma caixinha. Ted, porém, a tirava do prumo. Certa vez, ela sonhou que os dois caminhavam de braços dados por uma rua de sua cidade natal nos Estados Unidos. Ela ergueu os olhos, sorriu para mim com aqueles olhos que piscavam e disse: "Não tem jeito, ele mora bem no fundo de mim". Em seguida afirmou, com ar triunfante, que já não se sentia rejeitada nem vivia de esperança: "Não entendo totalmente, mas não me sinto triste. Sou grata por tanta coisa, e amo Ted de verdade. É bom saber que aconteceu. Não me arrependo".

Senti afeição por ela, e orgulho por ver que encontrara uma forma de lidar com um processo tão sofrido. Logo em seguida Maria fez meus alarmes soarem ao comentar: "Pode ser que eu encontre Ted na exposição de flores de Hampton Court". Fiquei arrasada ao pensar que todo aquele trabalho poderia ir por água abaixo se ela voltasse a vê-lo. Afirmei claramente que, na minha opinião, ela estava usando aquilo como desculpa para testar o próprio coração, aproximando-se dele bem na hora que dizia ter feito a transição para uma fase mais serena da vida. Na saída, Maria me disse que ia pensar no assunto.

Maria se encontrou com Ted e ficou abalada. O desejo de tocá-lo voltou, algo que ele rejeitou com frieza. Implorou que ela não entrasse em contato com ele, explicando o quanto aquilo era ameaçador para sua felicidade e para seu casamento. Levou algumas semanas até ela se recuperar e dizer: "Estou triste. Minha impressão é que não está dando certo ficar sem contato com ele. Me deixa triste demais". O sofrimento pulsava em seu rosto, a respiração era entrecortada pela dor. Eu quis saber ao que ela se agarrava, o que aquilo significava para ela, do que não conseguia se livrar, já que Ted afirmara peremptoriamente que estava tudo acabado, chegando a culpá-la por tê-lo seduzido, como se ele fosse uma vítima do amor de Maria. Ela chorou e me disse: "Quase chego a acreditar que o homem que amei está morto, mas ainda acho que pode voltar".

Ah! Aquilo foi como um raio de energia para mim. Quem sabe estávamos chegando ao xis do problema. O que significava "voltar"? Fiquei pensando se tinha relação com a Ressurreição, sendo Maria católica. Ela ficou um longo tempo pensando, pressionando a mão contra o queixo, como *O Pensador*, falando lentamente, como se explorasse uma terra estranha. Disse que precisava encontrar um jeito autêntico de lidar com aquilo, que reconhecia que era romântica, que adorava o mistério e a ideia de redenção. Em seguida prosseguiu, com um suspiro de ânimo: talvez se apegasse tanto àquilo por achar que, se perdesse a esperança de recuperar Ted, perderia o amor que os dois tinham vivido. Por fim, contudo, ela caiu na real e falou que o encontro "foi um ponto de virada para mim. Antes eu vivia em negação. Um dia ele me quis, agora não quer mais. É bom pensar no que tivemos. Posso me apegar a isso, me lembrar de vez em quando, mas já não existe".

Fiquei aliviada ao ver que ela conseguia encontrar um jeito de viver a vida real, e não a vida dos sonhos. No fim, ia ser sofrido encarar a realidade, mas era melhor que viver na eterna esperança da reconciliação.

Nas semanas seguintes, Maria disse sentir-se em um lugar melhor, apesar dos altos e baixos e da dor pela falta de Ted. Contou-me, animada, que a vida ia bem, que gostava do trabalho, estava assumindo projetos novos e interessantes, e desfrutava do tempo com as filhas com prazer renovado. Tinha até ido a um jantar de trabalho com Ken, coisa bastante rara, em que as pessoas vieram dizer o quanto o admiravam. Isso a agradou. "Quando você se casa com um workaholic, é melhor que seja um workaholic de sucesso, e não um fracassado", brincou. Então ela ergueu os olhos, como se tivesse descoberto um neologismo surpreendente para descrevê-lo, e disse: "Eu acredito em Ken. Ele é autêntico". Pensando em Ted, ela concluiu que ele não levava uma vida autêntica, o que diminuía seu encanto por ele.

Disse claramente para Maria o quanto estava óbvio que sua vida ia bem: dava para ver em seu rosto, no jeito como se sentou na cadeira. Ela gostou e se animou ainda mais ao me dizer: "Minha relação com Andrew está em um momento tão bom. Sou tão feliz com ele. Consigo compreendê-lo. Sou grata pelo que nós temos. Tenho sede de experiências, e nosso caso dá certo porque ambos somos casados. Nossa vida amorosa e sexual é ótima, somos o maior aliado um do outro — nós nos amamos muito". Na saída, me deu um abraço apertado. "Acho que consigo levar minha vida. Tenho a impressão de que guardei muito do sofrimento passado no coração. Nunca vai sumir — entendo isso —, mas agora me sinto mais em paz."

JACKSON: AMOR, SAÚDE E FAMÍLIA

Nunca fui uma pessoa muito paciente na vida privada, mas no trabalho sempre fui bastante, até o dia em que Jackson entrou pela porta do consultório. Ele me testava sob vários aspectos. Tinha 25 anos, era magro, de olhos escuros, ar frágil, cabeleira negra presa num rabo de cavalo bem arrumado, e falava pouco. Era todo certinho e pontualíssimo. Marie Kondo ia vibrar com as gavetas dele, imaginei.

Jackson sentava-se, balançando as pernas, curvava os ombros para apoiar o cotovelo nos joelhos e ficava olhando para algum ponto entre as unhas roídas e os pés, passando a mensagem de que a função dele era estar ali, enquanto a minha era ler seu pensamento e dar as respostas que resolveriam seus problemas. Minha praia são as palavras, estejam elas cheias ou vazias de sentimento. O silêncio entre elas dita a cadência e o ritmo da sessão, e eu sei lidar com isso. Mas com Jackson eu me sentia impotente.

Durante semanas tentei me conectar com ele. As semanas se transformaram em meses, enquanto eu dava o equivalente a cambalhotas terapêuticas tentando acessar o que lhe acontecia. De vez em quando ele reagia com uma frase ou um gesto, mas na maior parte do tempo era o silêncio. Depois de muitas sessões de supervisão para amainar minha frustração, acabei me acostumando: fui desacelerando, acalmando meu impulso de escavar mais. Quando aceitei que aquele era o jeito dele, entendi que Jackson emitia vários tons de silêncio diferentes: alguns tensos e raivosos, alguns profundamente desesperados, outros ansiosos, outros até bastante serenos. No geral, porém, eu percebia um profundo poço de solidão, uma incapacidade de sair do buraco negro. Eu expressava aquilo que percebia na sessão com ele e via seu corpo ficar menos encolhido, enquanto eu fazia minhas observações simples.

Muito tempo depois, conversando sobre o início da terapia, chegamos ambos à compreensão de que o comportamento de Jackson não era uma escolha consciente, e sim um reflexo: ele se fechava automaticamente ao entrar na minha sala, e, qualquer que fosse a mensagem girando dentro da sua cabeça, era incapaz de verbalizá-la. Veio à minha mente a imagem da tartaruga se escondendo na carapaça; ficar batendo nela era certeza de que o bicho não ia pôr a cabeça para fora. Jackson só ia adquirir confiança em mim se eu não forçasse, se eu adotasse a atitude de não o julgar, se o olhasse com afeto e prestasse atenção a ele como um todo. Assim, ele responderia no seu ritmo próprio, sem ter que dançar conforme a minha música.

Não houve um momento de virada, mas lentamente, depois de seis meses, Jackson começou a me contar sua história. A mãe era uma mulher negra bem-sucedida, conselheira municipal. Tivera um relacionamento breve com o pai dele e uma gravidez não planejada. O pai, branco, jornalista, casara-se com outra mulher e tivera dois filhos, a quem se dedicava muito mais. Os assuntos recorrentes, ao longo dos anos em que trabalhamos, giravam sobretudo em torno da vida amorosa, da saúde e da relação de Jackson com a família — raras eram as sessões em que ele não falava de cada um desses temas, profundamente interligados. Porém, vou tratá-los aqui separadamente, por questão de clareza.

Jackson tinha sido um "bom menino", dedicado, que conseguiu entrar numa boa universidade e com um emprego bem remunerado no setor de tecnologia. Pela força com que falava, eu via o quanto trabalhara a vida inteira, era do tipo que abaixa a cabeça, trinca os dentes, parece uma máquina e não se contenta com nada menos que a perfeição. Mas, mesmo ticando favoravelmente todos os quadradinhos, desde a infância Jackson sofria de vários problemas de saúde, eczemas, alergias e todos os vírus que surgiam. Padeceu muito com constantes infecções respiratórias que exigiam intermináveis séries de antibióticos. No primeiro ano de faculdade teve mononucleose. Enquanto me contava isso, notei que ele coçava os olhos, uma mancha vermelha dolorosa no semblante pálido, e me dei conta de quanto ele estava exausto. Concluí que, para agradar os pais, Jackson pisara no acelerador a vida inteira, mas sua saúde agia como um freio de mão, e seu corpo cansado era como um motor girando alto, prestes a pifar.

Naquele dia, ele me escutou de um jeito diferente e sussurrou: "Sou como uma casca vazia". Senti um arrepio de alívio ao ouvi-lo admitir isso, pois tínhamos enfim um pequeno ponto de apoio para a compreensão mútua, a partir do qual podíamos construir algo juntos.

À medida que foi ganhando confiança, Jackson começou a falar com tranquilidade dos mínimos detalhes de seu cotidiano — até do caríssimo sanduíche de atum que era uma extravagância que cometia às segundas e quintas. Compreendi que era importante para ele fazer isso, agarrar-se ao mundo exterior, por saber que, para que nossa terapia avançasse, ele precisaria chafurdar no mundo desconhecido e assustador dos próprios sentimentos e mostrar curiosidade por aquilo que ocorria dentro dele. Nosso foco era descobrir que mensagem Jackson estava mandando para si mesmo, qual a fonte dessa mensagem. Algumas sessões foram complicadas e desconectadas, à medida que ele começava a sentir dor de verdade, para além do cansaço e dos problemas de saúde. Sim, ele se sentia amado pela mãe, tinha lembranças enternecedoras dela lendo histórias para ele na cama, das brincadeiras, mas pude ver a dor em seus olhos ao lembrar sua exasperação com a constante sequência de enfermidades e como aquilo tinha sido difícil para ela, mãe solteira. Os recados que ele recebia eram do tipo: "Está nos seus genes", "É o seu fardo", "Você é mais fraco que os outros", "Você precisa persistir"...

Para chegar ao sucesso, a mãe de Jackson teve que superar muitos obstáculos. Por isso, trabalhava várias horas por dia, muitas vezes no fim de semana, e servia de exemplo de trabalho até a exaustão. Quando Jackson tirava boas notas, ela o elogiava, mas ele não sabia o que era ser cuidado e não sabia que precisava cuidar de si mesmo. Só sabia superar os problemas de saúde, e aprendeu que não devia ficar pedindo atenção para si. Por isso, desenvolveu a ideia de que pedir ou querer as coisas era uma vergonha. Enquanto eu analisava o que ele dizia, senti um frio na barriga e pensei em voz alta que eu talvez estivesse sentindo o que ele não tinha sido capaz de sentir. Notei o espanto em seus olhos, por perceber que me impactara. Jackson nunca tinha pensado nisso, muito menos vivenciado, e assentiu com um sorriso tímido e doce.

Os melhores momentos com a mãe eram as férias, lembranças preciosas e felizes da Jamaica, com os primos e amigos da família, uma casinha de madeira em uma praia ensolarada. Em uma das raras ocasiões em que me olhou nos olhos, Jackson me contou, com um sorriso luminoso, que brincava de pega-pega na praia. Percebi o quanto aquela lembrança era agridoce, valiosa e rara. Isso despertou ternura em mim: quis lhe dizer que ele merecia muito mais do que a vida lhe dera.

Jackson pegou uma tosse debilitante que durou semanas. Juntos, conjecturamos se não teria sido desencadeada por aquelas lembranças. Criamos uma linguagem que nos ajudava a entender como seu bem-estar mental estava inseparavelmente ligado ao físico: quando não sentia o corpo, não sentia a si mesmo. Como ele mesmo disse, em um momento intenso: "Eu não sou". Com essas três palavras ele contava o quanto se sentia rejeitado e o preço terrível que pagava por isso. Algumas sessões depois, chorou de soluçar, tremendo da cabeça aos pés, tentando se acalmar limpando as mãos úmidas nas pernas enquanto buscava as palavras para dizer que, no fundo, sentia não ter o direito de existir, que temia a todo instante sofrer uma humilhação e que precisava ficar supervigilante e trabalhar mais do que todos para não ser excluído, que precisava ser discreto para não atrair atenção negativa, e sobretudo que não podia errar.

Tínhamos ciência de que a relação com o pai em parte era responsável por aquilo, mas meu receio era que, se o sistema imunológico de Jackson não melhorasse antes de tratar desse tema na terapia, ele sofresse um colapso. Em vários momentos esteve à beira disso, e eu me senti como sua protetora, querendo impedi-lo de se forçar demais; devia pegar mais leve consigo mesmo e mudar de atitude, começar a levar a sério a própria saúde, aprender que não conseguiria aguentar aquilo sozinho e que precisava da ajuda dos outros. Analisamos o que ele podia fazer, e vi um brilho nos olhos castanhos, brilho ateado pela imagem de um projeto de pesquisa para o qual devia trabalhar com afinco. Em um lampejo de compreensão, ele disse: "Não posso mais fazer isso comigo mesmo... Preciso achar uma saída".

Com base em todos os livros e artigos que lera, Jackson resolveu consultar um nutricionista, um acupunturista (consultas bem distantes uma da outra, para conseguir bancá--las) e experimentou atividades físicas variadas, de aulas de kickboxing a um aplicativo de treinos de alta intensidade. Tentou meditação e relaxamento, e me contou, um tanto triunfante, que aquele era um passo um pouco exagerado. Tanto eu quanto ele apreciávamos essa sensação de poder, de dizer "não". Não houve uma transformação da noite para o dia, mas, ao longo dos meses, essa postura disciplinada em relação à vida começou a funcionar. Ele montou uma rotina severa, mas realista, que lhe trouxe benefícios. Sua força física foi aumentando, assim como a robustez mental; ele me exibiu, com orgulho, os bíceps de Popeye, não exatamente musculosos, mas inegavelmente mais definidos. Jackson começou a pegar o jeito de controlar sua própria energia: passou a perceber quando estava cansado ou descansado, o que antes ignorava. O bônus inesperado foi um raciocínio cada vez mais claro, que ele atribuiu à mudança de dieta: sua flora intestinal, antes empobrecida, tinha se revigorado.

Pela primeira vez na vida Jackson compreendeu que fronteiras não só demarcavam o território dos outros, mas também eram importantes para ele. Centímetro por centímetro, ele foi conhecendo melhor suas verdadeiras reações e encontrando um jeito mais autêntico de dizer sim ou não. Esclareceu: "Meu corpo parou de reclamar comigo. É como se aqueles mísseis Exocet que me atacavam tivessem dado meia-volta...". Respirou fundo, balançando lentamente a perna: "Sei que na hora em que eu estiver superestressado eles vão voltar com tudo, mas agora passo a maior parte do tempo longe do campo de batalha".

Quis dar-lhe os parabéns, mas optei por uma versão mais discreta e disse o quanto estava orgulhosa por ele ter assumido um compromisso tão difícil e persistido apesar das frustrações. Agora ele colhia os benefícios.

Quando falava do pai, porém, a angústia e a raiva no rosto de Jackson davam tristeza. Era um sofrimento que causava dor no meu peito. As sensações dele eram confusas e intensas, mas a história, da qual ouvi várias versões, era dolorosamente simples: na infância, o pai ia vê-lo uma vez por mês, só por obrigação, e não por amor ou prazer. Jackson sentia a irritação ou, pior ainda, a indiferença com que o pai olhava para ele. Sem meios de se proteger, se sentia desprezível, o que se transformou em repulsa a si mesmo. Foi um adolescente mal-humorado e calado, com acessos ocasionais de raiva que causavam uma rejeição ainda maior, inevitavelmente. Quando a mágoa de Jackson aflorou, ele se lembrou do pai explodindo: "Só de olhar para você eu sinto nojo. Você se parece com sua mãe". Ao pronunciar aquelas palavras que o envenenaram por tantos anos, foi como se o chão se abrisse sob seus pés. Ele buscava o ar, tentando agarrar-se a alguma coisa para não desmoronar. Com a permissão dele, aproximei-me, colocando a mão levemente em suas costas, encorajando-o a respirar lentamente, para se recuperar. Depois que se acalmou, ele sussurrou: "Com quem eu me pareço não é problema meu... É recalque do meu pai". Era um esclarecimento importante e com poder de cura.

O ressentimento da madrasta em relação a ele se expressava de várias maneiras. Por odiar a necessidade de dinheiro do enteado e seus problemas de saúde, ela se recusava a hospedá-lo, alegando proteger os próprios filhos de uma "infecção". Quando ia para a casa do pai, não havia cômodo para ele: dormia em um sofá-cama na sala, enquanto os meios-irmãos tinham um quarto para cada um. Testemunhar a infância amorosa com que ele sonhava era uma perversidade a mais. A verdade cruel de nossos defeitos como seres humanos era que, quanto mais Jackson sentia falta do pai, desdobrando-se para agradá-lo, mais o pai se afastava e mais carente e nervoso Jackson ficava. Até quando recebia um elogio, Jackson não acreditava, e queria mais. Isso me lembrava um artigo que dizia que a falta de atenção magoa mais que o abuso físico ou verbal — que ao menos nos dão a sensação de existir.

Na faculdade, Jackson fez amizades íntimas e importantes com três colegas, que se tornaram sua segunda família (muita gratidão por eles). Eles o convenceram a parar de se submeter a esse ciclo de sofrimento; assim, ele reduziu os encontros com o pai a apenas alguns almoços por ano, o bastante para manter o contato, protegendo-se do massacre que sofria ao vê-lo com mais frequência. Não havia como curar aquela ferida, mas era possível dar ao jovem Jackson uma voz que fosse ouvida e uma forma de aliviar a si próprio. Usamos técnicas de visualização para facilitar o acesso à sua infância. Descrever essas visualizações soa um pouco esotérico, o que eu detesto. Na prática, elas são uma ferramenta poderosa, que permite ao paciente acessar partes de si mesmo que não são alcançadas pelo pensamento e pela palavra.

O lugar que mais surgia nessas visualizações era uma floresta sombria, de pinheiros altos, onde o pequeno Jackson estava sentado no chão sem fazer nada nem olhar para nada. Apenas solitário e imóvel. Perguntei se ele queria a presença de alguém. Do que ele precisava? Ouvi um "Nada, eu não sou nada". Ele se aferrou a essa posição de vítima com toda força, congelando a dor e o desespero, por ser um lugar familiar para ele. Ousar a mudança, expor aqueles anos de vulnerabilidade, era algo desconhecido e assustador.

Meses depois, voltando das férias, Jackson entrou sorridente na minha sala e sentou em uma cadeira diferente. Sorri, pensando no que poderia estar acontecendo, na esperança de que ele tivesse encontrado alguém, mas não: ele tinha tido uma série de sonhos tensos, em que era um super-herói que lançava chamas e explodia bombas. Ele destruiu a casa do pai, esmagou o carro dele com o pé, atirou a madrasta no espaço e, o melhor de tudo, pegou o pai pelo colarinho, gritou na cara dele toda a sua raiva e viu o medo nos olhos do pai, finalmente no papel da vítima. Sabe-se lá o que desencadeou de forma tão poderosa seu inconsciente, mas a força criativa da imaginação permitiu a Jackson evoluir. Ele tirou do pescoço a corda da vitimização, libertando-se para explorar a si mesmo de outro ponto de vista.

Jackson mostrou, uma vez mais, que as pessoas desejam melhorar — todos nós sofremos, mas persistir na vitimização é opcional. Com o tempo, muito tempo, a coragem deu resultados duradouros, com pequenas atitudes cotidianas, e após uma série de pequenas vitórias ele sentou-se ereto na cadeira, de olhos fechados, respirando fundo, lágrimas rolando pelo rosto, mas com a voz calma e potente, e se presenteou com a frase: "O universo quis que eu nascesse. Eu mereço ser amado... Eu mereço existir".

Se ele abrisse os olhos, teria visto lágrimas rolando pelo meu rosto também. Fiquei pensando se a mudança nele acarretaria uma reação diferente por parte do pai. Essa era a minha esperança.

Quando Jackson começou a se abrir comigo, a única coisa sobre a qual ele era bem claro era a vontade de namorar. Alguns de seus amigos ainda viviam felizes a vida de solteiro, mas ele queria amar alguém. Contou-me sobre o "júri feminino" que desprezava suas cantadas na faculdade e de como ficava nervoso e desajeitado perto delas. Isso o deixou com um sentimento de vergonha que o fez rejeitar durante vários anos a simples possibilidade de amar, recorrendo à pornografia para saciar suas necessidades. Apesar dos ótimos amigos, que certamente faziam a diferença, eu notava o círculo vicioso de tristeza e solidão que foi crescendo dentro dele. Agora, porém, ele queria deixar de ser "aquele cara de coração de pedra com medo de amar".

O desejo de um relacionamento motivou-o a enfrentar os problemas de saúde e o pai. Descobri em que pé Jackson andava em relação aos encontros amorosos. Na época, abordar alguém em um bar era considerado invasivo, e o mais comum era usar um aplicativo em que há concordância mútua para o encontro, embora alguns ainda marcassem encontros por indicação de amigos. Os aplicativos convinham a Jackson, porque lhe proporcionavam tempo para pensar no que ia escrever, ofereciam uma ampla escolha e ele era atraente o bastante para as garotas deslizarem o dedo para a direita; Jackson sabia que os amigos menos atraentes costumavam mentir sobre a própria altura e davam um jeito de embonecar as fotos.

Depois de alguns encontros bem-sucedidos, surgiam portas a serem abertas, geralmente por iniciativa das garotas. Primeiro, "Estamos ficando", o que queria dizer que estavam se encontrando e fazendo sexo; depois, "Estamos juntos", o que queria dizer sendo fiéis um ao outro, sem chegar a namorar; e por fim, em geral depois de três ou quatro meses, "Estamos namorando". Ufa! Jackson sabia que muita gente marcava vários encontros ao mesmo tempo, mas ele só conseguia criar coragem de sair uma vez por semana, e sua ansiedade era palpável: ele esfregava as mãos, morria de medo e queria muito ao mesmo tempo.

Ouvi todos os detalhes de um encontro que Jackson teve numa tarde de sábado. Ele precisou superar muitas barreiras pessoais: primeiro, a aparência — levava horas para se arrumar, a fim de ficar perfeito, experimentando diversas roupas e agasalhos, penteando o cabelo de vários jeitos, sem nunca ficar satisfeito. A imagem de si mesmo, comparada à imagem sonhada, era outro obstáculo: ele tinha um sonho romântico hollywoodiano de se apaixonar à primeira vista, mas não se via no papel do galã, sendo naturalmente tímido e introvertido — não sabia como flertar e, para piorar as coisas, receava ser taxado de machista caso o fizesse.

O encontro não foi legal: a moça concluiu que ele não era o cara e começou a olhar para o celular de modo ostensivo quando o pobre Jackson tentava puxar algum assunto. Ele ficou totalmente desanimado. Houve um monte de encontros similares; alguns, que iam melhor, geravam um segundo encontro; alguns acabavam em sexo; mas nada durava. Senti pena dele: aquilo era a confirmação da mensagem negativa que ele passara a vida toda gritando para si mesmo: "Não dá para amar você". Não fosse pelos melhores amigos, Jackson teria desistido. Eles o levaram para sair, cozinharam para ele e, nas horas em que revelava seu sofrimento, o abraçavam e lhe davam amor, mantendo contato pelo celular todo dia. Concordamos que a melhora na saúde e na forma física de Jackson eram sinal de maior resiliência.

Foi então que conheceu Suki. Ela era adorável. Jackson mal podia crer na própria sorte quando ela tomou a iniciativa de cortejá-lo. Eles superaram a falta de jeito dos primeiros encontros sexuais — ela ensinou que o sexo bom vem do prazer, a conexão que vem da dança da boa comunicação, mais que da corrida desenfreada rumo ao orgasmo. Com o passar do tempo, ele foi superando a ansiedade do desempenho e passou a confiar no toque e na conexão recíproca. Eu lhe disse que estava impressionada com sua segurança, e concordamos, rindo, que Suki fora uma boa mestra e motivadora. Eles tinham passado com sucesso pelas fases do "estamos ficando" e "estamos juntos".

Jackson se animou, começou a se sentir vivo e orgulhoso, e a apresentou à turma. Sorriu ao descrever o cuidado de Suki com a aparência dele, e até cortou o rabo de cavalo por sugestão dela. Jackson sentiu surgir uma nova versão de si mesmo, algo tocante de se testemunhar. Seis meses depois, porém, começaram a soar alarmes que ele preferiu ignorar. Ela passou a adiar os encontros, distanciou-se sexualmente e parou de responder às mensagens; esse distanciamento o deixou em pânico, impedindo-o de dormir ou de se concentrar. Sua vida inteira parecia depender do "plim" da notificação. Suki, no entanto, dizia para ele deixar de ser ridículo, agia como se ela fosse a vítima e tranquilizava-o com sexo. Quando ele tentava fazer algo especial com ela, Suki reagia com desinteresse, até com frieza, mas em outros momentos voltava a ser carinhosa, dizendo as coisas que ele queria ouvir, o quanto se importava com ele, e chegou a vislumbrar um futuro em comum.

Quando eu tocava no assunto, ele ficava triste e me dizia que não podia se dar ao luxo de ser exigente e abandoná-la; precisava dela o bastante para aguentar a montanha-russa que lhe era imposta. Se a perdesse, achava que não encontraria mais ninguém. Não conseguia suportar a ideia de voltar ao circuito. Reconheci que havia muitos motivos para não romper com ela. Discutimos como o comportamento ambíguo de Suki gerava a loucura de supervalorizar o que não se tem e desvalorizar o que se tem.

No fim das contas, foi Haz, um dos amigos de Jackson, quem lhe abriu os olhos. Suki tinha duas contas no Facebook: uma onde eles eram amigos e ela estava "em um relacionamento" com Jackson; outra, que ele desconhecia, em que ela aparecia em festas e saindo com outras pessoas. Era humilhação demais para Jackson, que confrontou Suki. Na mesma hora ela rompeu com ele. Isso o levou a semanas de tristeza e desespero. O corpo acusou o golpe: a asma e o eczema voltaram, ele não conseguia dormir e se afundava na minha cadeira, tão triste quanto nos primeiros dias de terapia. Jackson buscou conforto junto à mãe, que era carinhosa, e os dois voltaram a fazer caminhadas juntos. No entanto, ela mesma nunca tivera uma relação bem-sucedida, o que fomentava uma visão pessimista do amor, que encontrava no coração partido de Jackson um alvo fácil. Isso fez renascer nele a criança carente e o fantasma do olhar enojado do pai. Eu queria que ele sentisse minha ternura, que soubesse que desta vez não estaria sozinho, que eu escutava sua tristeza em toda a profundidade e que iria apoiá-lo até o fim.

Enquanto eu falava, Jackson me olhava desconfiado. Mesmo assim, senti que a ficha caiu para ele. O mecanismo aprendido na infância, de persistir apesar da perda, acabou por ajudá-lo; o trabalho e os exercícios o distraíam, tirando-o do poço de tristeza à sua espreita no caminho de casa. Nós dois queríamos que ele voltasse a colocar a cabeça e o coração em sintonia, pois sabia, no fundo, que Suki não era a pessoa certa. A marca deixada por ela, porém, o fez relembrar as feridas do passado, e ele voltou a achar que nunca mais confiaria em ninguém nem acreditaria em amor sincero. Mesmo sabendo que ela fizera dele um joguete, continuava sentindo sua falta, ou se lembrava de momentos em que queria ter dito a coisa certa ou sido a pessoa que, no entender dele, ela queria que ele fosse. Então Suki iria amá-lo. É a loucura do amor obsessivo.

Jackson atravessou as fases do luto: chorou, suspirou, regrediu ao passado, deitou-se na posição fetal, esperneou e gritou. Teve a lucidez de ir ao acupunturista, que o ajudou a se realinhar, e de buscar o amor dos amigos. Eles o levavam para viajar no fim de semana e organizavam encontros periódicos, que o apaziguavam. Era uma diferença em relação ao vazio do menino dentro do poço que gritava em silêncio, que nunca pedia ajuda porque sabia que não havia ninguém por perto. Agora Jackson era um homem com mecanismos de enfrentamento e, mais importante, pessoas que o amavam e que ele amava.

Naquela época já fazia dois anos que ele se consultava comigo. Era um Jackson de 27 anos, idade em que a terapia faz efeito com mais facilidade do que se ele fosse mais velho. O ímpeto natural da juventude jogava a favor dele, o impulso natural de procriar, de se relacionar, com padrões de comportamento menos arraigados, mesmo chafurdando no vitimismo. Seis meses depois de terminar com Suki, Jackson voltou a namorar, com algum receio inevitável, mas uma ponta de esperança. O sexo bom com Suki o deixara mais confiante nesse quesito, o que ele me contou com uma piscadela. Também me senti mais confiante, por saber que ele iria adquirir maior inteligência emocional e consciência de si no relacionamento, e que isso lhe valeria mais que uma mudança de atitude. De novo teve alguns encontros, uns mais divertidos que os outros, mas desta vez ele ganhou uma amiga, Katie; eles riam muito juntos, gostavam de ir a exposições e ao cinema, e ampliaram mutuamente o círculo de amizades. Ele fez questão de me dizer que não sentia atração por ela, mas que mesmo assim estava revigorado. Amizades novas animam.

Agora, quando Jackson vem me ver, ainda há momentos em que vejo aquele jovem frágil e ferido. Porém, também consigo ver um rapaz que ousou encarar seus demônios: literalmente, olhou-os de cima para baixo. Vejo um jovem que tem coragem de se admitir vulnerável, de expressar a confusão de sentimentos, sem desarrumar suas gavetas, claro, e que fez uma mudança fundamental de ponto de vista, de alguém que não se permitia existir para um jovem verdadeiramente vivo para tudo que emerge nele e que cria a sua própria história. Mal posso esperar pelo próximo capítulo.

O trabalho continua.

ROBBIE: AMAR E PERDER O AMOR

Robbie me escreveu para marcar uma consulta. Era um e-mail curto, quase indelicado, com um ar de arrogância que me incomodou. Meu instinto era responder que minha agenda estava lotada, mas resolvi refletir um pouco. Sugeri uma sessão de experiência, para ambos termos a oportunidade de avaliar se conseguiríamos trabalhar juntos, com a opção de desistir. Não obstante todo o folclore sobre a primeira impressão ser a que fica, acho que isso vale mais para mim do que para o paciente. É importante não se deixar levar pela reação por reflexo.

Algumas semanas depois, Robbie, de 63 anos, tocou a campainha. Pude sentir minhas defesas se erguerem, supondo que sua rispidez no teclado se transferiria para mim. Ele subiu as escadas devagar, tendo que parar muitas vezes no caminho. O rosto estava vermelho e brilhante de suor quando se jogou na cadeira. O paletó parecia tão velho quanto o rosto dele, e gasto além do poder de qualquer lavanderia. Robbie falava com penosa lentidão, tirando uma palavra de dentro da outra. Um resfriado com coriza só piorava as coisas. Peguei-me me remexendo na cadeira, impaciente.

A esposa, Susan, morrera de um derrame cerebral dois anos antes — ele era diretor de uma escola, e na volta do trabalho a encontrou morta no chão da cozinha. Ela estava morta havia horas. O tom de voz me fez entender que era uma história contada muitas vezes: carecia de emoção. Robbie aguentou os primeiros meses de vazio com o apoio dos três filhos adultos. Obedecendo à risca a recomendação da filha mais velha, foram em busca de terapia familiar, que, para sua surpresa, ajudou muito. A reação de cada um à morte de Susan foi diferente, refletindo as personalidades e a relação com ela. Conversar a respeito, de forma prática e emotiva, os protegeu de maiores brigas. Para ele, era extremamente incômodo quando os filhos não faziam o que ele queria, mas acabou compreendendo que, quando se tratava da mãe, era preciso dar ouvidos a eles.

Robbie sorriu ao me contar que os filhos tocavam bem suas vidas. A filha Jess, produtora de conteúdo digital, era casada; o filho Phil trabalhava no setor financeiro em Nova York, e o caçula, Rich, era aprendiz de marceneiro no norte da Inglaterra. Se havia motivo de preocupação com algum dos filhos, como sempre há, seria com Rich. Ele trabalhava demais, morava sozinho e nunca tinha namorado.

Um amigo íntimo disse a Robbie que ele precisava "virar a página", o que o deixou furioso. Mas parte dele concordava que estava solitário. Ele me olhou inseguro. Será que eu poderia ajudar? O tom professoral de Robbie me incomodava, trazendo à tona a "aluna burra" dentro de mim. Mas lidar com isso era problema meu. Fui suavizando minha postura. Por trás da fachada abrutalhada, pude notar a vulnerabilidade e o coração combalido de Robbie. Disse que esperava poder ajudá-lo. Obviamente, eu não tinha respostas, mas queria que discutíssemos juntos como ele poderia avançar nessa fase nova da vida. Não seria uma questão de esquecer Susan e virar a página, mas de se lembrar dela e encontrar um novo jeito de viver — se possível, com um novo amor. Senti que ele respondeu um pouco mais relaxado.

Pedi que me falasse de Susan, o que lhe provocou uma crise de tosse. Ele sacou um lenço de bolinhas azuis, uma espécie de velho amigo e sinal de seu incômodo. Acabou me contando que Susan era sua "alma gêmea", carinhosa e amorosa, a pessoa a quem ele pedia aconselhamento. Ela mantinha seus pés no chão quando o trabalho o sobrecarregava. Mais importante que isso, ela assumia a maior parte da responsabilidade com os filhos. Robbie soluçou com a tristeza de não criarem mais os filhos juntos. Ela era uma ótima clínica geral, e era especialmente cruel lembrar que estava pensando em se aposentar pouco antes de morrer, com vontade de se dedicar a alguma atividade mais espiritual. Ele falou do próprio luto: no primeiro ano se sentiu anestesiado, de vez em quando com uma dor insuportável surgida do nada. Conciliar trabalho e organização do enterro, inventário e espera da autópsia foi complicado. Os amigos, os vizinhos e os parentes de Susan sempre estavam por perto, ou lhe levavam comida, mas depois de seis meses isso parou. Ele não tinha irmãos. A reação-padrão de Robbie, ir tocando a vida, deu certo para ele, em grande parte — mesmo sentindo a ausência dela em cada canto da casa.

As lembranças o invadiam, e ele se surpreendia chorando, sentindo falta de Susan, dando-se conta sempre de que o mundo que haviam construído não existia mais.

Na época, Rich ainda morava com ele, e os dois se aproximaram, o que foi um apoio surpreendente. Robbie descobriu que cozinhar era uma terapia e um jeito de demonstrar amor pelo filho. Ele ergueu os olhos, com um sorriso no canto da boca, satisfeito por me surpreender revelando seu talento doméstico. Prosseguiu contando que seu sofrimento ficara menos intenso, que a dor física diminuíra, mas que restara um imenso vazio. Fiquei pensando se a lentidão de sua fala refletia esse vazio. Ou seria cansaço? Ou as duas coisas? Perguntei se ele dormia bem. Desde o dia da morte de Susan, Robbie dormia mal. Nos primeiros meses recorreu a calmantes, mas parou, com medo de se viciar. Senti na minha barriga o frio da solidão e da ruptura de seu ser. Tive vontade de demonstrar calor humano. Sentei-me em cima das mãos para não esfregar seus braços como um adulto faz com a criança que sai da água fria.

Ao longo das semanas, escutei diversas versões da mesma experiência. Robbie sentia que o futuro seria difícil. Via o tempo passar lentamente à sua frente, sem vislumbrar um propósito. Ficar sozinho não tinha sentido para ele, sobretudo depois que Rich saíra de casa, alguns meses antes. Para Robbie, girar a chave da porta de uma casa vazia, realizar as intermináveis tarefas domésticas, deitar-se em uma cama fria sem sua companheira, sua tábua de salvação e sua "camarada de guerra", eram coisas absolutamente desanimadoras. O peso de sua dor me afetou. Percebi, com certa vergonha, que eu não era a terapeuta que gostaria de ser e que até receava nossas seções. Eu não queria arrancá-lo de sua dor, porque a dor é o agente da mudança, e disse a mim mesma que era uma parte necessária do processo. Precisava ter paciência e acompanhá-lo.

Até uma certa sessão. Ao me afundar em minha cadeira, tive a impressão de estar sendo enterrada viva, sufocada por sua fala lenta e repetitiva. Busquei um jeito de dizer a Robbie o que sentia e fiquei pensando se de alguma forma ele entenderia minha imagem de enterrada viva. Ele fez uma pausa, claro, respirando fundo, e me disse: "Eu me sinto sombrio. Quero estar com Susan, do lado de lá". Eu disse a ele, gentilmente, que entendia a dor que sentia. Robbie começou a chorar em silêncio, depois passou a tremer, com soluços fortes e urros de dor primitivos. Sentei-me ao lado dele, sentindo instintivamente que ele precisava do calor de minha mão em seu ombro, enquanto a dor crescia em seu corpo e transbordava pela sala.

Quando a dor de Robbie diminuiu, voltei para a minha cadeira, sentindo-me mais leve. Ele ergueu a cabeça. Não falou nada. Sugeri que naquela noite ele buscasse alguma distração, fazendo algo que o relaxasse: dar uma caminhada, fazer o jantar, ouvir música (ele tinha uma playlist que o acalmava), mas acima de tudo sem recorrer ao hábito de trabalhar até meia-noite.

Nas sessões seguintes, nos voltamos menos para o passado e mais para o futuro, o que representava uma mudança, ainda que não tenha sido simples. Fiquei aliviada quando ouvi Robbie dizer que queria encontrar uma parceira — "A vida sem amor não é vida" —, embora não soubesse ao certo como fazer isso. Mesmo concordando que encontrar alguém para amar e ser amado traria a tão ansiada esperança para sua vida, eu temia que seu grau de exaustão fosse um obstáculo para um namoro dar certo, o que poderia desanimá-lo ainda mais. Debatemos como ele poderia se revigorar antes de procurar uma agência matrimonial. Robbie me contou o quanto a espiritualidade era importante para ele; que mesmo nos piores momentos sentiu-se conectado a uma força superior, Deus. Para ele, tanto Buda quanto Jesus tinham significado. Queria encontrar uma prática espiritual que reconhecesse a importância dos dois.

Desenvolvemos juntos uma rotina que ele tinha que obedecer, com disciplina e sem ambiguidades do tipo "Será?". Era seu dever de casa. Notei que Robbie gostou de receber instruções concretas: uma caminhada rápida ou corrida três vezes por semana; contemplação espiritual três noites por semana; visitas à igreja local quando sentisse necessidade; exercícios mais prolongados, de preferência com algum amigo, no sábado ou no domingo. Para melhorar o sono, concordamos que o ideal era um quarto bem arejado, usar máscara nos olhos e largar o celular ou computador duas horas antes de dormir — e nada de trabalhar depois das sete da noite. Não era à toa que ele não conseguia dormir: seu cérebro não parava de se estressar com o trabalho.

Nos meses seguintes, o nível de energia de Robbie foi melhorando aos poucos. Ele se aferrou à nova disciplina. Ainda bufava depois de subir as escadas, mas começou a falar menos devagar e com maior vitalidade. Ambos ficamos mais animados. Ele dormia melhor e adicionou um conjunto de exercícios para a mente, indicados por um amigo, para a hora de dormir. Com o melhor amigo — a quem eu fiquei grata mentalmente, por ser um bom amigo — e a filha, que trazia um ponto de vista feminino, criou um perfil on-line para a agência matrimonial em que queria se inscrever. De modo incomum para ele, chegou a uma sessão com um assunto na cabeça: discutir que tipo de encontro buscava. Eu quis verificar onde se situava Susan em relação a esse encontro. Racionalmente, sabíamos que ele estava solteiro. Mas o que seu coração achava?

Robbie estava muito à minha frente. Já tinha pensado um bocado no assunto e concluíra que Susan ia querer que ele voltasse a amar. Mas ele precisava fazer um gesto concreto para se livrar do laço com ela. Achava que o passado vivia no presente, e que o presente influenciava o futuro. Susan nunca deixaria de ser parte dele, mas Robbie precisava de algo físico que simbolizasse uma mudança de perspectiva. Depois de muita conversa, concluiu que precisava viajar para o litoral, para onde a família sempre ia, e entrar no mar para se soltar de Susan.

Na manhã da execução de seu plano, ele se sentou na praia ao nascer do sol, respirou a energia do mar e soprou a dor para fora. Sentia as ondas de tristeza irem embora. Depois, dentro de seu barquinho, visualizou Susan. Com o resto das cinzas da esposa e as flores favoritas dela nas mãos, Robbie disse a si mesmo que precisava deixá-las, mas relutava em abrir as mãos. Lutou consigo mesmo, segurou as cinzas com mais força. Engasgou-se ao contar que tinha sido a coisa mais difícil que já fizera. Até que espalhou as cinzas no mar. Voltou remando lentamente para a praia, ciente de que tinha feito a coisa certa. Ficou por algum tempo na igreja medieval da região, orando pela alma de Susan e para ter paz no seu próprio caminho rumo à luz. Uma semana depois inscreveu-se na agência matrimonial.

Robbie começou a imaginar seu futuro. Encarou-o não como um capítulo novo, mas como outro livro. A nova mulher de sua vida não podia ser apenas uma companheira; ele não ia se contentar com isso. Parecia animado com a possibilidade de não estar mais sozinho. Depois de algumas semanas começou a "procissão" de encontros, analisando perfis potenciais, descartando as que tinham filhos adolescentes. E descartando as que não tinham filhos, porque, por mais atraentes que fossem, ele sabia que não daria conta de ter outro filho. Esperançoso, marcava um drinque e voltava decepcionado quando não havia química, ou pior, quando a candidata expressava opiniões diferentes das suas. Ele me falou da tristeza ao ver a solidão e o desespero delas, sentimentos parecidos com os dele, querendo que desse certo, mas vendo que era a pessoa errada. Robbie sentia falta da inocência dos encontros da juventude. Não fazia ideia de como era difícil namorar aos sessenta: todo mundo chegava carregando a própria bagagem e os esqueletos no armário — e o sexo era complicado. Quando acontecia, ele se sentia vazio. Em sua memória, o sexo era divertido e feliz, mas a alegria inocente parecia coisa do passado distante. Todas as mulheres tinham uma história de perda, mágoa ou traição que se interpunha aos sorrisos e às promessas da esperança.

Robbie passou por uma fase de decepção, que o desmotivou, quando conheceu uma mulher que lhe interessou mas não quis revê-lo. Às vezes ele marcava um segundo encontro contra a própria vontade. Chegou a beijar uma mulher de quem não gostava só para não ter de lidar com a complicação extra de lhe dizer não, o que deu a ela uma ponta de esperança. Isso o fez se sentir mal. Aquela coisa de querer e não saber, às vezes achando que ia encontrar alguém, às vezes achando que ia ter que aprender a viver sozinho, era de enlouquecer. Só aumentava a falta que sentia de Susan. Por isso ele decidiu parar.

Eu também me senti decepcionada. Achei que não ia ser difícil, supondo que, sendo homem, não faltariam opções.

Mas, como acontece com toda ideia preconcebida, eu estava enganada.

Robbie voltou ao modo antigo de enfrentamento: trabalhar sem parar. Isso não eliminava a dor, mas pelo menos não pensava nela e o conectava a seus pontos fortes. A escola era um sucesso, passando de "insuficiente" a "excelente" em apenas cinco anos. Ele eliminara os comportamentos inadequados e melhorara a qualidade do pessoal, o que, no geral, agradava tanto ao comitê de direção quanto aos pais. A maior dificuldade era o fardo incessante de fazer sempre algo a mais, assumindo a responsabilidade por coisas de que não tinha tempo para tratar: a caixa de mensagens lotada, os riscos de radicalização, a necessidade de proteger as crianças, a sujeição aos caprichos das políticas públicas sobre os quais ele não tinha controle.

No entanto, por trás de tudo isso, Robbie encontrara sentido no trabalho. Caminhar pela escola, conhecer os alunos, desfrutar de sua alegria, fazer o possível para resolver os problemas, tudo isso o sustentava. O projeto do jardim novo e a reforma da cantina o apaixonavam. Robbie sempre encontrava novas metas a alcançar, o que o mantinha ativo. Era um profissional competente: gostava de liderar e de colocar em prática suas ideias. Isso ajudava sua autoestima nos momentos de fragilidade pessoal. Enquanto pudesse manter certo distanciamento, fazer uma coisa de cada vez, abstrair o trabalho quando chegasse em casa, seria bom para ele. Faltavam cinco anos para a aposentadoria, e seu sonho era encontrar uma parceira com quem ele pudesse "se reinventar".

No verão seguinte, Robbie passou algum tempo com os filhos, o que foi bom para ele. Sentir o calor e a intimidade dos abraços e da companhia deles servia de consolo. Mas às vezes, mesmo com os filhos, se surpreendia soturno enquanto conversavam e se divertiam juntos. O vazio deixado por Susan ficava ainda mais presente e o levava a se sentir como alguém pela metade. Além disso, os filhos começaram a querer mandar nele, dizendo como devia agir, como se fossem versões de Susan, mas sem dúvida diferentes. Era um tanto humilhante. Quando me repetia a versão do "Sem essa" que ele respondia aos filhos, dava para notar sua firmeza.

Felizmente as prolongadas férias de verão permitiram a Robbie fazer um retiro espiritual nas ilhas Hébridas, com um líder inspirador. Estar com gente que pensava como ele e poder conversar abertamente como poucas vezes fazia no cotidiano foi bom para a cabeça de Robbie. Vi o brilho no seu olhar quando disse: "Meu coração deseja serenidade... E ficou claro meu propósito de viver com amor, disposto a servir os outros". Começou a chorar enquanto falava. Eram lágrimas de libertação. Senti que havia dentro dele mais espaço para a felicidade, e o quanto nós dois queríamos que ele tivesse isso.

No site da agência matrimonial apareceu a foto de uma mulher chamada Lou que ele convidou para um drinque. Desde o primeiro instante houve química, e em poucos dias viveram um furacão de desejo e paixão. De tão feliz, Robbie chegou a cancelar consultas comigo. Quando voltou a me ver, estava mais magro e saltitante de alegria. Tinha mudado de paletó e abandonado o lencinho amigo. Parou de resmungar. Isso me fez sorrir. Lou era charmosa, uma artista plástica libanesa divorciada, com filhos adultos. Para surpresa dele, o sexo era o melhor que já tivera. No relacionamento com Susan, o sexo era só um detalhe. Com Lou ele descobrira um aspecto de si mesmo que nem sabia existir. Encontravam-se sempre que podiam, embora ambos tivessem outros compromissos que atrapalhavam. O amor não tem relação com a idade: apaixonar-se faz com que nos sintamos renovados, por mais idosos que sejamos. O único senão era Rich, que se recusava a conhecer Lou — não por ser contra o pai ter um novo relacionamento: ele disse apenas que não queria "ir até lá". Robbie ficou furioso com ele. Achava que Rich estava sendo injusto, considerando-se tudo por que ele tinha passado.

Então, depois de dois meses muito intensos, Lou rompeu contato com Robbie. Parou de responder às mensagens, não retornava os telefonemas e desapareceu da vida dele. Robbie ficou arrasado. Escreveu-lhe uma extensa carta contando o que sentia por ela e o quanto achara especial o período que passaram juntos. Ele sabia que era complicado arranjar tempo para se encontrarem, mas achava que o relacionamento nascente era precioso e devia ser tratado com carinho. Nenhuma resposta. O silêncio dela o enfureceu.

Por fim, Lou respondeu à mensagem, mas de forma fria, alegando estar ocupada, o que o irritou ainda mais. Esse era um tipo de morte diferente, em que precisava preencher as lacunas com a própria imaginação. Robbie deixou mensagens cheias de rancor no celular de Lou, dizendo que as pessoas terminavam em um café ou com um telefonema. Eles tinham sido amantes — quando ele dissera oi ela respondeu rápido; como ousava não ter a dignidade de dizer adeus? Ele parou de passar de carro na rua dela, ou de checar as redes sociais, mas só isso. O trabalho o obrigava a seguir em frente: vestir a personagem de diretor de escola todo dia o ajudava a não enlouquecer nas horas em que achava que ia desmoronar. Ficar sozinho em casa abrindo de novo as portas do vazio era um suplício. A perda da adrenalina do tesão recém-descoberto doía todas as noites, provocando insônia. Mas a maior perda era a conexão. Ele precisava de outra pele, de contato. Sentia falta da intimidade dos corpos se encaixando, de abraçá-la quando dormia.

Senti raiva de Lou, uma mulher que eu nem conhecia, considerando inexplicável aquela retirada silenciosa. Nossa indignação só aumentou quando concordamos que, se ela era incapaz de terminar o relacionamento claramente, não devia ser mesmo a pessoa certa para ele. Tentamos encontrar uma explicação para essa atitude analisando o histórico do relacionamento: haveria alguma pista em seu jeito de ser? Robbie ficou se perguntando se teria sido "ansioso demais". A linha entre ser carente e ser carinhoso às vezes é difícil de definir, já que a carência é vivida como o desejo de que o outro preencha uma lacuna em você. O amor é mais generoso, embora possa ser vivido como uma demanda. Talvez fosse um fator a levar em conta em futuros encontros. Nós nos agarrávamos a esses fiapos, tentando encontrar sentido em algo cuja resposta só Lou conhecia.

Quando a ira de Robbie diminuiu, ele veio me ver, com o coração ferido e um incômodo por dentro. Nada parecia se encaixar. Sugeri fazermos uma visualização, a fim de parar com o redemoinho em sua cabeça. Ele visualizou uma espécie de bola vermelha em carne viva na parte de baixo das costas. Quando perguntei o que ela diria, se pudesse falar, percebeu que ela soltava um longo uivo. Em seguida, Robbie inspirou luz e amor, e expirou trevas e sofrimento. Visualizou a bola vermelha sob uma luz suave e sentiu como se seu coração fosse um ponto de equilíbrio, que lhe permitira superar aquilo. Não conseguia chutar a bola, mas sentia que, embora doesse, a dor ia passar. Não ia durar para sempre. Não havia mapa, mas ele sentia que teria pela frente um período mais leve: precisava escutar a sabedoria do próprio corpo, ter confiança no corpo e na natureza. As imagens da visualização o ajudaram a levar o foco daquilo que ele não tinha como controlar ou influenciar para si próprio, a quem ele podia influenciar, apoiar e demonstrar compaixão. Robbie entendeu de novo que o caminho, para ele, era procurar com menos ansiedade e acostumar-se com o próprio incômodo. Só então, paradoxalmente, se sentiria em paz.

Robbie nunca falava sobre seus pais, e na verdade nem sequer os mencionava. Talvez eu tenha entendido nisso um recado tácito para não tocar no assunto, já que nunca perguntei. O pai morrera com oitenta e poucos anos. Mas a mãe, já com mais de noventa, estava mal de saúde. Ele tinha que sair correndo da escola para ir vê-la no hospital ou em casa. Ir à casa dela era desagradável: ela já não conseguia cuidar da limpeza e recusava ajuda. Robbie odiava o cheiro de abandono e os móveis grudentos, e cuidar dela era uma tarefa inglória, pois a mãe se queixava o tempo todo. Robbie sabia que não era mais seguro para ela morar sozinha — podia esquecer o gás aberto ou sofrer uma queda. Ele temia a batalha que seria convencê-la a ir para um asilo. Estava sobrecarregado e voltou a sentir que tudo ficava nas suas costas. As coisas só aconteciam se ele as fizesse. O fardo da responsabilidade incessante, que ele carregava desde a infância, era pesado.

Enquanto Robbie falava, eu sentia em meu próprio corpo esse peso. Ele voltou a falar devagar, suspirando muito. Era uma parte dele que se sentia culpada: odiava ter que cuidar da mãe. Faltava-lhe uma dívida de carinho e amor da infância à qual recorrer. Pai e mãe eram "travados emocionalmente". A mãe preferia a companhia dos cães à dos próprios filhos, e o pai era ausente: "Em 55 anos, ele nunca esquentou uma sopa de tomate para mim nem torrou um pão". Cuidar da mãe parecia uma prisão perpétua, toman-

do-lhe tempo e um dinheiro que não queria gastar. Irritava-
-o pensar que aquela situação trazia à tona o seu pior lado.

    Em um momento de epifania tocante, ele pediu desculpas ao Robbie de oito anos de idade pelo que viesse a acontecer. Enquanto pensava, cofiava as fartas sobrancelhas. Pude visualizar o jovem Robbie fazendo isso na sala de aula, às vezes concentrado, às vezes sonhador, a inocência do menino carinhoso destruída pelo impulso de dar certo, de ser bom, de agradar aos pais, deixando em segundo plano o verdadeiro eu. Quando a dor era insuportável, Robbie voltava a ser aquele menino de oito anos, espiando por trás do rosto mais velho e mais corado. Nessas horas era mais difícil se abrir o bastante para fazer aquilo que seria melhor para ele, como respirar fundo e recorrer ao amor que tanto lhe fazia bem. Nas nossas sessões, com tempo para refletir, Robbie lembrou o quanto a natureza o apaziguava, tanto quanto estar junto com os filhos. Ele tinha que priorizar o que lhe alegrava a alma. Deu um suspiro profundo, olhou para as próprias mãos, sorriu, ergueu-se com esforço da cadeira, o semblante triste, mas com um propósito renovado.

    Passado o verão, Robbie sabia que queria começar a procurar uma namorada. Com Lou ele teve um gostinho de felicidade, e queria voltar a tê-lo. Mas estava em um dilema. Sentia-se ferido e tinha medo de se machucar de novo. A vontade de amar dizia: "Me pegue, me engula, me ache, me ame", mas o medo dizia: "Pare, não se mexa, não faça isso". Uma parte dele imaginava que, se parasse de procurar, aí sim o amor o encontraria. Como progredir? Eu não sabia a resposta. Confiava em que Robbie seria capaz de encontrá-
-la por conta própria.

    Robbie tinha razão de não forçar a barra mais depressa do que o seu ego ferido suportaria. Ele ouvia atentamente o próprio coração. Ocupava o tempo dedicando-se ao trabalho, mas sem deixar de visitar os amigos, o que foi aumentando sua confiança, e recuperando-se com as caminhadas e a prática espiritual. Levou oito meses para se sentir pronto, mais tempo do que eu previa. Ele resolveu não recorrer mais à agência nem a aplicativos: queria que o encontro fosse natural, como na juventude. Sabia que isso limitava seu leque de opções, mas não era capaz de suportar o peso emocional que aquilo lhe iria custar.

Acabou conhecendo Jane, de forma um tanto casual, por intermédio de um velho amigo da faculdade. Notei o otimismo em sua voz. Ele gostava dela. Os dois riam juntos e viam o mundo de um ponto de vista parecido. Não estava louco de paixão, como acontecera com Lou. Ele se conteve, levando as coisas com calma, para os dois se conhecerem melhor. O rosto se iluminou quando ele disse: "Agora tenho alguém em quem pensar, alguém que está pensando em mim". Isso soou como o começo de uma intimidade maior. Caiu a ficha dos dois: não estavam mais sozinhos, à medida que revelavam um ao outro suas verdadeiras personalidades, sentindo-se notados, reconhecidos e aceitos. Que seja duradouro.

Nosso trabalho continua.

ESTHER: COMEÇAR DE NOVO, AMAR AOS 73

Esther tinha lido meu livro *Grief Works* [*O luto funciona*] e me escreveu para marcar uma consulta. Achei interessante o jeito direto de descrever sua necessidade de terapia. Seis meses antes, ela tinha concluído o processo de divórcio do segundo marido, Richard, e parecia estar bem. "Meus amigos dizem que estou melhorando: visito com frequência meu filho Michael e os dois filhos dele, e tenho ido de vez em quando aos Estados Unidos visitar minha filha Rebecca, e até cuido da filha dela, que está com dois anos. Sou atuante na sinagoga de Pinner, entrei para a academia, voltei a pintar, vou a shows, leio muito. Fiz novas amizades e retomei o contato com as antigas."

Ela me contou que tinha 73 anos e se divorciara do pai de seus filhos pouco depois dos cinquenta anos. O alívio pelo fim do segundo casamento era empalidecido por uma enorme sensação de fracasso. Considerava o divórcio uma perda tão grande quanto a morte, com sua própria tristeza, dor e complexidade. Queria fazer terapia para aproveitar ao máximo a vida que ainda tinha pela frente, sem ficar remoendo sentimentos de medo ou decepção, que escondia das pessoas à sua volta. O fato de fazer tudo a seu alcance para processar a perda me fez pensar que nosso trabalho provavelmente teria um desfecho positivo — ela já estava em seu próprio caminho. Reagi de forma positiva, e concordamos em realizar sessões por Skype.

Esther era corpulenta, bronzeada, com fartos cabelos grisalhos até os ombros. Usava blusas de cores vivas. Sorriu para mim de um jeito maroto, como quem diz: "Te peguei". Fiquei tocada e percebi que imediatamente ela teve confiança em mim, como se já me conhecesse, por conta do livro, e pudemos pular aquelas três ou quatro sessões que servem para construir o vínculo entre terapeuta e paciente. Quando eu falava, não precisava dizer muita coisa, ela entendia de cara. Questionava a veracidade do que eu dizia, permitia aflorar sua reação emocional e em seguida encontrava as palavras que descreviam seus sentimentos. Muitas vezes se inclinava e tomava nota de algumas coisas para refletir depois. Foi um padrão que se consolidou ao longo das sessões, recordando-me o fato de que a confiança é crucial: ela sabia que eu não ia julgá-la, que seria franca e que eu também estava comprometida com seu desejo de viver plenamente os anos que lhe restavam. Era como se visse intuitivamente, em meus olhos, que eu a achava inspiradora. Eu tinha poucos modelos de mulheres mais velhas, a não ser pessoas famosas. A única imagem que formara do envelhecimento era uma fase de isolamento e decadência, ou seja, eu tinha receio da velhice.

Esther me falou: "Acho que diz muita coisa o fato de eu ter chorado no seu capítulo sobre a morte de um dos pais, e não no capítulo sobre a morte do parceiro". Isso nos deu a ambas a consciência de que, por dentro, ela se sentia jovem. No início, nosso trabalho consistiu em dar apoio à sua vulnerabilidade, enquanto descobríamos o que mais "dizia muita coisa". Perguntei sobre seu relacionamento com Richard.

Ao longo das sessões, Esther foi esclarecendo, para mim e para ela, a história da relação dos dois. Tinha 57 anos quando o conheceu em uma palestra; ela era organizadora de eventos, e ele estava apresentando seu trabalho como engenheiro. Desde o dia em que a conheceu, Richard deixou bem clara a atração que sentia por ela, e foi o desejo dele que a encantou: ele era radicalmente diferente do primeiro marido, uma pessoa mais reservada. Richard prometeu tomar conta dela emocional e financeiramente, oferecendo a Esther a estabilidade que ela tanto desejava. Em menos de um ano, ela se mudou para a casa dele, deixando Oxford, a vida anterior e, o mais importante, os dois filhos. Seu filho Michael, na época com 23 anos, sentiu-se abandonado e ficou extremamente irritado. Isso se exacerbou com a falta de vontade de Richard de incluir os filhos dela na vida do casal. A intensa chama inicial entre os dois durou anos: um era estimulante para o outro, e os dois encontraram um modo de conviver interessante e feliz ao mesmo tempo.

O ruído na relação era o jeito controlador de Richard, em especial o muro que ele ergueu entre Esther e os filhos. Isso era fonte de brigas intermináveis, nunca resolvidas e que deixavam Esther na desconfortável posição de se sentir uma péssima mãe e uma péssima esposa. Com o passar do tempo, aquilo foi corroendo o relacionamento, e Esther me disse: "Ser obrigada a optar por Richard, e não por meus filhos, era impossível. No fim das contas, era um preço alto demais. Acabou nos separando".

Foi Esther quem tomou a decisão de terminar o casamento, o que suscitou ecos incômodos do primeiro divórcio. Foi um choque para Richard, que não havia percebido os sinais de alerta nas brigas e nos apelos de Esther para que ele mudasse. Possesso, fez tudo o que pôde para retomar o controle: recusou-se a sair da casa, usou o acordo financeiro para puni-la e parou de falar com ela. Foi um inferno de batalhas jurídicas que durou um ano. Morar sozinha, o medo de morrer solitária e a insegurança financeira geravam ondas de ansiedade no corpo de Esther, tirando-lhe o sono e fragilizando-a fisicamente. Nas nossas sessões, ela chorava ruidosamente ao expressar a culpa, o alívio e a tristeza profunda que sentiu quando terminou a confusão. Ela se agitava na cadeira, chorava, cerrava os punhos de dor. Em seguida respirava e se sentia mais aliviada por ter desabafado com o choro. Ambas sabíamos que colocar em palavras a complexidade de seus sentimentos não os faria desaparecer num passe de mágica, mas era um primeiro passo crucial para permitir que mudassem.

Sugeri que escrevesse uma carta para Richard, não necessariamente com a intenção de enviá-la. Assim que terminei de falar, vi que seu rosto se contraiu e ela começou a chorar com soluços fortes, enquanto tentava falar. Pedi gentilmente que respirasse fundo, que não prendesse o choro, até que ela encontrou as palavras para dizer: "Sim, sim, é o que dá para fazer". Ao longo das semanas seguintes, Esther escreveu e reescreveu a carta para Richard. Era uma carta comprida, que eu nunca li. Sem qualquer influência de minha parte, vieram à tona palavras que tinham se acumulado durante anos em sua mente. Ela me disse que escreveu sobre o início do amor entre os dois, as memórias alegres e intensas do casamento, as dificuldades. Escreveu sobre as coisas que gostaria que os dois tivessem resolvido e como a entristecia que o conflito tivesse destruído seu amor. Ao escrever, ela começou a enxergar os dois de forma mais compreensiva, o que a fez parar de pensar em círculos, tentando o tempo todo fazê-lo entender. Gostaria de continuar a ter algum tipo de relação com ele, mas Richard a cortara de sua vida de forma peremptória, bloqueando qualquer contato. Esther sentia como se ele a considerasse morta, mas para ela o relacionamento continuava vivo e mal resolvido, e queria se sentir em paz com isso.

Nossa relação foi crescendo em confiança e profundidade. Meus comentários, simples mas precisos, faziam Esther se sentir ouvida e, mais importante, vista como realmente era. Acho que também se deu conta de meu carinho e admiração tácitos por ela. Começou a falar sobre ser avó e como não era a avó feliz e serena que queria ser. As amigas sempre falavam de como curtiam os netos, e ela concordava e sorria, mas não era o que sentia. Ficou ansiosa quando o filho quis passar a semana fora com a esposa e pediu que ela cuidasse dos netos. Esther concordou, mas ficou tensa — dar conta sozinha não ia ser fácil. Por menos que Richard ajudasse, era melhor do que ser cem por cento responsável, e ela entrou em pânico. Sabia que haveria momentos agradáveis, mas se sentia estressada. Lembrou-se da vez anterior em que cuidara das crianças: precisava parar de gritar com eles quando faziam bagunça ou não lhe obedeciam.

Reconhecemos que aquilo era uma questão de controle, que vinha de sua própria infância. Quando criança, ela nunca reclamava nem fazia pirraça. Era boazinha — tinha que ser, por medo de não ser amada, vivendo com uma mãe intolerante. A memória do tapa que levou quando cuspiu os brócolis a fez corar, envergonhada consigo mesma aos quatro anos de idade. Eram episódios que persistiam em seu inconsciente na fase da maternidade, da qual tampouco desfrutou plenamente, pela mesma ansiedade e necessidade de controle. Cuidar de duas crianças era seu limite absoluto. Mais do que isso, seu cérebro ficava "embaçado".

Analisamos a fonte desse embaçamento, e ela concluiu que tinha dentro de si uma voz parental crítica, que a detonava o tempo todo. Pela primeira vez enxergamos claramente que Esther nunca tivera a experiência da felicidade, da brincadeira, da memória física de se divertir. Nunca a tivera como criança nem com os próprios filhos. Havia uma tristeza autêntica em sua voz quando começou a entender isso, reconhecendo com hesitação a criança dentro dela, a quem nunca fora permitido fazer pirraça e que agora tinha de tolerar os netos, que faziam pirraça. Isso lhe gerava uma birra interna: daí o "embaçamento".

Discutimos como ela poderia apaziguar a criança interior e como tirar de sua mente a versão de mãe/avó perfeita, colocando no lugar uma versão realista menos definida.

Uma versão em que, talvez, ela pudesse fazer pirraça — cuspir os brócolis sem levar bronca. Essa possibilidade despertou uma energia, e tivemos um momento bacana, em que ela riu e deixou aflorar seu lado mais brincalhão. Eu lhe disse como aquela vibração que enxergava nela superava a versão constantemente tensa que os outros comentavam. Ela me olhou sorrindo, e continuamos a refletir sobre aquilo.

A semana de Esther com os netos deu muito certo. Ela controlou a ansiedade, tornou seu apartamento à prova de acidentes e organizou uma intensa agenda de atividades. De vez em quando, seu lado crítico aflorava, sobretudo quando estava com outras avós, que, no entender dela, possuíam o jeito que lhe faltava com as crianças. Reconheceu que de vez em quando sentia ansiedade, perguntando-se se aquilo tinha piorado com a idade. Mas ela irradiava orgulho, com uma percepção mais ampla acerca da própria capacidade e do prazer concreto da convivência com os netos. Ao descrever a felicidade de empurrá-los no escorregador, vi em seus olhos como aqueles momentos de abraços espontâneos e explosões de riso lhe despertaram um novo modo de amar que rompia algumas de suas próprias mágoas como filha e como mãe. Tudo foi cansativo e teve um preço físico — dores no joelho e nas costas — que serviu como lembrete de sua própria mortalidade. Mudando de assunto, na hora de se despedir, como quem faz um comentário sobre o tempo, ela disse que tinha medo do momento da morte, mas não da morte em si. Fiquei pensando nesse paradoxo: como a consciência da própria vitalidade, na velhice, leva inevitavelmente à consciência da própria decadência e da morte.

Quando Esther foi passar o dia com Michael, ela percebeu que nossa terapia lhe permitira compreender melhor as pessoas à sua volta. O primeiro marido estava lá, e ela percebeu que ele também não era um avô muito participativo. Passava a maior parte do tempo lendo o jornal e resmungando sozinho. Isso lhe deu a satisfação silenciosa de notar que aquilo que antes a incomodava quando estava casada com ele agora incomodava o filho. Ela observou que Michael também não se sentava no chão para brincar com os filhos: estava sempre ocupado, e as crianças disputavam sua atenção, às vezes de forma violenta. Elas não atendiam a seus apelos para que se comportassem, e Esther pensou que os filhos queriam exatamente o mesmo que ela quando era criança: seu olhar, sua abertura emocional e seu tempo. Os meninos tinham a presença do pai e não precisavam sentir o receio que era tão arraigado nela -- até telefonavam para ele quando estava no trabalho —, mas estar sempre ocupado, a armadura que ele vestia contra um contato mais íntimo, era tão presente nele quanto fora nas gerações anteriores.

O dilema de Esther, que tentamos deslindar numa série de sessões, era se devia falar alguma coisa. Seria papel dela? Ele ia entender como uma reprovação? Teria ela responsabilidade de dizer algo, ou seria uma intromissão? Seu elo com Michael ainda era frágil, reconstruía-se lentamente depois dos anos em que, na visão do filho, Richard a roubara dele. Ele ainda tinha muito ressentimento, de vez em quando transbordado, sobretudo depois que bebia um pouco. Ela tentou escrever, mas rasgou várias versões da carta. Achava que Michael não ia ler com a calma necessária. A mãe dentro dela queria ajudá-lo, impedir que ele repetisse os erros que ela cometera, encontrar um jeito de dizer o que passara a compreender. No fim, porém, Esther não falou nada. Sua esperança era que um dia surgisse a oportunidade de terem uma conversa colaborativa, em que ela reconhecesse sua responsabilidade e dissesse o que agora compreendia. A terapia lhe propiciara uma viagem no tempo, saindo do papel da avó de 73 anos para aprender com o passado. Desejava com todas as forças que esse aprendizado progredisse, alterando o padrão transgeracional no futuro de sua família.

A tristeza de Esther com o término do casamento foi um fio que percorreu a maioria das sessões. Ela não sentia falta de Richard propriamente, mas certos aspectos da vida dos dois eram vividos como perda. Não morar mais em um apartamento bonito a incomodava muito, por mais que ela não quisesse. Apesar do orgulho de viver dentro de seu orçamento, a pensão que recebia de Richard não a deixava satisfeita. Ela sentia alívio por não ter mais que lidar com as brigas constantes, mas também saudade dos momentos simples compartilhados com ele: assistir a um bom programa de TV, desabafar sobre as chateações cotidianas com os engarrafamentos ou a internet.

Uma perda me deixou chocada: a reação social ao fato de ela não fazer mais parte de um casal. Esther se retesou, cerrou os punhos enquanto contava como certas pessoas tinham passado a tratá-la com desdém, como se ela tivesse perdido pontos no ranking de importância, chegando a ignorá-la quando falava. Nos jantares, era colocada ao lado de pessoas que, ela sabia, eram vistas como sem importância. Quando se hospedava na casa dos amigos, não ficava mais no quarto de hóspedes, reservado para os casais, e sim no quartinho de criança do sótão, com "papel de parede do

Batman". Esther sentiu pela primeira vez a invisibilidade de ser uma mulher mais velha e desacompanhada, que as pessoas fingem não ver.

Analisamos como, em sociedade, a companhia de Richard lhe dava confiança: o casal formava uma unidade mais forte quando saía junto, e agora ela se sentia exposta. Não ousava entrar em discussões nem ser a versão mais estridente de si própria sem a armadura de um casal para protegê-la — o que era complicado, porque quando resolvia sair ficava ainda mais incomodada. Em pleno século XXI, parece bobagem pensar que o casal é mais poderoso que uma pessoa solteira. Talvez seja algo primitivo, nossa resposta inconsciente programada de que a pessoa idosa e desacompanhada deixa de ser uma ameaça ou alguém importante e pode ser descartada.

As outras perdas e ganhos do divórcio foram as amizades. Era preciso passar por toda uma recalibragem. Esther sentiu que as outras mulheres passaram a enxergá-la mais como uma ameaça em potencial e menos como amiga. Algumas amigas, segundo sua impressão, foram desleais com ela (o que a deixava furiosa), em especial uma, que saiu para jantar com Richard e depois mentiu. Outras tinham sido incríveis, e ela sentiu que se aproximou delas expondo a própria tristeza. As duas amigas mais íntimas, que ela adorava profundamente, eram casadas; por mais que o tempo que passasse com elas lhe desse forças, estava ciente do desequilíbrio pelo fato de estar solteira. Elas voltavam para casa e para seus parceiros, ela ia para casa sozinha. Quando uma delas trazia o parceiro para o encontro com Esther, formava-se um trio, o que era um pouco constrangedor. Havia ainda uma tensão não verbalizada da parte dos maridos, que não gostavam que ela "roubasse" suas esposas e se sentiam intimidados pela franqueza das conversas: Esther sabia mais sobre eles do que eles gostariam. Mas seus olhos brilhavam quando contava como as amigas disputavam o direito de vê-la, enviando às vezes mensagens insistentes para encontrá-la quando sentiam que ela se distanciava por medo de ser vista como intrometida.

Apesar desses problemas, contudo, Esther estava mais animada, desfrutando da liberdade recuperada. Trabalhava como voluntária na sinagoga, oferecendo apoio a refugiados, ocupação que lhe dava um propósito. Começou a levar a sério práticas que a protegiam da demência: exercícios físicos, aulas de artes plásticas, tai chi chuan. Fiquei impressionada com sua energia e disse isso. Ela não se deixava tolher pelo clichê de que estava velha demais para experimentar coisas novas. Certa vez, baixou os olhos e sussurrou, meio constrangida, que ainda pensava em homens. Mordeu o lábio, me olhou de lado. Na sinagoga, havia um homem que a atraía, e sentir tesão perto dele a deixava com vergonha. Conjecturei se essa vergonha se devia ao condicionamento sexual por conta da idade ou da religião. Exploramos avenidas escuras de sua mente até concluir que aquilo vinha da vergonha que sentia da mãe, que era paqueradora. Os homens eram o divertimento dela — tirando, claro, o marido, que ela tratava com desdém. Isso deixou em Esther uma impressão subconsciente de que era errado flertar.

Reconheci o quanto a vergonha era forte e mostrei o outro lado da questão: ela era uma mulher atraente e cheia de energia que ainda tinha pelo menos vinte anos pela frente, e recordei-lhe que a solidão fora o motivo do contato inicial comigo. Rimos e concordamos que ser desejada é delicioso. Então, foi como se uma porta batesse com força. Ela se endireitou na cadeira, cruzou os braços e expôs, de forma brilhante, os motivos pelos quais não podia e não iria entrar em uma nova relação. Os filhos precisavam de sua atenção integral e ela queria ter liberdade de viajar para os Estados Unidos e visitar Rebecca e a neta.

Sorri por dentro: quanto maior a negação, maior o sentimento. Fiquei feliz, porque a semente de um futuro relacionamento fora plantada.

Ao longo dos meses, a resiliência de Esther foi aumentando. Embora com o passar dos anos ela tenha começado a achar as viagens e os lugares novos mais desconfortáveis, a visita à filha nos Estados Unidos foi ótima, e ela se deliciou com o jeito descomplicado de se relacionar com Rebecca. O trabalho e a ligação com a sinagoga eram gratificantes: seu senso de judaísmo, de pertencimento a uma tribo, fortaleceu-se na velhice, sustentando-a em vários aspectos, embora ela não frequentasse tanto os serviços religiosos.

A preocupação com Michael era recorrente. Pensei que talvez houvesse uma ambivalência mútua. Qualquer que fosse o sentimento, parecia haver o inverso ao mesmo tempo — a raiva dele mostrava quão importante ela era para ele. Questionei-a sobre o impasse silencioso a que pareciam ter chegado: era como se ele acreditasse ter o direito ilimitado de castigá-la pelos anos de ausência com Richard, e o dever dela fosse obedecer, sob pena de se tornar de novo uma péssima mãe. Vi em seus olhos uma faísca de questionamento, como se instintivamente quisesse concordar comigo. Mas ela fez uma pausa: a antiga voz crítica interior estava em luta com sua nova autoconsciência. Ela sorriu: "Talvez você esteja certa". Em seguida, refletiu sobre como poderia falar com ele abertamente, sem provocar uma enorme briga. Por fim, disse com veemência: "A maternidade nunca acaba, literalmente, né?". Rimos dessa verdade, e concordei, mas acrescentei que ela muda — pode e deve mudar, à medida que os filhos crescem.

Na sessão seguinte, Esther começou com um riso nervoso, apoiando as mãos recém-cuidadas contra as bochechas. "Uma semana é um tempão e transformou completamente minha vida. Encontrei alguém muito, muito, muito especial... Foi como um foguete decolando. Nove dias parecem nove meses." Ela conhecera Peter em uma palestra. Ele a convidou para tomar um café no dia seguinte, e desde então passaram juntos cada minuto possível, conversando e rindo, abrindo-se e amando-se. Quando não estavam fisicamente um com o outro, trocavam mensagens ou se falavam pelo telefone. Riam e conversavam, queriam compartilhar com o outro tudo o que sabiam sobre si mesmos. Peter era alguns anos mais novo que Esther, duas vezes divorciado, tinha uma filha e trabalhava como jornalista especializado em ciência. Ele tinha o recalque de uma perna amputada em decorrência de um grave acidente de carro quinze anos antes. Por isso ainda não tinham feito sexo, mas ele disse: "Nós não transamos, mas já transamos em pensamento". Era o mesmo que Esther sentia, rindo nervosa ao me contar que só de pensar nele seu corpo se acendia.

Esther queria usar a sabedoria adquirida nos dois relacionamentos anteriores, tocando nos assuntos difíceis e garantindo a própria independência. Ela não queria repetir o sufoco que sentira com Richard. Eu lhe disse que era uma enorme alegria constatar a alegria em seu rosto. Senti como era contagiante estar apaixonada, o quanto isso lhe proporcionava energia e otimismo; o quanto ser desejada e saber que um homem pensa em você, que é o foco do desejo e da atenção dele, preenchiam uma enorme necessidade dela. Reconhecer isso a fez chorar ao me dizer: "Relativiza muito o sofrimento". Ela sabia que queria um amor a mais em sua vida, mas achava que não ia conseguir. Agora, depois das conversas comigo, queria agarrar essa oportunidade, reconhecendo que era algo raro na vida de qualquer pessoa, e ainda mais raro na sua idade.

Ao longo das semanas seguintes o relacionamento floresceu. O mais importante para Esther é que Peter quis conhecer os netos dela e gostou de brincar com eles. Só isso já rompeu qualquer barreira que ela pudesse ter erguido. Peter era inteiramente diferente de Richard. Ela o apresentou ao filho, e os dois se deram bem. Passaram tempo com os melhores amigos e com os parentes de Esther; todos ficaram felizes, o que ela considerou extremamente comovente. Riu quando uma amiga casada havia 47 anos deu um suspiro de inveja. A felicidade transbordava dela, que não parava de sorrir e se sentia otimista em relação à vida, confiante em si mesma.

O capítulo seguinte dessa felicidade incluiu algumas caídas na real que fizeram Esther balançar. Achei interessante ver como eu parecia ouvir uma jovem de vinte anos falando do novo relacionamento, como quando ela contava dos dias em que trocavam menos mensagens por causa de uma inédita indelicadeza de Peter, ou da noite em que os dois ficaram "chapados" e acabaram na cama, "curtindo um ao outro, ele sabe o que faz", ou sua inquietação ao pensar que talvez ele não fosse tão bacana e sincero quanto ela achara no começo.

Esther tinha fases de sofrimento, rejeição e desamparo, leves mas sensíveis, um eco de sua história, o que intimidava os dois. Às vezes ela tinha surtos de otimismo, querendo se abrir mais com Peter e mostrar o quanto tinha vontade de cuidar e de ser cuidada por ele. Isso ocorria a qualquer momento, tomando café ou lendo o jornal. Seus sentimentos, receios, preocupações, desejos e repulsas eram reações universais ao amor. O amor não envelhece. Percebi que Esther foi se acalmando à medida que tomava consciência do que estava acontecendo entre os dois. Ambos tinham histórias de relacionamentos sofridos que, naturalmente, exerciam seus efeitos. A fase do idílio tinha passado, e a realidade de defeitos e qualidades se fazia mais presente. Ao falar de Peter, ela mostrava uma compreensão melhor a respeito dele, sem tanta raiva.

Ela estava prestes a me fazer uma pergunta — "Você acha que..." — quando começou a chorar. Soluços sacudiram seu corpo robusto, porque ela soube na mesma hora qual seria a resposta. Esther estava pensando se o medo da separação tinha relação com a falta de atenção do pai. No fundo, ela sabia que sim. A menina de quatro anos que sentia falta do amor paterno estava viva dentro dela, ferindo-a. Então ela riu.

O namoro passou por uma fase mais fria, semanas durante as quais eles se falaram mais espaçadamente, e ela achou que tinha acabado. A dor que isso causava estava claramente estampada em seu rosto. Ela não conseguia se concentrar, se acalmar ou desfrutar de nada. Repassava o tempo todo as conversas que haviam tido, imaginando se tinha dito algo errado ou deixado de dizer alguma coisa, e pensando em como trazê-lo de volta. A obsessão pelo relacionamento a levava a escrever no celular mensagens que não enviava, vendo que ele estava on-line e sem saber se pensava nela.

Semanas antes, eles tinham reservado ingressos para um show, e acabaram decidindo ir juntos. Ao longo dos meses seguintes, foram reconstruindo lentamente a relação e, com ela, a compreensão e a confiança mútuas. Discutiram as questões que tinham levado ao rompimento.

Esther me disse: "Agora conheço a mim mesma. Posso ouvir meu coração e decidir como quero me relacionar com ele. Serei mais fiel ao que sinto, para o bem ou para o mal". O sorriso luminoso de Esther me disse tudo o que eu precisava saber. Ela se sentia feliz e era mais pragmática em relação ao namoro.

Isso significava que já não precisava de mim: havia feito a transição do casamento à solteirice. Atravessara o esforço de adaptação à nova vida. Por mais que digam que pau que nasce torto não endireita, Esther deu uma reviravolta notável em seus sentimentos e perspectivas. Analisou e esclareceu muitos dos poços sem fundo de dor do passado: alguns foram reavaliados e o sofrimento diminuiu; outros serviram de lição para agir de outro jeito. Ela se reconciliou com o próprio divórcio, a ponto de ousar entrar em um novo relacionamento. E o mais importante: ela passou a confiar em si e a se valorizar. O presente que ela me deu foi a lembrança da alegria sem limites no rosto de uma mulher de mais de setenta anos curiosa, animada e desejosa, com muita coisa para viver.

ISABEL: O DIVÓRCIO E UM NOVO AMOR AOS 43

Isabel, 43 anos, entrou voando na minha sala exalando elegância, com uma confiança que não deixava transparecer qualquer vulnerabilidade. Irritada, baixei os olhos para meus sapatos arranhados e em seguida sorri para dentro:

ela despertara em mim uma reação de rivalidade que provavelmente também suscitava em outras pessoas. Para conhecê-la totalmente, eu precisaria investigar. Enquanto ajeitava com cuidado a saia de grife para se sentar, examinou as próprias unhas e puxou o ar levemente, fazendo balançar o rabo de cavalo negro e espesso. Ela me olhou com o canto do olho e disse que não sabia por onde começar. Por trás daquele brilho perfeito havia uma falha.

Para dar a Isabel tempo de se acomodar e me conhecer, expliquei meu método de trabalho: os detalhes do contrato, as revisões periódicas para ela se certificar de que estava sendo atendida a contento. Ressaltei a importância de um feedback sincero. Para diminuir sua dificuldade de encontrar as palavras, disse que ela não precisava mergulhar de cabeça e desnudar a própria alma de imediato para mim, uma completa desconhecida. E como poderia? Senti que era importante que Isabel encontrasse o caminho de si mesma: tínhamos tempo. Eu enxergava meu papel como alguém que facilitaria a relação dela consigo mesma. Descobriríamos juntas o que lhe proporcionava felicidade e sentido na vida, o que a fazia sofrer e o que estava por trás de suas atitudes. Onde ela se sentia tolhida? Que partes de si mesma reprimia? O que a trouxera à terapia, e por que naquele momento?

Isabel tirou a almofada das costas e abraçou-a contra a barriga, como se dissesse a mim e a ela mesma que estava a ponto de falar algo doloroso. Vi que ia pular de cabeça, sem gentilezas de preâmbulos, o que me levou a pensar se ela não seria alguém sem as marchas intermediárias: ou estava em ponto morto ou engatada na quinta. Isabel estava se separando do marido, Guy, com quem tinha um filho de quatro anos, depois de um casamento de doze. Ela fundara e administrava uma empresa bem-sucedida de bolsas de grife, trabalho que às vezes ocupava sua vida por inteiro. Engoliu em seco, com lágrimas nos olhos, e começou a falar depressa, querendo botar para fora os fatos, correndo até a linha de chegada antes que o choro a tomasse por inteiro. Para completar, fazia dois anos que ela tinha um caso com um homem, nas palavras dela, "irremediavelmente inadequado", Gunner. Isabel cruzou os braços, em tom de defesa e desafio. Seus lábios tremiam.

Fiquei calada. Quis dar espaço para ela se recompor depois do suplício de verbalizar aquilo que até então era um segredo muito bem guardado e que parecia assustador quando revelado para mim. Notei o tremor do lábio inferior, que contrastava com a elegância da aparência, e pensei no quanto essas formas de defesa são eficientes: precisamos delas para tocar a vida. Mas a consequência é que a história cuidadosamente embalada que ela guardava dentro de si foi ficando confusa enquanto falava. Era notável o espanto em seus olhos à medida que o que dizia ia criando ramificações. A estrutura de sua vida desmoronava por inteiro, e por obra dela.

Falei gentilmente, explicando que estava ciente do quanto aquilo a feria. Perguntei o que ela achava que poderia alcançar com a terapia. Isabel esfregou o braço, os olhos oscilando entre mim e o chão. Em seguida, segurou com firmeza a cadeira, como quem quer evitar sair voando pela porta. Por fim, respondeu que não sabia. Estava acostumada a solucionar os próprios problemas. Quase dava para ouvir, dentro dela, uma voz gritar: "Pelo amor de Deus, mulher, tome prumo!". Compreendi que seu mecanismo natural de enfrentamento era não tocar naquilo que a machucava, mantendo-se ocupada como forma de se afastar. Buscar ajuda era sinal de fraqueza. Mas fiquei feliz por ela estar comigo, e estava disposta a ajudá-la.

Isabel afundou ainda mais na cadeira, forçando-se a falar mais, com uma voz travada pela relutância. O pai era um inglês "à moda antiga", e a mãe, espanhola. Eles viviam na Cornualha e discordavam do divórcio da filha, visto como um fracasso. A decisão de separar-se tinha sido dela. Os pais tomaram partido de Guy, que a viu beijando Gunner na rua — pura falta de sorte, porque ele nunca passava por ali.

Isabel urrava de raiva com o julgamento dos pais: "Como eles ousam me julgar?". Comentei que por trás da ferida costuma estar a ira: o que a magoava era a deslealdade dos pais? Ela estava machucada, mas depois que respirou fundo e começou a falar mais devagar se deu conta, como se fosse a primeira vez, de que tudo estava muito confuso e que ela tinha de buscar a clareza. Sentia-se amedrontada, caótica e perdida, queria compreender como havia chegado àquele ponto. Afirmei que nosso trabalho seria encontrarmos juntas as causas subjacentes, explorar os aspectos mais ocultos dela mesma, atravessar o luto do casamento perdido, possibilitando que ela seguisse adiante e reconstruísse a própria vida. Disse-lhe que provavelmente seria um processo doído, que nos permitiria saber o que o fim do casamento significava para ela.

Antes que eu terminasse de falar, Isabel pegou a bolsa, retocou o batom e partiu para o mundo exterior. Fui dispensada até o encontro seguinte, e ela reassumiu sua imagem pública. Sua capacidade de tolerar aquela situação desconcertante chegara ao limite.

Nas semanas seguintes, fui conhecendo mais sobre seu passado, que ia surgindo em espasmos, oculto sob a parafernália da vida cotidiana. No começo achei que fosse um mecanismo de evitamento, mas acabei percebendo que era um jeito de equilibrar suas emoções altamente suscetíveis. Poder falar do trabalho ou do fornecedor de couro, por exemplo, coisas que ela conhecia e controlava, dava-lhe o lastro para ser vulnerável. E uma das áreas de vulnerabilidade era a mãe. Ela era uma mulher glamourosa, outrora bem-sucedida designer de interiores, invejada pelas colegas de escola de Isabel. Era a mãe engraçada, criadora de brincadeiras geniais que divertiam a todos. Isabel recordava os passeios de compras só por prazer e o dia em que chegaram com a roupa favorita dela, uma camiseta com minissaia branca. A alegria se transmutou rapidamente em vergonha, ao perceber o olhar de desaprovação do pai. Ele até queria compartilhar sua alegria, mas estava sempre estressado, sobretudo quando se gastava dinheiro. Tentava exercer o controle, ser o adulto da casa, sem êxito aparente. Não havia como segurar a mãe de Isabel.

Consegui imaginar perfeitamente a mãe, e meu viés contra aquilo que chamo de "mães infantis" começou a aparecer. Fico furiosa com elas: mães que gostam de brincar e falar alto, que buscam atenção mas não seguram a barra, não assumem a responsabilidade nem querem ser o adulto do casal. Não respeitam limites. Seduzem com seu charme, mas provocam danos aos filhos sem perceber. À medida que Isabel ia revelando sua história, minha raiva pela mãe ia crescendo dentro de mim, sem que eu a verbalizasse, pois não seria bom para ela se desviar do foco da compreensão de si mesma. Minha compaixão aumentou.

A vida começara a se acelerar quando Isabel estava no fim da adolescência. Ela descreveu com assombrosa clareza o dia em que se deu conta de que a mãe era alcoólatra. Tinha chegado da universidade para passar as férias ciente de que havia algo errado, mas sem saber o quê. Certa noite entrou na sala de estar e viu a mãe bebendo uísque direto da garrafa. Tentou interpelá-la, perguntou o que estava fazendo. A mãe procurou esconder a garrafa, disse em tom desafiador, com voz de bêbada, que não estava fazendo nada. Foi um momento devastador, em que a realidade do alcoolismo não podia mais ser negada. Vinte e cinco anos depois, a situação só havia piorado: a mãe nunca conseguiu parar de beber e o casamento dos pais passou a ser uma relação disfuncional, de dependência mútua. Semanas de sobriedade eram seguidas pela montanha-russa caótica das crises da mãe. Pude constatar o quanto as mentiras maternas custaram a Isabel. "Minha mãe acredita totalmente nas próprias mentiras. A versão dela toma o lugar da verdade em tudo que ela conta. Ela culpa a todos, menos a si mesma. Estou farta disso."

Enquanto Isabel falava, notei que ela foi ficando anestesiada. Eram sentimentos em excesso: a raiva, por conta de tanta mágoa, mas também camadas variadas de amor, ressentimento e decepção. Percebi a angústia da menina, que não podia confiar na própria mãe, e da adulta, que queria sofrer menos do que sofria.

Algumas semanas depois, Isabel chegou sem maquiagem e usando roupa de ginástica. Ficou emudecida por algum tempo. Levava as mãos à boca, como quem não quer verbalizar o que havia acontecido. Tivera uma briga horrorosa com o namorado. Ele a acusara de ser infiel: a indignação de Gunner era de uma profunda hipocrisia, já que em momento algum ele pretendera ser fiel a Isabel. Foram horas de uma discussão em círculos. Ele gritava, chamando-a de infiel, e ela negava, aumentando o tom a cada réplica. Isabel falava como se estivesse fora de si, perguntando-se como era possível ter chegado àquele ponto. Ela tinha 43 anos, dirigia uma empresa de sucesso, tinha um filho e um marido, e agora estava ali, sofrendo abuso verbal daquele homem. Não podia culpar ninguém além de si mesma. E nem a si mesma ela conseguia compreender.

Receei por ela, ao notar o medo em seus olhos, e preocupei-me com a segurança dela e do filho, que felizmente estava com Guy. Uma parte dela sentiu alívio com aquilo, porque queria dizer que teria de terminar o relacionamento com Gunner. Pelo menos uma coisa estava acabada.

Mas não foi o fim do relacionamento. Depois de algumas semanas de incessantes mensagens enviadas por ele, Isabel acabou cedendo e voltou a encontrá-lo. Sexualmente, ela não conseguia resistir. Mesmo depois de brigas tão terríveis, só de pensar nele ela sentia tesão. Gunner tinha um incrível domínio sexual sobre ela, que se tornava um joguete; ele era sexualmente dominador e confiante, e ela adorava a sensação de submeter a própria feminilidade às suas ordens. No começo, o relacionamento era um espaço de prazer para ela, um salão de festas onde podia fugir dos papéis de chefe, esposa e mãe. Gunner não se interessava pelo êxito profissional de Isabel, o que só o tornava mais atraente; ele queria apenas diversão. Ela descobriu uma versão erótica de si mesma que desconhecia até então. Sempre gostou de sexo, algo que era perceptível até na intensidade de sua voz, mas aquele sexo selvagem e sem limites a deixava louca. Isabel prometia aos deuses que seria a última vez, dizia a si mesma que Gunner não lhe fazia bem e que tinha que terminar, mas sempre acabava fraquejando. Quando Guy descobriu, por mais terrível e doloroso que tenha sido, ela achou que aquilo ia ajudá-la a se livrar de um casamento morto. Passou anos tentando ressuscitar a parceria e ser feliz com ele, mas já não havia mais o que fazer. Isabel começou a odiar o marido. Estava tudo acabado. O distanciamento cordial tomou o lugar do carinho que vem do amor. Gunner a fez se sentir viva. Mas agora a relação com ele se tornara sombria, difícil e complicada, e ela não encontrava um jeito de sair. Estava apaixonada por ele.

Questionei se aquilo era mesmo paixão. Para mim, não parecia. O amor, no meu entender, faz da pessoa uma versão melhor de si mesma e traz felicidade. Ao dizer isso, senti que Isabel levou um susto. Fez uma cara estarrecida, as lágrimas afloraram. Não movia um músculo. Eu disse bem baixinho que estava vendo que algo havia acontecido, mas ela não conseguiu falar. Ficamos assim por muito tempo. Pedi que respirasse fundo. Meu tom soou rude. Ela virou o rosto, envergonhada, e disse que estava se sentindo mal. Tentei acalmá-la com o tom da minha voz, falei que compreendia que ela se sentisse criticada e garanti que minha intenção era ser sincera, reconhecendo, porém, que ouvir aquilo a magoava. Isabel pressionou as têmporas com as palmas das mãos, como quem quer parar o redemoinho dentro da cabeça. Sugeri que fechasse os olhos e respirasse fundo algumas vezes até se acalmar. Quando ela abriu os olhos, tinha um ar indefeso e disse que sabia tanta coisa e ao mesmo tempo tão pouco. Tranquilizei-a: nossa missão era descobrir o que ela não sabia. Ela sorriu, mais calma.

Nas semanas seguintes, Isabel apareceu bem cuidada como nunca, mas muito mais turbulenta e angustiada por dentro. Chorava o tempo todo durante as sessões. Nosso foco oscilou entre o filho, Alex, o casamento, Gunner e o trabalho. Alex estava confuso. Sofria quando via os pais se despedirem. Isabel disse que era incômodo perceber a tristeza do filho, ela, que se sentia feliz na formação original, quando os três saíam juntos ou ficavam em casa. Quando disse que o casamento estava morto, não se referia a si mesma e ao marido como pais. Adorava compartilhar a paternidade com Guy: como pai, ele era exatamente o que ela sonhava — carinhoso, tranquilo e gentil.

Certo dia, Alex ficou inconsolável na hora que Isabel foi embora e passou a noite inteira chamando pela mãe. Levou tempo para se acostumar com o apartamento que a mãe alugou, sentindo falta do antigo quarto. Por mais que partisse seu coração, ela fez um acordo com Guy para não brincarem juntos com Alex até que a separação estivesse bem consolidada. Receberam aconselhamento sobre a forma de contar a ele do divórcio: que fossem sinceros e claros, o ajudassem a expressar seus sentimentos, respondessem a todas as perguntas e debatessem o que, na prática, aquilo representaria para o menino. Era importante ressaltar que a culpa não era dele. Quanto mais estável e carinhoso fosse o entorno, mesmo em bases separadas, melhor. Isabel soluçava ao falar de Alex. Era o ponto central de seu sentimento de fracasso, e ela ainda processava o luto pela perda do núcleo familiar em que Alex se sentia tão bem.

Chegaram a um acordo de guarda compartilhada. Alex passava metade do tempo com cada um. Guy era um bom pai, mas continuava furioso com Isabel, o que tornava doloroso o contato regular com ele. Ela chorava, lembrando os momentos em que haviam sido felizes juntos. Queria dizer a Guy que sentia muito pela dor que lhe causara. Sentia-se culpada. Uma parte dela ainda se importava com ele, como pai de seu filho e homem que um dia amou.

Perguntei se ela tinha certeza de que o divórcio fora o caminho certo. Isabel endireitou-se na cadeira. Sim, o casamento estava acabado. Ela sentia amor pelo que tinham sido no passado distante. Explicou que a relação dos dois fora ótima por muito tempo; a vida sexual era rotineira, até chata, mas ela tinha deixado isso de lado por considerar que não era a parte mais importante de sua vida. Nos três ou quatro últimos anos, porém, nada que ela fez para se aproximar de Guy deu certo. Ele era incapaz de ouvi-la. Esquecia as conversas que haviam tido. Costumava chegar tarde do trabalho, com a cara cansada e abatida. Ela tinha a impressão de não existir. Guy era revendedor de automóveis e parecia ter um caso com o celular. Pegava mais no telefone do que nela. Conseguir uma venda era sua obsessão. Isso era motivo de briga: ele argumentava que trazia mais dinheiro para casa, queria que ela respeitasse e valorizasse seu esforço. O resultado eram dias de gelo recíproco. Todas as tentativas dela de reacender a paixão esbarravam na frieza, o que a fazia se sentir mal, cada vez mais ansiosa, afetava seu sono e o trabalho. No final, Isabel se sentia tão abandonada que o ódio se transformou em desprezo, o que foi a sentença de morte do seu amor por ele. Mesmo assim continuaram juntos, porque ela via o quanto Alex o idolatrava.

Quando conversamos sobre os namorados antes de Guy, Isabel revelou uma convicção inconsciente quanto a seu relacionamento com os homens. No fundo, ela acreditava que nunca iria encontrar a pessoa que realmente queria, que sentisse a mesma coisa que ela. Lembrava-se de ter tido atração por um menino de sua turma na escola, mas ele preferiu a menina mais bonita — na adolescência, Isabel não era bonita, mas era sexy. Atraía os garotos, mas eles queriam sexo com ela, não uma relação séria. Por isso, passou deliberadamente a sair com caras menos populares e mais diferentões, como Guy. O tom de voz de Isabel ficou triste quando se deu conta de que, enquanto esteve com

Guy, sentia-se solitária e nunca se entregara totalmente a ele: sempre segurava uma parte de si porque, por mais que ele fosse legal, não o admirava. A verdade cruel era que Guy a entediava, e que ela só se casou com ele por medo de não encontrar ninguém melhor. Queria se livrar dessa ideia e encontrar alguém que tivesse a mesma energia, sexualidade e ambição que ela.

As lágrimas correram suavemente pelo seu rosto ao dizer que tinha a impressão de estar flutuando, que tinha saído do chão, mas não conseguia pousar em segurança em lugar algum. Chorou um pouco mais ao aprofundar sua introspecção, ciente de que não se conhecia bem o suficiente para saber onde pousar. Fez uma longa pausa enquanto pensava no que dissera. Então prosseguiu, comentando o esforço que fizera, como já havia contado, para escapar do domínio dos pais. Em parte era para ganhar o suficiente e ser dona do seu nariz; mas também, explicou depois de um prolongado silêncio, era para escapar *de si mesma*. Tive uma sensação de alívio ao ver que ela havia encontrado dentro de si a trilha para chegar a essa constatação. Até então Isabel a reprimira, mas agora lhe serviria de guia para o futuro.

Quanto mais Isabel falava de Gunner, mais eu sentia que a relação dos dois era um espelho do círculo vicioso do alcoolismo da mãe. A droga era diferente, mas o ciclo era o mesmo. Ela não queria enxergar dessa forma. Mudava de assunto. Isso continuou até o dia em que Isabel chegou usando um terninho lindo e elegante que contrastava com a palidez de sua pele e a mensagem "Não olhe para mim" que seus olhos transmitiam. A voz era vacilante e ela parecia estar sem fôlego, falando de tudo, menos daquilo de que precisava falar. Eu disse que dava para ver que algo a angustiava. Ela apertou com força o lenço nos olhos, cobrindo o rosto totalmente, e soltou um uivo, balançando o corpo para a frente e para trás. Fiquei sem saber se devia me aproximar, para que ela sentisse minha mão confortando seu ombro, mas concluí que Isabel podia achar que eu queria fazê-la parar. Levou algum tempo para as lágrimas se esgotarem, e ela começou uma fala picotada, sempre com o lenço apertando os olhos.

Isabel tivera outra experiência desagradável com o namorado. Ela não quis entrar em detalhes, mas se sentia cheia de vergonha e desprezo por si. Usou a palavra "degradante" várias vezes, o que fez soar um alarme dentro de mim. Depois de uma noite terrível, ela acordou sentindo-se mal e prometeu a si mesma que cortaria todo contato com ele. Mas assim que chegou do trabalho foi tomada pela sensação de solidão e pelo desejo, dando início ao ciclo venenoso. Analisamos por algum tempo o ocorrido, até que me vi perguntando a ela: "Você se odeia?".

Isabel pôs as mãos e o lenço no colo e olhou para mim diretamente: "Sim". Não havia manobras ou tentativa de encobrir. Ela se odiava. Cada dia era um ciclo destrutivo, e ela não sabia como parar. Senti um espasmo de dor no peito: ela estava se sentindo tão mal que preferia a autodestruição à própria vida.

Contei-lhe o quanto eu sentia por ela, e então fui clara: ela tinha escolha. Admiti que a maior parte do que ocorrera estava além de seu controle, mas aquilo, não. Só ela tinha o poder de tomar aquela decisão. Debatemos as alternativas: continuar se encontrando com Gunner, encontrá-lo menos ou não o encontrar mais. Isabel disse que queria muito parar, e percebi a energia renovada em sua voz ao afirmar isso. Ela era impotente para dizer não ao controle que ele exercia, o que significava para mim, por mais difícil que fosse escutar, que ela pertencia à categoria das viciadas. Isabel fez uma careta. Evocou imagens de bêbados na sarjeta. Perguntei o que poderia ajudá-la, propondo como alternativa o A.A., ou talvez os grupos de apoio Al-Anon, organização do A.A. para famílias de viciados. Isabel hesitou entre ir ou não. Entendi o problema — quem gosta de admitir um vício? A vergonha, a ideia de se expor a um grupo de estranhos ia contra tudo aquilo em que ela acreditara até então. Só de pensar tinha calafrios. Não forcei a barra, sabendo que podia ser contraproducente. Por fim, ela resolveu ir — uma vez só.

Eu queria que ela encontrasse formas de fortalecer a musculatura da gratificação postergada. Se conseguisse aprender a dizer não a Gunner, isso significaria mais felicidade no futuro. O "barato" de dizer sim a curto prazo era a garantia de um amanhã infeliz. Debatemos os hábitos que ela podia adquirir para ajudá-la quando chegasse em casa: fazer dez minutos de alongamento, tomar um banho à luz de velas com música, preparar o próprio jantar. Ela não queria ver tv, que a entediava, mas encontrava consolo em livros clássicos — ia comprar *Orgulho e preconceito*.

Depois que ela foi embora, não consegui me livrar da angústia e senti o impulso de enviar uma mensagem na manhã seguinte, para ver se ela estava bem, como se fosse uma amiga. Não enviei. Sabia que eu precisava manter um limite e confiar nela para assumir a responsabilidade sobre si mesma. Não adiantava queimar etapas. Conversei prolongadamente sobre Isabel com minha supervisora. Mencionei meu impulso anterior e discuti como conservar a dinâmica entre nós, em que eu buscava ser a facilitadora de um relacionamento que a empoderasse na confiança em si mesma e na realização de seu potencial no trabalho, no amor e como mãe. Só ela podia ter consciência plena disso. Afinal, todos nós não somos um pouco viciados, de certa forma? Por outro lado, a negação é uma arma do viciado. Era algo arraigado, que podia precipitar a queda. Fiquei verdadeiramente preocupada com a segurança de Isabel. Mas se eu continuasse a confrontá-la com o vício, não estaria tentando controlar demais as coisas? Botar isso para fora liberou um pouco da minha tensão, ao torná-la mais clara. O melhor que eu podia fazer era equilibrar duas coisas: o potencial de Isabel para encontrar suas próprias respostas e minha responsabilidade com ela.

Durante algumas semanas Isabel chegou bem-humorada às sessões, com o batom no lugar e visivelmente mais tranquila. Ela tinha ido a alguns encontros do Al-Anon, onde sabia que não devia julgar ninguém, mas julgava a todos, conferindo se os problemas deles eram piores que os dela. Às vezes gostava da franqueza dos participantes, às vezes os achava espaçosos e até chatos. Mas depois que saía ficava com vontade de voltar: alguma coisa na energia daquelas pessoas a fazia se sentir mais segura do que no mundo exterior. Isabel começou a compreender a mensagem de que ela era duas pessoas diferentes: em minhas palavras, ela tinha versões diferentes de si mesma. Uma era a mulher de negócios altamente bem-sucedida, forte e criativa, uma líder, até. Essa era a versão pública. Mas havia uma vida secreta, à qual recorria quando estava infeliz, motivada pela criança ferida dentro dela. Ser atrevida e rebelde era a forma de lutar contra a mágoa, um V da vitória emocional contra os pais e todas as figuras de autoridade — embora, é claro, espelhasse o comportamento da mãe, um vício perigoso. Isso mantinha a dor no lugar, intocada e pronta a vir à tona a qualquer momento.

Debatemos o conceito de sobriedade emocional, assim como o de sobriedade física. Sendo filha de uma alcoólatra,

Isabel vivenciou a embriaguez emocional, a adrenalina de agarrar-se a relacionamentos disfuncionais, em que as decepções e o estresse bloqueavam a mágoa original. Relacionamentos funcionais são incômodos porque não disfarçam ou reprimem essa dor precoce. Isabel falava com hesitação e reconheceu que estava acostumada a ficar triste. Nosso trabalho seria unir as diferentes versões dela, pois cada parte possuía uma voz que precisava ser plenamente ouvida e cuidada: um coral que precisava cantar em uníssono, não em conflito.

Isabel começou a frequentar aulas de Pilates. Foi um sinal de alerta para o quanto estava fora de forma: ela não seguia qualquer rotina de cuidados pessoais. Descobriu que o Pilates funcionava. Senti-me mais tranquila em relação a ela, e depois aliviada ao saber que finalmente tinha terminado com Gunner. Não houve mais contato. Ela se deu conta pela primeira vez de que estava solteira, o que foi um choque. A embriaguez com Gunner anestesiara o luto de deixar a vida anterior. Tinha lhe dado a falsa euforia da liberdade, mas agora ela se descobria em uma paisagem nova: sozinha e ansiando por realizar seus sonhos. Com isso, no entanto, ela passava a ter um espaço para analisar o que queria, e não tinha certeza alguma sobre querer se encaixar na pressão social para ter uma família convencional. Isabel quase não conhecera famílias que tinham dado certo juntas. Parecia agressiva e irritada ao dizer que sempre encontrava seu próprio jeito, sua própria resposta. Desta vez, ela ia ser a resposta para o próprio problema. Sua trajetória em direção ao amor podia ser diferente de outras, e ela ia encontrar uma maneira de prosperar. Com ela, eu me vi curiosa e animada, sentindo que estávamos progredindo.

Durante algumas semanas, organizar a exposição da coleção de bolsas em Paris tomou conta da vida de Isabel. Ela descrevia com animação e um toque de nervosismo o trabalho necessário para aprontar as amostras, exibidas nos painéis com o preço afixado, e organizar o evento: o redemoinho de reuniões com a imprensa e revendedores, as apresentações que precisava realizar em apenas cinco dias. A exposição foi um grande sucesso, gerando muitas encomendas. Quando passou todo o frenesi e Isabel começou a pôr em dia o trabalho atrasado, a coisa complicou. O tesão pelo trabalho estava só substituindo o tesão por Gunner, e eu não previra isso. Ela me disse que tivera uma recaída e voltara a entrar em contato com o ex-namorado, chegando a procurar na agenda um horário para sair às escondidas com ele sem dizer a Guy onde estava.

Perguntei se ela podia me contar em detalhes o que aconteceu. Isabel descreveu o vazio que se abriu dentro dela, ansiando por se conectar com Gunner, consumida pela memória da intensidade entre os dois que tomou conta dela. O cansaço e a solidão só pioraram as coisas. A sigla para perigo nos A.A. — HALT, de *hungry, angry, lonely, tired*, fome, raiva, cansaço, solidão — me veio à mente. Significa que o viciado precisa indagar a si mesmo se está passando por algum dos quatro: se estiver, sua resistência ao vício diminui. Isabel ticou três ou até os quatro quadradinhos e fez o contrário do recomendado. Não pediu ajuda. Enviou mensagens a Gunner. Se falaram pelo WhatsApp, o que dava a sensação de contato próximo e constante. Por um lado, ela não conseguia entender aquilo, dizendo que aquele era seu lado perdedor; por outro, sabia que estava absolutamente viciada. Tinha perdido a batalha para sua pior droga. O tesão ativa exatamente as mesmas áreas do cérebro que a cocaína, e ela tinha se deixado viciar. Fiquei preocupada. Sentia um nó dentro de mim, apreensiva com a segurança dela, querendo recolocá-la nos trilhos, frustrada. Questões pessoais minhas aprofundavam essa sensação.

    Refletimos juntas sobre o que Isabel sabia mas queria ignorar: que sua relação com Gunner era uma expressão da mágoa que sentiu ao ver desmoronar sua confiança na mãe. Isabel tinha conhecimento de que a criança dentro dela repetia uma versão daquele ciclo negativo, na esperança de que desta vez aquilo daria um jeito na dor e faria dela uma pessoa melhor, mas ao mesmo tempo sabia que não ia acontecer. Dava para sentir sua força e sua vulnerabilidade, e o tipo de loucura em que ela se metera com Gunner. Era como um feitiço, uma dimensão diferente que ela não conseguia controlar. Não queria ser a menina ferida, viciada em comportamentos negativos. Era uma ideia que a revoltava. Sabia que era influenciada pelo fato de ter visto como o pai, durante décadas, fora dependente da mãe: ele sempre acreditou que as coisas iam melhorar. Vi-me pedindo cautela, dizendo que ela podia estar se colocando em risco de sofrimento físico. Percebi que isso só serviu para deixá-la envergonhada. Isabel estava fascinada por Gunner, e nada do que eu pudesse dizer naquele momento iria atingi-la.

    Minha ansiedade não parou depois de nossa sessão. Inquieta, andei para cima e para baixo pela sala. Queria gritar: "Quer parar de magoar seu maldito coração, por favor?". Levei uma vez mais meus receios a minha supervisora: se Isabel continuasse a se encontrar com Gunner, isso poderia criar um problema em relação à guarda de Alex. Debatemos como eu poderia ajudar Isabel a fazer o devido luto da mãe. Queria achar um jeito de chegar àquela voz dentro dela que não a considerava digna de ser amada, e que era a causa de tanta negligência em relação a si mesma. Eu precisava dar apoio para que ela encontrasse a adulta dentro de si, para pegar no colo a criança dentro dela e acalmá-la. Até ali, ela vinha deixando aquela menina magoada, rebelde e petulante virar sua vida de cabeça para baixo. Era uma criança que gritava: "Quero", "Não posso", "Quero", "Não vou". Meu impulso era maternal, mas eu sabia que ela tinha que resolver por conta própria. Precisava de ajuda para descobrir que vida queria. Perguntei o que ela queria. Isabel foi inequívoca: queria terminar o relacionamento com Gunner. Só não sabia como.

A vida de Isabel parecia surreal. A vida privada continuava a ser um turbilhão caótico, mas os negócios só cresciam e prosperavam. Celebridades apareciam em público com suas bolsas, que esgotavam nas lojas em questão de horas. Com novos investimentos, o escritório mudou de endereço, e ela conseguiu um apartamento melhor. Nas fases mais criativas, Isabel era alegre e radiante. Entrava em minha sala voando, pulsando com paixão e energia pela nova coleção. Sempre havia algum problema de pessoal ou de fornecedores, mas ela sabia que a empresa estava bombando e tinha absoluta confiança em si e na marca. Como poderíamos fazer para que essa líder e vencedora natural ajudasse a criança destruída que ela tinha por dentro?

Nas últimas semanas, parei de me preocupar tanto. Uma nova luz me iluminou. Eu disse a Isabel: "Você tem meu apoio para descobrir o que é melhor para você. Minha ideia não é você terminar com Gunner. Mas, se for sua vontade, darei todo o apoio".

Isabel estava em lágrimas. Ela queria que eu acreditasse nela. Eu acreditava, sobretudo quando ela não acreditava em si mesma. Tinha confiança de que, com o tempo, ela ia chegar onde queria, onde quer que isso fosse.

Tivemos um debate interessante sobre o que se deve buscar na vida, quão alto almejar. Sua vida profissional excedera as próprias expectativas: será que ela devia sonhar tanto para a vida pessoal? Isabel disse: "Todos nós não sonhamos que existe uma versão diferente, mais excitante, mais empolgante de nós mesmos? Todos nós não queremos viver as vidas que não vivemos? Quem dera fosse possível acessá-las e colocá-las para fora". Ela reconhecia que suas bolsas serviam como metáfora disso, já que cada uma representava uma nova versão do eu.

Precisei conter minha primeira resposta, porque tive um pensamento desmancha-prazeres: precisamos definir metas e objetivos realistas para aquilo que queremos na vida. Os sonhos não seriam uma espécie de pensamento mágico, que pouquíssimos alcançam? Eu precisava recuperar a confiança nela. Sonhar era uma parte crucial de sua capacidade criativa, e ela precisava agarrar-se aos sonhos. Eles lhe davam esperança e objetivo. Fiquei pensando se Isabel conseguiria acessar essa criatividade na vida pessoal, trazendo com isso parte do compromisso de se levar a sério. Nesse caso estaríamos progredindo. Perguntei quem ela se imaginava ser no futuro.

Isabel me surpreendeu: disse que tinha uma visão clara do homem que queria. Alguém tão ambicioso quanto ela, atraente, sexy. Mas também havia outra coisa para encontrar em seu par: um homem que ela pudesse respeitar e admirar, em quem pudesse se apoiar e confiar. Ao terminar de pintar esse retrato, deu um sorriso tão amplo que iluminou o dia. Ela me fez acreditar nesse sonho. Isabel parecia empolgada. Energizada. Queria ter um novo relacionamento, mas que desta vez fosse bom.

Nossa relação era poderosa, mas muitas vezes ela receava me ver. Quando me contou em que pé estava sua vida, a realidade se impôs, e ela parou de enganar a si mesma. Ao sair de fininho, como um gato, comentou como acolhera seu lado obscuro. Isso a ajudaria a não se esconder de si mesma. "Quero ser tudo o que eu sou, meu passado, assim como quero viver meu presente."

Algumas semanas depois Isabel me contou que tinha terminado com Gunner. Alguma coisa mudou justamente quando eu não tinha mais de onde tirar argumentos para que ela se livrasse do namorado. A voz desafiadora dentro dela não precisava me confrontar: Isabel podia se desapegar por conta própria. Desta vez ela se sentia diferente. Estava pronta para um novo capítulo. Falou muito a respeito de autenticidade. Estava tão "por aqui dele" que só me restou rir diante do seu desprezo pelo homem que durante meses a levara à loucura.

Analisamos se algo poderia viciá-la de novo. Seu momento de maior vulnerabilidade era quando se sentia vazia e ia em busca de Gunner para se ver preenchida. Isabel precisava aumentar a consciência daquilo que ocorria dentro dela; precisava reconhecer o sofrimento que era o gatilho de suas mensagens de sos, e então saber como atender a esse grito interno de socorro. Devia aprender como postergar a satisfação e estar aberta às coisas boas dentro de si e de sua vida. No momento, ela não as assimilava.

Durante várias semanas, tivemos ótimos dias na terapia. Sem Gunner, as crises pararam, o que a liberou para ficar disponível para si mesma e mais focada. Finalmente Isabel conseguia estar "sóbria" emocionalmente. Havia momentos de grande tristeza, em que ela aguentava firme e analisava a dor que as mentiras dos pais lhe haviam causado, as histórias falsas que ela inventava para preencher as lacunas e os padrões negativos que criara dentro de si. Sua tarefa era aprender a contar a verdade absoluta para si própria, sem se perder em sonhos de substituição, e então aprender a conviver com essa realidade. Sentia falta dos pais que queria ter tido, chorava muito por eles, pelo custo e pelo desperdício. As ondas de ternura que a atravessavam me despertavam compaixão.

A separação de Guy voltou à baila. Ela não tinha dúvida de ter tomado a decisão correta: não queria continuar casada com ele. Não sentia falta da identidade de esposa, ao contrário do que acontece com muitas mulheres. Na verdade, estar livre era empolgante. Mas ela se permitia sentir a dor da perda. Era uma sensação física de sofrimento — doía nos ossos, na cabeça e no peito. Expressar essa dor permitia que reconhecesse o mérito de Guy como pai. Ela também tinha orgulho de si, pela sensatez de ter escolhido um ótimo pai para o filho. O acordo financeiro foi complicado, com diversos impasses entre os dois, exigindo advogados caros, o que causou enorme estresse. No fim, porém, apesar de toda a briga, não havia tanto dinheiro assim em disputa e os dois chegaram a um termo aceitável. Era um enorme alívio para ela o reconhecimento mútuo de que o bem-estar de Alex devia estar no centro de tudo, já que ela testemunhara como o ressentimento de outros casais causara a destruição recíproca, fazendo dos filhos vítimas desse tiroteio.

O humor de Isabel foi melhorando. Na vida sexual, ela também se divertia, sem compromissos, desfrutando do poder de seu desejo sexual e do prazer que lhe proporcionava. Embora a rebelde lá dentro receasse ficar aprisionada pelas regras, começou a adotar novos comportamentos que a ajudavam a repelir o caos interior. Passou a organizar melhor seu tempo (ela ouviu muitas histórias sobre o "tempo perdido" de filhos de alcoólatras), a fazer atividade física regular, aprendeu a delegar no trabalho e começou a escrever mais — um diário que lhe permitia tomar conhecimento dos segredos que trancara no sótão de sua cabeça. Uma compreensão decisiva foi de sua personalidade rebelde, uma poderosa força dentro dela que havia sido vital na infância como proteção, mas se tornara um escudo contra a confiança. Ela precisava se permitir ser vulnerável para aceitar o amor. À medida que essa compreensão vinha à luz, foi tomando consciência de si, aumentando com isso a autoestima. Isabel sorriu para mim, piscando os olhos escuros. Eu sentia dentro de mim o calor humano ao presenciar esses momentos de crescimento, ouvindo sua contagiante risada de empolgação com o potencial do futuro. "Eu trabalho com dedicação. Acredito que sou assim e respeito essa característica nos outros. Gosto de saber que sou uma empresária de sucesso. Posso canalizar esse orgulho para mim mesma. Consigo ver que as coisas estão indo bem. Se eu tiver paciência e me dedicar a essa nova fase, agora que estou estabilizada, minha energia vai atrair algo de bom. Talvez um dia eu encontre alguém que tenha a cabeça no lugar, mas por enquanto estou feliz dando minhas saídas. Não preciso de um homem para me completar. Na verdade, nem quero um namorado agora. Estou começando a acreditar mais em mim e naquilo que estou construindo, no rumo em que a vida me levar. Consigo aceitar, acreditar e desfrutar."

Essa é a melhor parte do trabalho como terapeuta. A alegria de ver Isabel com as esperanças renovadas e a profunda satisfação de saber que seu senso pessoal interno passou a combinar com sua beleza física. Isabel era presa de um vício emocional. Esse vício mexeu com ela, provocando um desgaste emocional. Porém, com o tempo, ela superou a negação que perpetuava seu comportamento autodestrutivo, introjetou a disciplina de adiar a gratificação imediata e criou coragem para dar o primeiro de vários passos rumo à recuperação. Houve momentos decisivos, como o dia em que a ouvi dizer: "Sou uma vencedora", rindo de alegria com a nova constatação. Esses passos, com o tempo, foram mudando sua percepção interior, o que a fazia progredir. Foram pequenas mudanças de percepção, cujo impacto, porém, teve grande alcance: permitiu que ela se amasse, se enxergasse como digna de ser amada. À medida que esse ciclo ganha impulso, sua história vai decolando para capítulos novos e mais felizes.

REFLEXÕES SOBRE O AMOR

O amor proporciona nossas maiores alegrias e nosso maior desespero. É o berço da loucura e do homicídio, assim como do apreço e da segurança. O amor é uma atividade de alto risco. Apesar disso, aqueles que conseguem construir uma relação de amor recíproco são mais felizes, saudáveis, ricos, vivem mais tempo e têm mais gosto pela vida que os outros. E o maior bônus é que os filhos também são mais felizes. Viver um relacionamento feliz é o elixir da vida. Ele não vem engarrafado, mas seu potencial está dentro de cada um de nós. Como tudo aquilo que é bom, não é fácil nem cai do céu: exige sorte, uma boa dose de esforço pessoal e dos dois parceiros.

As pesquisas não deixam dúvidas: todos os nossos relacionamentos importam — é vital que eles sejam fortes e duradouros, com nosso parceiro, nossa família ou nossos amigos. Manter viva uma relação amorosa vale o esforço e o sacrifício. Descobrir maneiras de viver o amor juntos e buscar formas melhores de gerir os conflitos, por mais difícil que seja, é melhor que ficar sozinho, para a maioria das pessoas. Não é apenas uma questão de ter um parceiro, e sim da qualidade do relacionamento com esse parceiro.

Os casais em relacionamentos longos e infelizes não desfrutam desses benefícios. Aqueles que, depois de uma separação, têm um relacionamento exitoso posterior conseguem voltar para a categoria positiva.

Em 2017, havia 7,7 milhões lares de uma pessoa só no Reino Unido. As razões para isso são variadas. Para alguns, viver sozinho não é uma escolha. No que diz respeito ao amor, há pessoas que se sentem sós, anseiam por um parceiro, fazem o possível para encontrá-lo, mas não conseguem. Associam-se à solidão condições negativas de saúde, um fato incômodo, que significa mais sofrimento para o solteiro. Há quem abrace a solidão e se dê bem com ela. São pessoas que adoram atividades a sós, preferem uma vida amorosa variada à monogamia e se sentem livres por não terem que atender às demandas de um parceiro, sem deixar de ter um amplo círculo de amizades. Não abordamos muito esse grupo de pessoas até aqui porque nos concentramos em casais. As mudanças no modo de vida são mais rápidas do que as pesquisas são capazes de acompanhar. Nos próximos anos, será interessante ver o que os dados nos dizem a respeito do resultado dessas novas formas de viver e amar.

Você pode estar curioso para saber por que esta seção do livro tem cinco histórias, mais do que as outras. A resposta é simples: o amor tende a nos preocupar mais que qualquer outra questão. Maria, Jackson, Robbie, Esther e Isabel demonstram como cada relacionamento é único, e o quanto esses relacionamentos podem ser decisivos para nosso sentido pessoal e nosso bem-estar. Como o amor é central para nossa felicidade, minhas reflexões foram mais extensas que de hábito. Eu quis transmitir teorias e constatações concretas, que ajudam a destrinchar a complexidade dos casos estudados e do amor em nossas próprias vidas.

Ao ler essas histórias, percebemos que as pessoas mudam ao longo do tempo. Um dos maiores desafios que enfrentamos, quando se trata de relacionamentos amorosos, é como mudamos, individualmente e juntos. Não saber fazer isso pode ser um fator de risco em relacionamentos de longa duração. Durante o período de turbulência e questionamento pelo qual Maria passou, por mais sofrido que tenha sido, ela encontrou um jeito de se adaptar internamente e salvar seu casamento. Nos casos de Isabel, Robbie e Esther, mapeamos a perda e a angústia que sentiram com o fim de seus relacionamentos, fosse pela morte, fosse pelo divórcio. Quanto a Jackson, a percepção de que precisava examinar as raízes de seus problemas de saúde e de sua insegurança quando tinha vinte anos fez com que ele entrasse nos primeiros relacionamentos com mais resiliência e conhecimento próprio. Minha esperança é que isso o proteja de um ciclo de relações nocivas no futuro.

Cada um dos cinco sofreu de seu próprio jeito. A velocidade com que cada qual voltou ao próprio eu da infância, nos momentos de maior sofrimento por amor, foi imensamente comovente e ilustra como podemos regredir a nosso eu anterior em qualquer estágio da vida. No caso de cada um deles, o caminho da cura residia na expressão da própria dor, o que, com o tempo, permitiu que fossem de novo em busca do amor. A idade não é uma boa medida da nossa forma de amar. Com todos eles, aprendi como a vontade de amar não envelhece, podendo brilhar com a mesma força numa mulher de setenta anos ou num homem de sessenta, assim como em mulheres de cinquenta e quarenta anos, ou em um jovem de vinte.

O QUE É O AMOR?

A maneira como fomos amados na infância nos propicia uma experiência singular do amor que acaba moldando nossa atitude e nosso comportamento. Não é algo imutável, porém: os relacionamentos amorosos ao longo da vida exercem a mesma influência. Nossa expectativa em relação ao amor será influenciada por aquilo que vemos e vivenciamos à nossa volta, em família ou entre amigos, assim como em nossa cultura: livros, músicas, filmes, programas de TV e mídias sociais preenchem nossa imaginação com histórias e imagens daquilo que é o "verdadeiro amor". Estas, por sua vez, são a expressão da obra de artistas de todos os matizes ao longo dos séculos, do amor cortesão da Idade Média às pinturas, óperas, esculturas e romances, com suas representações espetacularmente belas do amor e da tragédia. A forma de amor descrita com maior frequência, em todos os tipos de arte e de cultura, é o romântico, a visão enfeitiçadora do amor apaixonado, e não a forma mais discreta, silenciosa, desgastante do relacionamento de longa duração. Em busca de ideias, voltei-me para a pesquisa em psicologia. Durante décadas, os psicólogos estudaram em profundidade o amor, embora pouca coisa de suas conclusões tenha chegado à opinião pública. Isso, porém, vem ganhando corpo, com o aumento do acesso à informação on-line e aos podcasts.

Quando a paixão romântica toma conta de nós, nosso cérebro recebe um banho de um neurotransmissor chamado dopamina. Desejamos o objeto de nosso amor com uma fome inesgotável. Helen Fisher, brilhante antropóloga e autora de Why We Love [Por que amamos], especialista no estudo de como amamos, explica que essa tendência inconsciente a buscar um parceiro vem da exigência evolutiva de procriar; essa exigência está programada em nosso DNA e é o que ainda hoje nos leva a agir. É um sistema que evoluiu desde nossos ancestrais nas savanas da África, milhões de anos atrás. A estratégia consistia em reproduzir os genes, o que era feito com grande êxito por meio de uma relação essencialmente exclusiva entre um macho e uma fêmea. A palavra "essencialmente" não foi empregada por acaso: a fidelidade não era crucial para o êxito do empreendimento.

Cada um tem sua própria história de amor, mas em geral seguimos um padrão estabelecido. Robert Sternberg, psicólogo renomado, teorizou: "Pode-se considerar que o amor tem três componentes principais: paixão, intimidade e comprometimento". Paixão, na verdade, quer dizer sexo, o impulso de copular, a sensação de "paixão desvairada", em que a palavra de ordem costuma ser "loucura". Fisher demonstrou que, ao submeter o cérebro de homens e mulheres apaixonados a uma ressonância magnética, as partes do cérebro que se acendem são as mesmas. O amor ativa o sistema de recompensa da dopamina, muitas vezes anulando o pensamento racional. Isso basta para concluirmos que o amor romântico é uma base ruim para formar um relacionamento de longa duração.

O amor é uma das drogas mais poderosas do planeta. É um impulso que vem da parte "reptiliana", mais primitiva, do nosso cérebro, profundamente arraigada em nós. O homem e a mulher são programados para se apaixonar, e as reações fisiológicas são parecidas. É uma emoção que não dá para processar. Deixamos de ter controle sobre o corpo: é a sensação de um carro que anda o tempo todo em marcha acelerada, e por mais que queiramos tirar o pé do acelerador e reduzir, não há como fazer isso. Sentimos desejo e, com todo o nosso ser, queremos ir atrás do objeto do amor, aquela pessoa de quem nunca nos cansamos. Sentimos fome pelo corpo, pelo cheiro, pelas palavras e pelo ser.

Como Robbie demonstrou de forma comovente, estar apaixonado acarreta uma sensação de estar vivo, de euforia, de ser uma nova pessoa. Quando esse sonho é desfeito de forma cruel, a dor do rompimento costuma durar de um ano e meio a dois anos.

No cenário ideal, quando o casal encontra um jeito de se comunicar de forma franca e aberta enquanto ainda está loucamente apaixonado, surge a intimidade. Por intimidade entenda-se ter conhecimento profundo do outro e a sensação de que o outro tem conhecimento profundo a seu respeito. Quando apresentamos nosso verdadeiro eu ao outro de forma lenta e suave, e quando mesmo os espinhos são aceitos, e até valorizados, atingimos a intimidade. As intimidades emocional e sexual são os ingredientes mágicos do amor. A confiança e o respeito dentro do casal são ainda maiores quando ele se enxerga como um time no qual um apoia o outro, reconhecendo que ambos ficam mais fortes quando lidam juntos, e não separados, com as adversidades da vida.

O compromisso é a decisão de sustentar esse relacionamento, esse amor, a longo prazo, muitas vezes por meio da instituição do casamento, ou, cada vez mais, pela coabitação. É nesse momento, se o casal faz planos de ter filhos, que cada um deve avaliar cuidadosamente se o parceiro tem condições de ser um pai ou mãe carinhoso e comprometido. A maioria das culturas mundo afora inclui a fidelidade como parte desse compromisso, mas, qualquer que seja a cultura, mesmo naquelas onde há pena de morte, a infidelidade existe.

Com base nas pesquisas de Sternberg, o grau de amor vivenciado por uma pessoa depende do quão profundos são a paixão, a intimidade e o compromisso. O tipo de amor sentido é definido pela interação desses componentes em cada indivíduo e no casal. Uns podem sentir-se muito apaixonados sem ousar assumir um compromisso; outros podem se comunicar muito bem, mas não sentir tanto tesão. A chave para se proteger da dor e da ruptura é ser o mais claro possível, reciprocamente, em relação às expectativas e às emoções. Para que um relacionamento crie raízes seguras ao longo do tempo, é preciso que ele mude e se adapte à medida que mudam as necessidades e as experiências individuais.

De acordo com vários estudos, em um relacionamento bem-sucedido se espera que uma pessoa seja confiável para a outra, que crie uma amizade com respeito mútuo, aprenda a valorizar o outro, escute-o e expresse regularmente seu amor e afeição. Em um bom relacionamento, produz-se uma dinâmica positiva quando se encontram formas leves de apoio recíproco, mas se mantendo firmemente viva a conexão. Essa dinâmica melhora quando aprendemos a brigar, como acontece e deve acontecer, mas também a nos reconciliar depois da briga. E precisamos nos divertir ao moldar nossas vidas, criando uma parceria significativa. Para dar certo a longo prazo, é preciso desejo e boa vontade.

O IMPACTO DA GENÉTICA E DO AMBIENTE NO AMOR

As pesquisas de Helen Fisher enfatizam que a dança de acasalamento do ser humano é complexa, que as estratégias sexuais variam de um indivíduo para o outro, mas que o impulso evolutivo está gravado em nós: "Nascemos para amar". Fisher alega que a genética tem um papel determinante na nossa personalidade, que, por sua vez, é moldada pelo entorno.

Chama a atenção o quanto, nas histórias de Maria, Jackson, Robbie, Esther e Isabel, a influência do relacionamento paterno criou neles um padrão: por mais que quisessem mudar, viam-se repetindo aqueles cenários. Talvez pudessem ser mais tolerantes consigo mesmos se reconhecessem o papel desempenhado pela genética: como escreve Fisher, "nossa natureza biológica está sempre cochichando dentro de nós, influenciando a determinação de quem amamos". Pesquisas sobre a afeição corroboram a vivência de meus pacientes ao mostrar que o adulto tende a recriar o mesmo tipo de relacionamento observado na infância. É um roteiro gravado dentro de nós e vivenciado de forma consciente e inconsciente. Não causa surpresa que o exemplo de pais tranquilos e seguros na própria parceria ajuda os descendentes a terem relacionamentos tranquilos e seguros, e vice-versa: parceiros inseguros, que carecem de uma base interior de confiança ou são incapazes de reconhecer a confiabilidade do outro, também vão deixando um roteiro para os filhos. Além disso, a relação que esses filhos têm com os pais vai moldá-los, e é um fator poderoso de previsão do comportamento na futura vida amorosa. Mas os estilos amorosos e os padrões adquiridos podem ser modificados.

Eu não seria terapeuta se não acreditasse que, com autoconscientização, determinação e um pouco de sorte, podemos nos reprogramar e criar relacionamentos sólidos, apesar da nossa biologia e do nosso histórico.

O que acontece conosco fora do ambiente familiar também influencia nosso sistema de crenças e, por conseguinte, nosso comportamento. Como no caso de Maria, o primeiro amor, seja ele bom ou ruim, moldará a confiança nos parceiros futuros. Esses primeiros relacionamentos sexuais, mais complexos, que em geral ocorrem entre os dezoito e os 23 anos, são um momento crucial de experimentação e desenvolvem nossa atitude em relação ao amor e ao sexo. Acredita-se que estejam ligados às estatísticas de divórcio: quando nessa idade nos voltamos mais para nós mesmos nos relacionamentos, e preferimos a falta de compromisso dos encontros casuais e isolados, ficamos menos propensos a nos comprometermos com o casamento, ou temos menos receio do divórcio que outras pessoas.

Não há dúvida de que estamos programados para procriar. Mas nossa forma de fazer isso, e o que consideramos comportamentos aceitáveis, são construções sociais. Estas, por sua vez, são influenciadas pelo que é transmitido à nossa mente. As pessoas podem ser, e são, influenciadas pelos conteúdos das mídias que consomem. Quando assistimos a representações incessantes dos relacionamentos de uma certa forma, isso influi sobre nosso comportamento em uma relação. Ao contrário de trinta anos atrás, hoje há mais programas em nossas telas mostrando relacionamentos sexuais fortuitos, sem compromisso duradouro. Isso nos leva a considerar o sexo casual como algo comum. Curiosamente, há um viés contra as mulheres que fazem sexo casual: os programas mostram mais consequências negativas para elas do que para os homens. Fico pensando se, apesar da revolução sexual, ainda não há ecos das ideias bíblicas de que a mulher só pode fazer sexo para procriar.

Por razões genéticas e ambientais, há um viés na sociedade contra aqueles que são solteiros. Pressupõe-se que quem se divorcia achará outro parceiro, e quem nunca teve um relacionamento duradouro é visto com pena ou espanto. É algo tão primitivo quanto a natureza, em que o animal selvagem solitário corre mais risco de ser presa de um ataque. Pessoas solteiras podem ser menosprezadas, subestimadas e criticadas. Caso queiram um parceiro, e a solidão as desespere, ficar à mercê de comentários insensíveis ou preconceituosos só piora as coisas. As estatísticas servem como uma lente que mostra como a sociedade atual está mudando diante dos relacionamentos de longa duração, e o que está virando o novo normal.

Nunca, nos últimos cem anos, tão pouca gente se casou quanto agora. Em 2014, quase 34% da população adulta do Reino Unido era separada ou solteira. É o maior indicador de quanto a sociedade mudou. Em 2014, 51% das pessoas de dezesseis anos ou mais, na Inglaterra e no País de Gales, eram casadas ou estavam em união civil. Famílias sem casamento formalizado eram o grupo familiar que mais crescia, tendo mais que dobrado entre 1996 e 2016, de 1,5 milhão para 3,3 milhões de famílias. Segundo a Marriage Foundation, "pais não casados representam 19% de todos os casais com filhos dependentes, mas compõem metade de todas as famílias".

Examinar essas mudanças de um ponto de vista histórico nos ajuda a compreendê-las. Durante séculos o casamento não foi uma questão de amor, e sim um contrato econômico, em geral visando ao compartilhamento de recursos. A realeza se casava para formar alianças entre nações. Os aristocratas se casavam por dinheiro ou por terras. Outros arranjavam casamentos entre famílias de convicções e classes em comum; camponeses se casavam porque precisavam de uma parceira para dividir o fardo. Hoje, 89% das pessoas, em todo o planeta, afirmam que só se casariam por amor.

Nos últimos cinquenta anos ocorreram transformações sociais revolucionárias, que alteraram nossa visão da instituição do casamento, e nem de longe nos ajustamos às consequências. Três forças sociais impulsionaram essa mudança radical.. A *revolução psicológica* reduziu o poder das instituições sociais e reforçou a importância do individualismo. Hoje se dá mais ênfase à felicidade pessoal do que à instituição do casamento como força estabilizadora para ter e criar os filhos. A *revolução de gênero*, sobretudo devido à pílula anticoncepcional e ao movimento feminista, emancipou as mulheres da gravidez constante e as levou ao mercado de trabalho; hoje, o normal é os dois cônjuges trabalharem. Embora as mulheres ainda queiram se casar, as razões mudaram: agora elas raramente se casam por status, para cumprir um papel ou por um legado, já que podem encontrar as três coisas na carreira profissional. E a *revolução secular*, o declínio da crença religiosa e da autoridade moral religiosa, fez com que o casamento não seja mantido só pelo medo de desrespeitar Deus, ficando, assim, mais fácil sair dele sem o temor do estigma social.

O DIVÓRCIO

Para Esther e Isabel, divorciar-se provocou dor, mas era a decisão correta. Não foi tomada de forma ligeira, tampouco sem muita cautela e pesar. A experiência delas faz lembrar um estudo recente, que mostra como dar início a um processo de divórcio é uma mudança para melhor, embora seja uma das coisas mais difíceis com as quais lidar. Recuperar-se de um divórcio leva tempo: a pesquisa revela que, em geral, são necessários quatro anos para que a pessoa sinta que a vida voltou ao lugar. Para Isabel, uma parte fundamental da sensação positiva em relação ao divórcio foi o acordo com o ex-marido para a guarda compartilhada, que também se mostra um benefício significativo para o filho.

A maioria dos divórcios acontece depois de dez a quinze anos de casamento, o que significa que os filhos mais jovens são inevitavelmente afetados. Um elevado percentual de adultos divorciados se casa de novo, e 40% desses novos casamentos também terminam em divórcio. Isso significa que os filhos precisam encarar múltiplas mudanças em como, onde e com quem vivem, o que pode ser perturbador, com consequências negativas a longo prazo. Em geral, as questões que infligem mais danos para aqueles que se divorciam são as dificuldades financeiras e as famílias monoparentais, nas quais é mais frequente que o pai tenha muito menos contato com os filhos.

Esther integra um grupo que foi apelidado de *silver splitters*, os "divorciados de prata". Esse grupo etário viu a taxa de divórcios duplicar nos últimos anos, mas o aumento no número de divorciados mais velhos vai contra a tendência geral, que é de uma queda de 9,1% nos divórcios desde 2014, e um declínio de 34% desde o pico mais recente, de 2003. As pesquisas indicam que isso se deve à mudança na atitude das mulheres nos relacionamentos, com a maturidade: elas vão se tornando mais assertivas. É comum relatarem que passam a se sentir mais confiantes, menos preocupadas com a crítica alheia e com maior autoestima.

Na Inglaterra e no País de Gales, 42% dos casamentos terminam em divórcio. Em 2017, houve 101 699 divórcios. A análise sugere que o motivo para a queda nas taxas de divórcio ocorre porque os casamentos agora acontecem cada vez mais tarde, e há uma queda geral no número de casamentos.

O filho de Esther tinha 23 anos quando ela se divorciou pela primeira vez, e pode-se imaginar que, sendo adulto, não sofreria tanto quanto uma criança. Não foi o caso. Tampouco é o que ocorre com a maioria dos filhos adultos de pais que se divorciam: é comum que eles fiquem arrasados. Um estudo mostrou que a reação inicial é de profundo choque, mesmo sabendo que o casamento estava em crise havia anos. A experiência é semelhante ao luto, com toda a complexidade de perda, raiva e tristeza profunda. Eles podem questionar a veracidade do próprio passado, o que, por sua vez, suscita questões de confiança em todos os seus relacionamentos. Em meio ao processo de luto, costumam confrontar os pais, ou aquele a quem culpam pela ruptura da família, e é necessário um esforço consistente para reconstruir a confiança.

FILHOS ADULTOS DE ALCOÓLATRAS

Isabel era filha de uma alcoólatra. Em geral, o legado emocional de um pai ou mãe alcoólatra para o filho costuma não ser reconhecido; pouco se menciona também como ele impacta a capacidade da criança de formar seus próprios relacionamentos amorosos de longa duração. Os filhos de alcoólatras são mais predispostos a todo tipo de comportamento adicto, a *adicções emocionais*, assim como ao abuso de álcool e de drogas. Chamou minha atenção a importância da sobriedade emocional. Preciso ficar mais antenada nisso no futuro.

Um estudo do Al-Anon aponta que as características típicas de crianças criadas em lares de alcoólatras incluem "medo de figuras de autoridade, isolamento, medo de abandono, desconforto com outras pessoas, apego a relacionamentos disfuncionais e vício em excitação, em que se demonstra uma preferência pelo conflito contínuo, em vez de relacionamentos funcionais". Os filhos de alcoólatras também correm um risco maior de comportamentos destrutivos, entre eles abuso de drogas, comportamentos antissociais, baixa autoestima, depressão, ansiedade e transtornos alimentares.

Isso não representa, de modo algum, um vaticínio do destino, como demonstra o exemplo de Isabel. No entanto, é um fator de risco, e uma consciência maior disso pode criar proteção. O tratamento de apoio à sobriedade emocional do filho adulto de um alcoólatra, reconstruindo a confiança em si mesmo e na vida, é o programa de recuperação de doze passos do Al-Anon.

A DINÂMICA DOS RELACIONAMENTOS: GÊNERO E AMOR

As pesquisas dão respaldo ao nosso entendimento instintivo de que a maioria dos homens sente primeiro atração sexual e tende a se apaixonar depressa, enquanto as mulheres buscam carinho e status ocupacional. À medida que o relacionamento progride, o ideal é que haja um equilíbrio entre afeição e sexo, e os homens se tornam mais afetuosos e as mulheres mais sensuais. Tanto homens quanto mulheres desejam estabelecer intimidade, mas expressam isso de formas diferentes. Em geral, os homens demonstram amor realizando algo prático: são fazedores. As mulheres são enunciadoras: usam muito mais palavras que os homens, contando como se sentem, excitando-se com a conexão emocional entre as palavras e os sentimentos. Muitas vezes é uma fonte de tensão nos relacionamentos quando o homem quer que a mulher fale menos e vice-versa. O importante é chegar a uma compreensão recíproca em relação à "linguagem do amor" da outra pessoa: ela se sente amada por meio de gestos, palavras ou contato físico? O que a afasta? Quando aprendemos a forma preferida de receber amor do nosso parceiro, conseguimos ficar mais confiantes ao proporcioná-la, o que ajuda a criar um ciclo positivo. Para mim, isso se assemelha a dar presentes: é comum que as pessoas deem presentes que elas próprias gostariam de receber, em vez de tentar compreender a cabeça do presenteado. Esse é um processo de adaptação, que expande nosso léxico psicológico de modo a incluir o do parceiro, permitindo que entremos em sua mente e também que saiamos dela para nos defender da codependência. Em relacionamentos de longa duração, a linguagem e a expressão do amor mudam bastante. É algo que exige, de parte a parte, flexibilidade e capacidade de se ajustar.

Curiosamente, os homens, como Jackson, se apegam mais tempo a relacionamentos em declínio do que as mulheres, e depois do rompimento se sentem mais solitários e ficam mais preocupados com o que aconteceu. Não está claro se isso acontece porque as mulheres têm amizades mais sólidas, que ajudam a preencher a ausência de um parceiro, mas pesquisas sobre o amor na idade madura mostram que as mulheres sentem menos necessidade de companhia quando têm acesso a ela por meio de amizades.

COMO ENCONTRAR "A" ALMA GÊMEA

A ideia de encontrar "a" pessoa tem sido contada e recontada sob várias formas desde os tempos de Platão. Daí nossa busca pela pessoa que nos complete, o encaixe perfeito que nos preencha, a cura para tudo aquilo que nos faltava até encontrá-la. Essa fantasia da pessoa ideal pode persistir mesmo depois de assumirmos um compromisso com alguém, nos fazendo acalentar o sonho secreto de encontrá-la. Na busca por essa metade idealizada, às vezes deixamos passar a pessoa que está deitada na cama ao nosso lado. O mito de encontrar a alma gêmea perfeita provoca danos indescritíveis.

Nunca como hoje se colocou tanta expectativa no casamento. Esther Perel, a brilhante psicoterapeuta de casais autora de *Sexo no cativeiro*, explica que as demandas de um relacionamento com compromisso só aumentam: "Nós recorremos a uma pessoa para nos fornecer aquilo que antes exigia uma aldeia inteira: o senso de estabilidade, significado e continuidade". Ficamos na expectativa de crescimento e realização pessoal, além de entusiasmo, segurança, conforto, sexo perfeito, estabilidade financeira e alguém que leve o lixo lá fora. Um número cada vez maior de relacionamentos termina quando essas expectativas não são atendidas, quando há um sentimento de que a relação estagnou. Às vezes concluímos que é "tudo ou nada", em vez de tentar atender a algumas de nossas necessidades em outro lugar. Eli Finkel, autor de *The All or Nothing Marriage* [*O casamento "tudo ou nada"*] comenta que é possível ter uma parceria que preencha todas as nossas expectativas, mas elas são raras e exigem tempo e atenção necessários para cuidar delas, geralmente à custa desse investimento de tempo em outras áreas de nossas vidas, como a carreira. Não dá para ter tudo.

Mesmo quando o parceiro ideal é um mito, é sensato usar algo além do nosso "cérebro apaixonado" para nos ajudar a tomar a decisão de nos comprometermos ou não, a longo prazo, com aquela pessoa. Uma pesquisa da professora Anne Barlow sobre o relacionamento de casais concluiu que aqueles que prosperam partilham algumas características básicas. A partir desse estudo, foram elaboradas dez "perguntas cruciais". Todos os casais poderiam debatê-las para aprender mais sobre a própria relação, ajudando-a a florescer, ou para ressaltar as áreas que exigem algum esforço. Também pode ser útil para casais prestes a assumir um compromisso a longo prazo.

1. Eu e meu parceiro "encaixamos"? Essa pergunta pode ser decomposta nas nove perguntas seguintes.

2. Temos uma base sólida de amizade?

3. Queremos as mesmas coisas da relação e da vida?

4. Nossas expectativas são realistas?

5. Costumamos ver o melhor lado um do outro?

6. Fazemos um esforço para nossa relação continuar vibrante?

7. Temos a sensação de poder debater livremente e tocar em qualquer assunto com o outro?

8. Estamos comprometidos com o esforço para superar os momentos difíceis?

9. Quando nos deparamos com situações estressantes, nos unimos para superá-las?

10. Temos o apoio das pessoas à nossa volta?

De que forma essas perguntas podem ajudar em um relacionamento com compromisso? O trabalho do dr. Ted Hudson mostra que nós *criamos* o bom parceiro, não o *achamos*. Considero essa compreensão absolutamente fundamental. A pesquisa do estudo longitudinal realizado por ele mata a charada: "Não existe diferença, objetivamente, na compatibilidade entre os casais infelizes e os casais felizes". Hudson conclui que os casais que sentem "carinho e satisfação no relacionamento" não consideram que a questão seja a compatibilidade entre os parceiros. Ao contrário, acreditam que foi a atitude que fez o relacionamento dar certo. A força da relação não depende da semelhança entre eles, e sim da disposição de se adaptar e acumular um "banco" de carinho e afeição que ajuda a isolar o incômodo das diferenças. Isso dá respaldo ao conceito de desenvolvimento de compatibilidade, em que se tem uma mentalidade de crescimento ("Acredito que posso mudar") em vez de uma mentalidade fixa ("É assim que eu sou"). Ter uma atitude de crescimento significa atravessar as dificuldades enxergando-as como uma oportunidade para o conhecimento mútuo, turbinando a relação por meio da resolução dos conflitos.

Não estou me esquecendo dos casais que apenas coabitam, forma cada vez mais comum de viver uma relação com compromisso. Seja por um viés intrínseco, seja porque as características da coabitação a tornem menos robusta, o Instituto Nacional de Saúde Infantil e Desenvolvimento Humano dos Estados Unidos relata: "Relações de coabitação são menos estáveis que os casamentos, e essa instabilidade vem aumentando". Casais que moram juntos têm maior probabilidade de se separar do que casais casados — e, como eu disse, 42% dos casamentos na Inglaterra e no País de Gales terminam em divórcio.

Por mais trabalho e frustração que cause o esforço para manter um relacionamento, as pesquisas mostram que aqueles que estão casados, morando juntos ou namorando relatam níveis de bem-estar superiores aos daqueles que não namoram ou saem com mais de uma pessoa ao mesmo tempo.

AS PESQUISAS SOBRE O SEXO EM RELAÇÕES DE LONGA DURAÇÃO

Como vimos, o desejo sexual de Maria aumentou depois que os filhos cresceram. Ela já não se sentia exausta; com a diminuição da intensidade do esforço materno, abriu-se espaço para um novo amor.

Uma pesquisa recente da professora Kirsten Mark sobre o comportamento sexual concluiu que "as mulheres que conseguem manter o desejo sexual em relacionamentos de longa duração já se identificavam como pessoas altamente sexuais, com desejo elevado" antes mesmo do início do relacionamento. Isso pode indicar uma interseção entre o desejo sexual no plano individual e o desejo por um parceiro específico. Faz sentido que tanto homens quanto mulheres que já se enxergam como sensuais tenham maior êxito na manutenção do desejo sexual ao longo de um relacionamento prolongado. Conheci muitos casais em que há um descompasso no desejo sexual, e as raízes desse descompasso estavam claras desde o início do relacionamento, como constatamos com Isabel e o marido. Fico pensando por que eles acreditavam que com o tempo iria melhorar. Mas não há regras. Conheci casais que conseguiram, mas isso dá trabalho e exige um esforço consciente.

A atitude da sociedade em relação ao desejo sexual feminino vem mudando lentamente. Novas pesquisas mostram que as mulheres têm tanto desejo sexual quanto os homens e passaram a explorar abertamente aquilo que lhes dá prazer, tomando decisões com confiança para satisfazer suas necessidades. Isso se verifica especialmente em relação às mulheres nascidas após 1990, mas vem ocorrendo com todas as gerações, sobretudo graças a sites como omgyes.com. Informações muito mais acessíveis, úteis e necessárias, sem conteúdo pornográfico, podem ser encontradas hoje em sites como The Pleasure Mechanics. A ideia de que os homens pensam em sexo a cada sete minutos, enquanto as mulheres a cada sete dias, é, claramente, um mito: as mulheres estão indo à luta e assumindo sua potência sexual.

Maria, Robbie e Isabel descobriram que a relação sexual com os cônjuges decaiu ao longo do casamento. Kirsten Mark, especialista na pesquisa do desejo e da satisfação sexual, concluiu, em um estudo de revisão sistemática, que o desejo sexual tem um movimento circular: quanto mais você tem, mais quer; quanto melhor a vida sexual, maior o desejo. O desafio, nos relacionamentos de longa duração, é manter vivo o desejo sexual. Enfatizar a importância de sua própria identidade, mantendo-se atraente um para o outro, faz muita diferença, tanto quanto o toque não sexual: a probabilidade de sentir tesão aumenta quando há o carinho de abraços frequentes e beijos cotidianos. É claro que um repentino abraço apaixonado, depois de um período de frieza e afastamento, exige um esforço maior. Quando um casal se funde em "um só", não consegue mais enxergar o outro. Como Esther Perel coloca de forma muito clara, a dança entre a segurança e o pertencimento, o desejo e o mistério, mantém a chama da relação acesa.

O que é inegável, em todos os aspectos de um relacionamento, é que quanto mais cedo o problema, qualquer que ele seja, for encarado e resolvido ou negociado, mais a relação prospera. Os problemas vão ficando enraizados, difíceis de resolver, quando se deixa que cresçam por muito tempo. Eu ofereço "revisão de relacionamentos" para casais casados ou que moram juntos em uma relação de compromisso. Nós nos encontramos quando eles assumem o compromisso de uma parceria de longa duração e analisamos as questões com as quais já têm dificuldade; abordamos a história dos dois e examinamos seus pontos fortes como casais. Depois nos encontramos duas ou três vezes por ano, dando-lhes oportunidade de lidar precocemente com os conflitos, reafirmar aquilo que está dando certo e enxergar as consequências das mudanças provocadas pela chegada dos filhos, pela mudança de endereço ou de emprego. Se existe revisão de automóveis, e se realizamos check-ups de saúde regulares, nada mais natural que fazer o mesmo com uma das coisas mais importantes da nossa vida: nosso relacionamento amoroso.

O QUE SUSTENTA UMA PARCERIA
DE LONGA DURAÇÃO?

Nunca é possível saber inteiramente o que ocorre por dentro da relação de compromisso de outra pessoa. Há casais que olhamos e nos perguntamos como podem estar juntos, e somos surpreendidos por outros que parecem viver em estado de êxtase e de repente se separam. No amor e nos relacionamentos existe um mistério e uma magia imprevisíveis e incompreensíveis.

O dr. John Gottman passou décadas realizando extensas pesquisas com milhares de casais. Ele afirma ser capaz de dizer, só de assistir a dez minutos de uma discussão do casal, qual a probabilidade do divórcio. Suas convicções coincidem inteiramente com minha experiência com meus pacientes, na descoberta dos jeitos de ser que sustentam e enriquecem o amor de longa duração.

A pesquisa de Gottman revelou que, quando os dois parceiros se comprometem da mesma forma com a construção de um relacionamento de longa duração e com um propósito, ela tende a durar. Dito assim, parece simples: duas pessoas concordam em construir uma vida em comum e encontram um jeito de ficar juntas, o que quer que a vida ofereça. Minha compreensão é que o compromisso é quase como um interruptor dentro da nossa cabeça. Aceitar que vamos estar com aquela pessoa pelo resto da vida nos faz desligar as perguntas, dentro da nossa cabeça, sobre a natureza a longo prazo da relação e ligar os pensamentos sobre como fazer dar certo. Esse bate-papo interno, que eu chamo de "comitê do vai-dar-merda", essas perguntas e acusações feitas ao nosso parceiro, silencia, até desaparece, e nosso diálogo interior muda: o que precisamos fazer agora? De forma consciente, abandonamos um ponto de vista para adotar outro. O que se torna importante, então, é nossa forma de interagir: cabe observar que essa dinâmica é criada a dois, já que ambos os parceiros desempenham um papel na forma de se relacionar um com o outro.

Meu foco, aqui, é como mudar dentro do relacionamento. Minha compreensão a partir dos Quatro Cavaleiros do Apocalipse de Gottman, detalhados a seguir, é que essa forma de se relacionar, quando praticada com constância e a longo prazo, permite prever a ruptura do relacionamento. Manter pontos de vista imutáveis, oscilando entre os dois polos do certo e do errado, é mau augúrio. Aquilo que começa sob a forma de crítica pode levar ao desprezo, à defensividade e ao emparedamento. Isso, por sua vez, rompe a conexão, o carinho e a confiança. É nossa capacidade de adaptação e aproximação do outro, mesmo quando há discordâncias, que constrói um relacionamento robusto: a disposição de ser flexível, de estar aberto a novas circunstâncias ou ambientes e de às vezes priorizar as necessidades do outro. Isso não significa agir como um capacho. Dá para se impor e ao mesmo tempo fazer escolhas que respeitem e valorizem a relação entre você e seu parceiro. Isso cria um ciclo positivo: quando essa flexibilidade é bem recebida, ela ajuda a aumentar a confiança, que é nutrida pelo fato de sermos amados.

OS QUATRO CAVALEIROS DO APOCALIPSE DE GOTTMAN

Na opinião de John Gottman, são quatro as características inimigas de um relacionamento de longa duração bem-sucedido.

Crítica é a posição de quem aponta o dedo, uma posição inflexível de "Você está errado, eu estou certo", quando o recebedor vivencia um ataque. Em geral, ela é verbalizada com um "Você sempre...". É sentida como um ataque pessoal, e não uma crítica do comportamento. Coloca o outro na defensiva. Uma posição mais útil é assumir o próprio sentimento: "Quando você não leva o lixo para fora eu sinto...". No começo, isso pode parecer mecânico e chato, mas persista: com o passar do tempo, traz resultados surpreendentemente bons. A propósito, as mulheres têm tendência a ser mais críticas que os homens.

Desprezo é ser condescendente com o parceiro colocando-se em posição de superioridade, mostrando desdém pela sua personalidade e seu posicionamento moral ou ético. É um ataque ao senso de eu do outro. Desencadeia-se por meio de um ciclo de pensamentos negativos que fica fervilhando, à espera do momento de ser despejado, o que torna a reconciliação impossível. Muitas vezes vem acompanhado de críticas incessantes. O desprezo utiliza palavras com a intenção de magoar, muitas vezes verbalizadas com expressões faciais de deboche ou desagrado. O desprezo envenena o relacionamento por ser a atitude mais corrosiva no casamento. Uma vez mais, o antídoto é a consciência do impacto do seu desprezo. A mudança deve começar com pequenos passos, como assumir a responsabilidade por seus sentimentos e evitar frases que começam com "Você...". Porém, é preciso lidar com a origem dos pensamentos negativos, de modo que o carinho e o respeito se sobreponham ao conflito. A construção de uma cultura de reconhecimento na relação não é fácil, mas é possível. Um índice de cinco gentilezas para cada crítica é um bom barômetro do que se deve almejar num relacionamento. Podem ser pequenos gestos — não estamos pedindo um desempenho romântico digno de Oscar — como um sorriso, um toque no ombro, um agradecimento, um olhar carinhoso, um bilhete atencioso. Tudo isso cria um "banco de afeto" que, por sua vez, protege a relação nas horas de conflito.

Defensividade é a resposta-padrão às críticas, é defender-se da acusação comportando-se como vítima atacada injustamente — "Não fui eu" — que, muitas vezes, passa ao ataque: "Por que você não fez?". A posição de vítima é sustentada com força bruta, muitas vezes acompanhada de um tom de chororô irritante. Quando duas pessoas adotam os polos opostos de ataque e defesa, não existe possibilidade de solução, e o conflito vira uma bola de neve em que os casais contra-atacam sacando acusações antigas. A forma mais clara de lidar com as críticas é assumir parte da responsabilidade, reconhecer a parte da queixa que pode caber a você.

Emparedamento é exatamente o que diz a palavra: o bloqueio e a recusa de ouvir, muitas vezes desencadeados por um ataque de desprezo do parceiro. Pode ser caracterizado por uma saída abrupta da sala, distraindo-se com outro assunto e se isolando. Pode acontecer porque você está sobrecarregado e é a única forma possível de responder. É comum que os homens se emparedem; quando a mulher se empareda, é sinal de divórcio iminente. Como acontece com tudo que tem a ver com relacionamentos, o primeiro passo é a tomada de consciência. Assim que você reconhecer que essa dinâmica está ocorrendo, é importante parar. Não de forma agressiva, mas chegando a um acordo de que não é possível, naquele momento, conversar de forma construtiva. Como numa espécie de "castigo" infantil, os dois parceiros precisam ir para cômodos separados, acalmar a mente com relaxamento ou meditação e concordarem em voltar a se falar quando sentirem mais empatia e respeito pelo outro.

Tentar impedir a nós mesmos de adotar esses quatro comportamentos, de forma a evoluir juntos, exige tomada de consciência daquilo que dizemos e algum exame interior acerca dos nossos motivos para criticar: por que temos que provar que o outro está errado? Qual a dinâmica entre nós? O conflito é inevitável, até necessário, em um relacionamento. Discordar a partir de um ponto de vista de respeito e igualdade pode alimentar a evolução, quando se trata da disposição de escutar e levar em conta a opinião do parceiro.

Quando não entendemos o que está errado em nosso relacionamento, e quando não encontramos uma forma de verbalizar isso, o ressentimento e o distanciamento vão crescendo. É essencial entender o que está acontecendo, para o bem e para o mal, e nesse processo construir pontes de entendimento, que incluam, quem sabe, uma mudança em nossa posição. Isso implica, às vezes, deixar de estar sempre com a razão, ou pelo menos demonstrar maior flexibilidade. Como exemplo, uma questão de conflito típica é lavar a louça: quem faz, quem não faz, escorrer os pratos assim ou assado, enxaguar ou não enxaguar — quem liga para isso? —, todos têm uma opinião. O motivo da disputa é o poder e o controle. Erroneamente, achamos que, ao ter o controle, nos protegemos da mágoa. Mas se nos atrevermos a confiar o bastante, podemos mudar e descobrir que isso sim nos protege da mágoa.

Minha forma de pensar na comunicação nas horas de conflito é imaginar que as palavras que saem de nossa boca estão penetrando a mente e o corpo de nosso parceiro, a pessoa que amamos, com a qual assumimos o compromisso de construir uma vida. É claro que vale a pena levar algum tempo aprendendo a ter conflitos que não causem um mal mais grave ao outro. Uma das expressões que eu mais ouvia quando criança era "Paus e pedras podem quebrar meus ossos, mas palavras nunca vão me ferir". Essa é uma mentira deslavada. Palavras ferem sim, e, se quisermos ter um relacionamento bem-sucedido, precisamos tomar cuidado com elas.

Cabe reconhecer que, quando estamos sob ameaça, muitas vezes recorremos a nossos mecanismos de defesa mais primitivos: viramos crianças. Por mais estranho que possa parecer, podemos aprender a melhor forma de resolver conflitos com a psicologia infantil. Hoje sabemos que, ao criar os filhos, precisamos criticar a atitude, e não a pessoa; quando estamos irritados com eles, é necessário dar um tempo, nos acalmar e só voltar ao assunto quando estivermos recompostos. Precisamos ter certeza de que damos mais retornos positivos do que negativos: hoje se sabe que isso fortalece a autoestima e desenvolve a conexão entre pais e filhos. Se nos comportamos assim como pais, fica mais fácil comprcender que esses comportamentos terão o mesmo impacto entre adultos.

NOVAS FORMAS DE NAMORAR E ENCONTRAR O AMOR

Como vimos nos casos de Jackson e Robbie, nossa forma de namorar está mudando. O caminho tradicional, do encontro por intermédio de amigos, do local de trabalho ou da escola, ainda é comum, mas vem diminuindo. As redes sociais e os aplicativos crescem: cerca de 22% dos casais héteros e 67% dos casais gays hoje se conheceram on-line; entre os jovens de dezoito a 24 anos (solteiros ou não), os encontros on-line triplicaram. É importante entender que o propósito dos sites e aplicativos de namoro varia conforme a pessoa. Alguns estão em busca de amor em um relacionamento a longo prazo, enquanto outros querem apenas um encontro, encarado como divertimento, até mesmo uma recreação, para a qual o aplicativo serve como ferramenta. Quando esses propósitos entram em confronto, geram sofrimento e angústia indizíveis. É interessante observar que aplicativos como o Tinder nasceram como se fossem um game, para diversão. Se o objetivo é que as pessoas continuem a utilizá-los, devem manter seus usuários solteiros.

Seja como for, os aplicativos ampliaram as opções de todos, permitindo que homens e mulheres, que os utilizam na mesma proporção, encontrem alguém cujo caminho jamais teriam cruzado, proporcionando em alguns casos diversão e confiança, sobretudo para aqueles que se sentem isolados ou trabalham em casa. Para os que viajam mundo afora, propiciam um amplo leque de conexões.

Pesquisas sobre esse tema são relativamente recentes e não muito numerosas. O sociólogo e filósofo Zygmunt Bauman cunhou o termo "amor líquido", e argumenta: "As forças gêmeas da individualização e da transformação social liquefizeram" a solidez e a segurança outrora proporcionadas pelos relacionamentos românticos e pelas estruturas familiares. Esse conceito foi adotado e pesquisado de forma mais aprofundada, concluindo-se que a visão a respeito dos aplicativos de namoro é excessivamente negativa: há um lado positivo, de aumentar a conectividade das pessoas. O argumento contra eles, que eu ouço aqui e ali, é que a série infinita de opções para encontrar um parceiro acaba impedindo os laços sólidos diante da constatação de que, com tantas escolhas, os relacionamentos não duram; em consequência, as pessoas não investem seu tempo neles. Tornou-se um círculo vicioso. Além disso, outros analistas alegam que, por mais que empoderem sexualmente as mulheres, sobretudo em casos como o Bumble, em que só a mulher pode tomar a iniciativa, um dos maiores defeitos dos aplicativos é a possibilidade de sobrecarga cognitiva: são tantas opções que não conseguimos escolher. Ou, mesmo quando escolhemos, ficamos na esperança de que a escolha seguinte será melhor.

Buscar um *match* com base em perfis representados por fotografias tem um lado potencialmente nocivo. Reforça a importância da aparência como primeiro vínculo, aumentando a necessidade de ser considerado bonito ou atraente. Para aqueles que recebem muitos likes, isso pode aumentar os encontros por vaidade e a necessidade de manter a boa aparência para massagear o próprio ego. Inversamente, para os que não recebem likes, isso gera uma evidência concreta que usam contra si mesmos, ferindo sua autoestima.

Curiosamente, quando se perguntou às pessoas se prefeririam encontrar o amor via aplicativo ou cara a cara, 61% disseram que preferiam o encontro pessoal, enquanto 38% não tinham preferência.

ADULTÉRIO MODERNO

Segundo o dr. Kenneth Paul Rosenberg, psiquiatra e autor de *Infidelity: Why Men and Women Cheat* [*Infidelidade: Por que homens e mulheres traem*], a paisagem do adultério sofreu uma alteração radical. O adúltero moderno é mais complexo e menos previsível que a caricatura. O adultério aumentou em todas as faixas de idade no mundo ocidental, e mulheres como Isabel se juntaram ao grupo.

Durante vinte anos a proporção de homens que tinham casos se manteve estável, enquanto o número de mulheres aumentou em quase 50%: em 1993, eram 10%; hoje, entre 15% e 19% admitem ter tido um caso. Não posso deixar de pensar em qual seria o número real se todas dissessem a verdade. Com muita probabilidade essas mulheres têm alto poder aquisitivo e estão entre quarenta e sessenta anos. São mulheres que saíram de dentro de casa para trabalhar, o que lhes proporcionou a oportunidade e a liberdade financeira para romper com as regras tradicionais da fidelidade.

Já vimos antes o encontro de Jackson com Suki, que acabaria sendo infiel a ele. Um estudo com a geração dos millenials mostrou que o comportamento dessa jovem é semelhante ao que tradicionalmente se costuma pensar como masculino. O foco está na excitação sexual e na satisfação, mais que na postura vista como típica do gênero, de busca do desejo pelo vínculo emocional.

O adultério entre pessoas acima dos sessenta anos também aumentou desde 1991, em pelo menos 10% entre as mulheres e 14% entre os homens, fenômeno provocado pelo prolongamento da vida — talvez com o tédio de décadas de casamento —, pela melhora das condições de saúde e pelos benefícios dos medicamentos de prevenção da impotência. Pesquisas recentes mostram que muitos dos que têm casos atualmente são felizes no casamento. Mais de um terço das mulheres e metade dos homens que têm casos afirmam estar perfeitamente felizes em um relacionamento de longa duração.

Rosenberg acrescenta: "Quanto mais oportunidades de ter casos houver, mais provável que venhamos a tê-los, pois quando a biologia e a oportunidade se encontram, a atividade sexual clandestina aumenta". Apesar da norma cultural da fidelidade no matrimônio, fomos programados para acasalar: está na nossa biologia buscar a diversidade genética para a espécie humana. Talvez para aqueles que não conseguem mais procriar o impulso seja a procura do tesão, do prazer e de novas versões de si mesmo.

A vida contemporânea trouxe consigo um contexto novo, que inevitavelmente muda nossa forma de enxergar a fidelidade, o amor e o sexo: independência financeira, saúde física, presença no local de trabalho, declínio do estigma social, tudo isso auxiliado e incentivado pelos smartphones, que propiciam muito mais acesso a conexões e à satisfação instantânea do sexo e da intimidade. Tudo é um convite para pular a cerca. No entanto, as consequências podem ter um impacto maior do que o significado do caso ou da aventura. Os números das pesquisas variam, mas, segundo algumas delas, 50% dos casamentos terminam depois do adultério; segundo outras, de 25% a 30%.

SERÁ QUE O AMOR IMPORTA?

A evidência mais convincente que vi é o Estudo Longitudinal do Desenvolvimento de Adultos de Harvard, que acompanhou a vida de 724 homens, ano após ano, desde a adolescência, durante 75 anos. Os pesquisadores, é verdade, se concentraram nos homens: tudo começou há 75 anos, quando as mulheres não eram consideradas de interesse. Os pesquisadores estenderam o estudo às esposas e aos mais de 2 mil filhos. A pesquisa indagava sobre trabalho, vida doméstica e saúde. O coordenador, Robert Waldinger, concluiu que é "a qualidade dos nossos relacionamentos íntimos que importa [...], com a família, os amigos e nossa comunidade". Casamentos muito conflituosos são péssimos para nós, verdadeiramente prejudiciais à saúde, piores do que o divórcio.

Viver em um relacionamento íntimo e carinhoso nos protege. A questão não é não ter desentendimentos como casal, e sim poder confiar um no outro.

Curiosamente, estar em uma dessas relações mais satisfatórias aos cinquenta anos mostrou-se preditivo daqueles que seriam mais felizes e saudáveis aos oitenta anos ou mais. Os que viviam parcerias mais felizes na casa dos oitenta anos eram felizes mesmo quando sentiam dor. Para aqueles em relacionamentos infelizes, a dor física era intensificada pela dor emocional extra. O estudo demonstrou que os octogenários que estavam em relacionamentos felizes tinham memórias aguçadas durante mais tempo. Por outro lado, entre aqueles que não estavam, houve um acentuado declínio da memória recente.

Como Confúcio sabiamente afirmou, amar é difícil. Pode ser nossa maior fonte de sofrimento e, literalmente, até nos enlouquecer. No entanto, à medida que mudamos e nosso amor muda, nos saímos melhor quando fazemos o esforço que o amor exige, pois encontramos nossa fonte mais profunda de felicidade quando amamos e somos amados.

Trabalho

O que se precisa para ser feliz? Trabalho e amor.
Sigmund Freud

CAZ: O PRIMEIRO EMPREGO

Caz veio me ver, relutante, porque sua vida havia estagnado. Estava desempregado havia dez meses. Tinha 24 anos, era o caçula de quatro irmãos, dois deles meios-irmãos. Alto, parecia muito magro, mas na verdade tinha uma senhora barriga. A pele pálida refletia o fato de que havia meses não punha o pé fora do quarto que alugava na região leste de Londres. Enrubesceu quando começou a falar. Chegou vinte minutos atrasado para o compromisso das duas da tarde, e a face corada, com a barba por fazer, chegava a latejar, exibindo mais ânimo que o resto do corpo. Ele me disse que o despertador não tocara e que também se perdera na saída do metrô. Seu jeito caótico e desorganizado se manifestava em todos os aspectos da vida: ele estava "completamente perdido".

Caz nasceu na periferia de Manchester. Quando tinha oito anos, o pai foi morar na Espanha, e nessa época seu contato com ele e os meios-irmãos escasseou. A falta de contribuição financeira do pai se aliava à falta de compromisso emocional, o que visivelmente deixara sua marca em Caz. Ele isolou essa parte de si mesmo, rejeitando minhas perguntas de um modo áspero. A mãe, por outro lado, era a pessoa fundamental em sua vida, carinhosa e confiável. Ele sabia, com uma certeza profunda, que ela o amava. Mesmo sendo mãe solteira, dava um longo expediente como secretária na cooperativa local. Era possível imaginar com clareza o período difícil em que ela teve de equilibrar maternidade e trabalho. Mentalmente, enviei-lhe cumprimentos de respeito e admiração.

Minha necessidade de entender o trabalho a ser feito foi frustrada pela ausência de Caz. De cinco consultas marcadas, ele só apareceu em duas, levando-me a achar que só eu estava fazendo o esforço necessário para manter o trabalho nos trilhos. Eu podia sentir que me retraía à medida que meu aborrecimento aumentava. Quando conversamos por telefone, depois de ele faltar mais uma vez à consulta, notei a vergonha em sua voz ao se desculpar pela enésima vez. Surpreendentemente, minha frustração transmutou-se em determinação. Eu queria lutar pela terapia e lutar pela parte dele que não estava sabendo fazer isso por conta própria. Disse para ele não complicar tanto as coisas para si mesmo: isso era parte do problema. Nossa missão era encontrar, juntos, uma maneira de trabalhar. Notei que ele começou a respirar mais calmamente, enquanto ria, dizendo: "Chegou a hora da verdade".

Eu precisava conhecer em detalhes o tamanho dos problemas de Caz: o que vinha acontecendo no cotidiano? Queria ajudá-lo a desfazer a confusão de suas ideias, descobrir o impacto do sumiço do pai e entender se os mecanismos de enfrentamento que ele desenvolveu naquela época agora o tolhiam. Queria ajudá-lo a refletir sobre aquilo que lhe interessava e como isso afetou sua caminhada posterior.

Caz me contou que estava em um momento particularmente negativo. Já houvera momentos em que vivera de maneira mais organizada, mas os meses procurando emprego sem nada conseguir cobravam seu preço. Submeteu centenas de propostas e praticamente não recebeu resposta. Isso alimentava a batalha travada dentro da própria cabeça: a resolução de Ano Novo de parar de beber, as intermináveis listas de afazeres e promessas a si mesmo de que começaria uma nova rotina. Mas a autodisciplina se esvaiu depois de alguns dias, à medida que a depressão se instalou "e a internet me sugou completamente". Ele queria desvendar sua compulsão por coisas sabidamente prejudiciais — a busca de atividades "que me destroem, mas fazem eu me sentir vivo". O deleite das festas e das drogas era a promessa de um prazer ao qual ele não podia resistir. Isso gerava um ciclo extremamente negativo em que, depois das drogas e do álcool, Caz ficava tão mal que não conseguia se mexer ou realizar a menor tarefa. Em consequência, a convicção de que conseguiria fazer algo só diminuía.

Eu estava ciente de que, ao verbalizar seus padrões negativos, a voz de Caz ficava monocórdia e ele parecia engolir as palavras, como se reforçasse as críticas a si mesmo. Remexia-se, desconfortável na cadeira, como se quisesse fugir de si próprio. Eu queria tirar proveito de seu lado naturalmente criativo — do qual percebi lampejos ao usar a técnica da visualização. Pedi que fechasse os olhos e respirasse fundo, mudando seu foco para dentro e visualizando um lugar em que se sentisse seguro. Ele tinha uma notável capacidade de sair rapidamente do presente e ir para seu cantinho seguro, como se preferisse viver ali.

Em poucos minutos, a frequência cardíaca diminuiu e o tom de voz foi aumentando enquanto ele descrevia uma praia no oeste da Irlanda, falando do vento, do mar e da paisagem inóspita. Ficou um bom tempo absorvendo a serenidade do lugar. Perguntei o que sentia por dentro, e ele descreveu a paz que experimentava por estar sozinho, por estar na natureza e ter tempo de sobra. Voltou relutante para nossa sala e conseguiu me contar como aquela paz era o inverso de sua vida; o quanto uma ansiedade profunda permeava cada instante de seu dia, chegando a uma sensação de estar fora do corpo. Tinha medo de tudo e de todos. Seus olhos estavam pregados no chão, e eu comentei, gentilmente, sobre a solidão que devia sentir. Ele não ergueu os olhos nem disse nada. Dava para ver o calor da emoção reprimida subindo do pescoço até as bochechas. A conexão de que ele precisava, minha intuição dizia, também era a que mais temia. Propus que respirasse fundo, deixando as emoções fluírem pelo corpo. Quando ergueu o olhar, o rosto estava mais iluminado, como se ele se sentisse mais seguro de si. Ele sorriu hesitante para mim.

Passamos a sessão inteira analisando o que de fato ocorrera com ele desde que saíra da universidade. Caz amava a vida acadêmica, ao contrário do ensino médio, que tinha odiado. O estudo de bioantropologia o fascinava e, o mais importante, ele teve supervisores que acreditaram nele e o ajudaram a organizar seu trabalho e lhe inspiraram confiança, assim como faziam os seus amigos: "Tive sorte, pois muita gente acha isso difícil. Era um ótimo grupo de pessoas, nós onze pelos corredores, e nos dávamos bem. Foram os três melhores anos da minha vida — todos os dias eram bons".

Quando terminou a faculdade, Caz imaginou que Londres seria uma continuação dessa felicidade. Ficou chocado ao ver o quanto estava despreparado. Achou a vida na cidade estranha e solitária. Quando conseguia se encontrar com amigos, contou-me, estava sempre visivelmente mal-humorado, falava pouco, só fazia gestos burocráticos. Mesmo assim, ninguém parecia notar que ele não estava bem. Continuavam conversando, ignorando sua angústia. Isso o fazia se sentir ainda mais solitário do que se estivesse isolado. Pude notar a angústia provocada pela falta de atenção, como se seu sofrimento não importasse, quase como se ele fosse invisível — tudo isso intensificado pelo fato de estar numa cidade tão grande.

Tentando ser prática, comentei como a transição entre universidade e emprego muitas vezes passa despercebida. A segurança da universidade, depois do ensino médio, em que se tem uma série óbvia de obstáculos a superar, um horário bem definido em um ambiente conhecido, a fácil proximidade de amigos nas salas ou no diretório acadêmico, nos bares e clubes locais, que facilitam a socialização. A mudança para a cidade grande, sobretudo Londres, dificultava os encontros com amigos, que muitas vezes moravam longe: a logística era uma fonte de estresse e exigia organização e autoconfiança, duas qualidades que Caz não possuía.

Da mesma forma, quando Caz começou a procurar emprego, sentiu-se incapaz e assustado por não entender o modus operandi do mundo, quais eram os diferentes setores de atividade e como funcionavam. Conseguiu o primeiro emprego com certa facilidade em uma agência de recrutamento. "Eu detestava com todas as minhas forças aquele estilo predador de trabalhar, ou vai ou racha — para ter sucesso lá, eu tinha que me comportar como um babaca. Um gerente chegou a me dizer: 'Você não é babaca o bastante', e eu pedi demissão dois dias depois."

Aquela experiência inicial estourou sua bolha de inocência. A ideia de ter que procurar outro emprego o apavorava e o levava a querer fugir, incapaz de suportar a falta de liberdade. Passou vários meses viajando, mas na volta teve de encarar as mesmas dificuldades, o que abalou ainda mais sua confiança. Caz coçou a cabeça, refletindo sobre o momento atual. O desconforto que sentia o obrigava a entender que não era mais uma criança: ia ter que fazer coisas de que não gostava. Insurgiu-se contra o fato de que teria apenas três semanas de férias por ano, dizendo: "Isso devia ser proibido". Ele achava difícil aceitar que precisava trabalhar em uma sapataria para pagar as contas, o que não correspondia à sua visão do trabalho como algo gratificante e que fizesse algum sentido.

A dificuldade de Caz em ir às consultas não diminuiu, tampouco minha frustração com ele. Mas continuamos aos trancos e barrancos, fazendo o melhor possível quando nos víamos. Pelo que ele dizia, notei que as broncas quando criança por ser "disperso", "desorganizado" e "estúpido" eram como uma fita que não parava de tocar no volume máximo dentro de sua cabeça. Analisamos mais detidamente a "inutilidade", e ficou claro que ele tinha, como eu costumo dizer, um problema de cabeamento. Um diagnóstico provável era transtorno de déficit de atenção com hiperatividade (TDAH), embora eu estivesse ciente de que o uso de drogas pode causar sintomas semelhantes. Depois que foi embora, Caz fez uma pesquisa on-line no MedicineNet. Na semana seguinte, quando voltou, mostrou-me uma página impressa, como se tivesse conquistado uma medalha de ouro:

Adultos com TDAH podem ter dificuldade em seguir orientações, se lembrar de informações, se concentrar, organizar tarefas ou cumpri-las dentro do prazo. Se essas dificuldades não forem tratadas de maneira adequada, podem ocorrer problemas comportamentais, emocionais, sociais, vocacionais e acadêmicos.

Caz leu a lista de características e comportamentos que vinha em seguida. Foi como se um raio caísse na cabeça dele: notou que possuía muitos daqueles atributos. Pragmaticamente, debatemos como se autopunir por isso era como se reprovar por ser canhoto ou muito alto: aquilo era parte dele e precisava ser tratado com gentileza. Também poderíamos elaborar métodos para ajudá-lo a se organizar melhor. Não as listas intermináveis que o oprimiam, mas a adoção de alguns comportamentos constantes, diários, a fim de lhe propiciar clareza de espírito para realizar suas tarefas e aumentar a sua confiança na própria competência. Ele relutou em tentar descobrir quais seriam esses comportamentos, e discutimos por algum tempo. Perguntei o que estava de fato acontecendo. Caz fez uma pausa, trincou os dentes — o que, como eu sabia, significava que ele havia topado com algum problema — e disse: "Eu simplesmente não me sinto presente. Dar o melhor de mim e falhar é aterrorizante". Deixamos essas palavras assentarem, sabendo que ele tinha conseguido expressar um bloqueio interno que o impedia de agir: era inconsciente, mas funcionava como uma advertência para o poder devastador que representava tentar ao máximo e fracassar. Menos arriscado era nem sequer tentar.

Nas semanas seguintes trabalhamos na criação daquele cantinho seguro dentro dele, com base na praia irlandesa que havia imaginado. A fim de desenvolver uma parte essencial dentro de si que pudesse ajudar a acalmar a versão assustada que tinha do enfrentamento do mundo, descrevi para Caz a imagem que surgiu em minha mente quando pensava nele: um cavalo, empinado e bufando, em um campo cheio de fogos de artifício. Ele precisava de alguém que chegasse para tratá-lo com carinho, levá-lo para um lugar tranquilo, acalmá-lo, dar-lhe de beber.

Essa metáfora expunha de maneira clara a crueldade de seu comportamento para consigo mesmo. Demorou, mas aos poucos Caz conseguiu incorporar uma voz mais gentil, como a de um mentor. Essa voz ajudava a baixar o volume de seus medos, mandava-o tocar violão, fazer um exercício respiratório, sugeria que se alimentasse regularmente, em vez de "esquecer de comer e depois ter um piripaque". Às vezes ele simplesmente mandava essa voz crítica calar a boca. Também tomou conhecimento do discurso de um almirante americano chamado McRaven que andou viralizando: "Se você fizer a cama todas as manhãs, terá cumprido a primeira tarefa do dia. Isto vai lhe proporcionar um pequeno sentimento de orgulho, encorajando-o a realizar outra tarefa e mais outra". Esse conselho simples deu certo para Caz e se tornou parte de seus comportamentos básicos.

Tivemos uma sessão mais leve, com gargalhadas, em que Caz descreveu em detalhes vívidos o personagem que ele gostaria de ser: Steve Jobs. Teria disciplina férrea, uma dedicação obsessiva que produzisse resultados como uma máquina. Imitou a voz que combinava com o personagem e sentou-se devidamente ereto, "pronto para a ação". Por mais que tenhamos rido juntos, foi esclarecedor ver o quanto, na verdade, ele era ambicioso. Eu disse que precisávamos encontrar uma maneira de ele tirar proveito pessoal dessa ambição e internalizar um pouco da afeição que eu sentia por seu lado desorganizado, que o atrapalhava. Caz me deu uma olhada rápida: era evidente que minhas palavras fizeram efeito. Quando foi embora, tive a impressão de que ele já imaginava uma versão mais "redondinha" de si mesmo.

Era inevitável que a caracterização como Steve Jobs nos levasse a explorar a necessidade de um modelo masculino e a ausência do pai. O problema era que Caz não conseguia recorrer a nenhum sentimento que nutrisse pelo pai. Era como se estivessem envoltos em uma armadura eletrificada, com um aviso de "Não toque!" quando alguém se aproximava. Tentando falar do pai, Caz conseguia recuperar algumas lembranças antigas, como jogar futebol americano com ele no jardim, mas assim que tocou no assunto do sumiço do pai se interrompeu e em poucos minutos mudou de assunto. Isso fez ambos percebermos que por trás daquela defesa havia uma grande dor, algo que eu tinha esperança de resolver no devido tempo.

Fiquei pensando se a escalada de medo e baixa autoestima acumulados por Caz, a ponto de ter tido uma crise na primeira vez em que me viu, seria na verdade TDAH, como eu tinha aventado. Ou uma reação aos acontecimentos, sendo o mais fundamental de todos a fuga do pai. De certa forma, isso era irrelevante: o diagnóstico de TDAH o ajudara a se tornar mais receptivo. Mas essa ideia me deu um foco, e, à medida que nossa relação se fortalecia, incentivei Caz a ir mais fundo. Era como se houvesse muitas caixinhas em sua mente que precisassem ser abertas para que ele tivesse clareza de quem era, quem realmente amava e em quem confiava, no que ele acreditava e o que sentia por trás de seu eterno ciclo de ansiedade.

Caz me contou mais sobre a mãe, a quem amava profundamente. Para ela ele podia contar tudo. A posição dela como mãe era que ele devia aprender por conta própria, com os próprios erros, e não o ajudando a tomar decisões, o que o enfurecia, mesmo que a respeitasse por isso. A briga recorrente deles era sobre o tempo diante da tela. A mãe detestava que ele ficasse jogando video game sem parar quando adolescente, e depois, quando ficou mais velho, que ele usasse tanto o celular. Ela não ganhou essa guerra: a relação com o telefone era mais forte e mais fiel que a obediência à vontade da mãe, expressada com tanta veemência. Muitas vezes, Caz não tinha condições de pagar o quarto no leste de Londres, e então o sublocava e voltava para casa, em Manchester. Isso aumentava a tensão entre os dois, pois a mãe estava cansada do trabalho, preocupada com o insucesso dele na vida profissional, e Caz se irritava com ela por "enchê-lo" simplesmente porque a mãe era um alvo fácil. Como mãe, fiquei com dó dela.

Um dos meios-irmãos de Caz era crucial em sua vida: o tempo todo compartilhavam links de piadas estúpidas e perdiam um tempão no FaceTime aos domingos, quando falavam principalmente de esportes. Mas a mensagem subliminar era de amor.

A sensação de caos serenou; surgiu uma clareza, proveniente da exploração de si mesmo. Isso fazia surgir dentro dele a questão de qual era o sentido de ter ambição *agora*. "Eu me pergunto se já preciso ter um plano de trabalho real. É provável que eu tenha que trabalhar até os setenta, enquanto meu pai parou de trabalhar quando tinha cinquenta e poucos. Para que começar agora?". Ele sabia que precisava ganhar dinheiro fazendo algo além de sua ocupação temporária: trabalhar na loja o deixava seriamente deprimido. Alguns amigos estavam conseguindo empregos, alguns até ganhavam bem, eram felizes no trabalho, e Caz temia estar "perdendo o bonde". Não era difícil se arrepender por ter sido tão "ingênuo" ao voltar para Manchester, por ter recusado inicialmente algumas ofertas sem chegar a procurar muito. Ele botou para fora o dilema entre viajar para ganhar experiência de vida ou persistir e encontrar um emprego. Por ora, decidiu ficar, e quem sabe viajar um dia, o que diminuía a sensação de estar preso ao trabalho pelo resto da vida. Usava sua raiva como estímulo, e me dizia que era "agora ou nunca".

Por fim Caz conseguiu um emprego. A maré virou depois que ele passou cinco meses trabalhando em um hospital, transportando suprimentos e fazendo de tudo um pouco. Gostava da sua chefe, uma mulher durona, direta e que tinha senso de humor. Ter gente em volta melhorava seu ânimo. Poucos meses depois, ele conseguiu um estágio remunerado de dois meses cuidando do marketing digital para uma revista on-line. Era um escritório exigente, de onde não conseguia nem sair para comprar um analgésico sem ser ameaçado de demissão, e ao final de cada dia se sentia abatido, quase como se não fosse gente. Mas isso lhe dava uma estrutura: ele sabia que tudo o que tinha a fazer era se levantar, arrumar a cama, tomar café e ir trabalhar. Ter certeza de que conseguia ir para o trabalho todo dia foi uma experiência útil quando o contrato acabou: algumas semanas depois, ele arrumou um emprego de duas vezes por semana em criação de conteúdo digital para uma start-up.

Um dia, Caz entrou sorridente. Radiante, até. A empresa o contratara em tempo integral. Ele descreveu sua função: "É conteúdo o tempo todo, e, por ser uma start-up, há funções que se cruzam, marketing, qualquer setor em que eu possa ajudar. Gosto porque sinto que estou em um lugar onde as coisas acontecem, e consigo dar conta, embora me sinta absolutamente esgotado no fim de semana. Meus colegas são legais comigo e isso faz uma grande diferença". Era como se ele tivesse recebido um Oscar. A guerra interna que tivera de travar e o mercado de trabalho externo que tivera que enfrentar para conseguir seu primeiro emprego remunerado em tempo integral haviam sido muito mais difíceis do que eu imaginara. Vim a compreender, tempos depois, que histórias assim eram muito comuns, e fiquei indignada com o fato de escolas e universidades não se empenharem mais em preparar os alunos para o mercado de trabalho. Parece uma loucura total que eles quase não recebam preparação, informação ou habilitação para um dos passos mais importantes da vida.

Como era nossa última sessão, interessei-me em saber como Caz havia mudado desde o primeiro encontro. Agora ele estava com 25 anos e ainda tinha aquele ar ligeiramente ingênuo, mas ao abrir a boca sua voz soou mais forte. Ele me olhou nos olhos e pude sentir a conexão de sua presença com a minha. Para ele, manter-se no rumo certo foi um enorme esforço, que exigiu muita disciplina, mas a recompensa foi essa energia, esse senso de envolvimento com as pessoas e com a própria vida. O impacto do abandono do pai não foi totalmente superado — meu palpite é que ele percebeu que não conseguiria lidar com isso por enquanto, pois ainda precisava ganhar força e confiança.

Algumas perguntas em sua mente haviam sido respondidas. A mais importante era ter uma imagem mais clara do que almejava. Ele queria, por volta dos trinta anos, ser "dono do meu nariz, seja lá no que for. Mas sei que se isso não acontecer não preciso me envergonhar. A vida é uma montanha-russa, e eu quero aprender com meus erros. Antes eu me sentia um fracasso, mas agora sei que não sou um fracasso. Quero curtir o inesperado, toda a riqueza disso, em vez de me preocupar tanto. Eu me imagino morando no campo, em um lugar pequeno, com esposa e filhos. Parece simples e até bobo, mas é o que eu sei que quero".

RACHEL: VOLTANDO DA LICENÇA-MATERNIDADE

Foi na metade da nossa primeira sessão, quando Rachel ergueu os olhos depois de mexer na cutícula manchada de vermelho, que consegui romper a ansiedade dela e vislumbrar a mulher brilhante que havia ali por trás. Ela falava de seu amor pelo filho, Daniel. Depois que o menino nasceu, Rachel confiou nos próprios instintos, os dois venceram as primeiras dificuldades e "toda aquela indecisão que me atormentava desapareceu. Eu me senti absolutamente feliz. Ser mãe faz com que eu me sinta adulta, estou segurando muito bem a barra. É algo que quero levar para o resto da minha vida". Ela veio me ver porque, nos meses seguintes, teria de tomar a decisão de voltar ou não ao trabalho, e os fantasmas do medo e da falta de autoconfiança voltavam a assombrá-la.

Olhei para aquele rosto pálido e preocupado do outro lado da sala, emoldurado por longos e impressionantes cabelos ruivos que ondulavam sobre seus ombros largos. Ela era alta e de aparência vigorosa, em contraste com a tensão nos olhos arregalados. O tempo todo eu tinha vontade de dizer: "Você se basta. Você consegue. Respire, desacelere", mas nosso relacionamento ainda não alcançara o nível de confiança necessário para ela assimilar. Contentei-me em reconhecer o quanto aquilo devia ser angustiante para ela. Pedi que me contasse o que estava acontecendo em sua cabeça.

Rachel me disse que foi criada em Leeds por pais que se divorciaram quando ela tinha 31 anos. A mãe investiu na educação para dar a Rachel e à irmã mais nova, Belinda, as oportunidades que nunca tivera na vida. Rachel foi muito bem na escola e se sentia viciada nos elogios recebidos pelos bons resultados acadêmicos. No entanto, apesar das notas sempre altas, ainda se surpreendia com os resultados brilhantes nas provas. Na universidade, ela entrava em pânico diante de qualquer tarefa — "O monstro do nervosismo tomava conta de mim, mandando a mensagem negativa de que eu não ia conseguir". Ela buscava se tranquilizar com o orientador, que ria dela, dizendo que era o melhor trabalho que já tinha lido, o que só ilustrava sua falta de confiança no próprio julgamento. Isso, porém, não a ajudava a ganhar autoconfiança.

Terminada a universidade, ela entrou para a área de consultoria de gestão, por meio de um estágio. Havia momentos no trabalho em que se sentia melhor, suportava bem a pressão, ciente de sua competência, e correspondia ao que era exigido. Demorou várias sessões para descobrir que Rachel tinha sentimentos ambíguos em relação a esse setor. O senso de dever superava sua verdade pessoal. Esse viria a ser um tema recorrente em nosso trabalho.

Revelando sua ambiguidade, Rachel não sabia se a consultoria de gestão combinava com sua personalidade. Trabalhar em um ambiente machista, de homens arrogantes, mais competentes que ela em termos de exibicionismo, abalava sua confiança. Rachel sabia que era perfeccionista, que precisava de tempo para pensar e processar as informações. Quando estava sob pressão, ficava presa em um ciclo "em que o chão se abre sob meus pés, minha confiança se esvai e, muitas vezes, uma pequena crítica pode me levar a não dormir e ter a sensação de estar caindo em um abismo". Ela enxergava a ansiedade como um monstro, uma fera extremamente real que ela devia combater até a morte.

Um projeto específico em que Rachel havia trabalhado antes de engravidar a deixou assustada. Ela foi dominada pelo medo e teve que dizer ao chefe que não conseguiria dar conta. Pensando nisso posteriormente, Rachel percebeu que seu medo era infundado, pois ela havia feito a maior parte do trabalho que, concluído por um colega, ficou muito bom. Lembrar de como aquilo fora doloroso a incomodava. As palavras estavam entaladas em sua garganta quando disse: "Tenho medo de chegar perto demais do fogo".

A opção que a atraía instintivamente, e na qual vinha pensando havia muito tempo, era trabalhar em uma ONG de proteção do meio ambiente. O ativismo, a luta por um planeta mais verde, intensificou-se com o nascimento de Daniel. Isso significaria uma substancial perda de renda familiar. Ela imaginava que, com o tempo, resolveria a situação com Toby, o marido, mas a mãe rejeitou totalmente a opção, dizendo-lhe que ela era uma consultora brilhante, que devia simplesmente pôr o rabo entre as pernas e voltar ao trabalho.

O outro receio de Rachel dizia respeito a ela própria como mãe. Ao pensar nisso, inclinou-se para a frente e suspirou, um suspiro contido e tenso. Se pudesse ficar em casa, ela ficaria — embora não fosse tão simples: também havia dentro dela uma ambiciosa voz feminista. Não queria ser "aquela mulher que começou a carreira com sucesso e acabou em um emprego de bosta aos quarenta porque abriu mão de quinze anos de trabalho para criar os filhos". O dilema de Rachel não era muito diferente da pergunta universal que atormenta as mulheres há décadas: como conciliar a ambição no trabalho e a família.

Minha impressão é que Rachel representa uma geração de mulheres que quase sabe demais, e que enlouquece para equilibrar tanta informação no cérebro. Ela tem muito conhecimento sobre a importância do desenvolvimento infantil e da parentalidade, o que faz com que a culpa natural da maternidade acarrete riscos ainda maiores. Senti que as vozes feministas de sua geração estavam dizendo menos "Às barricadas pelos nossos direitos!" e mais "Temos que realizar nosso potencial: somos as próximas líderes". E "Tenho que ser a mãe perfeita, com o filho perfeito". Havia a pressão das outras mulheres, que se comparavam entre si, dizendo que não estavam competindo, mas na realidade competiam o tempo todo.

Ambas concordamos totalmente sobre o mal corrosivo que as comparações podem causar, principalmente nas redes sociais. Não era uma questão de "ter tudo", e sim de "Como posso fazer malabarismo e me dedicar o suficiente?". Para Rachel, com seu cérebro privilegiado, as exigências eram ilimitadas, em tecnicolor, conflitantes, e bloqueavam sua mente. Eu sentia que ela queria fugir da ansiedade e livrar-se dela logo, mas não havia para onde correr. Considerei que faríamos algum progresso se pudéssemos sintetizar sua verdade pessoal em algumas prioridades simples. Encontrar maneiras de bloquear o ruído externo. Acalmar as ordens e contraordens que fervilhavam em sua cabeça.

Tornar-se mãe não foi um processo fácil. Rachel passara por um tratamento para engravidar, finalmente concebendo Daniel depois de seis anos. Ao descrever a nuvem negra que pairou sobre ela durante aquele tempo, o retrato foi sombrio: era o luto do que não chegara a ter, o desespero e a falta de esperança dela e do marido, a perda de contato com as amigas grávidas ou com filhos. Os tratamentos de fertilização in vitro punham enorme pressão financeira sobre o casal. A experiência como um todo foi exaustiva e assustadora. Toby tentara ser paciente, mas eles tinham discussões terríveis, que a fizeram estremecer ao lembrar. "Isso me deixou estilhaçada — nós dois ficamos estilhaçados, financeira e emocionalmente."

Essa sensação de quebra ainda me afetava quando ela mudou de assunto, inclinou a cabeça, passou os dedos pelo cabelo e reconheceu que eles haviam aguentado os "repetidos socos no estômago da perda" o bastante para continuar a trabalhar, manter o casamento intacto e ter o bebê. Seus olhos faiscaram quando disse baixinho: "Fui corajosa". Eu a aplaudi, em silêncio também, ao ouvi-la falar para si mesma. Foi um dos raros sorrisos alegres que Rachel me deu. Um instante de comunhão.

O assunto seguinte foi como ter o bebê mudou seu ponto de vista sobre o que ela valorizava e lhe dava significado na vida. Era um cabo de guerra para voltar àquilo que ela conhecia, mas o profundo amor por Daniel falou mais alto. Rachel encontrara um lado de si mesma, como mãe, que não conhecia antes e não queria perder. Ambas reconhecemos que suas prioridades haviam mudado, e aquela era a oportunidade para uma transição adequada, para se dar tempo para finalmente se conhecer, ouvir a si mesma, suas diferentes vozes, e descobrir o que se adequava à pessoa que ela passara a ser. "Eu queria poder parar de querer ser normal — nem sequer conheço alguém normal. É uma busca vã, mas que consome uma grande parte do meu cérebro."

Afeiçoei-me pelas partes dela silenciadas pelo medo do fracasso e pela necessidade de agradar. Queria que soubesse que aquilo bastava. Queria criar entre nós um espaço onde ela pudesse se permitir ouvir todas as versões de si mesma e tudo o que estava acontecendo dentro daquela mente criativa e claramente brilhante.

Rachel chegou certa manhã usando seu costumeiro conjunto colorido de blusa vaporosa e saia máxi, os pés calçados em sandálias. Pelo jeito como se afastou de mim, senti que não estava à vontade. Ela disse: "Tenho 38 anos. Não sei se há algum sentido nisso. Eu me sinto culpada por estar sendo autoindulgente". Ela estava dominada pela dúvida. Eu queria saber qual era a sensação: que mensagens aquele sentimento de culpa transmitia? Rachel prendeu a respiração, sentiu como se tivesse levado um chute no estômago e teve vontade de sair correndo.

Fizemos uma visualização, que inicialmente gerou a imagem de uma dor profunda, que pesava muito em sua cabeça, e acabou se transformando em uma lona preta armada como proteção. O inverso da proteção era o sufocamento. Isso nos fez entender que ela queria fugir, fugir para as planícies ensolaradas de sua imaginação, onde ficaria em paz e tudo estaria bem. Era significativo ver o quanto estava profundamente arraigado nela o impulso de escapar. Rachel ficou mais feliz quando viu que abaixo de todo aquele preto havia um pouco de azul: isso a conectava com o céu e as árvores, que adorava. Muitas vezes, ela se surpreendia olhando para o céu em busca de força. Isso levantou a questão de como ela poderia trazer a natureza, e a felicidade que vem junto com isso, para sua vida e seu cotidiano.

Talvez essa tenha sido a primeira pista de onde ela deveria procurar trabalho. Rachel possuía uma mente criativa e cheia de energia, que buscava intensidade e projetos difíceis. Era algo que exigia um impulso inicial: talvez pudesse encontrar significado fazendo algo ligado ao meio ambiente. A outra conclusão era que ela não dispunha das ferramentas para se equilibrar quando o estresse intenso a deixava esgotada, como se uma guilhotina estivesse prestes a cair em seu pescoço. Nós duas sabíamos que a chave era encontrar mecanismos para ajudá-la a diminuir o ritmo — adotando uma prática regular de respiração, meditação e ioga, ou qualquer outra atividade que ajudasse a reduzir a esmagadora velocidade de seus pensamentos, que a destruíam e machucavam. Ficou claro para nós duas que, no caso de Rachel, cuidar de si mesma não podia ser algo acessório.

Percebi, para meu espanto, que ao terminarmos a sessão me despedi de Rachel com o carinho que dedicaria à minha própria filha. Debati com minha supervisora se tinha sido útil eu me permitir esse sentimento maternal para com a menina dentro dela. Rachel precisava da minha empatia, mas em que momento eu passei do limite, deixando de ser sua terapeuta para atender à minha própria necessidade de ser sua mãe? Foi bom para mim reconhecer minha raiva da mãe de Rachel, pela aparente incapacidade de ouvi-la. Sua atitude era: ou Rachel concordava com seu ponto de vista ou estava errada. Isso não apenas impedia Rachel de ouvir a si mesma, mas tirava dela toda convicção. Pareceu-me que a guilhotina temida por Rachel eram as palavras da mãe, que a impediam de pensar com a própria cabeça. Ela teria que se esforçar para encontrar maneiras de se proteger da esperança permanente de que a mãe um dia a ouvisse e respondesse com sensibilidade: "É como se eu estivesse falando uma língua diferente... Isso me deixa louca. Às vezes acho que ela vai entender, me encho de esperanças, e mesmo assim fico triste quando ela não entende... Tenho que parar de esperar, nunca vai acontecer. É uma sensação de solidão".

Por trás dessa solidão, precisávamos avaliar o quanto Rachel se sentia furiosa. Essa raiva muitas vezes se voltava contra ela mesma, por não se permitir expressá-la.

Rachel tinha conversado com Toby, e ficou surpresa com a própria diatribe sobre o quanto odiava a mãe. "Eu a odeio de verdade. Às vezes essa raiva é por causa da total incapacidade dela de me ver como eu sou. Ela me oprime, me deixa em pânico. Quando vejo que estou prestes a levar uma tijolada dela, saio correndo para me proteger e me esconder." Mesmo na hora em que me repetiu isso ela olhou para o teto para ver se o céu não ia lhe cair sobre a cabeça. Analisamos esse ódio. Ela odiava a cegueira da mãe em relação a outros aspectos seus; ela só enxergava o que achava bom. Odiava a visão de mundo em preto e branco da mãe: para Rachel, a vida era um milhão de meios-tons. Acima de tudo, ela odiava a sensação de mágoa e impotência toda vez que via a mãe.

Rachel sabia que precisava ter o melhor relacionamento possível com a mãe, e encontrar maneiras de superar o luto dessa mãe com quem ela sonhava e que nunca iria existir. Pela minha experiência, muitas filhas cortam o contato com as mães quando acham difícil demais lidar com ela. Mas Rachel e eu sabíamos que isso exigiria ainda mais força psicológica. Reconhecemos que a atitude da mãe era fruto do amor, da inquietação ao testemunhar o sofrimento da filha, mas se via incapaz de suportar aquilo, o que a levava a buscar uma solução, algo mais simples quando Rachel era pequena. Mãe de uma mulher adulta, contudo, ela não conseguia solucionar nada. Em vez disso, poderia agir como um ouvido atento e solidário, deixando de lado as próprias premissas e pontos de vista para escutar com atenção os de sua filha. Isso talvez implicasse contar às vezes quais eram suas próprias preocupações, ou mesmo dar sugestões, mas só depois de se colocar no lugar da filha. O processo foi doloroso para Rachel, que tinha uma imagem da mãe ideal, mas também lhe abriu os olhos. Ajudou-a a enxergar a realidade, e não o pensamento mágico da criança dentro dela. Comentei em voz baixa que talvez ela pudesse usar essa imagem para resistir na presença da mãe, para ajudá-la a se defender da decepção.

O ciclo de turbulência de Rachel persistiu por várias semanas, levando meses. Referindo-se à sua busca de possíveis empregos, ela descreveu a situação como estar com várias janelas abertas na tela do computador: não tinha as ferramentas para pesquisar e decidir quais precisava abrir e quais não. O redemoinho das pesquisas era como aquele círculo que fica girando na tela, indicando que o sistema travou. Rachel se achava incapaz de mudar, o que a levava ao desespero. Ao ouvi-la dizer: "Não sei como lidar comigo mesma, com minha ansiedade. Odeio isso. Quero dar um jeito de me livrar disso, arrancar de mim, de um modo bem violento", senti meu coração disparar, vendo o rosto daquela jovem talentosa que usava as palavras como armas de automutilação. Era difícil não fazer nada, mas felizmente fui sensata o bastante para evitar me antecipar e mandá-la parar de atacar a si própria. Rachel precisava que eu ouvisse aquela voz de dentro dela, que nunca tivera a atenção devida. Aquele grito de lamento, de que ninguém tinha como ajudá-la, parecia estar dentro dela desde pequena. Reconhecendo que era como se finalmente tivesse falado pela Rachel de seis anos de idade e, ao fazê-lo, colocado para fora o veneno, soltei um *ufa* e fiquei pensando no que ela precisava agora: eu tinha que me aproximar com cuidado da menina de seis anos.

Lágrimas rolaram por seu rosto e ela começou a respirar mais fundo. Estava excessivamente triste e, pela primeira vez, sentiu alguma compaixão por si mesma, dizendo: "Tem sido horrível". Parecia uma referência a um mundo de autorrecriminação, mas isso nos deu alguma esperança. Reconheci como tinha sido difícil aquele processo de quedas sucessivas que ela achava que nunca mais viveria depois do nascimento do filho. Agora precisava apoiar a si mesma para suportar o desconforto do desconhecido, enquanto explorava esse novo e intocado território interior.

Em muitas sessões, Rachel mencionava o marido, Toby, com amor e afeto, contando o quanto lhe agradava ver a mulher e Daniel felizes juntos. Toby era engenheiro de alimentos e viajava por todo o país, às vezes cinco dias por semana. Ela sentia de forma mais intensa que o normal essa ausência regular do marido por causa do trabalho. Relutava em expressar isso, curvando-se para reprimir um sentimento que considerava indevido. Rachel tinha a impressão de que precisava crescer e lidar melhor com aquilo, mas o fato é que se sentia sozinha. As amigas do National Child Trust começaram a voltar ao trabalho, e a irmã, solteira, estava ocupada com o emprego na ONU. As fissuras nas unhas só pioravam enquanto Rachel falava, como se aquela dor fosse preferível à do isolamento.

Quando Toby voltava para casa, depois de uma semana cansativa, ela sentia que ele não tinha forças para ajudá-la a sair daquele impasse, e certamente não tinha forças para ouvir o ódio dela por si mesma: ele só queria paz e tempo com Daniel. Por isso, Rachel fazia de conta que estava feliz, provavelmente de forma não muito convincente, e a distância entre os dois só aumentava. Falamos sobre isso, cientes de que é uma fonte de tensão familiar em todo casal com bebê pequeno. Eu podia escutar o grito abafado de Rachel ansiando por amor, que até estava sendo oferecido, mas ela não conseguia sentir. Por fim, concordamos que era preciso falar com Toby com mais franqueza, e, como casal, analisarem juntos maneiras de se ajudar.

Toby teve uma ideia genial: sair de manhã cedo para nadar no lago ali perto. Ele tinha lido um artigo a respeito no jornal e achou que isso teria um efeito especial sobre Rachel, alimentando seu amor pela natureza: seria, literalmente, uma imersão. Da primeira vez, o bebê os fez acordar cedo e, na caminhada até o lago, eles admiraram de uma maneira nova a beleza do inverno. Rachel entrou cautelosamente na água gelada e em seguida mergulhou — o choque da temperatura a fez gritar, e ela se surpreendeu rindo como não fazia há muito tempo. A intensidade do frio a fez desacelerar: tudo o que precisava era respirar e nadar, sentindo a emoção de estar viva. Esse contentamento persistiu dentro dela durante dias. Ela sabia ter encontrado algo que a ajudaria a entrar numa nova vida.

Com o passar dos meses, Rachel criou o hábito de nadar naquelas águas congelantes, o que foi aumentando seu senso de coragem, como um pilar de força, estimulada por outros nadadores, que se tornaram uma importante fonte de amizade.

Outra transição que ocorreu foi o desmame natural de Daniel. Para ela foi como se lhe roubassem a magia e a intimidade singular da amamentação, algo que sempre acalmava o menino. Pela primeira vez ela se sentiu incompetente como sua mãe. Chorava, pedindo desculpas pelas lágrimas, enxugando-as com lencinhos que puxava com raiva da caixa, pressionando-os contra os olhos como se quisesse se esconder. Mas, quanto mais falava, mais as lágrimas vinham.

Descreveu a tristeza que sentiu pelo fim daquele período feliz de união absoluta. Em pouco tempo, porém, recuperou a confiança, quando descobriu que niná-lo em espanhol (quem diria?) o acalmava, que pressionar suavemente os pontos de acupuntura o acalmava, assim como massagear suas costas depois do banho. Foi o primeiro de milhares de passos que ela precisaria dar como mãe, afrouxando amorosamente os laços, sem deixar de estar aberta e presente para as necessidades do filho.

Eles tiraram férias em família, fizeram trilhas e acamparam em um lugar chamado Peak District. Rachel e Toby tiveram tempo para conversar, assim como para simplesmente ser. Ela voltou a se sentir próxima do marido. Fiquei comovida com todo o amor que ela sentia por ele. O tempo longe do celular, sem barulho e na natureza teve um poder de cura. Antes das férias, Rachel havia feito uma extensa pesquisa sobre empregos na área ambiental. Também entrou em contato com vários colegas e com o antigo chefe para ver o que havia disponível. Pesquisou sobre "pessoas altamente sensíveis", leu livros e ouviu podcasts. Isso a ajudou a se enxergar com mais tolerância: ela não era a única pessoa com aquele problema.

As caminhadas e as conversas proporcionaram a Rachel a clareza de que precisava. Acabou voltando a trabalhar em consultoria de gestão três dias por semana, concentrada em um projeto específico. Não foi uma decisão fácil de tomar, e ela ficou triste por não partir para uma nova profissão. Conversando a respeito, ela entendeu que sua prioridade era Daniel e que não desejava um emprego em tempo integral. Trabalhar no terceiro setor em tempo parcial não pagaria o suficiente; como consultora, sim. Rachel decidiu ser voluntária algumas vezes por mês em uma ONG ambiental, para ter um gostinho daquele mundo. Era difícil deixar em suspenso sua ambição, era frustrante não avançar em uma nova direção, mas ela acabou se consolando com a ideia do livro The 100-Year Life [A vida de cem anos], de Lynda Gratton e Andrew Scott: ainda teria muitas carreiras pela frente.

Depois que tomou uma decisão em relação ao trabalho, Rachel se sentiu mais tranquila. Começou a perceber que podia confiar em si mesma e em Toby. Isso nos deu a oportunidade de analisar as raízes de sua ansiedade. Quando criança, grande parte dos problemas em sua vida familiar havia sido calada. Ela tentava interpretar aquele silêncio imaginando hipóteses para adquirir uma sensação de controle. Às vezes tinha razão, o que lhe dava uma falsa sensação de poder controlar o futuro. Seu cérebro às vezes funcionava como uma espécie de supermáquina que a exauria. Foi importante perceber isso.

Também foi bom entender que a mãe e o pai, cada um à sua maneira, tinham uma visão estática em relação a ela. Para se proteger do julgamento deles, ela ergueu um muro. Rachel me falou de seu passado e de sua educação, que não tinha sido das mais simples. A compaixão pelos pais foi aumentando, ajudando-a a sentir menos raiva, principalmente em relação à mãe, que exercia maior controle emocional. Ela fez um esforço para aceitá-los como eram e de acordo com a capacidade deles. Percebeu que se concentrar no presente seria bom: a mãe adorava ser útil, e, como morava perto, Rachel poderia usufruir disso. O pai morava na Escócia, e suas visitas eram raras. Ele fazia o tipo bonachão e adorava brincar com Daniel, mesmo que por breves instantes. Manter um relacionamento tranquilo com o dois seria importante no futuro, assim como adotar uma dinâmica de igual para igual, parando de lhes pedir conselhos, o que sempre era desastroso.

Houve meses em que foi preciso repassar o relacionamento de Rachel com a mãe e o pai. Ela criou recursos para ficar calma antes de encontrar a mãe, a quem via com mais frequência, serenando de forma consciente o impulso de explodir de raiva. Comigo ela podia colocar para fora essa raiva em terreno mais seguro. Depois de muita conversa, fez uma mudança fundamental na atitude em relação aos pais. Estava finalmente livre do fardo do contato com eles, do peso da expectativa, da saudade e da decepção posterior, o que lhe permitiu se sentir mais próxima e até amar e ser amada.

A plasticidade de nosso cérebro é um milagre: mudar é possível. Por mais apertado que seja o nó de nossas percepções e crenças, se usarmos a mente para mudar, aguentando o incômodo, e até a dor, e persistirmos, a mudança é inevitável. Ela não apaga as cicatrizes do relacionamento anterior, nem impede que antigos sentimentos ressurjam em eventos familiares que são dinamite pura, mas traz novas possibilidades para o relacionamento futuro.

Tivemos algumas semanas boas, em que Rachel foi ficando mais forte. Ela voltou a trabalhar, o que a tirou do prumo algumas vezes. Depois de um mês, porém, se acalmou. Seu ponto de vista mudou: já não estava tão obcecada pelo trabalho. Quando sentia a ansiedade aumentar, ia dar uma volta no quarteirão, depois voltava e executava a tarefa, em vez de ficar remoendo um jeito melhor de se desincumbir. Finalmente o lado emocional combinava com o racional, e o amor pelo filho mudara a expectativa irreal que ela tinha para si mesma no trabalho. As pessoas precisam querer melhorar: precisam estar dispostas a lutar e a suportar a dor da mudança. Rachel era a personificação disso.

Nossas sessões chegaram naturalmente ao fim. Rachel estava de volta ao trabalho e, no seu íntimo, orgulhosa de si, sorrindo discretamente. Não era o emprego dos sonhos, mas pagava as contas e era interessante o suficiente. Nunca se consegue um equilíbrio perfeito entre trabalho e amor pela família. Sempre haverá alguma tensão. O desenvolvimento da consciência de si e das ferramentas para se acalmar permitiram que ela aprendesse a administrar a tensão, a não perder o controle por conta dela. Nós comentamos, rindo, que, como seres humanos, muitas vezes cuidamos do carro melhor que da mente, fazendo manutenção periódica. Ela concluiu: "Para voltar bem, preciso sair um pouco".

HEINRICH: A VIDA DEPOIS DO TRABALHO

Pela tela do Skype notei que Heinrich aparentava menos que seus 65 anos. Com a barba grisalha bem aparada e a cabeça raspada, ele estava elegantemente vestido com um colete de tweed e gravata-borboleta. Usava óculos sem aro nos olhos alegres, que combinavam com o sorriso no rosto. Não costumo dar aconselhamento a pessoas felizes. A dor é meu terreno familiar. Por isso, fiquei desconcertada com seu bom humor, imaginando se chegaríamos ao âmago de sua experiência.

Nos conhecemos porque eu tinha sinalizado, por intermédio de colegas, que estava à procura de alguém aposentado com quem trabalhar, e Heinrich respondeu. Estruturei nosso relacionamento como uma conversa terapêutica, e não como uma terapia propriamente dita: ele não tinha me procurado porque estava sofrendo. Disse-lhe que respeitaria as regras básicas da terapia, mas que talvez precisássemos tomar cuidado caso ele se sentisse desconfortável quanto a se abrir ou não comigo.

Heinrich me surpreendeu ao dizer que não era isso que ele temia. Queria descobrir o que estava acontecendo dentro dele em um nível mais profundo. Costumava conversar com a esposa e os amigos, mas tinha a impressão de não entender direito o que aquela grande mudança significava para ele.

Heinrich trabalhou durante 25 anos em Heidelberg, onde ainda morava, como médico-legista. Por ignorar o que de fato representava aquela profissão, e pela minha repulsa instintiva à ideia de abrir cadáveres para obter amostras de tecido, meu cérebro foi dominado por imagens desagradáveis que me impediam de ouvi-lo. Ele notou: estava acostumado, já que a maioria das pessoas reagia da mesma forma, com fascínio e nojo. Heinrich descreveu brevemente seu trabalho. No início, ele fazia autópsias de mortes não naturais que muitas vezes se transformavam em inquéritos, mas depois de algum tempo foi trabalhar em um instituto de ciência forense, onde liderou uma equipe cada vez maior em diversos projetos, muitos deles inovadores. O mais difícil para ele foi que o instituto é que decidiu aposentá-lo. Primeiro lhe ofereceram um cargo de conselheiro, mas depois informaram que teria de se aposentar aos 65 anos. Heinrich preferia ter tido um fim mais lento, trabalhando meio período, e depois parar gradualmente. Ele se sentiu obsoleto: em um dia, estava lá, no outro, não estava mais.

Não notei nenhum ressentimento no tom de Heinrich. Soava mais como uma pergunta aberta sobre quem ele se tornara. Antes ele tinha um propósito, era necessário, e o trabalho lhe dava status. Agora estava em casa o dia todo, sem um cargo, e uma parte dele se via na reta de chegada.

Sentia dificuldade em pronunciar a palavra "aposentado", que evocava a imagem de idosos de bengala e curvados, algo que, como admitiu em voz baixa, o assustava.

Heinrich imaginava que começaria de imediato a mergulhar nos hobbies e interesses que tinha antes de se aposentar, mas descobriu que não era tão simples. Ele falava devagar, como quem estava abrindo na própria mente um pacote que chegou do correio para descobrir o que tem dentro. Para sua surpresa, não conseguia trocar uma atividade por outra: não começara a fotografar ou a desenhar, coisa que havia planejado. A única rotina que adotou desde o primeiro dia, e manteve, foi se exercitar com o simulador de remo três vezes por semana e bicicleta ergométrica duas vezes por semana. Era um arremedo de estrutura que melhorava seu estado de espírito, mantinha-o em forma e lhe permitia lidar com o desconhecido. Embora parte dele se sentisse como se estivesse de férias, frase que soltou rindo, outra parte parecia ter dúvidas. Não conseguia se motivar para aproveitar as novas oportunidades, por mais que dissesse a si mesmo para seguir adiante.

Expliquei que, como seres humanos, temos uma resistência natural à mudança: somos programados para manter nossos hábitos e buscar a rotina. Mesmo se tratando de uma mudança decidida por nós, o nível de resistência será proporcional ao tamanho da transformação, o que significa que uma mudança muito grande trará uma dose equivalente de resistência. Heinrich fez uma pausa ao se dar conta de que, para começar algo novo, precisava deixar de lado o eu anterior. Naquele momento não estava pronto para isso. Tinha medo de sentir um vazio por dentro caso relaxasse de verdade. Eu disse que ele talvez precisasse sentir esse vazio para se soltar. Ele parecia querer respeitar um ritmo próprio, ainda que mais lento do que esperava, e falou: "Quero aproveitar a oportunidade para me tornar outro eu, em vez de virar só uma versão ultrapassada de minha experiência anterior".

Perguntei a Heinrich se ele estava ressentido, o que, pensando em retrospecto, refletia mais o que eu estava sentindo do que o que ele estava dizendo. Não estava ressentido, estava confuso. O certo era se aposentar e abrir espaço para a próxima geração: eram necessárias novas teorias e pesquisas de gente mais jovem, com uma nova perspectiva e energia. Só não queria que tivesse sido tão rápido. Acrescentou que ainda não estava deprimido, embora, em parte, esperasse que a depressão viesse em algum momento. No geral, se sentia neutro, nem tão feliz nem tão infeliz.

Pude sentir a ironia na voz de Heinrich quando contou que os amigos aposentados pareciam ter pulado direto para outro trabalho, remunerado ou voluntário, e faziam questão de dizer o quanto estavam ocupados, mais até do que antes da aposentadoria. Não era o caso dele. Depois que seus filhos adolescentes iam para a escola, tomava tranquilamente seu desjejum, o momento favorito do dia, lendo jornal e bebendo café. Fazia coisas que o divertiam, e com certeza muito mais tarefas domésticas do que antes, mas pouca coisa de interessante. Enquanto falava, percebeu algo que já sabia havia algum tempo, mas não tinha expressado: seu trabalho era infinitamente fascinante e o ajudava a passar o dia; obrigava-o a estabelecer prioridades. O que fazer nunca havia sido uma questão; mais importante que isso, dava sentido à sua vida. Ele não subestimava o valor de ser marido e pai, mas a sociedade certamente não valorizava tanto a isso.

Quando contava às pessoas que havia se aposentado, elas demonstravam muito menos interesse por ele, e constatou que tampouco se interessava pelo trabalho dos outros. Certo dia, foi ao barbeiro e, quando disse que se aposentara, este perguntou: "Você fazia o quê?", quase como se ele não existisse como pessoa sem o rótulo de sua profissão. Fiquei pensando se isso teria relação com nosso mecanismo natural de sobrevivência: precisamos saber onde a pessoa trabalha para medi-la com nossa própria régua? Ou talvez nos pareça estranho não ter uma lista-padrão de perguntas sobre o trabalho, como "Você gosta do seu emprego?". A palavra "aposentadoria" nos deixaria sem ação? É como se ela batesse num muro, ou talvez numa lápide. Concordamos que não há exemplos de pessoas aposentadas que sejam objeto de admiração. Os modelos celebrados na velhice são aqueles que nunca param de trabalhar, como a rainha Elizabeth, a juíza da Suprema Corte americana Ruth Bader Ginsburg ou o cineasta David Attenborough.

A grande pergunta era: "E agora?". Heinrich estava no limbo, ciente do desejo de adquirir um novo senso de identidade. Da conversa, ficou claro para nós que não dava para forçar a barra. Ele não queria. Estava curioso para saber "como seria o novo eu". Conjecturava se medíamos o valor de alguém pelo fato de viver ocupado — ou seria o pavor do abismo do vazio total? Concluiu que o mais difícil, na aposentadoria, era controlar o medo da negatividade. Queria fazer algo positivo — encontrar algo novo e gratificante, uma nova versão de si mesmo. Senti que Heinrich demonstrava um forte grau de confiança na capacidade de desenvolver, com o tempo, esse novo eu, sem se precipitar freneticamente só para satisfazer o sistema de valores da sociedade. Ficar parado diante do incômodo do desconhecido, o chamado "vazio fértil", é etapa necessária antes de um recomeço, mas muitas vezes atropelada, o que acaba levando a uma redução do potencial de crescimento e, em consequência, da satisfação nessa nova fase.

Pelo tom de voz de Heinrich, menos peremptório, notei que uma área sensível de mudança foi reequilibrar o relacionamento com a esposa. Ela era doze anos mais nova e trabalhava como diretora de TV, ou seja, passava muito tempo fora. Ele passou a receber a aposentadoria, consideravelmente menor do que o salário que ganhava antes. Logo, ela passara a ser o principal sustento da casa. Heinrich foi obrigado a pedir que ela pagasse algumas contas, ou até que lhe emprestasse dinheiro, o que ambos achavam constrangedor. Às vezes a esposa questionava a quantia a ser paga, o que certamente o aborrecia. Ele também fazia muito mais trabalho doméstico, cozinhava e limpava a casa, e houve uma conversa particularmente tensa, em que ela perguntou, irritada, por que ele não tinha consertado um armário quebrado. Isso chamou a atenção para a nova ordem do lar: a esposa sentia, mesmo sem dizer, que ele ficava à toa em casa enquanto ela fazia todo o trabalho.

Heinrich ficou irritado e deu a entender que era dono do seu tempo; certamente não tinha virado um criado para ela. Porém, pareceu tranquilo ao dizer que havia uma grande diferença entre resolver as desavenças na conversa e brigar. Brigar significava gritar e não escutar. Era vital que cada um expusesse seu ponto de vista, mesmo que os dois estivessem bravos. Eles sabiam como resolver os desentendimentos com rapidez e, embora se sentissem frustrados, de vez em quando cobravam um do outro que melhorassem. Heinrich não se aprofundou sobre o relacionamento, mas deduzi que eles tinham vinte anos de casados e a parceria contava com dois ingredientes vitais: boa vontade e o desejo de manter o relacionamento vivo.

Ao longo das semanas de conversa, Heinrich percebeu que seu interesse pelo campo da medicina legal foi diminuindo gradualmente. Ele parou de ler jornais ou acompanhar casos e, para nossa surpresa mútua, recusou um cargo de supervisor que lhe foi oferecido, para trabalhar alguns dias por mês, algo que antes teria aceitado na hora. Estava começando a trocar de pele. Os filhos sugavam sua energia. Estar em casa para recebê-los às quatro da tarde passou a ser um momento importante do dia: às vezes nem falavam com ele — era como se o celular fosse uma grande diversão, com a qual ele não conseguia competir. Mas pude perceber a alegria em sua voz, o tom mais vibrante: gostavam da presença uns dos outros, da disponibilidade para parar e conversar se assim desejassem.

Heinrich adorava preparar o jantar para os filhos e descobriu um interesse renovado pela culinária; experimentava novas receitas e lia artigos sobre o tema. Quando os filhos traziam amigos, ele ouvia falar de novas músicas, filmes e opiniões, diferentes das dele, mas que o mantinham conectado. Ter tempo para eles era um imenso prazer, tempo que não o cansava, sem as preocupações dos problemas do trabalho. Percebi que ele descrevia o presente precioso que soube aceitar: estar perto dos filhos nos últimos anos da puberdade. O ritmo de vida mais lento lhe permitiu saborear essa fase de uma forma inteiramente nova e empolgante.

Heinrich começou a frequentar cursos de filosofia e exposições de arte, aproveitando o tempo livre para assistir às palestras do curador. Esses passeios alimentavam sua alma e lhe davam novas perspectivas para a vida. Ele entendeu, sem precisar verbalizar, que para nossa saúde e bem-estar o que colocamos na mente é tão importante quanto o que colocamos na boca. Muitas vezes tomava café com outros frequentadores, observando-os com o olhar aguçado para detalhes que tanto usava no trabalho. O humor sarcástico de Heinrich, que eu passei a conhecer, surgiu ao descrever suas observações sobre o comportamento do grupo, incluindo o dele mesmo. Ele percebia uma espécie de contagem de pontos, como se gente da mesma tribo se procurasse. A conversa começava com banalidades, depois passava rapidamente para o que ele tinha feito na vida — a profissão era o marcador de status — e a família. Ter filhos bem-sucedidos e enumerar os netos também rendiam pontos, aproximando-os daqueles que tinham o mesmo nível intelectual, educacional e social, no que ele chamou de "resposta darwiniana subliminar" de sobrevivência do mais forte: a união para triunfar.

Eu estava interessada em descobrir se havia um paralelismo entre a saída do emprego e a morte de um ente querido. Em muitos aspectos, as duas coisas são incomparáveis — e parece até inadequado tentar comparar. Mas, nas conversas com Heinrich, entendi que, em boa parte, o que facilitara a aposentadoria sem grande sofrimento foi o fato de não se arrepender do que tinha feito. Ele tinha orgulho do que conquistara. Recebeu até uma homenagem de despedida em reconhecimento à sua contribuição para a área. Achei estranho ele não ter comentado isso antes, o que para mim era prova de que seu senso de identidade não se limitava apenas ao trabalho. Heinrich era capaz de reter dentro de si o sentido do trabalho que fizera, alimentando de forma contínua sua confiança, mesmo que não fosse mais parte de seu cotidiano.

Minha impressão é que as pessoas insatisfeitas com seu trabalho são semelhantes às que têm uma relação complicada com a morte de alguém: é difícil guardar as coisas boas porque a pessoa não consegue se desapegar das questões mal resolvidas. Heinrich preferiria uma despedida mais gradual, o fato é que não fora demitido. Com certeza não era uma questão pessoal. E, o mais importante, ele tinha dinheiro suficiente: não caiu no mundo assustador da incapacidade de pagar as contas. Podia manter a cabeça erguida: era a idade estabelecida para a aposentadoria e algo com que ele conseguia lidar. A pessoa que é sumariamente despedida, como em uma morte súbita e inesperada, muitas vezes fica obcecada com o que aconteceu, com o que foi dito. De quem é a culpa? A raiva e a energia são gastas tentando dar sentido a algo muitas vezes impossível de entender. Cacos de vidro grudam na nossa confiança. Heinrich estava isento desses recalques. Enquanto isso, o amor com que ele contava em casa e a rede de amigos lhe davam bases seguras que o sustentavam enquanto seu eu interior lutava para se adaptar. Sabemos que o fator mais importante na capacidade de uma pessoa reconstruir a vida após o luto é o amor dos outros.

Conversamos sobre uma metáfora, Heinrich sentado no meio de uma gangorra: podia descer ou subir. Nossa conclusão foi que precisava se sentar no meio, por mais incômodo que fosse, até decidir os próximos passos. Para chegar lá, devia ter clareza da direção para onde ir. Precisava se lembrar constantemente de aproveitar cada dia e ser grato pelo que viveu. Dar pequenos passos numa nova direção, experimentar ideias diferentes. Ficar sentado no meio da gangorra deixava Heinrich livre para pivotar no novo rumo que sua vida iria tomar.

O filho mais novo conseguiu uma vaga em uma universidade estrangeira, o que significava que sairia de casa um ano antes do esperado. Pude perceber o orgulho na voz de Heinrich — ele estava feliz pelo filho —, mas foi ficando mais hesitante diante da aproximação da realidade da "casa triste e vazia". O filho era um jovem agitado, e a perspectiva do silêncio assustou Heinrich. De certa forma, era um desfecho tão importante quanto a aposentadoria. Ele estava começando a se acalmar e se adaptar à aposentadoria, e agora ia ter que enfrentar uma nova transição.

Enquanto falava, reconheci os mecanismos de enfrentamento que Heinrich havia usado antes. Ele não reprimiu a ansiedade, a tristeza e o incômodo do desconhecido. Também recorreu a seu pensamento racional. Os dois sistemas, sentimento e racionalidade, estavam alinhados, dando-lhe a base necessária para processar dentro de si essa nova transição. O que ele sabia era que, com mais tempo livre ainda, não queria se tornar velho e passivo. Um dos próximos passos seria construir uma nova rede de amigos que pensassem parecido — e encontrar, assim, novas maneiras de viver e ter um objetivo.

Heinrich estava de férias com a família e, depois de conversar com todos, elaborou um planejamento claro para o futuro. Como o caçula ia para a faculdade no ano seguinte, ele e a esposa decidiram se mudar para uma casa menor fora de Heidelberg, a uma distância aceitável do trabalho dela, que ainda tinha oito anos até se aposentar. A casa nova liberaria um capital e seria menos cara de manter. Heinrich disse com certo entusiasmo: "Será um período de mudanças fundamentais" no jeito de viver. Fazer acontecer ia exigir muita atividade: vender a casa da família, comprar uma casa nova e construir uma vida totalmente diferente.

Seu comentário de despedida em nossa última sessão resumiu tudo: "Para mim, foi um processo de sentir e raciocinar, mas não é a troca da minha vida profissional por uma vida de aposentado em outra região. Sinto mais como um processo de aceitação de que o trabalho não pode ser substituído. Não é questão disto ou daquilo. Para mim, é mais uma questão de abrir mão — abrir mão da minha antiga vida profissional e aceitar que ela acabou. E agora? Não sei. Mas sinto que estou muito curioso para ver o que vai acontecer. Mudar para uma casa nova não é um projeto. 'Projeto' lembra trabalho, metas, começo e fim. É mais um processo de deixar acontecer e ver no que dá". Para Heinrich, parar de trabalhar não era uma questão de encontrar outras formas de preencher seu tempo, e sim de descobrir novas maneiras de se encontrar.

CINDY: A DEMISSÃO E A INCERTEZA NO AMOR

A maneira como um novo cliente entra em contato com a gente pode fornecer uma quantidade surpreendente de informações. Cindy, uma americana de 31 anos que mora em San Francisco, ouviu um podcast meu, ficou curiosa e passou a acompanhar minhas entrevistas on-line. Soube que eu estava escrevendo um livro sobre transições e me enviou uma mensagem, via Facebook, dizendo que era a candidata perfeita para um estudo de caso. Será que eu aceitaria encontrá-la?

Antes mesmo de vê-la ou ouvir sua voz, a abordagem de Cindy me informava que ela era alguém que ia atrás do que queria e, quando achava que tinha encontrado, sentia confiança para perguntar. Também era o tipo de pessoa que mergulhava em uma situação sem saber muito a respeito.

Quando encontro alguém pela primeira vez, absorvo informações, como todos fazemos, pelos olhos, pela linguagem corporal, pelas roupas e pela atitude, tanto quanto pelas palavras. Quando vi Cindy, pensei: Uau! Ela era deslumbrante. Meu segundo pensamento foi que eu poderia ficar refém de sua beleza e não me dar conta do emaranhado de processos complicados ocultos sob sua pele oliva e os olhos brilhantes como pedras preciosas. Eu precisaria formar uma imagem mais clara em poucas semanas para não ficar limitada àquela impressão inicial.

Em nossa sessão de avaliação inicial pelo Skype, Cindy contou que trabalhava no setor de tecnologia. Empreendedora iniciante, criou um aplicativo de geolocalização contando com o financiamento de um investidor. Estava em busca de aconselhamento porque se via em uma encruzilhada, tanto na vida profissional quanto na amorosa. O investidor queria que ela encontrasse um comprador para o aplicativo. Seu ex-noivo, Elliott, queria voltar a sair com ela depois de um ano de separação. Enviava presentes e promessas de amor. Enquanto Cindy falava, percebi que sua narrativa era de esperança. Tive a impressão de que em qualquer situação ela buscaria um lado positivo. Seu corpo atlético parecia gritar: sementes de chia, *smoothies* no café da manhã e uma rotina intensa de condicionamento físico, energia zunindo através da tela em minha direção. Ela sorria o tempo todo, e esse sorriso nem sempre combinava com a preocupação em seus olhos ou o tremor em sua voz enquanto engolia a própria angústia.

Cindy foi educada para acreditar que tudo era possível. Como mulher jovem e inteligente do século XXI, o mundo estava a seus pés. Ela se empenhou e superou todos os obstáculos para proporcionar a si mesma as melhores oportunidades na vida. E julgava ter encontrado uma ótima, pois adorou o primeiro emprego. Cindy havia trabalhado em uma imobiliária. Era apaixonada por imóveis, clientes e pelo negócio como um todo. Essa empolgação chegou ao fim dois anos depois, quando veio a crise econômica e ela foi despedida. A carreira no ramo imobiliário teve que ser deixada de lado provisoriamente, e ela passou os meses seguintes se candidatando, sem êxito, a centenas de empregos em todos os setores. Estava sem dinheiro, morava com a mãe, sem perspectiva de encontrar trabalho.

Seguindo o modelo de sucesso do padrasto empresário, ela decidiu ser sua própria chefe e, com um amigo, abriu um pequeno negócio de alimentos orgânicos on-line. Apesar de dois anos de dedicação, a empresa quebrou. A falência a entristeceu, mas a experiência deu a Cindy o gosto pelo empreendedorismo. Os pais a incentivaram a confiar: o fracasso do negócio não era um fracasso pessoal. A mãe lembrou que sua avó também tinha sido empreendedora: estava no sangue. Os pais tinham dinheiro e sempre defenderam que os filhos seguissem o próprio caminho na vida. Naquele caso, porém, resolveram apoiá-la na nova tentativa, sob a única condição de que continuasse morando no Arkansas. Tanto controle fez Cindy se sentir sufocada, despertando a vontade de sair de casa em busca de novas oportunidades. A área de tecnologia era uma das poucas que estavam crescendo: ela resolveu ir para a capital do setor, San Francisco, e vendeu tudo o que tinha.

Cindy chegou em San Francisco sem dinheiro e sem contatos. Era um lugar onde nunca estivera, uma cidade tão diferente de sua cidade natal quanto Nova York de New Orleans. Morou em um apartamento péssimo, infestado de baratas, com um proprietário que não consertava nada, e trabalhou em cafés e restaurantes. Cindy se apresentava a todos que encontrava, pedindo oportunidade de trabalhar e aprender. Depois de vários empregos, ela teve a ideia do aplicativo, e milagrosamente encontrou um investidor que disse acreditar nela. Cindy me contou que o aplicativo se transformou em seu "coração e alma" durante anos, mas o investidor queria vendê-lo muito antes do que ela havia previsto. Apareceram cinco compradores em potencial, com os quais ela negociou, chegando a pensar em recomprá-lo de seu investidor, mas todas as negociações fracassaram. Cindy prosseguiu em sua animada explicação depois de engolir rapidamente em seco, o que interpretei como medo.

Eu estava ciente da diferença entre nós. Não sabia se era uma questão de idade, cultura ou experiência, mas meu instinto me atraía para as trevas, e o dela, para a luz. Eu sentia vontade de me concentrar em seu medo, em todas as dificuldades que ela tivera de enfrentar, na tensão de não saber o que aconteceria por mais que se dedicasse. Se fizesse isso, contudo, eu poderia prejudicar sua capacidade de superar as decepções e continuar a ter esperança, que era, afinal, seu mecanismo natural de enfrentamento. Administrei isso por algum tempo, mas, quando ela me disse que estava decepcionada com o investidor, pensei: decepção? É mesmo? Ele lhe prometera capital, tinha voltado atrás, prometera um bom salário e pagado menos. Cindy, com seu esforço, montara um negócio próspero, colocando em jogo seus contatos e sua reputação, e do nada ele resolvera encurtar o cronograma em três anos.

Perguntei se ela não ficara com raiva. Até eu fiquei, e nem era o meu trabalho que estava em jogo. Cindy me disse que não tinha certeza, talvez até houvesse um pouco de raiva, mas seu sentimento era mais de decepção. Em seguida mudou rápido de assunto e passou a falar de seu aprendizado, que havia sido longo mas a fizera superar o medo do desconhecido e passar a buscar as melhores oportunidades, o que fazia de cada dia o melhor dia possível. Eu precisava refrear meus sentimentos, reconhecer os desafios que ela enfrentara e apoiar seu otimismo.

A outra questão que Cindy queria analisar comigo era se deveria retomar o relacionamento com Elliott. Ele fora seu melhor amigo por alguns anos após a faculdade e se divertiam muito juntos. Depois de uma festa particularmente animada, começaram a namorar e ficaram noivos. Na conversa comigo, ela se concentrou na separação. Duas questões relevantes viraram um fardo de "uma tonelada de dor". A mãe de Elliott não achava Cindy boa o bastante para seu filho favorito. Criou problemas desde o instante em que eles ficaram noivos: ameaçou boicotar o casamento, recusou-se a ajudar a pagar a cerimônia e deixou no celular de Elliott mensagens de voz longas, furiosas, às vezes ameaçadoras. Ela era "a mulher mais raivosa do planeta", mas Cindy acreditava que podia resistir àquela fúria e se casar numa cerimônia modesta e privada. Elliott, porém, não enfrentou a mãe. "Escondeu-se em sua caverna", e o casamento foi cancelado.

Pelo que pude entender, eles nunca haviam chegado a um consenso sobre os eventos subsequentes: na cabeça dela, só a festa de casamento tinha sido cancelada, mas a expectativa ainda era de que iriam se casar. A versão de Elliott era que o noivado tinha terminado.

A maior ferida, de longe, foi o aborto que Cindy fez. Novamente, ela acreditava ter dito que queria ter o bebê, mas "o silêncio de Elliott foi ensurdecedor". Sem um emprego ou relacionamento seguro, e ainda jovem, ela sentia que não ia conseguir suportar. Cobriu o rosto com as mãos, gaguejando enquanto me dizia ter presumido que, depois de feito, o sacrifício seria doloroso, mas não contava com o fato de que jamais iria ficar em paz com aquilo. Chorou com soluços profundos, lamentando a decisão naquele instante e sentindo que a lamentaria para sempre. Depois das lágrimas, houve um longo silêncio enquanto a dor diminuía e a clareza dos pensamentos voltava à tona. O pesar em seus olhos brilhantes me tomou quando ela me disse que quase todo dia imaginava o bebê como uma pessoa e rezava por ele, pedindo perdão pela decisão. Para terminar em tom positivo, falou que era grata pelo aprendizado com uma experiência tão marcante.

Fiquei profundamente comovida. Era nítido como as duas vozes dentro de Cindy jamais falariam em uníssono: a voz pragmática, dizendo que não era a hora certa para um bebê, e a voz do coração, que lamentava pelo futuro roubado por sua decisão, deixando-a com a imagem de uma criança que ela jamais conheceria e da qual sempre sentiria falta.

O ideal seria que explorássemos juntas o quanto seria importante para ela seguir em frente com Elliott, mas me surpreendi lançando perguntas diretas, que a incentivavam a se proteger, algo que eu não tinha certeza de que ela faria. Será que eles conseguiriam encontrar uma forma de construir confiança, conversando de maneira mais aberta e plena? Elliott seria capaz de continuar ao lado dela nas horas difíceis? Como lidariam com a mãe dele? Em que ambos acreditavam? Quais eram seus sonhos? Quando estava com ele, quem ela se sentia ser?

Cindy me disse que o amava. Ao lado dele podia ser ela mesma, e Elliot se desculpara pela forma como agira. Os dois choraram por causa do bebê. Ela queria ter certeza de que não estava repetindo um ciclo e querendo reatar por medo de ficar sozinha, mas conseguia se imaginar envelhecendo junto com Elliott. No ano seguinte ao rompimento, ela tentou sair com outras pessoas, entrou no Tinder e no Bumble, mas achou a experiência brutal. Sentia-se entediada ou, pior, desrespeitada pelos homens que queriam sexo de forma agressiva. A ideia de vida desses caras era inteiramente diferente da sua, o que lhe dava repulsa. Não encontrou ninguém com as qualidades de Elliott — ninguém tão divertido, tão inteligente ou atraente. Seu coração claramente já se decidira. Meu ceticismo continuava, mas eu não era sua mãe: era sua terapeuta. Meu papel era ampliar a consciência dela sobre as possíveis dificuldades, e não influenciar suas decisões.

Semanas depois, Cindy foi expulsa da empresa de forma abrupta. O sócio, Todd, em quem confiava plenamente, agiu pelas suas costas e comprou o negócio do investidor. As promessas de verbas rescisórias e despesas de mudança não foram cumpridas. Ela não recebeu um tostão. Pior, seu nome dava garantia a algumas dívidas da empresa, e ela era procurada pelos cobradores. Cindy estava falida. Não tinha como pagar o aluguel e teve que se mudar para o apartamento de um amigo; dormia no sofá. Estava pálida e abalada. Ficou chocada com a saída repentina, e mesmo assim sorria para mim, determinada.

O investidor, que eu apelidei mentalmente de O Babaca, ficava ligando para ela no meio da noite, bombardeando-a com perguntas, exigindo gráficos e demonstrativos financeiros. Cindy acordava de madrugada suando frio de medo. Às vezes a ansiedade gerava ataques de pânico. Eu sugeri, cautelosamente, que "ficar bem" era uma reação por reflexo, embora não houvesse condição de afirmar, considerando tudo o que estava acontecendo, que ela estava bem. Cindy falou: "Fiquei triste e desapontada. De certa forma, é um alívio. Estou feliz por ter acabado". A pressão dos seis meses anteriores havia sido insuportável.

Cindy tinha alguma razão: como reação inicial, "ficar bem" era muito bom porque mantinha sua sanidade em meio à tormenta. Mas continuar daquele jeito não ajudava em nada. Ignorar a dor da perda também a faria desdenhar a capacidade de ser feliz. Não dá para abafar um sentimento sem abafar nossa capacidade geral de sentir. Isso a obrigava a viver numa faixa de emoções muito restrita, o que podia acabar sabotando sua capacidade de se envolver plenamente com a vida. Mas ainda era cedo, e por enquanto eu só precisava monitorar o que ela estava fazendo para se acalmar. Cindy tinha começado a pintar e a escrever, uma válvula de escape para o turbilhão de pensamentos e emoções. Assistir a programas humorísticos na TV a acalmava. Correr sempre ajudava, principalmente quando ela dormia mal. Mas o que funcionava mesmo era estar com os amigos, botar para fora seus sentimentos e deixar que a fizessem rir.

Pacientes em crise tendem a ficar martelando na minha cabeça. Tempos depois, ao pensar nela, sorri ao notar como a cultura do autocuidado está arraigada na vida dos millennials. Será que isso é bom? Para um contemporâneo meu na casa dos trinta, a ideia de um kit de ferramentas de autocuidado para usar na hora do desespero seria impensável. O calmante testado e comprovado sempre foi bastante álcool.

Eu não precisava ter me preocupado que Cindy evitasse o processo da perda. Nas semanas seguintes, a decepção inicial se transformou em fúria quando ela recebeu e-mails ameaçadores de advogados e descobriu toda a extensão da traição de Todd. O que mais a magoou foram os outros colegas de trabalho próximos, que seguiram com a nova direção. Irritou-se em especial com o comportamento de uma delas, que chamava Cindy de "minha irmã". Sugeria que rezassem juntas e mandava frases de autoajuda. Se ela fosse sincera e reconhecesse que escolhera Todd porque precisava do dinheiro, desculpando-se por saber como aquilo era difícil para Cindy, a amizade teria sobrevivido. Mas aquelas mensagens hipócritas eram intoleráveis.

Foi uma perda pesada, e Cindy teria de fazer um esforço não muito diferente do luto. Seria um processo de apoio para que ela expressasse seus sentimentos, ajudando-a a se ajustar à nova e indesejada realidade. Era importante entender o que havia acontecido. Cindy precisava de uma narrativa que fizesse sentido, com começo, meio e fim, que lhe permitisse, do ponto de vista cognitivo, fazer as pazes consigo. Os próximos passos seriam influenciados por essa compreensão.

De maneira cruel, como acontece muitas vezes no luto, a raiva de Cindy mudou de alvo, do investidor e Todd para ela própria. Sentia-se furiosa por não ter cuidado mais de si mesma. Penitenciava-se por não ter pressionado pela assinatura de um contrato. "Dei tudo por esse negócio e agora saio de mãos vazias. É como se tivessem me roubado." Queria ter pulado fora antes, se doado menos. Sabia que, se estivesse aconselhando um amigo, o teria incentivado a sair assim que surgiram os primeiros sinais de perigo. Achei interessante saber que desde o início ela fora alertada para não confiar no investidor, e até em Todd, mas seguira em frente. Cindy pareceu surpresa: "Ah, não sei por que faço isso", disse, rodando o anel no dedo, enquanto tentava achar a resposta em sua mente. "Quero sempre dar às pessoas o benefício da dúvida. Quando você não dá o benefício da dúvida, se torna uma pessoa impiedosa."

Dava para ver o dilema: ela não queria perder a confiança nas pessoas, tornar-se aquele tipo de mulher amarga, de lábios apertados. Ao mesmo tempo, a confiança cega lhe fizera mal. Onde ficava o limite do bom senso nessa tensão entre confiança e desconfiança? Não foi apenas o juízo sobre as pessoas que prejudicou Cindy. Seu ímpeto de fazer o negócio dar certo — que, é preciso reconhecer, era a única oportunidade a seu alcance — sobrepujou seus instintos: ela esperava que a dedicação e um pouco de sorte fizessem o vento soprar a seu favor. Já percebi isso em outras pessoas, essa cegueira que acompanha a vontade e a ambição quase viciante de ter êxito.

Pude ver que, por mais complexa que fosse, Cindy era forte o suficiente para suportar as emoções que viriam em turbilhão. As horas de sofrimento foram profundas. "Meu mundo, minha casa, meu contracheque, tudo se foi. Todas as lições que eu não queria aprender, sem falar nos anos da minha vida beneficiando alguém que eu não respeito. É tão doloroso." Ela ainda não conseguia dormir, congelada de preocupação e obcecada de fúria contra um monte de pessoas que a traíra. Assim como a ex que persegue o namorado no Instagram, ela se infligia dor ao entrar no aplicativo que havia criado. Os cuidados com a saúde foram para o espaço, e os jantares fartos com Elliott, que ainda tentava seduzi-la, faziam-na se sentir culpada. Lidar com os advogados e os estertores do negócio geravam lágrimas ou pânico.

Certa manhã, Cindy acordou e o telefone tinha sido cortado. Foi tomada pelo medo. Estava sem dinheiro — não tinha certeza nem se conseguiria pagar o almoço. Apesar disso, quando a antiga empresa tentou aliciá-la para assinar um acordo de confidencialidade, ela recusou. Não podiam comprar seu silêncio ou sua ética. Queria usar sua experiência como um estudo de caso do que não fazer. Queria divulgar o comportamento deles o máximo possível.

Embora se permitisse sentir dor, Cindy tinha momentos de confiança e esperança. Recebeu duas ofertas de possíveis empregos em grandes empresas, o que resolveria a questão da carreira e os terríveis problemas financeiros. Chegou à quinta fase de entrevistas e sentiu que sua experiência e seu conhecimento eram ativos valiosos; estava sem dinheiro, mas havia aprendido muito. Elliott reiterou o desejo de que reatassem, e ela concordou em ir morar com ele.

Ao falar de Elliott, ela encostava o copo contra a bochecha e o calor da atenção que ele lhe dava fazia seu rosto brilhar. Cindy só percebeu por completo o quanto estava assustada quando deixou de estar sozinha. Muitas vezes, só descobrimos o que estávamos perdendo quando passamos a ter. Elliott não parava de dizer o quanto a amava, que ele era dela. Assim que ela quisesse, poderiam se casar e ter um filho. Ele chorava de amor, e Cindy via no namorado uma abertura que nunca vira antes. Mas não queria repetir seus erros. Nada de entrar de cabeça dessa vez.

Escreveu uma lista de condições, expondo o que esperava dele: falar mais abertamente com ela, apoiá-la diante da mãe, encontrar novas formas de lidar com as dificuldades. Elliott concordou com as condições, repetindo o quanto a amava, jurando não acreditar em divórcio. Por um lado, era humilhante voltar para o apartamento dele, que Cindy havia deixado após o término do noivado. Lá estava ela de novo no ponto de partida, só que com ainda menos. Mas se sentia segura. Estava feliz com Elliott.

Nos dois meses seguintes, as esperanças de Cindy foram novamente despedaçadas. Ela não conseguiu nenhum dos empregos. Os entrevistadores não lhe deram retorno, o que a levou a imaginar uma série de razões negativas. Mas um amigo disse: "Você é a mesma pessoa. Tem todas as qualidades que tinha antes. Use-as". Cindy recobrou sua resiliência inata. Ela era determinada. Foi atrás de seus contatos e de gente que não conhecia, em busca de qualquer pista de trabalho. Quando falava sobre isso, eu sentia em meu próprio corpo sua energia contagiante. A confiança em si mesma inspirava instintivamente minha crença nela — eu até me imaginava lhe oferecendo um emprego em questão de minutos. A imagem que surgiu em minha mente foi um pôster de GIRL POWER, com raios de energia brilhando em volta.

Em poucas semanas Cindy conseguiu trabalho como consultora para dois clientes, que em pouco tempo viraram seis. Ela trabalhava muitas horas por dia, queria entregar o máximo para ter certeza de que estavam satisfeitos. Com isso, tinha dinheiro suficiente para manter a luz acesa. Ufa! Cindy parecia uma garota-propaganda do tão citado filósofo Epiteto: "O que importa não é o que acontece, mas como você reage". Sua esperança inata, combinada a determinação e disciplina, fazia com que, ao cair, não fosse nocauteada: ela se levantava.

Mas o maior revés foi quando chegou a época da renovação do contrato de aluguel do apartamento de Elliott. Cindy sugeriu que assinassem juntos, e ele disse que não. E pediu que ela fosse embora.

Aquilo foi um choque total. "Nem sei como expressar o tamanho da decepção. Simplesmente me tirou o ar." Ela achava que estavam indo muito bem, voltando a uma intimidade estável. Cindy o interpelou sobre as promessas de casamento e bebês, e ele se retraiu. Não conseguia dar uma resposta. Quando ela tocava no assunto de novo, ele chorava sem parar, "mas nada saía de sua boca". Ela não fazia ideia do que tinha acontecido. Dali em diante, Cindy sentiu ele se afastar lentamente. O sexo, que antes era frequente e a principal forma de comunicação, cessou de todo. A sensação terrível de estarem na cama juntos, mas totalmente distantes, dava arrepios nela. Felizmente, graças à sua rede de amigos, encontrou um apartamento barato, com um contrato de três meses, e se mudou.

Quando tentei esclarecer se haviam terminado, Cindy me disse que ainda não tinham tido "a conversa". Ela não queria dar um ultimato. Afirmei — o óbvio ululante — que ambos tinham evitado as conversas importantes. Ela disse que tentou, sem chegar a lugar algum. Cindy sentia que assim que ela tivesse espaço depois de se mudar, os dois poderiam falar mais abertamente. Pressionei-a um pouco mais, sugerindo que Ellliott a tratara como inquilina, não como namorada. Meu medo era que a gentileza mútua ocultasse o que um representava para o outro, e que driblar as dificuldades minimizasse esse significado.

Cindy não contestou. Concordou que era improvável que o relacionamento se recuperasse — ela sofrera muito com ele. "Porém", disse, e foi um grande porém, "eu o amo profundamente. Acho ele um ser humano incrível. No fundo, tenho esperança de uma reviravolta." Ela chorava e estava com medo. Com o polegar, afastou as lágrimas dos olhos.

Senti no meu peito a tristeza dela. Instintivamente, quis acalmá-la e abri espaço para que chorasse. Enquanto chorava, ela me disse: "Meu anseio é um pouco de paz. Sei que a paz vem de dentro, e sou grata por tudo, mas tem sido tão complicado. Estou pronta para ser produtiva e me reerguer. Ainda o amo muito, mas não tenho medo de ficar sozinha. Sei que mesmo com alguém posso me sentir sozinha...". Cindy chegara ao epicentro do desconhecido. Queria que o relacionamento continuasse, sabia que era improvável, pelo modo como Elliott se comportava, mas nada estava claro. Sua atitude era, no fundo, a de uma sobrevivente: a esperança a mantinha à tona, fazia com que ela se reerguesse quando caía.

Criei antipatia por Elliott. Mas relacionamentos de casal têm seu próprio ritmo, suas idas e vindas naturais — eu não tinha como avaliar aquele relacionamento apenas com base em Cindy. Meu papel era apoiá-la naquele território desconfortável do desconhecido. Como casal, eles teriam que encontrar a própria solução.

Depois que ela se mudou, ficou surpresa ao perceber como estava mais calma. Viver com Elliott, com todas as tensões não verbalizadas, havia bloqueado todos os seus processos internos. Ela falou comigo do pai, uma figura um tanto distante. A mãe tinha cuidado da criação e demonstrado seu amor. O pai sabia muito pouco da vida dela. Parecia viver em seu próprio mundo, afastado dos outros. Cindy tinha a sensação de procurar pelo pai, por um modelo. Discutimos como isso teria moldado seu relacionamento com os homens. Ela enxergava um paralelo com Elliott: estava recriando aquela ausência, segurando-se a ela, à espera de uma conexão. Quando propus que elaborasse mais, ela me cortou. Não queria mergulhar em seus processos inconscientes. Contentava-se em aprender com o que sabia conscientemente, mas terapia profunda não era sua praia.

Por outro lado, ela evocou vividamente a mãe: uma mãe potente e carinhosa, que colocou muita pressão sobre Cindy para se casar com Elliott ou voltar para casa. A mãe ficava falando de muitos de seus colegas de escola que iam se casar: naquele verão, o Arkansas parecia a Noivolândia. A mãe detestava que a filha fosse contra as convenções e enviava a ela anúncios de empregos locais ou sugestões de pretendentes na cidade. Cindy bateu pé. Entendia o amor da mãe, mas não queria ser controlada por ela. Um dos motivos da mudança para San Francisco foi se livrar da repressão local. Queria ser uma mulher independente, construir sua própria vida.

Um mês depois, não me espantei quando Cindy disse que considerava nosso trabalho concluído. O relacionamento com Elliott melhorara. Eles ainda não haviam tido "a conversa", mas se falavam todos os dias, namoravam algumas noites por semana e haviam reacendido a chama do amor. Cindy parecia feliz. Sentia-se muito mais em paz. As preocupações financeiras haviam acabado, pelo menos momentaneamente, e ela queria desfrutar da companhia de Elliott sem forçar o casamento: o noivado tinha sido traumático para os dois. Ela recordou, com certa ênfase, que um em cada dois casamentos fracassa. O relacionamento era satisfatório, e ela sentia que se fortalecia de novo. A autoestima aumentou e, cuidando de si mesma, teve a sensação de estar se curando — finalmente. Cindy queria sentir confiança e desfrutar da intimidade dos dois. Ainda não era a hora de dar o próximo passo... Se é que dará, um dia.

REFLEXÕES SOBRE O TRABALHO

Trabalhar é bom. Precisamos trabalhar para pagar as contas e para sermos produtivos. Algumas pessoas se definem pelo trabalho: é o que elas são. Para outros, o trabalho é uma questão de colocar comida na mesa. Surpreendentemente, de acordo com a Joseph Rowntree Foundation, os trabalhadores mais pobres somavam 4 milhões no Reino Unido em 2017, o que significa que hoje cerca de uma em cada oito pessoas é classificada economicamente como "trabalhador pobre". No entanto, segundo um estudo recente, a maioria das pessoas gosta do seu trabalho, enquanto apenas 10% não gostam.

O trabalho é fundamental para nossas vidas. Ocupa a maior parte das horas de vigília da maioria das pessoas, forjando um senso de propósito, relevância e identidade de inúmeras maneiras conscientes e inconscientes. Para muitos, o trabalho é o lugar onde o eu ideal prospera: ver o impacto de seu trabalho gera energia e uma sensação de crescimento, dando um norte para a jornada e um grupo com o qual trabalhar. Às vezes, quando nossa vida pessoal anda complicada, sofrida ou fora de controle, o trabalho pode ser a tábua de salvação, preenchendo os vazios que outros aspectos não conseguem satisfazer. Para os 10% que não gostam de seu trabalho (6% o odeiam totalmente), ele se torna o lugar onde se sentem sem controle, vigiados, humilhados ou simplesmente entediados. A falta de autonomia ou um chefe ruim estão entre os fatores cruciais para as pessoas não apreciarem ou detestarem seus empregos. O ideal é que, para termos uma sensação de bem-estar, cada fatia do bolo que compõe nossa vida se encaminhe bem: relacionamentos, saúde e trabalho. Eles estão interconectados e um molda o outro. A pesquisa é clara, porém: aqueles que não trabalham se saem pior em todas as avaliações.

ESTATÍSTICAS: PESQUISA YOUGOV
NO REINO UNIDO, 2017

Quando questionados sobre o quanto gostam do próprio trabalho:

- 45% gostam
- 17% amam

- 20% não gostam nem desgostam
- 10% não gostam
- 67% dos entrevistados de classe média apreciam ou amam seu trabalho
- 55% da classe operária aprecia ou ama seu trabalho
- Mulheres têm mais probabilidade do que os homens de dizer que gostam/amam seu trabalho: 68% contra 58%
- Quando questionados sobre o que prefeririam, se um trabalho que odeiam e paga bem ou um trabalho que amam e paga mal, 64% disseram que preferem ter um emprego que amam e paga mal.

A cultura e o clima no local de trabalho no Reino Unido testemunharam mudanças profundas nos últimos cinquenta anos, tendo se acelerado ainda mais na última década. As maiores transformações ocorreram no fato de que 48% da força de trabalho agora é feminina, e houve a passagem de uma economia baseada na indústria para uma economia baseada no setor de serviços. O padrão de vida tem aumentado: com a paz duradoura, a renda familiar duplicou, o número de famílias com casa própria não parou de crescer e as pessoas estão vivendo mais tempo do que nunca. Apesar do aumento do endividamento, a impressão é que hoje se vive muito melhor e que, nesse ambiente, a atitude em relação ao trabalho está mudando, daquela voltada para ganhar dinheiro como única definição de sucesso para outra, em que o trabalho é algo que dá sentido à vida. A pesquisa YouGov mostra que 64% da população preferiria receber menos em um emprego que amam, enquanto apenas 18% prefeririam um emprego bem pago que odeiam.

As gerações X e Y têm uma expectativa nova em relação ao trabalho: buscam florescer em um ambiente no qual elas e as empresas trabalhem em prol de um bem maior; o trabalho se torna uma fonte de inspiração em que as pessoas acreditam na relevância daquilo que fazem. Procuram equilibrar vida familiar e vida profissional com um trabalho mais flexível. À medida que a instituição religiosa entrou em decadência, minha impressão é que o trabalho começou a preencher o vazio deixado pela fé. Ele é o lugar onde nos reunimos para nos integrar e compartilhar objetivos e crenças. Isso traz à mente a hierarquia das necessidades, de Abraham Maslow: agora que a maioria das pessoas tem as necessidades básicas atendidas — alimentos, roupas e um teto estão na base —, passamos a ir atrás de crescimento e paixão através do trabalho.

Segundo o relatório da Comissão Oxford Martin para as Gerações Futuras, 47% dos empregos existentes em todo o mundo correm o risco de se perder para a automação; outra pesquisa mostra que no Reino Unido, até 2030, esse índice alcançará 30%. Em consequência da quarta revolução industrial da era digital, prevê-se que 40% da força de trabalho pertencerá à economia *gig*. Não se pode subestimar a importância da exigência para que as forças políticas mundiais pensem mais a longo prazo na maneira de enfrentar os enormes desafios que moldam o nosso futuro: como as gerações mais jovens poderiam prosperar, do jeito que dávamos por certo, se não estão equipadas com as competências e o ambiente necessários?

Nos estudos de caso de Caz, Rachel, Heinrich e Cindy, podemos perceber que a relação da pessoa com o trabalho será influenciada por suas origens: a loteria da vida que determina nossa posição social, nossa educação e criação. O exemplo dos pais foi formador, dando uma direção a seguir ou a evitar. Nunca subestime a importância dos modelos de comportamento. As áreas de interesse particulares, combinadas à habilidade natural e a uma boa dose de sorte, os levaram aos primeiros empregos. É certo que não gostar do trabalho, ser demitido ou ter dúvidas sobre o que fazer geram um enorme impacto sobre o bem-estar e a qualidade de vida. O sucesso, muitas vezes julgado por fatores externos como dinheiro ou poder, só pode ser verdadeiramente medido na pele da pessoa que está naquela carreira.

Quando nos perguntam "o que fazemos", a questão parece inocente, mas nossa resposta permitirá que se criem suposições sobre que tipo de pessoa somos, quão alto chegamos e onde nos situamos no placar da "sobrevivência do mais apto". Isso influenciará a reação do outro em relação a nós, nosso senso de identidade e até mesmo nossa autoestima. Pode ocorrer um cabo de guerra entre a pessoa que acreditamos verdadeiramente que somos e o que isso significa para o nosso trabalho e nossa necessidade de valorização pelo outro. Vale a pena refletir e discutir com mais gente seus próprios valores e medidas de sucesso — e é importante reconhecer que se comparar com os outros é uma rota em linha reta para a infelicidade.

APOSENTADORIA

Heinrich tinha uma boa relação com o trabalho, que lhe apresentava dificuldades suficientes para mantê-lo desafiado e satisfeito; ele ainda era apaixonado pela área, que lhe proporcionava algum senso de importância. E conseguia conciliar trabalho e vida pessoal. Pesquisas mostram que a paixão pode levar as pessoas a considerar o trabalho fundamental demais, perdendo o equilíbrio harmonioso e prejudicando a vida doméstica. Heinrich era um homem de sua época, pois tivera a estabilidade e a segurança de um emprego durante toda a vida profissional e depois se aposentou. Ele tinha a vida tradicional do Ocidente, em três estágios: educação, trabalho e aposentadoria. É improvável que isso aconteça na próxima geração.

Para aqueles cujo valor como pessoa está inteiramente conectado ao trabalho, é assustador enfrentar o futuro sem ele. Para estes, uma barreira comum na aposentadoria é a necessidade profunda de deixar um legado, o temor do vazio da vida fora do emprego. A ausência de trabalho pode expor setores da vida que foram ignorados, como amizades ou entes queridos, ou o desenvolvimento de outros interesses e hobbies. Saem-se melhor aqueles que trocam as relações de trabalho por novas amizades.

É importante reconhecer a enorme transformação que a aposentadoria representa na vida de uma pessoa, mesmo para os que querem se aposentar. Eles vão perdendo a identificação que representa pertencer a uma organização ou sistema mais poderoso do que o indivíduo. Deixa-se de ter o sustento diário da vida social e das redes profissionais, com linguagem e conversa próprias, foco, estrutura, finanças, responsabilidade e percepção de status. Os aposentados estão, na verdade, deixando para trás tudo o que conheceram durante a vida adulta. Certamente é uma perda, e muitas vezes passa despercebida. Pensa-se nisso de um jeito mecanicista, como se fosse uma parte normal da vida, tratada de forma um tanto jocosa, sem o reconhecimento das consequências psicológicas. Que são muitas.

Como em todos os aspectos da vida, não existe regra absoluta. A aposentadoria significa coisas diferentes para pessoas diferentes em momentos diferentes de suas vidas. A aposentadoria pode ser uma verdadeira faca de dois gumes: traz benefícios positivos para a saúde, como redução do estresse, mais tempo para fazer atividade física, tempo livre para socializar. No entanto, talvez também tenha um impacto negativo sobre a saúde e o bem-estar: esse tempo livre pode levar ao consumo de álcool, a um círculo vicioso de imobilidade e maus hábitos. Os níveis de estresse sobem tanto que há pouca possibilidade de revertê-los, produzindo efeitos adversos a longo prazo. Uma pesquisa do Institute of Economic Affairs descobriu que a aposentadoria aumenta em 40% as chances de depressão clínica e em incríveis 60% as de se desenvolver pelo menos uma doença física diagnosticada. A aposentadoria precoce é ainda pior: estudos mostram que ela tem um impacto geral negativo sobre a saúde e aumenta as taxas de mortalidade.

A saúde é um bom motivo, entre vários, para continuar a trabalhar e encontrar o que passou a ser chamado em inglês de *bridge employment* (literalmente, "emprego-ponte"). Os que tinham empregos interessantes, de que gostavam, provavelmente prefeririam continuar trabalhando em meio período. Aqueles forçados a se aposentar também têm a opção de procurar trabalho temporário na esperança de readquirir o controle e o status, mas podem sentir dificuldades pela confiança abalada com a aposentadoria compulsória. Aqueles que optaram por se aposentar mais cedo, mas que querem continuar a trabalhar, têm mais chances de sucesso.

Costuma haver diferenças entre os homens e as mulheres que se aposentam. As mulheres, em geral, se preocupam mais com a qualidade do casamento do que os homens: quando a percepção é de que o casamento é enriquecedor, isso ajuda na transição para a aposentadoria. Por sua vez, os homens, cujo senso de identidade tradicionalmente advém do trabalho, podem sofrer com a aposentadoria. Subitamente, o casal começa a passar muito tempo junto, como não acontecia antes, sem o trabalho e os filhos pequenos para camuflar os atritos. Essa mudança na dinâmica pode ser interessante, porém é mais provável que gere uma grande instabilidade: "Não me casei com ele para ficar fazendo o almoço". É evidente que se saem melhor os casais que fazem o esforço emocional necessário para encontrar um novo normal.

Pesquisas mostram que, para quem é divorciado e não encontrou um novo companheiro, a aposentadoria é particularmente complicada, devido à falta de renda e do ex-companheiro para construir uma nova vida juntos.

Uma das maneiras pelas quais o casal pode iniciar uma nova fase são os netos. O papel dos avós tornou-se cada vez mais importante, com ambos os pais trabalhando. Avós ativos sentem menos necessidade de outro emprego, pois encontram realização, alegria e prazer em estar com os netos. Além disso, ajudam os filhos a terem êxito na carreira. Muitos dos filhos estarão no meio da trajetória profissional e, livres da preocupação de cuidar dos filhos, podem progredir mais depressa. Essa é uma situação vantajosa para todos: os avós proporcionam aos filhos uma relação com o trabalho mais desimpedida e, por sua vez, desfrutam melhor da aposentadoria. As pesquisas mostram que o crescimento na carreira na meia-idade é um fator importante para a qualidade da aposentadoria.

A CRISE DO "UM QUARTO DE VIDA"

No outro extremo do espectro estava Caz. Ele tinha enorme dificuldade para encontrar um emprego de que gostasse, que pagasse bem ou lhe desse estabilidade. A experiência dele é corroborada por pesquisas recentes, que mostraram que, entre aqueles que saem da universidade, quase 80% se sentem pressionados a ter êxito na carreira, nos relacionamentos ou financeiramente. Para 61%, encontrar um emprego ou carreira apaixonante é o principal motivo de ansiedade, mais até do que encontrar um parceiro para a vida toda (47%) ou lidar com as dívidas contraídas para pagar os estudos (22%). Não espanta que sofram de ansiedade, pois é reduzida a possibilidade de que o primeiro emprego seja bom. Os primeiros empregos, em geral, são repetitivos e enfadonhos, sem incentivos frequentes por parte do chefe.

A passagem dos jovens da vida acadêmica para a profissional está relacionada a um período de forte desenvolvimento transformativo que pode gerar ansiedade, porque enfraquece o senso de identidade e expõe vulnerabilidades. O psicólogo americano Jeffrey Jensen Arnett considera essa uma nova fase de desenvolvimento, e cunhou o termo "idade adulta emergente" para designar o final da adolescência até os trinta anos, no mesmo espírito em que se cunhou o termo "teenager" na década de 1950.

É bem verdade que no mundo desenvolvido a atual geração de pais e avós fica frustrada em relação aos filhos, com a incerteza, o pouco comprometimento ou simplesmente a falta de noção do que fazer em comparação com eles próprios na mesma fase da vida. Seria bom que tanto pais quanto filhos reconhecessem e aceitassem que os tempos mudaram. O contexto em que os filhos nasceram, basicamente em tempos de paz, mas de grandes transformações sociais, os afeta. Eles também testemunharam e foram diretamente afetados pela crise econômica, que mudou suas perspectivas. O fato de terem sido mais protegidos e acompanhados pelos pais atrasa sua maturidade, o que também ocorre com a entrada na universidade, muito mais comum hoje em dia. Em geral, eles enxergam o período entre os vinte e os trinta anos como uma época de experiências e exploração, um espaço para muitas possibilidades, e não para ideias estabelecidas. É a era da instabilidade, de divisão entre o eu adolescente e a idade adulta, quando se explora a própria identidade para saber quem são e o que querem do amor e do trabalho. Precisamos mudar nossa compreensão e reconhecer que, para muitos jovens, o divisor de águas da idade adulta plena está mais perto dos trinta. A década anterior representa uma busca do lugar no mundo adulto, da descoberta do eu adulto, da formação de novos grupos de amigos íntimos e da experimentação de diversos empregos.

Considerando que provavelmente a vida profissional dos jovens adultos se estenderá até a casa dos setenta, é natural que eles não queiram se "amarrar" tão cedo. Alguns vão com tudo, outros dão várias largadas falsas — saem de casa e voltam —, enquanto muitos têm a impressão de que mal começaram. Para alguns, é um momento empolgante, e a experiência rica e variada de viajar para o exterior ou continuar os estudos dará frutos no futuro. Para uma personalidade como a de Caz, que sem dúvida representa um grande número de jovens, foi um processo difícil. Essa fase, como um todo, é mais difícil do que muitas vezes se admite. Caz, como a maioria dos jovens, se sentia menos adulto do que deveria. Na verdade, seu ciclo de incerteza, que passava pela falta de dinheiro e pela ausência de estrutura depois da escola e da universidade, fazia-o se sentir sem prumo. Além disso, a solidão de morar em uma cidade grande e o medo de não encontrar seu espaço o levaram a se preocupar com a possibilidade de nunca alcançar um porto seguro.

Uma das queixas de Caz era o pouco apoio ou orientação para achar um emprego. Não há dúvida de que as escolas e universidades precisam ajudar mais os alunos a encontrar oportunidades de trabalho e networking relevantes — por exemplo, colocar ex-alunos em contato com os alunos atuais. Minha impressão é que a universidade cumpre apenas metade do serviço, e o aluno sai qualificado, mas sem a menor ideia do que fazer com a qualificação. Só que os estudantes também precisam assumir sua parte antes de partir. Pesquisas mostram que os alunos que identificam oportunidades de trabalho, encontram vagas de emprego e assumem a tarefa de ir atrás da própria carreira têm maior probabilidade de conseguir um posto que corresponda às suas competências e seus interesses. Os estudantes que buscam orientação profissional também são mais propensos a encontrar situações de carreira favoráveis. Eles precisam ter acesso a ideias sobre a "vida profissional" dos setores e locais de trabalho que os interessam antes de saírem da instituição educacional. A proatividade, junto com o networking, é vista como o fator mais importante para garantir o melhor emprego possível ao sair da faculdade.

Experiências que sirvam como teste e descoberta são positivas. Mas arranjar um emprego e aferrar-se a ele em nome da segurança é arriscado. As decisões tomadas nessa fase podem moldar a vida inteira da pessoa, sobretudo no que diz respeito à carreira e aos relacionamentos. É preciso assumi-las com o máximo de consciência e autoconhecimento possíveis, depois de muita conversa e reflexão. Espanta-me a frequência com que ouço as pessoas dizerem: "Fiz o que meu pai queria que eu fizesse"; "Casei com ele porque achei que seria minha única chance"; "Dos vinte aos trinta anos não fiz nada de útil"; "Caí de paraquedas nesse emprego, sem gostar tanto, estou aqui há quinze anos e ainda não gosto".

Isso tem um impacto assustador sobre a vida futura, especialmente no caso das mulheres, para quem o início da carreira tem influência clara e direta sobre a trajetória profissional. O ingresso do homem no mercado de trabalho é menos importante que o da mulher: quando o homem aceita um emprego inferior no início, o impacto sobre a carreira futura é menos negativo (é algo visto como experiência, construção da personalidade). A escolha do emprego inicial pela mulher, em compensação, pode ter um efeito negativo mais forte sobre o progresso profissional. Embora a velocidade com que a mulher sai de um emprego inferior seja, na média, similar à do homem, o caminho para a promoção fica mais lento quando elas se licenciam por maternidade. Isso indica que, para progredir na carreira da melhor forma, a mulher já deve ingressar no nível mais alto possível.

Há quem chame os jovens de hoje de "geração abandonada" (*jilted generation*, em inglês), porque se teme que ela tenha fracassado antes mesmo de começar. Eles têm oportunidades de trabalho, moradia e estabilidade frágeis, e, por isso, o caminho para a autêntica idade adulta fica estagnado. Na prática, isso pode significar um futuro que reserve uma vida profissional com mais horas de trabalho, menos dinheiro, aposentadoria mais tardia, pagando mais impostos e com menor mobilidade social. Os especialistas consideram que o futuro desses jovens foi solapado por seus pais, os baby boomers, e pelos políticos, como resultado de políticas de austeridade, da opção por ganhos a curto prazo sobre aqueles a longo prazo e da recessão. São jovens que voltaram a viver dependendo de "paitrocínio" e "mãetrocínio", não por opção, mas por absoluta necessidade. Em comparação, as pessoas com mais de cinquenta anos agora possuem 75% da riqueza do país. São o grupo de consumidores mais rico da Grã-Bretanha. Prosperaram no mundo do pós-guerra, mas deveriam ter feito mais para proteger o futuro das gerações que virão. Para os jovens, a visão daquilo que é importante está mudando, e a crença dos pais na "sobrevivência do mais apto" tem sido questionada. Eles se perguntam se deveriam adquirir uma nova competência, a de tomar decisões na vida com base em referências emocionais e éticas.

Para as gerações X e Y, a carreira é mais turbulenta que a dos pais. Os jovens passaram a entender que provavelmente terão vários empregos, e até várias profissões. Muitos fatores impulsionam essa mudança: a globalização, a tecnologia e o aumento da expectativa de vida. Com isso, talvez algumas empresas parem de desenvolver talentos, por não acreditar que colherão os frutos de um investimento a longo prazo. Os empregadores detêm o poder: em 2010, para cada vaga de emprego havia 118 candidatos. Os jovens carregam um fardo de expectativas, com esperança decrescente de êxito, já que lhes falta a estabilidade de uma empresa na qual confiar. Politicamente, fala-se muito do poder do indivíduo, da liberdade de escolha e da vastidão de possibilidades. Bem menos é dito a respeito da nossa necessidade inata de pertencer a uma tribo, de fazer parte de uma organização onde o indivíduo, seu objetivo e seu território estejam protegidos pelo grupo. Isso é ao mesmo tempo assustador e às vezes insustentável, e pode levar à desistência antes mesmo de começar.

As gerações X e Y precisarão atravessar essas transformações de uma forma que os baby boomers nunca tiveram de encarar. Ensinar aos jovens sobre o processo de mudança deveria fazer parte do currículo universitário, para que eles tenham uma noção de como é e o que fazer para ajudar a si próprios. Isso os ajudaria a perceber que não estão enlouquecendo: aquilo que vivem é normal.

Oliver C. Robinson, psicólogo especializado em pessoas na crise do "um quarto de vida", dá conselhos que levam em conta um padrão de quatro estágios de ansiedade dos jovens: a sensação de impasse, a ruptura dos padrões prefixados, a vivência de emoções turbulentas e o teste de novas experiências, até sair na outra ponta desse ciclo, muitas vezes com a sensação de ter evoluído. É possível ensinar resiliência, e o êxito virá para aqueles que aprenderem a ser flexíveis, adquirindo seu próprio kit de ferramentas para enfrentar essa mudança. Entre as ferramentas mais comuns está conversar com amigos e com os pais, o que pode ajudar a deixar de lado a autocrítica excessiva; criar uma estrutura viável; cuidar da própria mente e do próprio corpo; e atuar em favor dos outros. Mais ideias sobre aquilo que ajuda a aumentar a resiliência podem ser encontradas em "Os Oito Pilares da Força para tempos de mudança", na p. 382.

A PERDA DO EMPREGO

Cindy foi criada com amor e recebeu uma boa educação. Era talentosa, motivada, dedicada e resiliente, todos os ingredientes que levam a uma carreira de sucesso. Ela perdeu o primeiro emprego quando os Estados Unidos foram atingidos pela recessão. Como acontece com muita gente que perde o emprego, achou que fosse morrer. Esta é a morte da identidade profissional da pessoa. Primeiro ela fica anestesiada, corpo e mente imobilizados pelo choque. A vergonha é um sentimento comum e generalizado nessa situação. Leva tempo para que a realidade da perda se contraponha à negação defensiva. A cura começa quando a pessoa passa a sentir e expressar mágoa e raiva. Muitas vezes, o maior desafio é o medo do "não saber". É bom se conectar com os amigos, conversar, chorar e conversar de novo — sair e se divertir, dar risadas. Fazer atividade física e ter uma boa alimentação ajuda a reequilibrar o corpo, que está no modo alerta vermelho. Um dos trunfos mais úteis a desenvolver é a positividade. Pesquisas mostram que o otimismo melhora o desempenho e o sucesso no trabalho em vários níveis — as decisões que tomamos, as oportunidades que almejamos, os relacionamentos que construímos e até mesmo a trajetória de nossa carreira. O velho ditado "O que importa não é como você caiu, mas como você se levanta" parece cruel para o pessimista que acha que pode fracassar (e pode mesmo), mas não são favas contadas: o pessimista pode aprender a ser mais otimista.

    A forma como alguém é despedido ou dispensado tem um grande impacto na autoestima e na confiança para seguir em frente. Há demissões que ocorrem sem explicação, a segurança é chamada enquanto você recolhe seus pertences, o desligamento é anunciado pelo alto-falante ou em particular pelo RH, e não pelo chefe. Às vezes, o que dói não são as palavras ou a explicação, mas a maneira como é anunciado. Isso piora algo que já é complicado. A pessoa fica magoada e remoendo, tenta dar sentido ao que muitas vezes é inexplicável. Quanto mais repentino e brutal, maior o impacto. Quando o fim é comunicado com humanidade, compaixão e respeito, a pessoa pode ir embora sem perder a consideração por si própria, mesmo que ainda esteja infeliz com a perda do emprego. Para quem já passou por perdas traumáticas anteriores ou teve uma infância insegura, o efeito é ainda mais profundo. Às vezes a pessoa carece de autoconhecimento para comparar esses acontecimentos do passado às suas reações na vida profissional adulta. A oportunidade de buscar apoio psicológico seria uma parte determinante da capacidade de recuperar a confiança.

É importante observar que Cindy sempre investiu em sua rede de relacionamentos, sabidamente uma influência fundamental para o sucesso no trabalho. Plataformas como a PartnerUp, do LinkedIn, e a BranchOut oferecem oportunidades de networking que nos conectam em uma proporção nunca vista antes. Carreiras, desde sempre, podem decolar nesta ou naquela direção ao acaso, em vez de seguir um plano cuidadosamente traçado. Quem acha que a carreira seguirá uma rota simples e retilínea provavelmente sofrerá uma decepção.

As chances de Cindy encontrar emprego eram muito maiores que as de alguém mais velho. Uma pessoa na casa dos cinquenta anos tem 70% a 75% de chance de voltar ao trabalho num espaço de até dois anos após a perda do emprego, o que é suportável; para alguém na casa dos sessenta, a probabilidade é substancialmente mais baixa. As pesquisas mostram que, enquanto se procura emprego, é melhor fazer alguma coisa do que nada — trabalho voluntário, estagiar (há estágios para idosos), aceitar cargos de remuneração mais baixa. Estar disposto a voltar ao treinamento é crucial para os mais velhos. O empregador busca gente com um amplo leque de competências, aproveitável em qualquer lugar. O lado bom dessa flexibilidade é que aqueles que antes enfrentariam obstáculos em ambientes de trabalho tradicionais agora podem ser autônomos e trabalhar em espaços e funções não tradicionais. O surgimento de empresas de ensino e suporte on-line permitiu que as pessoas se reciclem em casa, aprendam novas habilidades e cultivem talentos recém-descobertos.

Relacionamentos de boa qualidade são cruciais para superar o trauma da perda do emprego. É inevitável que isso gere tensão em nossos relacionamentos mais próximos. Os dois membros do casal ficam assustados, deparam com dificuldades financeiras e um futuro incerto. Talvez se deem conta de que a tristeza os impede de se comunicarem abertamente, o que, claro, precisam fazer. Caso parem de se conectar, a distância entre eles aumentará. Essa distância se alimenta de culpa, arrependimento, vergonha, ódio e rejeição. É uma mistura tóxica em que as emoções podem se transformar em fatos. As brigas, a impaciência e os mal-entendidos se multiplicam. É importante que o casal se comprometa a tomar a iniciativa de superar esses problemas, reservando tempo para conversar e, o mais importante, ouvir um ao outro atentamente. Caminhar e conversar é uma forma positiva de fazer isso: estar ao ar livre acalma, sincroniza os corpos. Falar e ouvir, um de cada vez, sem se encarar, ajuda a se conectar. Manter um horizonte curto, sem planejar nada além da semana seguinte, é uma maneira importante de controlar a ansiedade. Escolher conscientemente coisas que sabem fazer bem e coisas de que gostam ajuda a manter a autoestima. Nas entrevistas de emprego, grande parte da confiança vem da sensação de segurança de ser amado em casa.

COMO UMA MÃE RECENTE ADMINISTRA A VOLTA AO TRABALHO

Quando um bebê nasce, também nasce uma mãe. Sabemos que a maternidade vai nos mudar. Também sabemos que não dá para prever como será essa transformação. A mudança por dentro e por fora é um terremoto. O novo bebê vira nosso mundo de cabeça para baixo, com amor, medo, cansaço, alegria, sentido — todo o espectro de sentimentos. Para Rachel, ter um filho era fonte de amor e alegria sem limites, assim como de total exaustão. O importante é que ela descobriu em si mesma uma mãe confiante e feliz que nem sonhava existir. Para ela, o desafio era voltar ao trabalho e saber como seria sua relação com o emprego. Ser mãe que trabalha é difícil.

O insolúvel conflito entre ser uma mãe envolvida e amorosa e encontrar um trabalho significativo e gratificante é aquilo que toda mãe tenta resolver e raramente sente que conseguiu. Há mães que ficam ansiosas com a ideia de voltar a trabalhar, por não quererem deixar o bebê e por se sentirem menos confiantes profissionalmente. A dificuldade logística de organizar a ida para o trabalho e encontrar creches boas e acessíveis pode tornar a volta ao emprego anterior uma opção inviável.

Muitas vezes, a ideia de trabalhar é pior do que a realidade. Em 2014, havia quase tantas mulheres com filhos (74%) integrando a força de trabalho quanto mulheres sem filhos (75%). Como as mulheres continuam a desempenhar a maior parte dos cuidados com filhos e parentes, assim como o serviço doméstico, elas estão na linha de frente do equilíbrio entre a pressão do lar e do local de trabalho. São, por conta disso, o grupo demográfico mais estressado. Quando a mulher volta a trabalhar em tempo integral em seu emprego anterior, seja numa carreira brilhante ou não, a expectativa é que ela atue como se não tivesse dependentes. No entanto, as mães que trabalham têm menor probabilidade de serem promovidas, pois são vistas como ocupadas demais com os filhos — o que pode ser responsável, em parte, pelo fato de a porcentagem de mulheres em cargos de liderança executiva continuar baixa, mesmo tendo aumentado para 22% em 2018. Homens que trabalham e têm filhos são vistos como competentes em conciliar o trabalho e a vida familiar — porque, de um modo geral, na verdade, não têm de fazer isso.

Algumas mulheres conseguem traçar a quadratura do círculo. Outras se veem divididas entre os dois mundos. Podem se sentir culpadas quando o trabalho interfere na vida familiar e quando a família interfere no trabalho — a síndrome da "mãe incompetente, trabalhadora incompetente". Mas a voz da mãe culpada fala mais alto. A culpa raramente é um problema para os homens. E há milhões de mulheres, como Rachel, que amam seus bebês e não querem deixá-los. Elas desejam se dedicar, sem exageros, e têm talento, motivação e vontade de trabalhar, mas a falta de confiança as leva a se desvalorizar: 54% das mulheres estão em empregos para os quais têm excesso de qualificação. Elas reagem passando a trabalhar em meio período e encontrando postos com horário flexível. As mulheres que trabalham em tempo parcial recebem menos do que os homens em tempo parcial, e há duas vezes mais mulheres do que homens trabalhando nesse regime. O caso de Rachel ilustra o problema geral de quem trabalha em meio período: as oportunidades interessantes e bem pagas ficam mais raras. Rachel não tinha dúvida de que o filho era sua prioridade, mas isso significava que ela precisaria fazer muitas concessões na carreira. As mulheres não podem ter tudo.

A *Harvard Business Review* resenhou um estudo recente mostrando que, por um lado, "a licença-maternidade está relacionada à queda da mortalidade infantil e do estresse materno". Por outro lado, pesquisas "revelam que quanto mais tempo as mães recentes ficam longe do trabalho remunerado, menos provável é que sejam promovidas, assumam cargos de gerência ou recebam um aumento salarial na volta da licença. Também correm maior risco de serem demitidas ou rebaixadas".

Empresas e governos têm muito a fazer para permitir que ambos os pais possam trabalhar e criar os filhos. Talvez nunca dê para equacionar a realidade da diferença de necessidades. Talvez as mulheres possam ter mais do que sempre tiveram. Rachel manteve um pé no mundo profissional, o que, segundo as pesquisas, lhe permitirá ter mais êxito quando resolver se concentrar plenamente no trabalho. É muito mais complicado para as mulheres que voltam ao mercado depois de longas interrupções na carreira, embora haja organizações e movimentos para lhes inspirar confiança, treiná-las e capacitá-las para o retorno.

PESSOAS ALTAMENTE SENSÍVEIS

Caz e Rachel nasceram com alta sensibilidade, o que significa que tinham menos resistência para lidar com a montanha-russa da vida. Para eles, e outros com a mesma condição, qualquer transformação provavelmente fará aumentar os níveis de ansiedade, sobrecarregando-os. Elaine Aron, americana pesquisadora na área de psicologia e autora do livro *Pessoas altamente sensíveis*, acreditava que alguns dos sinais de que se é altamente sensível são: reagir de forma surpreendentemente intensa a acontecimentos ou conversas; ter uma imaginação fértil e sonhos exóticos; e precisar de um tempo solitário todos os dias para se recalibrar. Pode parecer que são pessoas de "couro mais fino" que as outras, mas isso é mais comum do que se imagina, sendo uma característica herdada por 15% a 20% da população. Aron concluiu que as pessoas altamente sensíveis precisam de uma abordagem quádrupla: primeiro, é necessário autoconhecimento para saber sobre seus gatilhos e o que significa para elas ser altamente sensível. Segundo, precisam olhar para o passado com essas informações novas, reformulando-o para ter uma perspectiva mais clara e precisa — o que ajuda a construir a autoestima. Ela sugere a cura como a terceira etapa: trabalhar em um nível profundo para fechar as feridas iniciais. Eu diria que é melhor fazer isso com um terapeuta: sozinho, é difícil. Por fim, é preciso desenvolver as habilidades para lidar com o mundo e ter tempo para refletir e se restaurar por conta própria.

Saúde

> *A primeira riqueza é a saúde.*
> Ralph Waldo Emerson

GEOFFREY: DOENÇA NA FAMÍLIA

A filha de Geoffrey sugeriu que ele me procurasse e me contactasse em nome dela. Emma temia que o recente diagnóstico de câncer e o tratamento do pai tivessem tirado dele o característico vigor e o gosto pela vida: ele passava horas na sala de estar sozinho, assistindo TV ou dormindo, muitas vezes com as cortinas fechadas em pleno dia. Ela se perguntava se isso seria um sinal de depressão. A esposa, sociável e extrovertida, achava a situação opressiva. Como Geoffrey não parecia estar a fim de aconselhamento, nos encontramos informalmente, no que chamei de "amizade" — me dispus a ouvir.

Ao conhecer Geoffrey, vi um homem alto e magro, de rosto muito pálido e sem rugas, apesar dos 75 anos. Ele tinha uma espessa cabeleira que formava um topete acima da testa e sobrancelhas grossas. Era um cavalheiro à moda antiga e transmitia uma cortesia natural.

Geoffrey me contou sobre seu diagnóstico e tratamento de câncer de mama (raro em homens) com um otimismo alegre. O especialista lhe dissera que ele tinha tanta probabilidade de morrer de velhice quanto de câncer. O diagnóstico o deixara com medo? Fiquei surpresa com a interpretação positiva que ele deu: "Para ser honesto, todos nós demos uma grande engolida em seco. Receber esse diagnóstico é ruim demais. Mas não adianta ficar se preocupando. Por isso, não me inquietei nem um pouco. A vida é para ser vivida. Para que fazer drama?".

Naquela resposta havia uma cautela que me deu a sensação de que ele queria me afastar. Senti como se ele tivesse um filtro que o impedia de sentir medo, receio ou aborrecimento. Não que estivesse ocultando de caso pensado esses sentimentos; era mais como se os bloqueasse. Era como se ele tivesse sido moldado pela disciplina militar dos pais, à moda antiga, para "não dar problema". Fiquei perplexa — lá estava ele, me contando que não estava preocupado, de um jeito quase distraído, mas isso não batia com a descrição feita pela filha: um homem calado e solitário em uma sala escura. Eu tinha acabado de conhecê-lo e ainda não havia iniciado a terapia, mas tomei nota e esperava desvendar aquele descompasso.

Geoffrey descreveu em termos igualmente positivos seu tratamento de seis sessões de quimioterapia e radioterapia com uma CyberKnife (técnica não invasiva de cirurgia robótica para o câncer), elogiando a excelência de todos os profissionais de saúde que conheceu. Estava feliz por fazer parte de um novo tratamento experimental e se sentia um homem de sorte por ter recebido a oportunidade. Havia lidado bem com a quimio, apesar dos enjoos, que o surpreenderam logo na primeira sessão, mas não mais dali em diante. A radioterapia fora igualmente tranquila. Sentado muito reto em sua cadeira, olhando-me diretamente nos olhos, ficava impossível argumentar que aquela atitude de resistência — "Siga em frente sem criar caso" — não funcionava bem para ele.

Quando perguntei se a família estava com medo, sua expressão relaxou. Esse era o lado em que ele se permitia sentir emoções. "Foi um período um tanto difícil para Anne e as crianças. Eles devem ter se perguntado o que o futuro reservava para eles — eu também fiquei pensando sobre meu futuro, mas não contei isso a eles. Não queria piorar uma situação que já era ruim."

Quando comentei, muito mais em causa própria do que por ele, que uma pessoa que sofre inevitavelmente tem um impacto sobre toda a família, pois famílias são redes de conexões, ele fez uma expressão de sofrimento, receoso de não ter dado apoio suficiente para a esposa e as filhas. Dava para notar que estava ocultando aquele pensamento, prometendo a si mesmo consertar as coisas no futuro.

Mostrei interesse por sua carreira e como ele administrou a aposentadoria. Geoffrey fez para mim um relato de sucesso bem organizado. Filho de militares que viveram e trabalharam na Índia a vida inteira, ele passou a infância morando de norte a sul do país. Viu a mãe administrar com estoicismo a ausência do marido, servindo na Birmânia, sem saber se estava vivo ou morto. Admirava o pai, embora reconhecesse que era um homem à moda antiga, autoritário com a mulher. Geoffrey foi enviado à Inglaterra para estudar e só via os pais de vez em quando. Enquanto falava, dei-me conta novamente do quanto nós, como crianças, aprendemos muito mais com o comportamento dos pais do que com o que eles dizem. Como Geoffrey teria sobrevivido se não tivesse aprendido a ser autossuficiente, a não se permitir sentir desconforto ou pedir ajuda?

Acompanhado da esposa, Anne, Geoffrey deu continuidade à vida de expatriado dos pais, trabalhando mundo afora para uma grande empresa de petróleo, mudando-se 27 vezes ao longo de sua carreira entre África Oriental, Indonésia, Singapura e América do Sul. Moldado pela infância, Geoffrey fez da mudança seu modus operandi natural: ele, assim como a esposa, se adaptava depressa a novos países e pessoas. Ambos gostavam de mudanças e da experiência de diferentes desafios e lugares.

Depois de se aposentar, ele trabalhou para outras empresas, mas não parece ter sido tão satisfatório. O primeiro emprego não combinava com seus valores morais e sua necessidade de ordem: entrou em conflito com a direção, e ter que sair foi um alívio. O emprego seguinte foi no Reino Unido, pela primeira vez em sua carreira, como gerente de uma pequena empresa local. Durante alguns anos tudo correu bem, mas então ele entrou em atrito com o novo CEO e fez um acordo para sair.

Achei sua história fascinante e perguntei como tinha sido deixar uma empresa extremamente poderosa, onde tinha trabalhado a vida inteira, e ingressar em uma menor e mais idiossincrática, encerrando seu período nela com um conflito. A resposta me mostrou como ele conseguia lidar com os próprios sentimentos e estar atento aos da família: "Não consigo ver sentido em me deixar tolher pelas coisas. Quando encontro um obstáculo no caminho, eu viro na mesma hora para a direita e encontro um rumo diferente. Quando alguma coisa me incomoda, eu posso falar a respeito, mas não vou demonstrar grande emoção". Geoffrey prosseguiu admitindo que Anne tinha ficado receosa quando ele se aposentou, e aquela suavidade no rosto apareceu de novo, expondo o quanto se preocupava com ela. Enquanto conversávamos, acenava constantemente para seu cachorro e ria. Era um enorme labrador amarelo, que claramente se tornara foco do afeto dele e de Anne na aposentadoria; os dois se revezavam para levá-lo para passear em horários fixos ao longo do dia. Percebi o quanto os cães podem ser uma fonte confiável de conforto, sempre felizes na presença dos donos, nunca fazendo perguntas difíceis ou demonstrando mau humor, além de forçá-los a se exercitar ao ar livre.

Os talentos de Geoffrey logo encontrariam uma nova incumbência, com um empurrãozinho da esposa (ele sorriu como um menino travesso ao mencionar o estímulo) para preencher a lacuna do desemprego. Ele trabalhou como voluntário em uma instituição de caridade local, o que o fez conhecer muita gente interessante e sentir-se útil. Também lhe deu uma ideia do quanto é difícil a vida das pessoas vulneráveis em termos de saúde e qualidade, entendendo, assim, a sorte que tinha. Forçado a interromper o voluntariado quando ficou doente, sentia falta da nova atividade e esperava logo voltar a ela.

Marcamos um novo encontro, mas me parecia difícil enxergar como eu poderia ser útil. Concluímos que havia um abismo de gerações: para mim, quando os sentimentos não são verbalizados, tendem a ficar no ar e, de alguma forma, interferir na disponibilidade psicológica, e às vezes até na estabilidade da pessoa; na sua visão, ele conseguiu direcionar seus sentimentos para um espaço que não interferia em seu equilíbrio pessoal. Pareceu-me haver um descompasso entre a percepção das mulheres ao seu redor e a dele.

Elas, como eu, projetaram em Geoffrey sua própria reação à aposentadoria e à doença. Alguma coisa não encaixava. Para mim, o mais interessante era a abertura dele para com aqueles que amava. Ficava emocionado ao falar da esposa e das filhas, e essa sensibilidade gerava amor e carinho mútuos. Quando sua filha me telefonou, percebi o quanto ela o adorava.

Algumas semanas depois de nosso primeiro encontro, recebi um e-mail de Geoffrey dizendo que havia sofrido uma queda em consequência de um problema na perna esquerda provocado por uma antiga lesão esportiva e que havia fraturado o quadril. Por causa disso, o médico disse que ele precisava de uma prótese, o que significava que estava imobilizado e eu só poderia revê-lo após a cirurgia. Como gosto de fazer amizades, sugeri marcar um encontro na casa dele, com Geoffrey e a filha Emma. A chance de conversar poderia ser boa para todos. Eu seria a facilitadora, expondo algumas questões que Emma temia que ele estivesse deprimido demais para responder.

Meses depois, ao encontrá-los, a esposa, Anne, estava em uma viagem pelo deserto, que eles apelidaram de "seu deserto cenográfico". Orgulhoso, Geoffrey contou que Anne buscava aventura: quanto mais perigo e desconforto, melhor. Recentemente havia sido expulsa do Egito, o que era uma espécie de motivo de orgulho para ela. Impressionante para uma setentona. Emma cuidava do pai, e percebi de imediato o calor humano de seu relacionamento. Como seria de esperar, Geoffrey reagiu com estoicismo ao quadril novo, nunca mencionando a dor, rindo enquanto descrevia as pancadas e serras que ouvira durante a cirurgia, feita com anestesia peridural. Ele insistia que estava ótimo e que mal podia esperar para levar seu amado cachorro para passear.

Indaguei-lhes sobre as diferentes percepções em relação à forma como Geoffrey havia administrado a aposentadoria e os problemas de saúde. Emma conseguiu dizer o quanto todos ficaram preocupados, achando que ele estava deprimido, sentado no quarto escuro. Nervosos diante da perda simultânea da saúde, do status e sentido que o trabalho lhe dava, imaginaram todo tipo de cenário sombrio, especialmente quando ele ficava mudo. Geoffrey se soltou diante das palavras dela. Conseguiu admitir que tinha ficado tenso e que haviam sido "dois anos difíceis", porém jurava que não estava deprimido. Mais expansivo do que nos nossos encontros anteriores, ele explicou sua atitude: achava que falar sobre a dificuldade tornava tudo pior, aumentava as coisas. Assistir esportes na TV o acalmava quando ficava preocupado e ajudava a não pensar no incômodo que sentiu depois da cirurgia e da quimioterapia. Só ficou irritado quando ela deu a entender que ele não tinha hobbies ou vida social, e falou do golfe e da pesca, dos encontros com os melhores amigos organizados por Anne, e que ele tanto gostava. Alegou que, assim que estivesse em forma, retomaria todas essas atividades. Reconheceu, de um jeito que causou certa surpresa em Emma, que o atrito com o último chefe se devera, em parte, à incapacidade de se adaptar ao novo ambiente de negócios. Ela o contestou, dizendo ter ouvido da mãe que ele não admitira sua parcela de culpa. Mas evidentemente Geoffrey achava que todos tinham entendido mais do que de fato entenderam. Ele sorriu e concordou com a cabeça. Como sempre, um homem de poucas palavras.

Pouco tempo antes, Emma havia passado por uma separação dolorosa. Olhou nos olhos do pai e disse: "Você foi a única pessoa que não perguntou por quê. Você só quis saber se havia algo que podia fazer — consertar alguma coisa, mudar um móvel de lugar, se eu precisava de dinheiro". Ao conversarem sobre como aquela época tinha sido difícil para todos, Geoffrey foi capaz de entender, acho que pela primeira vez, que sua presença, seu jeito de não julgar e seu amor haviam sido fundamentais para a recuperação de Emma. Fiquei comovida com a bênção da franqueza dele com ela. Ela falou muito pouco, mas eu sabia que ele voltaria a tocar no assunto mais tarde.

Quando os encontrei pela última vez, Emma contou, com lágrimas nos olhos, o quanto nossa conversa anterior havia sido útil. Ter a oportunidade de falar em um ambiente seguro permitiu-lhes expressar as coisas que sabiam um do outro; ter suas palavras retribuídas foi uma coisa simples, mas surpreendentemente poderosa para eles. Olhando para o pai, ela falou da sorte que teve, desde o divórcio, de conhecê-lo de verdade como pessoa, e não apenas como pai, algo que não podia dizer de muitos de seus amigos. Disse-lhe o quanto essa proximidade a fazia feliz. O rosto de Geoffrey corou de emoção, e ainda mais quando eu disse que ele claramente tinha sido um pai fantástico e o quanto ficara comovida ao testemunhar o relacionamento dos dois. Ele murmurou que era bom ouvir isso de alguém de fora da família, e pude sentir sua confiança interior aumentar um pouco mais.

Vendo-se claramente constrangido, Geoffrey mudou de assunto, passando a falar de sua nova resolução: queria ajudar Anne na cozinha e se envolver mais no funcionamento da casa. Emma sorriu e questionou se isso era porque, quando se casaram, a mãe "tinha se recusado a ficar à disposição dele", obrigando-o a pensar pelos dois, e se isso o fazia provar um gostinho do que Anne tinha passado. Com seu jeitão característico, que, agora eu sabia, escondia um grande coração, ele disse que não tinha pensado assim, mas que não podia discordar. Os dois riram.

Quando fui embora, recebendo de Geoffrey uma despedida gentil com um grande sorriso, e de Emma um abraço, eu tinha aprendido que o estoicismo pode ser uma maneira bem-sucedida de se adaptar às mudanças. Mas também se reafirmara meu velho ditado de que precisamos de amor quando sofremos. Senti-me privilegiada por ter testemunhado um relacionamento tão amoroso entre pai e filha. Parecia algo raro e especial. As palavras dela ficaram comigo: "Ele sempre foi um ótimo pai, e esse papel ainda é vital para mim e minha irmã. Embora tenha perdido outros papéis nas últimas décadas de vida — de provedor, gestor, líder, entusiasta dos esportes ao ar livre —, esse papel ele continua a ter, e sempre terá, e ele o assume e sente prazer com isso".

AYESHA: A MENOPAUSA, A DEMISSÃO E A FAMÍLIA

Ayesha era uma ourives de palavras. Superinteligente. Notei que ela editava cuidadosamente as frases antes que saíssem de sua boca para que se encaixassem na narrativa que queria que eu ouvisse. Ou pelo menos era a versão de si mesma que achava que deveria apresentar. Isso me deu a impressão de que ela teve que se virar sozinha a vida toda. Como se soubesse que, no fundo, ninguém poderia ajudá-la. Vi, do outro lado da sala, uma mulher na casa dos cinquenta, morena e robusta, companheira de Paul há 25 anos e mãe de um filho de dezessete, Ravi. Seu porte combinava com ela: parecia à vontade com seu corpo. Exalava a confiança de uma mulher que sabia que era bonita, mas ao mesmo tempo tinha medo de que talvez não fosse. Os brincos requintados, um gesto à mãe paquistanesa, tilintaram quando ela ajeitou o cabelo escuro e curto atrás das orelhas. Fiquei surpresa ao constatar que Ayesha era franca o suficiente para que nossa conversa fosse produtiva, mas senti que estava protegendo sua vida interior. Minha forma de responder às suas palavras faria diferença. Eu ia precisar da dose certa de emoção para me conectar com ela, mas qualquer excesso poderia afastá-la.

Por que ela viera me ver, e por que naquele momento? Ayesha tinha a impressão de ter estado no olho do furacão, com a vida rodopiando fora de controle. Naquele momento ela não teria encarado a terapia de forma útil. Agora, porém, sentia-se psicologicamente mais capaz de ver o que estava acontecendo, e queria dar os passos necessários para uma adaptação mais feliz à etapa seguinte da vida. Pedi que me contasse o que estava acontecendo.

Ayesha tivera um caso três anos antes, quando estava quase na menopausa. Não era um caso de verdade, como em "caso de amor": era mais uma fantasia sexual. Eu podia ver a dor da lembrança disso reluzir em seus olhos enquanto falava. Disse que tinha sido com alguém de quem ela nem gostava — e engoliu em seco, tentando abafar aquele sentimento. Na época, estava em uma busca desesperada por um homem, uma fome voraz que não conseguia saciar, "como o sol que fica mais brilhante antes de ser encoberto pela nuvem... Era como a última música do baile". Parecia uma loucura de adolescente, mas era uma mulher de cinquenta anos, e durou três ou quatro meses. Uma espécie de reinicialização hedonista. Um canto do cisne sexual. E de repente a avidez se apagou com a mesma força com que se ateara. Agora não sentia atração sexual por ninguém.

À medida que falava, fui percebendo que ela era uma mulher de extremos: ou tudo ou nada. Imaginei que sua fome voraz por intensidade se devia ao fato de que, sem isso, ela se sentia morta. Conjecturei em voz alta se nosso trabalho lhe permitiria encontrar algum lugar no meio do caminho.

Com a voz mais entrecortada, ela disse: "Só de ouvir as palavras 'tá bom assim' ou 'meio-termo' eu já fico com medo". Agora com 53 anos, Ayesha havia passado pela menopausa nos dois anos anteriores e descreveu o período como algo que virou sua vida de ponta-cabeça. "Eu não queria admitir. Ignorei o suficiente para acreditar que não estava acontecendo comigo. Era para eu ser a exceção." Mas estava acontecendo. Ela ignorou os sinais claros e a falta de menstruação. Contou que um dia de manhã desceu as escadas sentido a ansiedade aumentar e com um tremor incontrolável no corpo. Era como se um vírus incômodo tivesse tomado conta dela. Parecia ter surgido do nada, travando-a por inteiro. Normalmente, ela era do tipo que dá conta de mil tarefas ao mesmo tempo, mas em momentos como aquele não conseguia nem colocar a roupa na máquina. Ninguém tinha contado que a menopausa era tão ruim.

Ayesha foi ao médico, que confirmou o diagnóstico. Ele prescreveu uma dose baixa de reposição hormonal (havia histórico de câncer de mama na família) que reduziu os sintomas, mas não os eliminou. Ela passava a noite em claro ou acordava com ondas de calor. Sentia acessos regulares de queimação e altos níveis de ansiedade que só as caminhadas rápidas no parque e a ioga conseguiam acalmar. Eram imprevisíveis os calores que odiava continuar sentindo, ainda mais na presença de outras pessoas. Em casa, arrancava a roupa o tempo todo e borrifava no corpo o spray de água que deixava na geladeira. Olhava para a barriga como se fosse um apêndice estranho que não lhe pertencesse, e comentou, desgostosa: "Estou vendo minha cintura aumentar. O peso que eu costumava perder rápido agora se gruda em mim".

Começou a usar roupas mais largas, e Paul comentou que ela vivia de preto. Em alguns momentos, ela se sentia por dentro com 35 anos, mas, quando se olhava no espelho, perguntava quem era aquela velha. Em outros dias acordava deprimida, dizendo a si mesma que estava acabada, cheia de rugas e sem atrativos. Quando estava com a família, era a solidão que doía, a solidão de se afastar por não ser capaz de dar ou receber amor. Ela não conseguia sair da cama. Ficava deitada fazendo a lista de todas as coisas que tinham dado errado em sua vida, como um cachorro que vomita e depois come o próprio vômito. As afiadas armas com que se atacava elevaram a aversão a si mesma até um grau difícil de suportar. Mudando de assunto — ela sussurrou como se eles estivessem na sala —, o marido e o filho disseram que ela andava muito ranzinza, muito mais impaciente e temperamental. Como se respondesse para eles, concordou que estava perdendo a capacidade para tudo, e me deu um sorriso triste.

Em certos momentos ficava difícil acompanhar a saraivada de palavras, que às vezes mais confundia que esclarecia. Eu não precisava entender todos os detalhes: resolvi me ater apenas aos temas centrais. Senti o peso da tristeza pela perda de seu eu jovem, mas a infelicidade ainda maior por não conseguir imaginar um futuro em que valesse a pena investir. Minha imagem de Ayesha era muito diferente da que ela tinha. Notei que era inteligente e curiosa, tinha uma personalidade singular, qualidades incríveis para entrar em uma nova fase da vida. Eu conseguia até imaginá-la animada e espalhafatosa, dançando na chuva. Mas, no estado em que estava, não conseguiria me escutar. Eu podia segurar a barra para ela até que estivesse pronta para se refazer consigo mesma. Qual era o melhor jeito de furar o bloqueio? Tentei fazer uma pergunta desafiadora: a intensidade a atraía. Será que ela estava preparada para enfrentar o desconforto da mudança? A mudança é um processo ativo, que exige comprometimento e resistência para encarar verdades incômodas. Não dá para fazer isso se ficamos remoendo a tristeza.

Ayesha não tinha certeza. Cruzou e descruzou as pernas, mais nervosa depois da minha pergunta. Baixou os olhos e falou devagar: "Obviamente, eu quero mudar, mas e se eu não puder? Tenho medo de criar esperança e me decepcionar". Sacudiu a cabeça. Os brincos tilintaram. Reconheci que a esperança implica certo risco, e ousar tentar exige coragem e traz uma sensação de perigo. Só ela poderia decidir. Fez-se um longo silêncio, incomum no caso de Ayesha. Ela se sentou, respirou fundo, ficou de mãos postas, não como quem faz uma oração, e sim como um gesto de desejo: ela não tinha escolha. Sim, queria mudar. Não queria ser como o pai, que morreu pobre e abandonado, vociferando "Não preciso de vocês" quando queria dizer o contrário. Desejava se ajustar às novas circunstâncias e, nesse processo, recobrar o gosto pela vida. Senti aquele sopro de vida de quem acabou de presenciar uma virada. Ao tomar a decisão de mudar, Ayesha dera o passo decisivo para se amparar de forma ativa.

Antes de seguir em frente, ela precisava montar o quebra-cabeça do passado. Ayesha falava depressa e descreveu com riqueza de detalhes o sofrimento do pai. Pedi que diminuísse o ritmo, pois eu precisava saber como eram seus pais. Ela invocou imagens poderosas de sua insegurança, que afetavam sua vida de adulta todos os dias. Fiquei tocada pela descrição vívida que fez de si mesma como uma criança irrequieta, que não comia nada. Senti um nó na garganta quando descreveu o choro mudo daquela menina faminta. Ela tinha recordações de dormir fora do quarto da mãe, desejando estar no calor da cama, e sua memória predominante era da mãe "me descascando como uma cebola". Lembrava-se da mãe deixando-a com uma amiga e do pavor que sentiu de que ela não voltasse mais. Não se sentia segura: não tinha uma base firme onde repousar, só areia movediça, o que a deixava incompleta. Isso me ajudou a compreender sua necessidade de rotina, de uma estrutura que a ajudasse a enfrentar a imprevisibilidade da vida. No caso de Ayesha, porém, ela usava isso como uma carapaça que mantinha o mundo do lado de fora, o que intensificava seu vazio. Quanto ao pai, a história também era difícil.

O relacionamento dos pais de Ayesha terminou de forma irremediável quando ela tinha quatro anos. O pai, homem branco de origem britânica, se voltou contra a mãe e também contra sua origem paquistanesa. Durante algum tempo Ayesha foi a filha favorita do pai porque não parecia paquistanesa, ao contrário do irmão. Na adolescência, porém, ele começou a criticá-la por ser gorda. Não a amava incondicionalmente, nem de forma mais constante que a mãe. Ayesha tinha na memória o dia em que ele deixou sua mãe: aos quatro anos, ela ficou de pé na janela "chorando por muito tempo".

Foi esse retrato da Ayesha de quatro anos, angustiada e sozinha, que ficou comigo e se tornou a imagem central de nosso trabalho juntas. Contei isso a ela e me surpreendi com a força com que falei, uma pontada de indignação por aquela pobre criança e a sensação de que ainda estava gritando, trancada em um armário. Não apenas ninguém ouvia, mas haviam jogado a chave fora. Eu queria alcançar a criança e confortá-la. Ela me olhou com afeição e não disse palavra alguma. Embora eu ainda não tivesse alcançado a menina de quatro anos, saber que ela estava na minha cabeça foi um bom passo inicial.

    Alegando que Ayesha ganharia mais esperança para o futuro se pudesse ser a mãe daquela pobre e infeliz criança, sugeri que fizéssemos uma visualização. Fiquei surpresa ao constatar o quanto ela estava aberta à ideia. Visualizou-se com a mãe e o irmão no parque, com uma caixa de balinhas cor-de-rosa com os dizeres "Coma-me". Ela teve sede, ansiando por beber alguma coisa. Olhou para cima e viu as folhas das árvores que se agitavam como se estivessem chorando — chorando de alívio. Chorando lágrimas boas (lágrimas escorriam pelo rosto de Ayesha), de libertação. Eu a fiz ver que aquele era um lugar onde ela não sentia fome, onde não sentia medo. Propus que respirasse a paz e a calma da natureza, que a sentisse em seu corpo. Ela sorriu em silêncio e disse: "Bacana". Sugeri que pegasse nos braços seu eu de quatro anos. Ela respirou fundo. Notei que era difícil confiar em si mesma. Por fim, ela se pegou no colo. Ficou em silêncio enquanto se segurava. Sentiu-se mais calma. Fiquei comovida. Aliviada. Depois de algum tempo, combinamos um lugar seguro para ela acomodar a pequena Ayesha, sabendo que poderia voltar para buscá-la quando bem entendesse.

    Ao sair da visualização, sentiu que poderia desenvolver aquela imagem, como seu nirvana particular. Com animais, talvez. "Eu quero estar nesse lugar seguro." Gentilmente, eu disse que ficara tocada com sua frase. Ayesha inclinou a cabeça para o lado, lançou-me um olhar rápido, mas afetuoso, e admitiu que as lágrimas tinham sido curativas: "O que me paralisa de pavor é não conseguir chorar, como naqueles dias em que faz tanto frio que a neve não cai".

De minha parte, eu estava emocionalmente aberta, comovida com nossa visualização e sentindo que a sessão chegava ao fim quando Ayesha me pegou de surpresa. Ela ajeitou cuidadosamente o cabelo atrás da orelha, olhou-me bem nos olhos e disse: "Minha relação complicada com o vício transformou-se em um vício de verdade em cocaína".

Bum! Talvez ela tivesse decidido inconscientemente me contar isso no final da sessão para bloquear qualquer oportunidade de analisar a questão junto com ela. Ou teria sido para sabotar nosso trabalho, que ia tão bem? É um fenômeno recorrente e encontrado com frequência por terapeutas um paciente dizer algo crucial na hora em que está saindo da sala. Concluí que o motivo era que o vício possui uma carga de vergonha. A defesa mais comum quando se sente vergonha é se desconectar, se distanciar e se esconder. O que faz, claro, com que a pessoa não receba empatia ou compreensão. A vergonha é um sentimento insidioso, que se sobrepõe a tudo o que toca. Pode ser superada quando se fala dela abertamente e se recebe empatia, pois cresce no silêncio. Provavelmente, quando criança, Ayesha não podia expressar o que estava sentindo — achava que era proibido, ou que não seria ouvida —, o que se mostrou a receita perfeita para criar vergonha dentro dela.

Curiosamente, dei-me conta de que não estava tão surpresa. A tendência dela de buscar intensidade era uma companheira terrível, mas bem conhecida do vício. A necessidade de anestesiar a dor inevitavelmente bloqueara todos os sentimentos, até mesmo a alegria e a felicidade, gerando um ciclo de necessidade permanente de mais ainda para superar o vazio. A falsa sensação de controle que as drogas lhe davam, seu apego à rotina, comendo as mesmas coisas todos os dias, era uma parte crucial disso. Com o máximo de compaixão que pude demonstrar, reconheci como devia ser difícil e sugeri que começássemos por esse tema na sessão seguinte.

Uma semana depois, Ayesha entrou na sala com uma espécie de impaciência sombria. Percebi que ela queria se rebaixar antes que eu a criticasse e humilhasse. Descreveu seu doloroso declínio até o vício total. Analisou as origens daquilo. A voz ficou mais áspera quando começou a recordar a infância, como se fosse um roteiro batido — foi particularmente cruel ao descrever o vazio que sentia quando criança, o quanto ele parecia intolerável e como o tempo todo tentava preenchê-lo: "Quando eu era pequena, preenchia o vazio com açúcar da despensa". Por um instante ela ficou mais pensativa, associando sua fome ao relacionamento com a mãe, que sofreu de depressão pós-parto e tivera dificuldade para amamentar. Ayesha sabia que sua relação com a comida estava ligada aos primeiros meses de vida. Enquanto eu imaginava esse bebê ansiando por um afeto consistente, ela se interrompeu, dizendo: "Eu que lute para resolver isso agora".

Respondi carinhosamente: "Neste instante você não está sozinha. Sinto a dor que fervilha em você. Não tenho como curar essas feridas iniciais, mas quero deixar claro que estou aqui, estou ao seu lado e vamos trabalhar nisso juntas". Raramente me abro tanto, mas meu instinto me dizia que eu tinha que dar um passo à frente e lutar por ela. Lutar para que ela soubesse que não estava mais sozinha, que era possível escutar e cuidar daquela criança. Ela relaxou por um instante e me deu um sorrizinho, que retribuí. Senti que tinha me aproximado um pouco dela.

Ayesha mencionou, como se fosse a coisa mais normal do mundo, que sua mãe lhe dava calmantes desde os sete anos. Isso começou quando ela fez algumas perguntas sobre a morte, que a mãe não conseguiu responder, e Ayesha teve um forte ataque de pânico. A mãe a levou ao médico, que receitou Valium. A voz ficou mais tensa quando acrescentou que desde então aquilo a atormentava: "A morte é meu verdadeiro bloqueio. Ela está se aproximando de verdade e me apavora. Influencia minha vida todos os dias desde então. Se eu pudesse aceitá-la, todo o resto se encaixaria".

Isso trouxe à baila a ligação inevitável entre a menopausa e sua associação ao declínio e à decadência. Quem diz menopausa diz "envelhecimento", "idade avançada" e "proximidade da morte". Dava para sentir Ayesha se retrair fisicamente enquanto eu falava. Eu tinha ido longe demais. Falei que era algo em que poderíamos trabalhar juntas, mas ela recusou, por medo de outro ataque de pânico. Concordamos que poderíamos voltar ao assunto quando ela estivesse pronta.

A julgar pela história pessoal, me pareceu que o vício de Ayesha em cocaína, iniciado aos quarenta anos como recreação, sempre estivera à espreita. A piora era um roteiro que já estava escrito. O incrível é que ela estava fazendo reabilitação, o que me levou a perguntar por que decidira entrar para um programa. Era a época de Ano-Novo: seu vício sempre piorava no Natal, quando se come e se bebe mais. Ela pegou uma infecção pulmonar, o cabelo começou a cair, e a gota d'água foram os dentes, que começaram a se deteriorar. No Réveillon, ela tomou uma garrafa inteira de vodca e uma de vinho. "Eu estava tão arrasada que cheguei ao fundo do poço. Já tive minifundos do poço antes, de onde saí catando os cacos. Como eu ia existir sem bebida e sem drogas?". Paul tinha notado o seu desespero. Podia ver que ela não estava aguentando e que precisava de ajuda. Disse que pagaria a reabilitação. Só queria que ela assumisse a responsabilidade e escolhesse um lugar.

"Quando entrei na clínica de reabilitação, senti como se estivesse chegando em casa. Achei divertido. Eu podia me concentrar e não precisava lidar com ninguém. Era um alívio não beber nem usar drogas. Quando se é viciado, você se sente obrigado a beber. A turma da minha idade ainda está toda na reabilitação. Amo aquele grupo de gente sóbria, que não precisa de remédios." A simplicidade de sua experiência, a ausência de opressão e a libertação que sentiu ao abandonar o vício estão sintetizadas na frase: "Não se reabilita quem precisa. Se reabilita quem quer".

O vício e a menopausa não foram as únicas dificuldades que Ayesha teve que enfrentar. Ela citou Shakespeare: "Os males, quando vêm, não vem só o batedor,/ Vem todo o batalhão".* Seis meses antes de vir me ver, Ayesha fora despedida da agência literária onde trabalhara durante onze anos. O chefe, que ela admirava muito, vendeu metade da empresa para um sócio mais jovem, que queria "sangue novo". Isso representava cortar a velha guarda, que incluía Ayesha. Mas o entorpecimento das drogas e o programa de reabilitação subsequente fizeram com que só agora ela sentisse por inteiro o impacto da perda. Voltou a perceber que o trabalho lhe proporcionava muito mais do que dinheiro. Enquanto falava, parecia cair a ficha do quanto estava arrasada sem um trabalho. Sentia falta do grupo, da convivên-

---

* *Hamlet*, Ato IV, Cena V. Tradução de Lawrence Flores Pereira. (N. T.)

cia, da conversa, do propósito e da estrutura que compartilhavam. Dava para ver o espaço dentro dela que abrigava toda essa rede de conexões. Agora ele estava vazio. Ayesha podia passar dias de pijama, sentada na frente do computador. O tempo para remoer era ilimitado, o que engendrava "pensamentos obsessivos, o ciclo sofrido da falta de objetivo". Ela se via como aquela velhinha chata do supermercado, que reclama do barulho e grita com todo mundo.

Com o passar das semanas Ayesha, milímetro a milímetro, começou a sentir confiança em nosso processo e em si mesma. Surpreendeu-se dizendo: "Fiz uma espécie de descoberta". Ela percebeu que se punia toda vez que fazia algo agradável, fosse comer ou comprar roupas para o filho. Notou, com um olhar mais gentil, que tudo o que fazia estava carregado de culpa — aquilo se acumulava em seu peito, como um bloqueio físico, cortando seu prazer. Ao falar da vergonha, o sentimento a fazia corar. Notei que ela começou a transpirar.

Compreender seu ciclo de isolamento abriu-lhe os olhos para o "vazio incessante". Ela deixava de sentir o prazer daquilo que desejava no mesmo instante em que o obtinha, como alguém que se nega a desfrutar do sabor e do prazer de uma deliciosa laranja no exato instante em que a coloca na boca. Ayesha fez uma associação disso com seu trabalho, onde ela cumpria as tarefas que lhe atribuíam, mas não se permitia receber o reconhecimento merecido. Com as pessoas, ela chegava a um ponto em que se sentia feliz, e então se distanciava. "Mas as visualizações me ajudam. Amar Ravi me ajuda a ver a mim mesma como uma criança digna de amor. Quando acalmo meu filho, sacio minha fome."

Ayesha se animou bastante quando sua mente começou a se desanuviar, quando reconheceu que seu "hábito", como ela chamava, de "comer compulsivamente e botar para fora" tinha relação com controle. Era como se tivesse um botão liga/desliga, mas nenhuma marcha. Gostou da ideia de introduzir marchas em diferentes situações. Riu entusiasmada. "Ou estou hiperativa ou estou dormindo. Consigo silenciar aquele monte de vozes que ficam no meu ouvido, me criticando... É por isso que a imagem do meu eu com quatro anos de idade é tão boa, porque ele sente emoções puras. Eu não era uma espoleta quando saí do útero. O mundo me deliciava. Eu tenho um núcleo de realidade. Preciso acessá-lo, descascar as camadas de mentira."

A grande mudança ocorreu quando Ayesha teve uma visão da "moderadora carinhosa", um ente superior, que lhe dizia que ela estava bem, que ela "se bastava". Esse ente gentilmente a impulsionava na direção certa, ajudando-a a tomar decisões melhores, fazendo com que ela não se odiasse e tivesse dias mais felizes. As mudanças aconteceram tão depressa que nós duas começamos a entender o trabalho que ela fizera na terapia anterior: a sabedoria adquirida na reabilitação agora desempenhava algum papel.

Perguntei se Ayesha iria se livrar de mim quando começasse a obter algum resultado. Ela não tinha certeza. De todo modo, aparecia toda semana. Sentia-se muito mais calma. Estava fazendo ioga e acupuntura, e lançava mão da visualização com regularidade: isso tinha o poder de acalmá-la mais do que qualquer droga ou alimento jamais tivera. Ela parou de usar as redes sociais: "Comparar o que sinto com o que os outros aparentam é veneno puro".

Ao tirar férias, Ayesha sentiu-se em paz. Quase não conseguia acreditar no que estava dizendo. Comentou que o sol e o céu azul das férias são ilusórios. Retruquei que, na realidade, as férias costumam ser o momento em que as dificuldades familiares se intensificam: as pessoas têm tempo de olhar umas para as outras e para si mesmas. Ela dormiu bem e não teve problemas com a comida; guardou memórias vívidas de nadar e pensar: "Uau, eu me sinto completa". Era uma imagem que permanecia viva nela ao falar e que lhe serviria de estímulo muito tempo depois.

A prática de ioga, que iniciara em casa, tornou-se um prazer contemplativo, em vez de algo que ela "tinha que" fazer. Ela e Paul tiveram boas conversas com Ravi, e sentiram que ele também estava mais calmo. No brilho do rosto de Ayesha era visível o orgulho. Ela se aproximou do marido para um abraço, e a sensação, ao sentir seu cheiro familiar e o calor de seu corpo, era a de caminhar em direção a uma fonte de vida. Ela leu meu olhar e, na mesma hora, me disse com firmeza que não queria mais saber de sexo: era perigoso demais. Levou um susto ao perceber que aquilo era uma mensagem da mãe, que a avisara sobre o poder da paixão e de que se apaixonar era muito arriscado. Nunca se apaixone. Sexo e morte eram questões que eu gostaria de trabalhar com Ayesha, embora soubesse que ela ainda não estava pronta. No fim, ela interrompeu nossa terapia antes que pudéssemos tentar. É raro a terapia se encaixar perfeitamente em nossos desejos.

Na volta das férias, o trabalho fez brotarem novas esperanças: uma editora a contactou para preparar um livro; outra, para que ela fosse ghost writer de uma biografia. Até a postura de Ayesha estava diferente, reclinada na cadeira, com o braço por cima da cabeça, aberta e relaxada — usando os recursos recém-descobertos para transitar entre diferentes estados emocionais: totalmente ligada ou totalmente desligada não era mais a única opção. Ela voltou bronzeada e com um ar sensual. Fiquei tocada ao vê-la abraçar o corpo e a vida. Achei interessante porque, no instante seguinte, ela admitiu que se sentia em paz e buscava atingir o nirvana por meio da ioga. Provoquei-a, rindo, querendo que ela desfrutasse do que já conseguira antes de partir para um patamar superior. Ela riu, reconhecendo que era verdade.

Ayesha tinha percorrido um longo caminho. Ela disse que precisava se lembrar de sua voz moderadora: "Sempre senti essa solidão, e é uma questão de ter esse poder superior, essa voz, como você quiser chamá-la, que está ao meu lado, que quer o melhor para mim. Tem sido uma luz para mim. Sinto gratidão. E, caramba, adoro pensar que, em vez de desacelerar, essa é uma parte verdadeiramente importante da minha vida. É meio que emocionante, essa nova fase da minha vida. Não me ver mais constantemente pelo prisma dos outros. Eu tenho o meu próprio valor...".

Ayesha não estava mais paralisada. Permitiu-se ser quem era. Tinha encarado a incômoda verdade da mudança e estava se ajustando. A morte a assustava, mas também a incentivava: já que a vida era curta, *carpe diem*. Ela queria se lembrar de ser feliz, de ser grata pelo que possuía. "Talvez eu tenha o direito de colher os frutos agora. Talvez os melhores anos da minha vida ainda estejam por vir."

BEN: UM PAI SOLTEIRO COM CÂNCER

Ben entrou na minha sala com a cabeça ligeiramente baixa. Ele era alto e estava sempre atento às pancadas nos tetos baixos e nas molduras das portas. Veio se consultar porque temia que o câncer de próstata tivesse voltado, exigindo vários exames adicionais depois do check-up trimestral, um ano e meio depois de ter feito tratamento. Sem preâmbulos, me disse: "Cheguei ao limite. As pessoas estão dizendo: 'Sua cara está bem melhor'. Mesmo assim, não tem quase um dia em que eu não tenha ido ao centro de oncologia — embora os resultados desta vez tenham sido bons, perdi toda a fé no futuro. Tenho a impressão de ter passado da juventude à velhice da noite para o dia".

Ben estava na casa dos quarenta. Vestia casaco cáqui e camiseta. Com sua barba curta, tinha uma aparência descoladíssima. Trabalhava como cinegrafista freelancer, mas também era um marido enlutado. A esposa, Lisa, havia morrido quatro anos antes em um acidente de carro, deixando-o pai solteiro de uma menina de treze anos, Tia, e de um menino de onze, Jax. Em minhas anotações, observei, de forma um tanto aleatória, que provavelmente ele era o tipo de pessoa que escrevia de forma breve, direta, sem palavras supérfluas ou frases carinhosas — querendo dizer que não tinha palavras ou afeto de sobra para dar.

Ben falava rápida e articuladamente, listando os aspectos complicados de sua vida: sabia que os filhos estavam precisando dele mais do que nunca, vinha lutando loucamente para seguir em frente, mas não conseguia lhes dar o necessário. Estava "arruinando" a vida dos filhos. "Não quero ser a porra de um doente. Quero ser um pai normal e saudável, como o resto dos pais." Eles eram uma "família desfeita": Ben tinha um relacionamento ruim com o pai, o irmão e a família da esposa. Sua mãe morrera de câncer quando ele tinha dezesseis anos, um paralelo assustador com a dor dos próprios filhos. Ao falar, era como se estivesse fincando estacas no chão para marcar como sua vida era insustentável — e era verdade que precisara lidar com mais mortes prematuras do que parecia suportável. Tinha uma percepção aguda de si mesmo, e fiquei tocada pela sua coragem de encarar essas imensas dificuldades.

Dava para ver as marcas escuras de cansaço em seu rosto, em contraste com a pele branca como a neve. Como reação, senti vontade de dar a ele a confiança que o ajudaria. Senti dentro de mim o impulso de enchê-lo de esperança, mas sabia que isso só poderia vir de dentro dele.

O susto recente com a saúde jogara por terra os pequenos avanços que Ben sentiu ter conseguido desde a recente operação e o tratamento brutal. Contudo, o mais terrível para ele tinha sido o diagnóstico inicial do câncer. Justo na hora em que estava começando a acreditar que poderia ter um futuro, pensando até em um novo relacionamento depois da morte da mulher que tanto amava, ele foi fazer um check-up anual e o médico lhe disse que o exame de sangue revelara um aumento do nível de PSA (antígeno específico da próstata). A ressonância magnética confirmou o câncer de tipo agressivo, exigindo cirurgia, radioterapia e quimioterapia, pois tinha se espalhado para os linfonodos. Isso tomou um ano inteiro de sua vida. Para se recuperar da cirurgia, tentou trabalhar entre uma e outra série de tratamento. Foi um ano infernal, com os terríveis efeitos colaterais da quimioterapia, vômito e febre, fadiga, feridas na pele e queda de cabelo. Ele vivia em um turbilhão de dor, sentindo-se melhor em alguns momentos, e logo depois tendo uma recaída. Dar a notícia aos filhos foi uma das coisas mais difíceis que já fizera em toda a vida. Vê-los preocupados e estar no centro da revolta deles no momento que era incapaz de protegê-los foi terrível. Isso o deixou com medo de absolutamente tudo.

Ben curvou as mãos para trás, como se ao alongá-las pudesse ampliar seu mundo interior, ajustando-se ao caos dentro dele. Surgiu em minha mente a imagem de que eu queria criar o espaço que lhe permitisse gritar sua angústia, respirar e examinar lentamente seus diversos pensamentos, um a um.

Tentei explicar o que ele estava sentindo: claro que chegara ao "ponto de ruptura" — mal começava a se livrar da tristeza pela morte da esposa e sua própria vida ficou seriamente em risco; e ele sabia muito bem, por conta da morte da mãe, que o câncer pode matar. Eu lhe disse que o luto começa no momento do diagnóstico, e uma perda nova sempre traz à tona as perdas anteriores. Foram perdas avassaladoras para ele — a morte da mãe, a morte súbita da esposa e agora o câncer de próstata. Havia um lapso compreensível em sua capacidade de se ajustar internamente a tantos acontecimentos externos. Vi que ele sacudiu a cabeça, até concordando comigo, mas senti que minhas palavras submergiram na corrente de sentimentos que o percorriam.

Ben descreveu em detalhes clínicos o seu abalo emocional com o diagnóstico inicial: "Quase certo de que ia morrer, chorei incontrolavelmente" (algo que ele nunca tinha feito) ao dar a notícia ao pai e ao irmão. Para minha surpresa, ele contou que as lágrimas incomodaram os dois. Olharam-no com desprezo, como se seu sofrimento fosse um fracasso pessoal. Chegaram a expressar esse desgosto, mandando-o se recompor e deixar de ser patético. A dor e a fúria inevitáveis de Ben levaram ao rompimento de qualquer contato com o pai e a um convívio apenas superficial com o irmão. Enquanto falava, teve a consciência aguda de que sua voz interna refletia a do pai: ele tinha uma voz interna punitiva que "me dizia que não preciso de paparicos indulgentes... 'Recomponha-se.' Isso me deixa fisicamente rígido". Descreveu um diálogo interno constante dentro de sua cabeça, impiedosamente crítico, como se fosse uma dor no peito, mas que parecia tão "normal quanto respirar". No metrô, ele olhava para os outros com inveja. Eram pessoas saudáveis. Tinham tanta confiança na própria saúde que nem sequer pensavam nela.

E não parou por aí. Com lágrimas nos olhos, ele admitiu: "Eu sentia que estava me afastando dos meus filhos. Estava ciente de que, se estivesse em estado terminal, teria que me desligar". Isso o lembrou a morte da mãe: todo mundo lhe dizia o quanto ela o amava, mas aquilo não soava verdadeiro. Agora entendia que ela também tivera que se afastar quando estava morrendo. Durante décadas foi incapaz de pronunciar o nome dela, reescrevendo na própria cabeça a narrativa de que a morte tinha sido algo bom para a mãe. Com sua precisa acidez, Ben observou: "Eu a matei antes de ela morrer, e a matei de novo depois que ela morreu". No entanto, à medida que falava mais sobre a mãe, ele foi se soltando. Novamente apareceram lágrimas em seus olhos enquanto ele questionava: "O que eu perdi? Quando me tornei pai, ah, meu Deus, minha mãe sentiu o mesmo por mim, sei que ela deve ter me amado. A maneira como eu me sentia em relação a meus filhos parecia uma memória física do amor da minha mãe... Quero ser como minha mãe, mas tenho medo de ser como meu pai".

Por mais que a importância do que Ben disse tenha me comovido, fiquei com a sensação de que ele continuava inacessível. Era como se seu coração estivesse debaixo de anos e anos de folhas de outono e de inverno frio, que nenhum calor da primavera ou do verão conseguia aquecer. Era algo introjetado nele desde a juventude, que aprendera observando o pai: era a melhor e mais segura alternativa para ele, protegendo-o de mágoas futuras. Isso lhe provocava uma dor contínua, de um tipo diferente: a solidão absoluta.

Por fora, em compensação, a vida de Ben era uma rotina constante — cumprir tarefas, reuniões, conciliar as gravações de programas de TV com a interminável solução de problemas, viagens a trabalho, longos expedientes, falta de controle dos horários, mais coisas para fazer do que era possível encaixar.

Perguntei o que ele fazia para aguentar. Nada. Tinha bons amigos, alguns dos quais haviam sido fantásticos. Fiquei pensando, enquanto analisava a realidade de tudo o que ele tinha que fazer, como poderíamos criar um espaço: não chegaríamos a lugar algum enquanto ele não tivesse folga para respirar, para liberar um centímetro que fosse. Embora eu estivesse ciente de seu senso de responsabilidade para com os filhos e de que ele não podia se dar ao luxo de parar, havia outra questão. Ben via todo mundo chegar em casa e encontrar um parceiro, e por isso usava o trabalho para preencher o vazio de não ter ninguém. Verbalizei essa contradição, com a qual ele precisava lidar. Por um lado, o trabalho não lhe dava tempo de sentir de verdade o quanto estava triste; por outro, ele me disse, "não sei se essa dormência fundamental dentro de mim é permanente ou não. Acordo todos os dias e digo: 'PQP, lá vou eu fazer tudo de novo'".

Ben se remexeu na cadeira quando tocamos em um assunto desconfortável. Seu mantra era que ele não sabia como ter sentimentos; porém, acabara de revelar, para mim e para si mesmo, aspectos vulneráveis que ignorava — segurou as lágrimas, mas, enquanto falava, elas jorraram. Enxugou-as rapidamente e falou sobre seu eu corajoso. Eu toquei de novo no assunto das lágrimas: elas precisavam de mais espaço. Senti-me pela primeira vez mais próxima, capaz de ajudá-lo. Antes eu tinha a impressão de que ele havia construído um muro de palavras que me deixava do lado de fora, sem poder entrar.

Nas sessões seguintes conversamos mais abertamente. Ele estava sinceramente comprometido em descobrir como poderia demonstrar mais vulnerabilidade. Entendeu que, se conseguisse, a intimidade e a proximidade aumentariam. Pela sua experiência, porém, isso faria crescer sua dívida para com as pessoas que haviam sido gentis com ele. Analisamos o que parecia uma barricada de defesas construída em sua cabeça e seu coração: a cabeça dizia "Não preciso de nada nem de ninguém"; o coração, por trás de um escudo, mantinha todos longe de seus verdadeiros sentimentos. Ele suspirou ao dizer: "E é solitário". Ficamos quase surpresos ao perceber o incrível poder dos ensinamentos paternos, o quanto continuavam presentes dentro dele, mesmo sem nenhum contato pessoal. Concordamos que ele havia passado 45 anos na defensiva: a mudança levaria algum tempo.

Um momento importante aconteceu minutos antes do final da sessão. Ben me perguntou como as outras pessoas se abriam: será que ele poderia copiá-las? Demorei a responder. Eu disse que talvez ele ainda não tivesse dentro de si o que era necessário. Ben desenvolvera um mecanismo crucial de defesa, muito potente: quando demonstrava vulnerabilidade, recebia apenas o desprezo gélido do pai. Me dava náuseas só de comentar que, para mim, aquilo era o inverso da reação de qualquer pai. Isso despertou o interesse de Ben. Até ali ele achava que o reflexo de se anular era culpa sua, culpa pessoal misturada com vergonha. Enquanto falava, reconheceu que até abria o coração para os problemas alheios, mas de si mesmo nunca sentia pena. Ele notou a tristeza em meus olhos. Nem precisamos falar. Acrescentei serenamente que meu trabalho não era encontrar uma resposta universal para todos, e sim tentar pequenas experiências. Sugeri que ele se abrisse, mesmo que momentaneamente, com uma ou duas pessoas. Ben saiu refletindo sobre quem seriam essas pessoas.

Tivemos um intervalo de várias semanas, fazendo-nos perder parte da conexão que estávamos criando aos poucos. Quando nos vimos de novo, a raiva de Ben tinha voltado com força: ele se sentia sobrecarregado com tudo o que tinha que fazer, e, enquanto desfiava sua lista de tarefas, minha cabeça rodava. Dava para entender por que ele achava difícil sair da cama de manhã: o peso de tanta coisa sugava a alegria de viver. Era uma descrição comum do fardo de todo pai solteiro, as múltiplas tarefas somadas à responsabilidade total pelos filhos — em solidão absoluta. O amor incondicional pelos filhos lhe despertava uma espécie de raiva por não conseguir prover tudo de que precisavam — não raiva deles, mas raiva no coração, alimentada pelo amor e pelo medo de fracassar em sua responsabilidade de cuidar das crianças da maneira correta. Ele olhava com indisfarçável inveja para outras famílias, que tinham mais apoio. É verdade, para criar um filho é preciso uma aldeia. No mundo ideal, toda criança deveria ter pelo menos nove adultos responsáveis por ela. Os filhos de Ben só tinham o pai.

Enquanto conversávamos, a intensidade de seu sentimento ficou clara. Ben achava que nada mais iria se encaixar. Agora, partia da premissa de que nada ia dar certo — e não apenas isso, tinha também a sensação permanente de que algo terrível estava para acontecer. Ele se sentiu "supersticioso. A pior coisa que posso fazer é achar que está tudo ótimo — um pouco antes de Lisa morrer, lembro-me de ter pensado: tenho tudo o que quero na vida. E aí, de uma hora para outra, tão cedo, tudo se foi. No aniversário da morte dela, lembro-me de ter pensado que aconteceriam coisas boas; cinco dias depois, soube que estava com câncer. É como se me punissem por acreditar que vai dar tudo certo".

A pressão mais forte veio com o diagnóstico de câncer: o medo de não ter um futuro viável. Ele vivia uma encruzilhada, pois se sentia bem, só que se aquele fosse o melhor possível... Era uma droga, mas o pior ainda estaria por vir se o câncer voltasse. Ele resumiu: "Mesmo que Deus me dê uma garantia de que tudo vai ficar bem, nunca poderei voltar a ser quem eu era. Depois que Lisa morreu, pensei: ainda sou jovem, ainda dá tempo de escrever um capítulo inteiramente novo no livro da vida familiar. O câncer me deixa perto demais do final do livro".

Sua vida estava apoiada em alicerces instáveis: o tempo todo ele tinha ciência da escassez de tempo, tanto nas 24 horas do dia quanto em tempo de vida. Questionava o sentido de tentar fazer coisas boas acontecerem, já que nada de bom dura muito. Questionou até o propósito de nosso aconselhamento, cujo benefício ele começara a constatar antes da pausa que tínhamos feito.

Assumi meu lado otimista, garantindo-lhe que dava para trabalhar e mudar, que eu tinha ideias de como ele poderia encontrar espaço dentro de si para se animar — sugerindo exercícios regulares, criando rituais positivos de cura com Tia e Jax. Lembrei-lhe que contrair câncer ou ficar de luto não dependia dele, mas que a forma de reagir a isso, sim. Caso ele se aferrasse à convicção limitante de que estava condenado, conseguiria acabar com o que tinha de bom. Pragmaticamente, eu tinha razão, mas depois, ao passar pela minha supervisão, me dei conta de que meu tom severo se devia ao fato de que a versão apocalíptica dele tinha se transferido para mim. Retomar minha própria visão exigiu bastante discussão, indo contra o pensamento mágico de Ben, carregado de medo. Ele acreditava que, caso se permitisse ter esperança, os deuses, que a tudo assistiam rindo, o puniriam destruindo-o.

Com o passar do tempo, minha preocupação foi diminuindo, à medida que Ben começou a falar mais abertamente. Ele queria gritar. Disse que não se sentia julgado por mim e que estava surpreso por se sentir melhor. As barreiras entre nós diminuíram e senti que progredíamos. Mais importante que isso, sua vida parecia voltar aos eixos. O trabalho andava intenso, mas os filhos estavam felizes na escola, iam bem; proporcionavam a ele momentos de intensa alegria. Havia problemas, como o roubo do carro, mas, como me disse muitas vezes, ele era um solucionador de problemas: eram coisas que estressavam mas não o tiravam da rota, porque conseguia resolver. A confiança de Ben foi crescendo, e ele decidiu, com alguma energia, que seu novo projeto era encontrar uma namorada.

Um lampejo de receio deve ter passado pelo meu rosto. Ben foi perspicaz: rápido como um raio, retrucou: "O motor aqui dentro está em dia". Ambos rimos, numa adorável risada cúmplice. Ele acrescentou que encontrar alguém com quem compartilhar a vida despertaria seu coração, lhe daria esperança. Além disso, resolveria muitos de seus problemas — de solidão, preocupação com dinheiro e o fardo de conciliar trabalho e paternidade, e ainda tinha o potencial de torná-lo mais feliz. Ambos nos sentimos otimistas.

Não vi Ben durante várias semanas. Ele não apareceu nos horários agendados nem respondeu às mensagens de texto. Fiquei surpresa, mas presumi que fosse porque estava mais feliz. Mandei uma mensagem no dia da última sessão agendada. Ele concordou em vir.

Chegou mais encurvado que nunca e usava óculos escuros. Jogou-se na cadeira. Cobriu o rosto com as mãos. Não queria que eu o visse. Contou que havia receios ainda não confirmados em relação aos resultados do último exame de câncer. "Nunca vou conseguir escapar do câncer... É tudo tão inútil... Quero desistir. Gostaria de ir embora e morrer — quanto mais cedo, melhor. Isso é insuportável... É uma terrível humilhação continuar tendo esperança e apanhar o tempo todo. O câncer destruiu minha vida e me destruiu."

Senti seu desespero explodir em meu estômago, com uma espécie de fúria que rosnava em razão da volta do sofrimento. Eu também queria desesperadamente que o vento soprasse a favor de Ben, dando algum alívio para o luto e os problemas de saúde que ameaçavam sua vida. Precisei verificar se ele tinha tendências suicidas, e Ben me garantiu que jamais abandonaria os filhos. Mas contou, para mim e para si mesmo, como sua dor era insuportável. Prosseguiu: "Não estou me reconhecendo. Nunca achei que ia virar uma pessoa destruída... Mas a morte de Lisa não tem conserto, e agora posso estar doente de novo, posso ficar sem renda... O dinheiro resolveria muitos dos meus problemas... Não me curaria, mas faria com que eu não me preocupasse tanto".

Não tive como contestar. Ele estava lidando com mais peso do que qualquer pessoa consegue administrar. Os problemas se apresentavam em muitas frentes. O pai e o irmão não o apoiavam, ele perdera a mãe quando criança, a esposa morrera, ele estava com câncer e ganhava pouco. Se tivesse superado o luto, talvez tivesse adquirido resiliência para superar as dificuldades. Mas a combinação de todas elas foi literalmente esmagadora. Ben não acreditava que falar comigo pudesse ajudar, porque o que eu oferecia era uma conexão para ele expressar sua dor, e depois, pouco a pouco, o desejo de reconstruir a vida. Em seu caso, sentir esperança tinha ficado perigoso. Tinha gerado muitas decepções. Ele perdera o desejo de ter esperança. Desabafou: "Estou com a morte na alma. Eu não estou vivo".

No momento em que deixamos de nos falar, ele queria parar de lutar. Às vezes, não queremos ter esperança porque isso não nos protege da dor da decepção. Mas nada nos protege dessa dor, e a esperança é a única força que pode trazer luz quando a vida está mais sombria. A esperança é a alquimia que pode dar uma reviravolta na vida. Não é à toa que nos apegamos com todas as forças a expressões como "A hora mais escura da noite é a que precede a alvorada". Mas, quando Ben estava prestes a encontrar luz em sua vida, levou outra pancada. Em algum momento, a esperança precisa dar resultado. Até ali, Ben havia sofrido decepções demais para se atrever a ter esperança de novo.

Eu estava preocupada. Continuei tentando encontrar respostas em minha cabeça. Eu ouvia sua voz dizendo que todos tentavam lhe dar soluções, mas ele era o melhor solucionador de problemas do planeta: se houvesse uma solução, ele a encontraria. Eu sabia que ele tinha razão. Conversando com minha supervisora, cheguei à conclusão, espero que correta, de que Ben era fundamentalmente um lutador. No âmago, era um sobrevivente. Isso estava em cada célula de seu corpo. De forma absolutamente compreensível, ele não quis mais vir se consultar comigo. Mas se os médicos conseguissem recuperá-lo do câncer, com o tempo ele reconstruiria sua vida. Para tanto, era preciso que os medicamentos fizessem efeito, que ele estivesse bem fisicamente. Ben precisava de uma fonte de renda mais confiável. Rezei a quem quisesse ouvir para que o destino o ajudasse.

REFLEXÕES SOBRE A SAÚDE

Não pensamos na saúde até que adoecemos. A saúde é a ausência de sofrimento: nós nos consideramos saudáveis quando acordamos todo dia, agimos de forma confiável mental e fisicamente, nosso foco está voltado para aqueles ao nosso redor e para aquilo que precisamos fazer durante o dia, por mais fácil ou difícil que seja. O ideal é que cada dia saudável componha uma vida saudável. Para a maioria de nós, é só depois que envelhecemos que os males aparecem. Uma pessoa idosa, muitas vezes já com vários problemas de saúde, que sofre um acidente, por exemplo, uma queda, talvez apresente resultados graves: é mais difícil para ela se recuperar do que para uma pessoa mais jovem.

As histórias de Ayesha, Geoffrey e Ben mostram como mudanças no estado de saúde os impactaram. Pudemos ver o que os ajudou e atrapalhou enquanto aprendiam a conviver com suas condições. O que foi ficando cada vez mais claro para mim é que o sofrimento se torna uma preocupação absoluta: quanto maior a dor, mais penetrante ela é, limitando nossa capacidade de nos envolver com os aspectos que nos dão alegria e fazem a vida valer a pena. É um ciclo particularmente cruel. Seu efeito sempre é devastador sobre os que nos rodeiam, que também sofrem pela proximidade.

O que também ficou claro foi como as atitudes, a compreensão e os consequentes comportamentos de Ayesha, Geoffrey e Ben influenciaram sua capacidade de administrar a saúde. Suas mentes e corpos desempenharam um papel igualmente importante na recuperação. Essa reação não foi escolha deles: era um padrão já arraigado e desencadeado por seus problemas de saúde. Mas quando encontraram uma maneira de lidar com isso, conseguiram aguentar melhor. As evidências apontam que quem nos cura são os médicos e os protocolos de saúde, mas várias pesquisas mostram que o desenvolvimento de estratégias positivas de enfrentamento, incluindo a medicina alternativa, faz as pessoas sentirem menos dor, se recuperarem mais depressa e viver com mais alegria.

No caso de Ben, ter uma doença que ameaçava sua vida em uma idade relativamente jovem, ser pai solteiro e não contar com o apoio da família (mesmo tendo bons amigos) intensificou muito seu sofrimento. No momento em que parei de vê-lo, até ousar ter esperança parecia demais. Sem dúvida todos nós temos limites para o que podemos suportar, e Ben havia atingido os dele. O que ele precisava era de boas notícias e um pouquinho de sorte: precisava que acontecessem coisas boas, mais que de um bom aconselhamento. Os problemas de saúde de Geoffrey e Ayesha os prejudicaram, impediram o progresso na vida e abalaram a confiança em si mesmos e no futuro. Mas vimos que, por meio da reflexão, concedendo-se tempo para processar, eles poderiam modificar a reação inicial e sentir mais esperança.

SAÚDE E BEM-ESTAR

Achei interessante descobrir que, estatisticamente, somos mais saudáveis e felizes do que eu imaginava. Em 2011, na Inglaterra e no País de Gales, 81% das pessoas avaliavam a própria saúde geral como "muito boa" ou "boa"; na Inglaterra, eram 81%, e no País de Gales, 78%. O índice de bem-estar pessoal foi semelhante — satisfação com a vida, felicidade e sensação de que aquilo que você faz vale a pena estavam todos acima de 70%, e a taxa de ansiedade era inferior a 30%.

De acordo com o relatório de 2012 do King's Fund, instituição não lucrativa de estudos sobre saúde pública no Reino Unido, há uma relação direta entre background socioeconômico, saúde e bem-estar. Aqueles com doenças crônicas têm maior probabilidade de pertencer a uma determinada classe social e a um tipo de emprego. Os que vivem em ambientes mais pobres têm 60% mais de probabilidade de desenvolver doenças a longo prazo que aqueles em áreas mais ricas.

Mais de dois terços dos gastos do Sistema Nacional de Saúde no Reino Unido (NHS) vão para pessoas com mais de 65 anos. Os dados mostram que um homem de 85 anos custa ao NHS cerca de sete vezes mais, em média, que um homem perto dos quarenta. Isso significa que, para aqueles que vivem mais tempo, os últimos anos de vida são cada vez mais vividos com problemas de saúde, muitas vezes com inúmeras doenças crônicas.

A PERDA DA SAÚDE E A RECUPERAÇÃO PÓS-DIAGNÓSTICO

Quando uma pessoa recebe um diagnóstico limitante ou potencialmente fatal, sua percepção de si mesma como alguém saudável sofre uma alteração irremediável. Isso vira de cabeça para baixo a vida dela, que nunca mais é a mesma. O choque e o medo se assemelham ao luto. É uma mudança indesejada e que não deixa escolha. O ajuste psicológico necessário, de "Sou saudável" para "Estou doente", seja por acidente ou diagnóstico, exige uma mudança de identidade que não é nem um pouco bem-vinda e que é difícil de admitir. A pessoa sofre pela versão inocente de si mesma, que confiava na própria saúde. Quem é capaz de absorver o golpe e manter a rotina regular (prosseguindo com as atividades habituais e cultivando os relacionamentos existentes) navega pela doença de forma mais estável.

As pesquisas mostram que nossa maneira de aceitar o diagnóstico tem um impacto significativo. A recuperação não é a mesma para todos, ainda que o problema de saúde do qual a pessoa esteja se recuperando seja o mesmo. Quem tem um relacionamento sólido com a família e os amigos, um entorno confortável e um objetivo antes do início da doença apresenta maior probabilidade de se recuperar e querer se recuperar. A pessoa que entende a doença e o que é preciso fazer para controlá-la se sai melhor. O mesmo ocorre com aqueles que escolhem estratégias ativas de enfrentamento, como falar o que estão sentindo. Por exemplo, os que estão em um relacionamento com intimidade física (que pode ser sexual, mas não necessariamente) provavelmente se sentem mais vivos e atraentes do que abatidos pela doença; isso também aumenta a capacidade de ser paciente e gentil quando as coisas estão difíceis. Fazer aquilo de que se gosta, mesmo com limitações, exercitar-se e meditar reduz o risco de depressão.

Idosos com mais de um problema de saúde, que sofreram uma perda ou que têm relacionamentos menos estáveis terão mais dificuldade para se recuperar. Muitos fatores influenciam, a começar pela forma como eles se enxergam naquele momento, ao enfrentar essa nova e assustadora realidade cheia de opções em aberto. A doença pode ser encarada como um fracasso pessoal, acreditando-se que ela roubou mais do que somente a saúde. Pesquisas mostram que as consequências dessa perspectiva negativa talvez sejam diminuir a importância do tratamento, deixar de tomar os remédios e faltar às consultas médicas. A pessoa também pode parar de cuidar de si, o que gera um círculo vicioso. Os desfechos são piores do ponto de vista médico e psicológico, não porque o tratamento não funcione se a pessoa não for otimista, mas porque as atitudes e os comportamentos negativos podem piorar os problemas de saúde.

A complexidade da resposta emocional do paciente, principalmente daqueles em tratamentos como quimioterapia e radioterapia, decorre da melhora ou piora ao longo do processo, diante da incerteza em relação ao resultado. A montanha-russa de emoções — a pessoa fica mais feliz quando se sente bem e desanimada quando se sente mal — é difícil de suportar. Muitas vezes a doença impõe mudanças adicionais na vida pessoal e profissional, que podem aumentar o estresse. Um estudo mostrou que 20% das pessoas com doenças crônicas, como artrite reumatoide, correm o risco de sofrer de depressão, e no câncer esse índice pode chegar a 30%. Passada a série de tratamentos, os pacientes talvez tenham uma dificuldade inesperada de lidar com o tempo depois, meses e anos sem saber se o câncer voltará sem qualquer procedimento efetivo para detê-lo.

Para quem sofre de condições crônicas, vale a pena reformular o termo "recuperação", pois implica um ponto de chegada fixo e um retorno à condição anterior. "Recuperar-se" é mais uma questão de dar um passo de cada vez, com muitos estágios e possibilidades, em lugar de um ponto de chegada. Isso ajuda a manter a perspectiva para o futuro a curto prazo, um dia após o outro, uma semana após a outra, sem aumentar os níveis de medo ao olhar para o abismo do desconhecido. Cada pessoa pode definir sua própria recuperação em pequenos passos, conseguindo realizar atividades que antes não eram possíveis, como fazer uma caminhada. Raramente isso é algo linear. São muitos os altos e baixos, mas comemorar as pequenas vitórias ajuda. É importante saber que você ao mesmo tempo aprendeu a aceitar os limites que a doença impõe e fez tudo o que pôde para ajudar a própria recuperação e levar a vida mais plena e feliz possível.

Para muitos sobreviventes de doenças que ameaçam a vida, geralmente ocorre uma grande mudança. A percepção do mundo se acentua, trazendo maior envolvimento e um amor mais satisfatório pela vida. A pessoa pode descobrir pela primeira vez o quanto é querida diante das demonstrações explícitas de amor dos familiares e amigos mais próximos. Também aumenta a confiança na própria força para viver e sobreviver às dificuldades.

O NÚCLEO FAMILIAR E A SAÚDE

Como vimos nos estudos de caso, nem de longe o paciente é o único que sofre com a doença: ocorre um efeito cascata, com impacto amplo e profundo sobre todos aqueles que estão próximos. A família é afetada de várias maneiras, já que a doença de longa duração influencia todos os aspectos do cotidiano — relacionamentos, saúde emocional e financeira, divisão do tempo em todos os níveis, interações sociais. Também complica o fato de a pessoa doente subir na hierarquia de prioridades, enquanto muitas vezes aqueles que a amam ficam preocupados e estressados, mas sentem que não conseguem dar apoio ao doente.

As pesquisas mostram que as famílias cujos membros são totalmente abertos entre si, expressam seus sentimentos de forma direta e resolvem os problemas de maneira colaborativa sentem menos ansiedade e têm níveis mais baixos de depressão. A doença é vista através das lentes do núcleo familiar: a pessoa com doença crônica, assim como todas as outras na família, influencia e impacta os outros. A família precisa trabalhar em conjunto para atender às novas demandas do doente e compartilhar a carga de trabalho. Cada um pode ser afetado de um jeito diferente. Se isso for aceito e todos forem livres para expressar como se sentem, a unidade familiar acaba sendo bem-sucedida. Isso funciona melhor quando as famílias equilibram a doença com a realização de atividades agradáveis juntos.

Dentro de cada família há convicções e atitudes exclusivas em relação à saúde e aos problemas de saúde. Há famílias que subestimam a doença, que esperam de seus membros que sejam estoicos e não reclamem. Na outra ponta, há famílias em que a doença gera um drama que rouba a atenção: qualquer mal sem importância é comentado e cuidado. Entre uma e outra, há uma infinidade de versões. Compreender as convicções da própria família ajuda a entender o que acontece quando o comportamento de alguém se torna incômodo, o que às vezes acontece por não estar alinhado com o sistema de convicções do grupo familiar.

Um estudo de 2013 do Centro Nacional de Informação em Biotecnologia (NCBI) mostrou que, em famílias de pessoas com doenças crônicas, "92% dos familiares entrevistados ficaram afetados emocionalmente pela doença, mencionando preocupação (35%), frustração (27%), irritação (15%) e culpa (14%). Considerou-se preocupação quando o parente expressava receio pelo futuro ou a morte do paciente. Outros efeitos psicológicos incluíram sentir-se triste, aborrecido, desamparado, estressado e solitário". Preocupar-se é normal à medida que se começa a entender as consequências da doença. Informação e um plano claro ajudam a amenizar isso. A frustração e a raiva estão associadas à incapacidade de fazer a pessoa que amam melhorar; isso também faz com que tenham de executar mais tarefas, aumentando a probabilidade de brigas, já que todos ficam estressados. Podem ocorrer problemas financeiros, o que certamente aumenta a irritação. A culpa geralmente aparece quando se acha que cabe sentir apenas amor e compaixão pelo doente; o parente se sente mal por ficar com raiva e querer que aquilo acabe o mais rápido possível. É a exaustão.

Os amigos que dão apoio à família podem fazer uma grande diferença. Reconhecer a doença e se abrir à escuta é a chave. A linguagem que o amigo usa quando fala, sendo carinhoso e compassivo, sem aquele tom apocalíptico de "Ah, coitadinho", ajuda. Muitas vezes, ofertas de ajuda prática, como levar comida ou cuidar dos filhos, liberando os pais para passarem um momento agradável a dois, são relevantes. Ou talvez organizar uma surpresa que traga alegria e distração. É possível arranjar pequenas "janelas" de prazer para o amigo, como uma massagem, flores ou sentar-se para conversar. Pequenos gestos são extremamente reconfortantes, mesmo quando a doença é muito grave. Quando amigos querem tentar solucionar o problema, compartilhando dietas milagrosas, pílulas mágicas, histórias de sucesso, a utilidade tende a ser menor, por melhores que sejam as intenções. Gestos constantes de ajuda a longo prazo, não apenas na hora da crise, são muito importantes. Cada família é singular e precisa encontrar suas próprias soluções. Mas a magia reside na oferta de uma amizade afetuosa, na escuta, em estar disponível e presente emocionalmente.

A MENOPAUSA

No Reino Unido, a idade média das mulheres que chegam à menopausa é de 51 anos, mas é normal que ela ocorra a qualquer momento entre os 45 e os 58 anos. Em casos raros, a mulher pode ter menopausa precoce, iniciada antes dos quarenta anos.

A menopausa pode durar de quatro a oito anos, e os sintomas são bem conhecidos: os mais comuns são ondas de calor, falta de concentração, fadiga, insônia, ansiedade e distúrbios do humor; algumas mulheres têm a sorte de apresentar poucos ou nenhum dos sintomas. O caso de Ayesha demonstra o terremoto que isso pode representar. Sem a compreensão e o apoio corretos, a menopausa traz consigo uma onda de destruição. A vergonha e o tabu a ela associados aumentam o abalo. Já vi muitos casamentos de longa data e carreiras bem-sucedidas se arrebentarem contra as pedras da menopausa. Todos nós precisamos de uma compreensão mais profunda de seu impacto e suas consequências. Um estudo recente mostrou que, dos 4,4 milhões de mulheres com mais de cinquenta anos que trabalham, metade achava difícil trabalhar, e para um número ainda maior era difícil falar sobre a menopausa.

Como acontece com tudo que envolve o físico e o psicológico, há determinadas reações e maneiras de ser que ajudam ou dificultam a menopausa. As mulheres que desempenham papéis variados no cotidiano ficam menos propensas à depressão e menos preocupadas com a perda da fertilidade. Por outro lado — o que não surpreende —, aquelas com muitos sintomas ficam significativamente mais preocupadas com os efeitos da menopausa sobre seu poder de atração: transpirar, sentir-se exausta e tensa não geram exatamente uma sensação de vitalidade e sensualidade. Junte-se a isso uma sociedade ocidental que idolatra a juventude e a beleza. É muito comum as mulheres de meia-idade contarem como se sentem invisíveis ou como suas habilidades e talentos são subestimados por causa da aparência.

A menopausa representa um passo rumo a outra fase da vida. É a encarnação física do fim da fertilidade. A sexualidade, a fertilidade e a maternidade costumam ser elementos fundamentais da identidade da mulher e da percepção de seu propósito social. Portanto, encontrar uma maneira de moldar uma nova identidade e um novo propósito pode dar outro significado à vida. Isso, porém, não acontece da noite para o dia: abandonar uma identidade para assumir outra gera transtorno e inquietação.

O papel do trabalho nesse processo é importante. As mulheres que renunciaram ao trabalho para ser mães — por si só uma transição muitas vezes complicada, por implicar uma perda de status e estrutura — talvez achem particularmente difícil. A menopausa costuma coincidir com o crescimento dos filhos, que deixam de precisar tanto dos pais. A consequente perda de significado e propósito é debilitante, e o passo óbvio seria a volta ao trabalho. Muitas vezes, porém, quem ficou fora do mercado por duas décadas já perdeu a confiança em encontrar um novo emprego.

É preciso conversar mais aberta e francamente sobre a menopausa e a andropausa (a menopausa masculina) com os homens e com os filhos. A falta de conscientização acarreta prejuízos para as mulheres e suas famílias. É necessária uma abordagem multigeracional e multigênero; os parentes mais velhos que já passaram pela menopausa devem conversar com os mais jovens. É importante falar sobre os ciclos e períodos hormonais das mulheres em geral, criando uma cultura e encorajando uma atitude de que o assunto não é constrangedor, a ser sussurrado nos cantos, mas uma parte saudável e normal de ser mulher. No Reino Unido felizmente algumas vozes estão dando início a discussões importantes e fazendo campanhas por melhores práticas de trabalho, por intermédio de organizações como a Plan International UK e a Menopause Support UK, e movimentos como #HotWomenOnly.

Tem sido interessante perceber, em minha prática, que algumas mulheres de nível socioeconômico mais elevado lutam contra a menopausa de uma maneira diferente: não a enxergam como uma fase incontornável da vida porque dispõem de dinheiro o bastante para ter a impressão de "lutar" contra ela. A estratégia é enfatizar a força de vontade e a experiência como mulher de sucesso, vitoriosa sobre a menopausa. E talvez a vençam mesmo, porque a reposição hormonal adia os sintomas. Milhares de mulheres de todas as origens socioeconômicas pararam de fazer a reposição hormonal que mudaria suas vidas em razão de estudos que a relacionavam a um aumento nos casos de câncer de mama. De lá para cá esse receio diminuiu. Para algumas, os hormônios "bioidênticos" são a nova e cada vez mais popular resposta. No entanto, mesmo sem os sintomas, é fundamental encarar essa transição de vida. As mulheres de meia-idade precisam refletir e cuidar do que é relevante na vida delas; precisam perguntar que cara vai ter o próximo capítulo e como elas podem dar vazão ao seu potencial.

EMPREGABILIDADE

As doenças limitaram durante um período significativo a capacidade de trabalho de Ben e Geoffrey. Estar empregado melhora a saúde, e estar saudável é um fator preditivo de emprego — a saúde é vista como sinônimo de expectativa de vida. Como mostram as estatísticas, os problemas de saúde têm um impacto enorme na vida profissional: 11 milhões de pessoas no Reino Unido têm algum problema de saúde de longo prazo; 50% delas dizem que esse problema afeta o volume e o tipo de trabalho que realizam, com consequências negativas muito além de apenas financeiras — um em cada cinco trabalhadores com problemas de saúde física também relatou ter problemas de saúde mental.

Quando o empregador toma o cuidado de adequar o trabalho do funcionário à sua capacidade, geralmente recebe uma retribuição dez vezes maior em termos de compromisso e lealdade. Isso requer que ambas as partes se comuniquem com franqueza em vários níveis: precisam avaliar de modo realista a capacidade do funcionário e que ajustes podem ser feitos para realizá-la. O funcionário ou funcionária precisa saber quais são suas opções e direitos e encontrar maneiras de expressá-los com firmeza, assim como o que lhe trará satisfação pessoal.

ENVELHECIMENTO

É melhor envelhecer do que não chegar a envelhecer! Se tivermos sorte, envelheceremos. Como seres humanos, somos geneticamente programados para procriar e ajudar nossos filhos a crescer até atingirem a maturidade e estarem vivos para o nascimento da próxima geração. Nossos corpos não foram feitos para envelhecer demais. Em 2011, a expectativa de vida ao nascer era quase o dobro da de 1841. O homem nascido em 2011 tem uma expectativa de vida de 78 anos; a mulher, de 83 anos. O número de centenários aumentou 85% nos últimos quinze anos. Esse aumento da expectativa de vida trouxe consigo os problemas de uma população com maior probabilidade de adoecer e a oportunidade de viver outra fase da vida com a qual a geração de nossos pais jamais teria sonhado.

Os estudos de caso deixam claro que nossa atitude em relação ao envelhecimento está mudando. Geoffrey tem uma atitude estoica, com baixas demandas e expectativas, quando comparado a Ayesha, nascida no início dos anos 1960. Ela achou difícil fazer a transição para a fase seguinte por diversas razões, uma das quais era a pressão para manter o corpo com aparência jovem.

De acordo com uma pesquisa relacionada à longevidade feita em localidades ao redor do mundo conhecidas como Zonas Azuis, o envelhecimento é, na verdade, apenas 10% genético e 90% ligado ao estilo de vida. É uma boa notícia caso nos leve a tomar decisões melhores em termos de saúde, mas inútil se acharmos que por causa disso temos controle absoluto.

A realidade é que, à medida que envelhecemos, nosso físico se deteriora. Os pesquisadores concluíram que é bom ter uma imagem realista do que significa ser mais velho para a própria pessoa. Cada qual precisa assumir um ponto de vista sobre a própria velhice, manter-se curioso, detectar o que o anima e o interessa. Isso pode levar a um foco mais nítido e ao melhor uso do seu tempo limitado. Planeje novas atividades positivas e modos de ser que conservem a vibração mental, física e psicológica.

A SOLIDÃO NA VELHICE

Na velhice, a solidão e o isolamento matam. A maioria dos 7,7 milhões de pessoas que viviam sozinhas em 2016 eram mulheres. Portanto, são elas que correm maior risco de contrair doenças crônicas de longa duração, como diabetes e insuficiência cardíaca, em consequência desse isolamento social. Na Inglaterra, mais de 1 milhão de idosos chega a passar mais de um mês sem falar com a família, um amigo ou um vizinho. Muitas vezes, são os únicos sobreviventes depois da morte do cônjuge e dos amigos. Podem ser pessoas com deficiência ou fisicamente mais frágeis que perderam as conexões sociais que tinham por conta do trabalho.

A fragilidade leva a pessoa idosa a realizar menos atividades, o que afeta a memória e a cognição. Quem não usa perde: o ditado vale para a velhice. É preciso aceitar que problemas de saúde são prováveis, mas é bom nos mantermos o mais interessados e ativos possível, estabelecendo um conjunto de metas exequíveis. O mais importante de tudo é manter-se conectado com família, amigos e vizinhos, mesmo que apenas por telefone.

ESPERANÇA

Para os pacientes e suas famílias, a esperança é crucial. Pesquisas mostram que é ela um dos preditores de sobreviventes a longo prazo da infecção por HIV e do câncer de mama. O enfrentamento sadio é diferente da abordagem simplista do "pensamento positivo". Representa a capacidade de tolerar e expressar receios, medos e tristezas enquanto se espera por um desfecho favorável.

Ninguém que está doente é capaz de anular as próprias angústias, mesmo havendo muitas vezes pressão de familiares e amigos para ver as coisas pelo lado positivo. Isso geralmente diz mais sobre a dificuldade da própria pessoa em testemunhar o sofrimento de uma doença crônica. Por mais que o otimismo possa ser atraente para o profissional de saúde, é na transmissão de uma esperança realista que ele desempenha um papel significativo. Para esses profissionais, é importante, embora difícil, encontrar o meio-termo entre dar esperança e ser franco, atribuindo o mesmo peso a ambos, o que protege contra falsas expectativas e reforça a confiança.

Identidade

*Conhece primeiro quem és, e só
então embeleza-te de acordo.*

Epiteto

SARA: A FUGA DE RACA PARA BERLIM

Sara, uma curda da Síria que hoje mora em Berlim, entrou em contato comigo pelo Skype. Ela tinha 24 anos, mas aparentava dezesseis. Seus inocentes olhos castanhos me devassavam com um calor envolvente. Fiquei surpresa com a resiliência que demonstrou, em vista dos anos que suportou em um país dilacerado pela guerra e, mais recentemente, de uma jornada aterrorizante. Eu me sentia caminhando em sua direção, querendo me conectar com ela em um nível mais profundo, atraída por seu senso de humor fervilhante e otimismo irrequieto.

Com o tempo, à medida que nossa conversa evoluía, percebi que esse não era nem de longe o quadro completo, mas uma resposta de sobrevivência necessária e útil que a ajudou a encontrar seu lugar em um mundo assustador e imprevisível.

Sara levava uma vida normal de classe média em Raca, com os dois irmãos mais novos e o pai, dentista. A mãe morrera de câncer quando Sara tinha dez anos. Ela havia terminado o ensino médio e estava se preparando para a universidade quando rebeldes tomaram a cidade e começaram os bombardeios promovidos pelo regime. Aquilo não parava nunca: era uma chuva constante de bombas, 24 horas por dia. Sara ficava paralisada de horror, não conseguia comer e se apavorava, sabendo que todos poderiam morrer a qualquer momento: enquanto caminhavam pela rua, dormiam, faziam uma refeição. Um dos irmãos erguia os olhos para o céu e gritava: "Por que vocês estão fazendo isso com a gente?". Mas Sara os mandava ficar imóveis, em silêncio e rezar, na esperança de que, se os dois não se mexessem, as bombas não os acertariam.

Dava para notar a expressão de choque não superado em seu rosto, sentir o medo que pulsava por seu corpo e que ela parecia não saber como expressar. Eu precisava ter cuidado com a minha reação, pois não queria romper seu necessário mecanismo de enfrentamento fazendo perguntas demais. Queria que soubesse que eu estava a seu lado, mesmo sem nunca poder saber de verdade o que ela tinha vivido. Noventa por cento de Raca fora destruída, e ela me contou histórias aterradoras dos muitos cadáveres que vira e, de forma horrível, da cabeça de um primo explodindo.

Por serem curdos, eles foram forçados a fugir de Raca, pois o Estado Islâmico declarou que os curdos eram o demônio. Cada nova atrocidade me abalava. Admiti que aquilo ia além da minha compreensão. Ela pareceu entender: concordou comigo e me disse que a palavra "terror", tão usada pelas pessoas, não fazia justiça ao que havia acontecido. "Fico sem palavras. Não há palavras para descrever algo assim." Certifiquei-me com ela se havíamos conversado o suficiente naquele dia. Ela me disse que era bom rememorar aqueles momentos, e que evitá-los não: "Pequenas palavras ou momentos me remetem a uma memória exata. Neste momento não estou chorando, mas quando as lágrimas vêm não consigo controlá-las... É algo que está o tempo todo dentro de mim". Embora já morasse em Berlim havia um ano, Sara nunca tinha contado sua história a ninguém.

A família se mudou para Tal Abyad, cidade fronteiriça no norte da Síria, mas ela também foi atacada e logo reduzida a escombros. Fugiram para a Turquia, onde ficaram na casa de primos, mas ao cabo de dezoito meses a vida lá ficou muito cara: não tinham trabalho nem documentos oficiais, então voltaram para Tal Abyad. A família permaneceu neutra durante o conflito, para não ser alvo de nenhum dos lados. Porém, seis anos após a insurreição inicial, Sara sentiu que a impotência sugava sua energia. Como em um reflexo de sobrevivência, ela se tornou ativista, postando mensagens no Facebook.

Quase imediatamente começou a receber telefonemas anônimos, mandando-a parar de postar ou morreria. A imagem de uma possível execução por degola, sufocada em seu próprio sangue, superou o pânico que fugir da Síria envolvia. Era aí que residia sua determinação, visível em seus olhos enquanto falava, de fazer algo com a própria vida. As colegas de escola da sua idade iam se casar, mas ela não queria ser submissa a um marido: queria ter o controle de seu próprio destino. Estava desesperada para ter uma educação adequada — seu objetivo era se tornar médica.

Sara tomou a decisão de ir embora, ciente de que centenas de pessoas que haviam se arriscado tinham sido mortas ou torturadas. Precisou de quatro tentativas até cruzar a fronteira. Nas três primeiras, levou tiros e teve que voltar. A cada vez chorava ao se despedir de sua família e sentia medo, mas um impulso mais forte a fazia seguir em frente. Na quarta tentativa, conseguiu: a travessia propriamente dita demorou dois minutos. Uma van que a esperava levou-a, com algumas outras pessoas, até uma rodoviária. De lá, na mesma noite, ela pagou por um lugar no barco de um coiote. Um bote projetado para acomodar quinze pessoas tinha 52. Ela congelava, a água se infiltrava pelo barco e as pessoas gritavam por socorro. Sara não sabia nadar e tinha certeza de que iria se afogar, mas pensou: "Não é minha hora de morrer. Não falei com meu pai e não quero ver essas crianças morrerem".

Felizmente, eles foram resgatados por um navio da Marinha grega, cuja tripulação os tratou mal, fazendo-a recear ser enviada de volta. Mas foi conduzida para um grande acampamento em Lesbos, de onde, graças ao dinheiro da prima, outro coiote a embarcou num voo para Berlim.

A história de Sara não me era estranha porque eu tinha lido outras muitas parecidas, mas ouvi-la contar, enquanto olhava para seu rosto jovem, despertou em mim uma reação totalmente diferente. Fiquei pasma com o que ela havia passado, admirada com sua capacidade de lutar pela vida e fui invadida pela vontade de resgatá-la, de pô-la no colo. Fiquei pensando se eu, ou meus filhos, teríamos sido tão corajosos. Seu humor e sua personalidade positiva eram pontos fortes que se destacavam. Isso deve ter influenciado o juiz berlinense que a entrevistou: ele riu das piadas dela, reconheceu de imediato sua condição de refugiada e lhe deu os documentos exigidos. Normalmente, leva pelo menos dois anos para se receber o certificado que concede residência a um refugiado — quando é concedido.

Fiquei pensando como seria a vida de Sara agora. Ela me contou mais coisas que estavam sob a superfície, descrevendo as forças contraditórias dentro dela. O medo pela família estava presente o tempo todo, fazendo-a supor que estivessem mortos quando não recebia resposta às suas mensagens. Sonhou com o pai sendo assassinado, sem ter como proteger seus irmãos. Ela se sentia egoísta e má por estar preocupada com uma vaga na universidade enquanto eles nem iam à escola, não sabiam ler nem escrever e podiam morrer a qualquer momento em um bombardeio. "Sinto o tempo todo a culpa do sobrevivente. Quando fico sabendo que uma criança morreu, pergunto: por que ela, e não eu? Minha família ainda está lá. Por que estou segura e eles não?" Ela contou que outros refugiados às vezes se sentiam tão impotentes por não poder defender sua família que desejavam voltar para a Síria.

Sara ouvia duas vozes. Uma era seu instinto primitivo de sobreviver, a outra questionava seu direito de estar segura quando aqueles que ela mais amava não estavam. Reconheci que ambas as vozes ocupavam um espaço importante nela e precisavam ser ouvidas. Ela enlouqueceria se tentasse bloquear uma em favor da outra.

Notei os ombros de Sara se curvarem um pouco em reação. Então, senti que ela se retesou na mesma hora quando eu disse que tinha direito à vida que estava vivendo agora. Ela explicou que na Síria, como curda, não sabia quem era. Era tratada como uma cidadã de segunda classe e era vítima constante de ataques racistas. Recordou as intimidações que sofreu na escola, de um colega de classe que zombava: "O que você é?", ao que ela respondia: "Somos estrangeiros". Era a experiência típica de quem não é visto como pessoa, mas como objeto de nojo.

No trabalho, sentia-se mal quando era apresentada como refugiada síria — queria ser apresentada como uma colega — e quando perguntavam de onde vinha. Toda vez que lhe dirigiam essa pergunta, ela fazia uma pausa antes de responder. Seu receio era que o interlocutor fosse antirrefugiados ou, pior ainda, que fizesse um "olhar de pena". Ela queria ser respeitada e valorizada pelo que era.

Talvez esperançosa demais, sugeri que ela se adaptasse a Berlim. Sara foi clara em sua resposta. Era grata a Berlim por lhe propiciar um lugar para morar, um pouco de dinheiro; por ter uma polícia confiável, ao contrário da Síria; e por seus direitos como mulher. Ser respeitada como mulher (direito que não lhe era concedido na Síria) significava muito para ela. Mas não era uma cidadã em Berlim, era "uma estrangeira". Tinha medo o tempo todo. Sentia que ninguém queria ouvi-la nem se importava com o que lhe acontecera ou à sua família; ver-se como alguém daquele lugar era algo muito distante. Sara estava suspensa no ar, sozinha e sem nada que a segurasse.

Embora começasse cada sessão me dizendo, com um sorriso alegre, que estava "bem", aos poucos Sara foi se abrindo. A Turquia estava atacando os curdos, e seus pesadelos aumentaram. Ela sonhava que os irmãos estavam enterrados sob escombros, que o pai era torturado. O medo permeava seus dias, e às vezes ela não conseguia conter o choro, sentindo-se enlouquecer. Pela primeira vez notei raiva por trás de seu presságio: "Todos nós somos vítimas de planos maiores que destroem nossas vidas. Meu irmão era um bebê quando tudo começou — ele só conheceu a guerra. Isso é injusto. Quando eu estava prestes a entrar na faculdade, isso foi tirado de mim, e agora só consigo pensar em como vou sobreviver — e se minha família vai morrer". Ela tremia, desculpava-se por chorar e falar demais, arrasada ao me dizer que não era capaz de enxergar o final daquilo. De vez em quando conseguia esquecer, mas sabia que estava ali. Ela desejava que um médico arrancasse aquilo de seu cérebro.

Disse a ela calmamente que dava para notar o horror da experiência vivo em seu corpo, constantemente reanimado por imagens no Facebook ou até pelo barulho de um carro com o motor desregulado. Tudo o que ela conhecia e em que acreditava fora pelos ares — a mais básica segurança, a casa e a vizinhança, o caminho da escola, as necessidades simples da vida, como a comida na mesa. Era uma ameaça presente todos os dias. Como poderia se sentir diferente sem se transformar em um robô?

Minhas palavras pareceram acalmá-la enquanto ela falava com energia renovada. A lutadora voltava à cena, dizendo que queria os direitos e a vida de qualquer outra jovem, e não ser uma refugiada e uma vítima. Falou: "Eles tiram de você a normalidade de ser humano e a transformam em alguém desprovida de tudo. Eu quero mais do que segurança. Tenho o direito de pensar em outras coisas. Quero meu diploma. Me dá raiva ouvir que devo esquecer ou adiar. Eu quero estudar". Ao olhar para ela, no momento de seu brado corajoso, percebi-a atingida pelo medo latente de não ter êxito. Ela chorou mais lágrimas profundas. Era uma lutadora e uma vítima de acontecimentos sobre os quais não tinha controle. O peso das duas coisas era maior do que sua confiança.

Eu nunca passei, pessoalmente, por problemas de identidade. Tenho a sorte de ter a mesma identidade da maioria da população britânica. Através dos olhos de Sara, vi como ser rotulada pode ser desumanizante — sua identidade como refugiada, síria, curda. Ela sempre é encarada, antes de tudo, como outsider que ameaça o modo de vida do país que a acolheu. Queria que meu calor genuíno por ela atravessasse a tela do Skype e a protegesse do frio que muitas vezes tinha de aguentar. Eu também precisava me conectar com seu senso de identidade central, influenciado por sua educação, e descobrir se isso funcionaria contra ou a favor dela.

Depois de debater com minha supervisora, senti que precisava de conhecimento extra se quisesse apoiar Sara da maneira mais eficaz possível. Li artigos sobre traumas de guerra; fiz um curso de quatro dias de residência com o maior especialista em trauma, Bessel van der Kolk; e li muito a respeito de identidade. Mesmo quando não esperamos, os clientes ensinam coisas aos terapeutas, e Sara me ensinou a examinar profundamente os pressupostos de minha própria vida, meus pontos cegos e meus preconceitos. Isso me deixou com uma sensação de desconforto em relação a nossas desigualdades e desejosa de ficar mais sensível à sua experiência. Refleti sobre a melhor forma de reagir, já que o ideal, ao trabalhar um trauma, é que isso seja feito com duas pessoas em uma sala ou usando EMDR, o que eu não fiz e que ela nunca conseguiria fazer em Berlim... De certa forma, refletir daquela maneira ajudou com minha própria sensação de impotência, pois não havia nada que eu pudesse realmente fazer para dar o que ela queria. Mas se eu pudesse criar uma conexão autêntica com Sara, uma sintonia eficaz, de um ponto de vista informado e compassivo, sem condescendência, talvez eu pudesse fazer a diferença. Meu propósito era que, por meio de nossa relação, ela encontrasse uma forma de enfrentar as consequências dos eventos devastadores que experimentou e viver sua vida plenamente.

Por mais que Sara quisesse um médico para arrancar suas memórias, concordamos que nosso trabalho era processar as experiências traumáticas que teve, pois ainda estavam dentro dela, envenenando sua mente, e encontrar maneiras de acalmá-la quando as ondas de angústia se abatessem sobre ela. Realizamos um exercício de relaxamento, e ela suspirou de alívio. Tínhamos feito um bom trabalho — organizamos em palavras a história embaralhada em sua mente, de modo que ela conseguisse encontrar uma narrativa que pudesse entender; Sara conseguiu expressar um pouco de sua raiva e chorou as lágrimas necessárias. Tudo isso a fez se acalmar. Ela estava começando a aceitar que seu instinto de não mexer nas memórias turbulentas mantinha a intensidade delas: precisava deixá-las fluir caso quisesse se curar. Vi que no coração de Sara havia uma jovem cuja identidade fora moldada por outras pessoas, de tal modo que não se encaixava em quem ela acreditava ser. Eu queria defender aquela jovem ambiciosa, inteligente e criativa, que tinha direito a uma formação e a uma voz que precisava ser ouvida.

Nas sessões seguintes, Sara disse se sentir vazia, com notícias cada vez piores de sua família ameaçada: "Estou assustada. Sinto um peso no coração e minhas mãos começam a tremer, meus dedos doem e eu começo a suar. É uma coisa tão pesada que não dá para respirar". Ela via rostos de pessoas mortas e queria se lembrar da mãe, mas não conseguia evocar uma imagem. Seus olhos passaram correndo por mim, em busca de um pouso seguro. Eu me sentia protetora daquela jovem inteiramente sozinha, tremendo naquele quarto caiado e vazio, apenas com uma cama de solteiro, uma mesa e uma cadeira — um quarto em que ela se sentia segura, mas que me parecia sombrio. Pensei que se fizéssemos um exercício de visualização isso talvez a ajudasse a encontrar um lugar seguro dentro de si. Mas quando lhe pedi que fechasse os olhos, respirasse e me dissesse quais imagens surgiam, ela viu tudo preto, o que a deixou perturbada: temeu que aquilo significasse que estava vazia, o que equivaleria a uma fraqueza. Ela receava que, caso se "rendesse à tristeza, não valeria nada e fracassaria... Se eu der duro o suficiente, chegarei lá".

Sara lutou contra o impulso de se desconectar, mas lentamente, com o passar do tempo, foi se resolvendo. Fazer o relaxamento e falar comigo ajudou: "Me sinto aliviada quando falo. Mais solta. Quando não ponho para fora, tudo se acumula como uma confusão de palavras". Senti que estávamos no caminho certo: eu a via lutar consigo mesma em busca da palavra certa, e parecia aliviada ao verbalizá-la. Ela concordou: "Quando eu encontro a palavra, finalmente a pessoa com quem estou falando entende o que quero dizer". O que ela precisava não era complicado: ser vista e ouvida como a pessoa que sentia que era. Nem mais, nem menos.

Ao longo dos meses, Sara fez um bom trabalho, que lhe permitiu situar-se no presente. Foi elaborando estratégias variadas, em alguns casos a respiração, em outros a ioga ou a dança (que se revelaram antídotos poderosos para o trauma), e conversar comigo para conter as reações de luta, fuga e paralisia desencadeadas em seu corpo por algumas visões, sons, cheiros ou toques. Nem de longe foi só isso. Sara se dedicou a se integrar à vida alemã: aprendeu o idioma e encontrou um emprego. O trauma não a impedia de progredir, mas as circunstâncias, sim. Ela processou esse ajuste em seu senso de identidade, sentindo-se digna de respeito e valorização, mas com extrema necessidade de vivenciar o passo seguinte. Nós duas tínhamos a impressão de que, caso tivesse experiências positivas suficientes, ela seria capaz até de administrar os transtornos provocados pelo receio que sentia pela família — que continuava presente.

O trampolim para o futuro de Sara era fonte de grande frustração e às vezes de raiva. Mais do que tudo no mundo, ela queria ir para a universidade: foi para isso que suportou levar tiros e quase se afogar. Era a sua pedra de apoio. "Minha esperança era ter uma vida normal. Eu quero uma graduação e depois um doutorado. Acho que estou me afastando das coisas que quero — elas estão se afastando de mim. Continuo atrás delas, mas elas fogem cada vez mais depressa." Baixou a cabeça enquanto derramava lágrimas de desespero. Sara se candidatou para várias universidades sem receber resposta; chegou a surgir o fio de esperança de uma bolsa de estudos, mas a possibilidade não se concretizou. Para se candidatar a uma vaga em Berlim, ela precisava passar de novo pelo equivalente aos exames do ensino médio. Isso a deixava indignada: ela se saíra excepcionalmente bem, e ter de repeti-los parecia sem sentido.

Enquanto ela falava, entendi que ir para a universidade significava mais do que uma formação: ser vista como alguém de valor era uma parte central de sua identidade. "Quando você não tem diploma, as pessoas não a levam a sério. Nem olham para você." Isso representava sua vitória sobre a impotência diante de tudo o que lhe havia sido tomado. Também havia a pressão do tempo: seu visto era de três anos, e ela precisava garantir uma vaga antes que o prazo acabasse.

Pensei na oração da serenidade e em sua mensagem central, de aceitar aquilo que não se pode mudar e ter coragem de mudar o que se pode. Eu e Sara conjecturamos, dado que havia muitas coisas sobre as quais ela não tinha controle, o que poderia mudar. Ela estava só. No estúdio de artesanato e design onde trabalhava em meio período, havia algumas pessoas mais velhas; no local onde estava aprendendo programação, havia jovens, mas nenhum sírio. Ela sentia saudade dos irmãos, que muitas vezes a levavam à loucura, mas com quem podia falar à noite, quando o sono não vinha; um dos irmãos a fazia rir, e ela sentia falta do abraço do pai, da familiaridade do lar.

Tivemos uma sessão decisiva, em que Sara chorou como não tinha chorado antes, balançando o corpo para a frente e para trás, as mãos cobrindo os olhos. Erguia a cabeça para o teto enquanto evocava outras memórias dolorosas do que pareciam as profundezas de seu ser, e respirava fundo ao recordar cada uma delas. Nunca tinha falado sobre aquilo com ninguém. Acreditava que nunca contaria para ninguém, tendo de carregá-las pelo resto da vida. Eram memórias da falta da mãe, do impacto que sua morte teve sobre toda a família, e da guerra.

Eu me senti cruel ao deixá-la ao final da sessão, tendo combinado o que poderia fazer para cuidar de si, e comecei a sessão seguinte um pouco apreensiva, imaginando como ela teria lidado com a situação. Sara contou que foi imensamente catártico. "Não choro assim há anos, e um peso enorme saiu do meu peito e dos meus ombros — isso me deu coragem para fazer coisas que não fazia havia meses, até anos. Depois de falar com você, decidi que precisava lidar com isso. Era como se um feitiço tivesse tomado conta de mim — me senti tão forte." Ela estava muito mais feliz, com a cabeça mais arejada, e mais segura de que conseguiria o que desejava na vida, para confiar em si, mesmo que levasse tempo. Tomou a decisão de não dar ouvidos às vozes negativas em sua cabeça — quando "eu penso demais e 'catastrofizo'" —, de manter seu pensamento no presente e se concentrar nas coisas boas que conseguira. Tive a sensação de que seu imenso otimismo a elevava a um lugar diferente e senti uma onda de carinho e afeição por ela, na esperança de que a tanto otimismo correspondesse um futuro positivo.

Com o tempo, com recaídas ocasionais, quando eu encontrava Sara era como se o sol aos poucos tivesse nascido de dentro dela. Não era o faz de conta de uma versão frágil: via seu rosto sorridente brilhar para mim, o que me despertava um sorriso como resposta. Ela andava ocupada, o que a impedia de ficar remoendo o passado, e aceitou fazer os exames novamente. A vida apresentava mais possibilidades, e ela se sentia mais forte: "Notei que cresci. Estou mais independente. Não sou a mesma pessoa. Há coisas pelas quais passei e que nunca imaginei que passaria — o mar, os tiros. Eu estava fugindo e meu cérebro estava firme: 'Cheguei do outro lado'. Se eu tivesse me perguntado antes, teria dito que fui covarde, mas acho que me tornei mais corajosa. Eu era tímida, mas agora não sou mais. Sempre fui uma pessoa gentil, mas agora tenho mais compaixão".

Senti orgulho por vê-la dar apoio a si mesma, enxergar-se e constatar que era mais forte do que imaginava. Isso ajudou a aumentar sua resiliência em um ambiente sobre o qual tinha pouquíssimo controle. Assumi o bastão da esperança por ela e disse que queria que se divertisse. Incentivei-a a sair de seu quarto e a encontrar pessoas de sua idade. Ela me falou que estava pensando em voltar ao basquete, que jogava antes, e em aprender a nadar, o que sempre lhe meteu medo — e, quem sabe, fazer amigos.

Sara queria encontrar amigos que pensassem como ela, que tinha opiniões fortes das quais muitas vezes seus compatriotas discordavam, sobretudo em relação ao feminismo. Chegava a ser ridicularizada por amigos sírios, o que a enfurecia. Um pedaço de seu eu em formação começou a compreender que aquelas convicções eram parte fundamental de quem ela era, e não iria fazer concessões só para ter amigos. Lembrei-me de Viktor Frankl, sobrevivente do Holocausto, psiquiatra e escritor: "Tudo pode ser tirado de um homem, exceto uma coisa, a última das liberdades humanas: decidir qual a própria atitude diante de qualquer conjunto de circunstâncias, escolher seu próprio caminho".

Nas sessões seguintes, ficou mais claro para nós duas que o senso de identidade de Sara tinha múltiplas facetas que atuariam em diferentes situações. Havia uma versão extremamente confiante, capaz de falar com qualquer pessoa e cheia de energia radiante. A Sara solar, a Sara que gostava de ser vista e de sentir que fazia a diferença. Sair-se bem a ajudava a ter um senso de pertencimento, a perceber que ela não era uma estranha vista com desconfiança. Aquela Sara acreditava que iria para a universidade e mudaria o mundo. Nos últimos tempos eu tinha visto muito desta Sara.

Mas também havia a menina triste, que sentia uma saudade imensa da mãe, principalmente quando precisava lidar com más notícias. Ou quando adoecia. Tinha a impressão de que ninguém se importava com ela, porque ela não pertencia a nenhum lugar. Também havia a jovem que até se divertia quando saía com os amigos, mas que era vulnerável a qualquer crítica e se irritava com facilidade.

Às vezes Sara se sentia mais sozinha na companhia dos outros, por acreditar que não a entendiam e que talvez não dessem valor às suas convicções. Havia ainda a Sara menina, moldada pelas críticas do pai, que dizia: "Faça o que fizer, não estará bom o bastante. Você nunca terá o que deseja". Essa voz era a que mais a assustava. Podia vir do nada ou ser suscitada por algum acontecimento. Lembrei-lhe que não devia confundir seu sentimento de medo com a realidade: o receio de não conseguir entrar na universidade não queria dizer que ela não conseguiria. Sentimentos não são fatos. Sara era resiliente por natureza, e, depois de falar, chorar e ser ouvida, sentiu-se livre para respirar. Ela disse: "Obrigada. É como se eu pegasse fogo toda vez que fico com medo. Quando respiro, é como se eu ligasse um ventilador. É ar fresco".

Concordamos que Sara sofreria abalos inevitáveis, fosse com as notícias de sua família, fosse com o que acontecia em Berlim. Era algo que ela não podia impedir ou bloquear. Seu desejo intenso de entrar para a universidade e a segurança de sua família estavam no centro de suas inquietações. Ela não tinha controle sobre isso, mas tinha controle sobre a sua reação. Sara disse: "É melhor falar: 'Entre, faça sua bagunça e vá embora'" toda vez que fosse atingida por uma tempestade de medo. Era capaz de suportar.

Quando recuperou o senso de calma, estava livre para se apoiar em seu próprio valor, o de uma jovem cheia de potencial, sobre quem os rótulos forneciam informações falsas. Ela conseguiu ser mais assertiva em suas candidaturas à universidade e acabou recebendo uma boa notícia: havia passado nos exames e conquistado uma vaga. Fiquei comovida e contente ao ouvir a emoção em sua voz quando ela me disse: "Sinto que finalmente algo está avançando. Não são apenas conversas, e-mails e promessas — algo de bom realmente vai acontecer... Esperei anos, mas minha experiência não foi em vão. Isso vai me deixar em uma situação melhor no trabalho... As coisas estão indo bem. Hoje sou uma pessoa complexa. Às vezes me sinto ferida, mas não deixo que isso afete o andamento da minha vida. Eu choro, mas depois sigo em frente. Quero fazer a diferença...".

Não tenho dúvidas de que ela vai.

OWEN: SAINDO DO ARMÁRIO

Owen tinha acabado de sair da universidade. Apesar da barba, aparentava menos que seus 22 anos. Tinha cabelos castanhos, que jogava para trás das orelhas com mãos bronzeadas e elegantes combinando com o corpo esguio. Vestido com jeans bem cortados, uma camisa com um detalhe em cor na gola e nos punhos e sandálias Birkenstock, parecia alguém prestes a sair de férias. Usava óculos de aros grossos que não escondiam os olhos castanhos profundos, que me observavam com esperança e incerteza. Owen falava baixinho, com um sotaque que revelava as raízes familiares galesas e americanas, vindas do pai, um engenheiro que havia trabalhado em todo o mundo e agora morava em Londres. Tinha ouvido falar de mim por intermédio de um amigo. Eu não fazia ideia do motivo de sua vinda.

No início, Owen estava hesitante. Ele não estava bem certo de que eu teria como ajudá-lo ou se falar faria alguma diferença. Eu sentia que me aproximava lentamente dele, que se afastava pouco a pouco quando eu tentava me conectar. Tive de confiar em meu instinto, ou seja, dizer o que eu sentia que ele estava fazendo. Talvez isso o tenha deixado mais arredio ou constrangido, exigindo que eu recuasse um pouco e esperasse para avançar quando ele estivesse pronto. Owen respirou fundo, sorriu e disse: "Olhando para trás, meus tempos de escola foram um conto de fadas".

Perguntei se agora a vida andava realista demais. Dava

para ver que ele estava decidindo o que deveria responder, e acabou dizendo que passou por momentos difíceis depois que saiu da universidade. Dali em diante, começou a questionar tudo e a se sentir desconfortável e sem jeito em torno das pessoas que antes eram seu alicerce. Quando ele me disse "Foi a primeira vez na vida que me senti um estranho", um calafrio involuntário me percorreu, o arrepio de sua nova solidão.

Ao longo das sessões seguintes, surgiu uma imagem da divisão no mundo interno de Owen. Ele foi criado em uma família amorosa, com duas irmãs. Era um ambiente heterossexual: não havia modelos ou relacionamentos importantes de gays com que pudesse se identificar. Ele disse: "Desde muito pequeno eu sabia que tinha algo acontecendo, algo diferente. Lembro que tinha oito anos, tínhamos nos mudado dos Estados Unidos, de volta para Londres, e eu sabia que achava atraentes os homens, e não as mulheres". O que ele via no mundo exterior não batia com quem ele sabia ser por dentro. "Fora isso, minha vida toda era tão bacana que eu pensava, de forma imatura: não quero confusão, não vou lidar com isso, e no período inteiro da escola não me concentrei no assunto."

Reconhecemos juntos que, ao não expressar em palavras, ele acabaria por reprimir aquilo. Quando menino, e durante todo o período escolar, seu reflexo foi ser igual a seus pares, e ele acrescentou, de forma tocante: "Quando você é igual a todo mundo, nem sempre percebe isso. Você só percebe quando deixa de ser". Sorriu ao olhar para o passado, para sua infância inocente e feliz e seu lado autoconfiante, que se transformou quando ele entrou na faculdade.

Mas eu me perguntava qual seria o preço, a longo prazo, para seu eu e sua autoconfiança por ter negado uma parte tão integral de si mesmo durante os anos-chave de amadurecimento.

Uma das muitas razões para sua ansiedade acumulada era o pesadelo de sair à noite, por perceber que o único assunto dos amigos era "como pegar garotas", e que as meninas pareciam se vestir com o único propósito de seduzir. Ele temia a ideia de ficar com uma garota, por saber que não resolveria nada para ele. Bebia ou se drogava para disfarçar. "Eu sempre soube que estava lá, mas só saí do armário, chutando e gritando, quando fui absolutamente forçado. Aquilo foi crescendo como uma panela de pressão. Lembro de estar no meu alojamento, percebendo de um modo quase clínico que aquela pressão inacreditável era pior do que se eu a liberasse e me abrisse."

Owen foi para casa contar aos pais que era gay, dizendo que tinha algo muito importante para revelar. Eles ficaram assustados, achando que ele ia dizer que tinha uma doença fatal. Ficaram surpresos: não haviam suspeitado em nenhum momento. Mesmo abalados, deram todo o apoio, querendo entender como ele se sentia e reafirmando o orgulho e o amor por ele. Owen nunca foi ridicularizado ou incomodado por ser gay por qualquer amigo ou membro da família. Ironicamente, era chamado de gay antes de se assumir porque não ficava com ninguém, mas só porque os amigos tinham certeza de que ele não era. Ficou mais abalado ao se lembrar de ter ouvido os pais brigarem, sussurrando em tom de rusga, sobre de quem era a culpa de ele ser gay, e derramou uma lágrima de orgulho ao reconhecer que eles tiveram que passar pelo próprio processo de "sair do armário" como pais de um filho gay, precisando enfrentar a própria homofobia inconsciente.

Notei que ele me observava. Fiquei imaginando o que

estaria procurando. Tive a sensação de que nossa franqueza ao falar sobre sexo e sexualidade era incômoda. "Quando assumi, minha vida inteira mudou. Não necessariamente para melhor. É claro que, no geral, para melhor, mas meu casulo protetor, minha confiança, meu senso de pertencimento foram pelos ares — porque quando você se sente mal na própria pele, isso se autoperpetua. Fiquei extremamente paranoico e nervoso com o fato de as pessoas me enxergarem de outra forma."

Seu pior crítico estava dentro dele mesmo. Seu lado gay era desconfortável, fazendo-o se comportar de maneira estranha em relação a isso. Ele vivenciava esse desconforto na minha frente: nem se mexia na cadeira. Aquilo era visível em seus olhos — que pareciam assustados. Havia um subtexto de culpa que parecia permear todos os aspectos de sua vida: a culpa por ter tido uma infância privilegiada, pais carinhosos e uma boa educação. Curiosamente, o que o acalmou foi ser gay: "Pelo menos com isso eu sofri", disse aliviado enquanto tocava o lábio inferior com os dedos.

Senti que eu estava ficando irritada e combativa, querendo lutar contra sua culpa, querendo que ele desfrutasse e obtivesse prazer das coisas boas da vida. Depois me ocorreu que talvez a culpa fosse uma forma de raiva voltada para dentro. Talvez por ter escondido sua sexualidade por tantos anos, a incapacidade de ser totalmente franco com aqueles que mais amava bloqueava a intimidade com eles. Não era mais provável que fosse essa a origem de sua raiva e culpa?

Owen havia experimentado diferentes maneiras de se expressar como homem gay, tanto sexual quanto romanticamente, mas ainda não havia encontrado o que chamava de seu "eu natural". Ele contou como dizer às pessoas que era gay virava um obstáculo: muitas vezes, não acreditavam nele e diziam: "Você está brincando!". Em uma festa, uma garota gostou dele de verdade e ficou arrasada quando ele lhe contou. Vi que Owen ficara chateado também — teria sido muito mais fácil se ele se sentisse atraído por ela.

Tornou-se claro que dois lados dele se chocavam: o lado convencional, que queria ser parte da maioria, e o lado gay, que em certos aspectos gostava de ser diferente, mas não sabia viver plenamente dentro daquele ser gay. Os dois lados não dialogavam. Compartilhamos um momento de sintonia quando repercuti o que achei que ele sentia: ser gay era complicado demais, e ele preferiria não ser, se pudesse escolher. Imaginei uma chapa de aço separando-o em dois: nosso trabalho era encontrar uma maneira de amolecer aquela chapa e permitir que os dois lados se integrassem. Parecia que o aspecto convencional de Owen havia amadurecido, mas o lado gay não tinha saído do armário, literalmente, e por isso ele ainda não sabia como ser gay, social ou sexualmente.

Falamos sobre sua necessidade de experimentar e descobrir essa parte nova e emergente de si mesmo. Ele suspirou e disse: "Quando eu aceitar totalmente quem sou, e aceitar minha sexualidade, vou ficar muito feliz. Provavelmente vai ser preciso estar em um relacionamento longo e frutífero". Isso foi tolhido pela dificuldade que teve para encontrar gays de quem realmente gostasse: ele tentou o Grindr e os clubes gays, mas os achou desagradáveis. Uma parte dele debateu comigo se era preciso viajar para o exterior a fim de descobrir sua versão gay, mas chegou à conclusão de que carregaria consigo a mesma resistência. Era preciso assimilá-la antes de ir morar no exterior.

Perguntei a Owen como a terapia estava ajudando. Eu não tinha uma resposta mágica. Reconheci que às vezes ficava um pouco intimidada com sua capacidade de articular as ideias, e mesmo assim não conseguia imaginar o que estava acontecendo sob a superfície. Eu podia ver que era terapêutico encontrar palavras para o que não fora dito por toda a sua vida, mas me perguntei se a chapa de aço que eu havia imaginado era essa articulação, e se o trabalho dele não seria se permitir ser confuso, quase amorfo. Palavras são úteis, mas não quando blindavam Owen em relação a seus sentimentos.

Ele ficou imóvel, os olhos castanhos fixos nos meus enquanto absorvia silenciosamente minhas palavras. Tinha força interna suficiente para aceitá-las. Não havia necessidade de falar. Supus que ele iria refletir a respeito quando estivesse sozinho.

A sexualidade de Owen não era a única paisagem desconhecida que estava encarando. Ele considerava o mundo do trabalho e a vida de adulto em Londres desconcertantes. Sentia-se completamente despreparado para enfrentar e suportar a vida profissional. Havia feito alguns estágios na universidade, mas isso não ajudou a guiá-lo pelo labirinto de agências de emprego e formulários de candidatura. Ao falar sobre o tema, pela primeira vez notei sua raiva: era um absurdo que, ao longo de toda a trajetória escolar, houvesse tido um único dia, bastante insuficiente, de aconselhamento profissional. Da mesma forma, na universidade, a qualidade das feiras profissionais era péssima. Um dia ele debateu com os amigos sobre ambição, sobre a definição de vocação. Todos sentiam, no geral, ter caído em uma promessa falsa: "Dizem que depois de passar por todas as barreiras das provas e da universidade o mundo será seu, mas você tem que descobrir o que o motiva, sua paixão". Owen ficava furioso ao pensar como aquilo era improvável. Passou a entender por que metade dos amigos voltou para a escola ou foi para o exterior, adiando a decisão.

Tendo analisado todas as alternativas, Owen concluiu que a contabilidade era o que lhe daria maior flexibilidade no futuro. Com o passar das semanas, eu o via lutar para encontrar uma vaga, como isso abalava sua confiança e aumentava o nervosismo, não sabendo se deveria se apresentar como gay nas entrevistas e envergonhado quando não o fazia. Era complicado. Durante a procura, ele trabalhava em empregos mal pagos de meio período, em bares e restaurantes, o que era melhor do que não fazer nada: o desemprego elevaria sua ansiedade a níveis insuportáveis. Por fim, sua persistência valeu a pena: após um exaustivo processo de entrevistas, ele foi aceito em um escritório de médio porte. Detestou. As pessoas com quem trabalhava eram legais, mas a rotina diária de auditoria, casando os valores com as faturas e páginas e mais páginas de números, era mortalmente entediante. A perda da liberdade foi o que mais o afetou: não ter escolha, cumprir ordens todo dia, a falta de férias. Naquele primeiro ano, disseram-lhe que teria apenas quatro dias entre janeiro e novembro, um contraste brutal com a vida acadêmica.

Na universidade, Owen tinha a sensação de que sua vida se expandia. Agora, era como se estivesse preso em um trem muito apertado, em um túnel escuro, sombrio e desprovido de sentido. Sentia-se frustrado: sendo perfeccionista, queria dar o melhor de si, mas jamais conseguia cumprir as tarefas direito, pelos prazos curtos e pela escassez de auditores. Com isso, o trabalho nunca era gratificante. Passava dez horas por dia fazendo algo para o qual "eu não estava nem aí". Acordava toda manhã com uma sensação de pavor. Quando vestia o paletó, tinha a impressão de estar usando uma fantasia. Certo dia, surpreendeu-se gritando alto, enquanto corria: "Que porra é essa?", várias e várias vezes.

Volta e meia dava pontapés na geladeira. Então sentia-se envergonhado: precisava amadurecer, tinha decidido fazer aquilo e devia ir até o fim. Não saíra de casa, ainda não tinha dinheiro para se mudar, o que, depois de toda a liberdade da vida universitária, dava uma sensação claustrofóbica. Owen sabia que aquilo vinha de dentro dele, mas todos o irritavam, e a mãe o levava à loucura, paparicando-o, tentando alimentá-lo e animá-lo.

Owen fazia reflexões profundas, e fiquei tocada por sua capacidade de pensar sobre si mesmo. A única coisa que o agradava na contabilidade era que ele passara a ter uma resposta à constante pergunta "O que você está fazendo?". Isso lhe dava segurança e uma meta de trabalho a atingir; ele odiava não fazer ideia antes. O que não conseguia esclarecer totalmente, dentro de si, era se havia desistido do sonho de encontrar um trabalho que o encantasse ou se isso lhe permitiria encontrar esse lugar algum dia. Não sabia se havia se livrado da pele de criança nem se era a hora de virar um adulto trabalhador. Foi uma transição difícil, como se ele tivesse arrancado uma parte importante de si mesmo. Através da fala, percebeu que parte de seu ódio pelo emprego era ter as responsabilidades e a vida de um adulto: parecia uma sentença de prisão. O simples fato de reconhecer isso lhe permitia respirar com um pouco mais de facilidade.

Conseguimos chegar à conclusão de que ele queria que seu trabalho tivesse um elemento criativo, que talvez pudesse conciliar com a contabilidade no futuro. Caso aquele fosse, como discutimos, o primeiro passo de uma vida longa e com várias etapas, poderia ser uma base segura para essas etapas. Owen sabia que tinha fome de experiências, de variedade: queria poder olhar para trás, aos cinquenta anos, e concluir que vivera uma vida plena. Estranhamente, isso lhe dava esperança de conseguir lidar com aquela fase sombria.

De forma incomum para mim, pressionei Owen a falar mais sobre namoros. Ele não gostou. Mudou de assunto e voltou a comentar o quanto odiava o trabalho. Mas eu senti o dilema do ovo e da galinha em que ele se metera: não ficaria satisfeito com a própria identidade enquanto não tivesse um relacionamento sexual com alguém de quem gostasse, o que vinha sendo bloqueado por seu muro de resistência. Ele ficou bastante irritado comigo, querendo que eu entendesse o quanto era difícil: apenas 3% da população era abertamente gay (2% fora de Londres), e ele conhecia muito poucos gays em seu círculo de amizades. Era cansativo: a ideia de marcar um encontro desajeitado com alguém que não conhecia, em vez de encontrar os amigos, não o animava. Entendi isso, tentei contestar um pouco, não muito. Não queria que ele se distanciasse — mas dei a entender que era pouco provável que algo acontecesse se ele não tomasse a decisão de se empenhar em encontrar alguém. Owen balançou a cabeça, taciturno. Por fim, concordou que em algum momento teria uma hora da verdade, semelhante à que ocorrera quando saiu do armário, em que o desejo de ter um relacionamento, alguém com quem compartilhar sua vida, venceria sua resistência. Só então ele dedicaria tempo e esforço. Para mim, pareceu uma transformação importante.

Analisamos tanto os estereótipos quanto a realidade da comunidade gay em Londres: homens bi e homossexuais fazem sexo aleatório com pessoas aleatórias, com a carga de excesso e castigo que isso carrega, em que os homens agem de forma totalmente descontrolada e depois se lamentam. Owen tivera uma experiência análoga: havia um quê de aversão a si mesmo na negação da intimidade que concordamos ser dolorosa e alimentadora da homofobia, também ela dolorosa. Mas havia também algo de liberdade, divertimento e riqueza, o que era empolgante. Tudo estava cheio de possibilidades e isento de pontos de vista ultrapassados. Owen sentia que não era isso o que queria; ele falou baixinho, de cabeça baixa. Contou que se sentou no ônibus com o Grindr aberto, e ao longo de todo o caminho para casa foi bombardeado por mensagens eróticas. Podia ter descido do ônibus em qualquer ponto e conhecido alguém. Mas sabia que a satisfação instantânea seria logo seguida pela sensação de vazio.

Owen queria um relacionamento íntimo e afetuoso. Sua convicção fundamental era que tudo na vida era uma questão de amor — e ele sabia que havia homens gays com relacionamentos familiares plenamente amorosos. O único modelo em que ambos conseguimos pensar foi Elton John, o que refletia nossas mentes pouco abertas. Ele reconheceu que, para quem é gay, não havia lugar melhor que Londres — sugeri que frequentasse comunidades, não um bar nem um aplicativo de namoro, mas comunidades que compartilhassem seus interesses — design, arte, fotografia. Ele concordou, animado.

Owen tinha um amigo que havia entrado numa onda de espiritualidade e se tornara professor de ioga e meditação. Esse amigo, que parecia levar uma vida serena, era uma inspiração para Owen, com seu jeito de viver o momento presente e ser grato pelo dia de hoje. Era um pouco como a cena da lanchonete em *Harry e Sally*: Owen sabia que queria um pouco daquilo para si mesmo, e começou a meditar. Foi difícil, e havia momentos em que tinha raiva, não conseguia, ficava frustrado, mas havia momentos em que se sentia em paz. Conseguia notar que às vezes descarregava a vergonha internalizada, o veneno, e ficava mais calmo.

Eu sentia um carinho profundo por Owen. Sabia que tínhamos chegado a um bom relacionamento. Mas, refletindo, fiquei pensando se eu, naquele estágio de seu desenvolvimento, era a terapeuta certa para ele. Sendo mulher e heterossexual, era a imagem espelhada de sua experiência familiar, encaixando-me em todos os seus estereótipos. Sugeri a Owen que procurasse um terapeuta gay. Ele pediu um tempo para pensar. Enviou-me algumas mensagens de texto, querendo saber quem eu recomendaria e pedindo que eu explicasse melhor por que tinha sugerido aquilo.

Em nossa sessão, garanti que não tinha intenção de rejeitá-lo. Ele aprendera o valor de falar e ser ouvido: teria agora a oportunidade de fazer o mesmo com alguém que pudesse oferecer uma perspectiva de homem gay. Indiquei-lhe um colega de quem eu tinha uma excelente impressão. Achei que seria esclarecedor e libertador. Owen concordou em fazer algumas sessões com ele. Devido ao nosso código de confidencialidade, não tenho ideia de como foi, mas adoraria saber. Com frequência ele surge na minha cabeça. Espero que esteja mais em paz com quem resolver ser. Espero que tenha encontrado o amor.

KT: ALÉM DO BINÁRIO

Meu compromisso permanente comigo mesma é nunca parar de aprender. Se não saísse do ambiente que conheço e da minha zona de conforto, eu seria a personificação viva daquilo que incentivo meus clientes a não serem: prisioneiros. Ou, pior ainda, acharia que estou sempre certa. A era da tecnologia digital abriu o mundo para mim de uma forma transformadora: além de aprender com os melhores especialistas em psicoterapia do planeta, sentada em casa, usando o Skype e o FaceTime, estendi meu alcance a gente com quem nunca poderia trabalhar antes. Agora que não sou mais obrigada a estar fisicamente na mesma sala que um cliente, posso trabalhar com pessoas da Austrália à China, e em qualquer lugar entre uma e outra. Londres, por mais multicultural que seja, é uma bolha. Ao trabalhar com pessoas de fora, ouvindo novas perspectivas e maneiras de ser, sinto essa riqueza fervilhando de verdade dentro de mim. Sinto a explosão de novas vias neurais ativadas, que me incentivam a querer saber mais, geram criatividade e dão uma profunda flexibilidade à forma como vejo o mundo. Ampliou-se não apenas meu horizonte geográfico, mas também minha compreensão de quem somos como seres humanos.

Tendo isso em mente, eu estava cada vez mais incomodada com minha consciência por deixar de fora uma parcela inteira da sociedade, a comunidade lésbica, gay, bissexual, transgênero, queer e mais (LGBTQ+): eu tinha trabalhado sobretudo com pessoas que se identificavam como heterossexuais. Como a comunidade LGBTQ+ não me procurava para terapia, eu precisava ser proativa a fim de alcançá-la. Coloquei um anúncio em um site LGBTQ+ oferecendo aconselhamento.

KT respondeu de imediato e disse que morava no norte da Inglaterra. Nossas sessões seriam, portanto, on-line.

Ao me referir a KT, que se identifica como de gênero não binário, irei usar os pronomes elu/elus em vez de ele/eles e ela/elas. De início pode parecer forçado e esquisito, o que talvez seja um sinal de quão desconhecido o mundo de KT é para mim. Na Suécia, há uma palavra específica para um pronome neutro de gênero, que é mais elegante: *hen* é a alternativa para *hon* e *han*, de gêneros específicos. Ou será minha tendência a tornar a identidade de gênero clara e certinha, quando na verdade ela é infinitamente complexa e, sobretudo, busca não se organizar dentro de limites e caixinhas?

Nas primeiras sessões, não vi o rosto de KT: nos comunicamos pelo áudio do Skype. A razão para isso estava relacionada à internet, não à vontade de qualquer um de nós. No final, isso influenciou a qualidade de nossa relação. Quando falei pela primeira vez com KT, imediatamente me senti em casa em seu mundo, embora só pudesse conhecê-lu pelas palavras e pelo tom de voz. Isso dava a KT a proteção necessária para adquirir confiança em mim, sem a exposição ao meu olhar e sem fazer as suposições inevitáveis que alguém faz ao olhar para o rosto do outro em busca de pistas visuais. Eu podia ouvir na voz de KT uma hesitação, na forma como escolhia as palavras, a pausa entre elas, uma camada profunda de incerteza, embora ainda fosse levar algum tempo até eu entender a origem disso.

KT me contactou dizendo que era o momento perfeito para elu, porque queria explorar a identidade de gênero e sua orientação sexual. "Desde cedo eu sabia que não era hétero. Sempre vivi achando, preguiçosamente talvez, que essa coisa de gênero não tinha importância, mas provavelmente deveria ter refletido mais a respeito... quando se trata de namoro. Quero saber quem eu sou, ser eu mesmu e não esconder nada." Comentei que KT estava sendo sábie, consciente de que precisava se compreender antes de criar um vínculo com outra pessoa. Também parecia uma busca para saber onde KT se encaixava.

Antes de prosseguirmos, eu lhe disse que a área da identidade de gênero era nova para mim, considerando que durante minha formação ela nem constava do currículo. Eu tinha tentado aprender mais nos últimos tempos, mas pedi que KT me avisasse diretamente caso minha ignorância me levasse a dizer algo que le aborrecesse. Queria me certificar, desde o nosso primeiro encontro, de que haveria uma franqueza sem rodeios. Para mim, era crucial proteger KT de experimentar comigo o preconceito e a ignorância com os quais elu tinha que lidar diariamente. O que me deixava confiante era poder oferecer uma relação com empatia e sem julgamentos. Eu sabia como criar confiança.

Conheci mais sobre sua história. A família de KT era formada pelo caçula e pelos pais. Por causa do trabalho do pai, durante a infância elus se mudaram mundo afora, em intervalos de poucos anos, da África Ocidental ao Sudeste Asiático, passando pela Europa. Quando KT tinha 21 anos, tinha morado em 22 lugares diferentes. Elu me disse que por conta disso podia "se estabelecer em qualquer lugar, mas sofria para criar raízes". Consequentemente, tinha apenas uma amizade que durava desde a infância e que era intermitente; falavam-se duas vezes por ano pelo Skype. "Tenho muitos amigos, mas nenhum amigo muito íntimo — conheço muita gente, mas pouca gente me conhece de verdade." Quando KT tinha onze anos, fez algumas amizades íntimas, mas então teve que se mudar. Elu me disse: "Senti como se tivesse perdido a vida".

Essa foi uma experiência crucial. Como forma de enfrentamento, na escola seguinte KT se reinventou, deixando de lado a timidez para subir ao palco e fazer discursos. Em pouco tempo se tornou representante de classe. Sentiu-se livre da dor e uma pessoa mais forte, abandonando a identidade anterior. Mas foi a partir daí que achou difícil confiar nas pessoas, já que previu, corretamente, que iria embora com a família e, assim que partisse, as amizades acabariam.

Isso fez kt se afastar e, por conta disso, não formar vínculos de intimidade.

Enquanto kt falava, senti a dor desse afastamento dentro de mim, fazendo-me lembrar como a amizade tinha sido um pilar da minha infância, os anos de momentos e memórias que formaram uma base sólida à qual eu podia recorrer. Concluí que aquilo que inicialmente era para kt um mecanismo de enfrentamento necessário se transformara em uma atitude arraigada em relação ao mundo: altamente funcional por fora, mas evitando qualquer sentimento. E os outros encorajaram essa atitude, já que trabalhar arduamente e manter-se unido convinha a todos.

kt ficou muito tempo pensando, deu um suspiro e disse em voz baixa: "Isso traz uma sensação de solidão... (*longo suspiro*)... mas também a segurança de saber que não estou perdendo muita coisa... me preparando para seguir em frente". kt expressou nessa frase seu dilema: amar é arriscado, mas uma vida sem amor é solitária. Havia também uma dissonância entre le kt bem-sucedide no trabalho e a ferida que carregava por dentro, que le impedia de estabelecer relacionamentos íntimos. Parte de nossa terapia seria fazer com que as duas partes se integrassem.

kt fazia trabalho de campo no setor ambiental, o que significava jornadas prolongadas, muitas vezes em más condições meteorológicas, a noite toda, estudando o habitat de animais. Em alguns dias da semana, fazia trabalho voluntário com um grupo de jovens problemáticos. Como muitos de sua geração, elu padecia com as desigualdades, a pobreza e o sofrimento no mundo todo e queria lutar contra isso. Imagens, histórias e lives mostrando traumas e crueldades em todo canto eram despejados em seu celular, saturando seu cotidiano e enchendo sua cabeça. Isso trazia consigo a angústia com a falta de segurança no mundo e a incerteza em relação ao futuro. Elu me disse: "Faço minha autoavaliação pelo trabalho que realizo e seu impacto sobre os outros". Senti um respeito autêntico por sua altivez, e empatia por um futuro que me parecia muito desafiador. Também senti uma pontada de tristeza pela perda da alegria inocente de ser jovem, a ignorância ingênua da juventude que se sente imortal, cheia de esperança e divertida, e que elu parecia ter perdido.

À medida que KT começou a se abrir mais, contou-me sobre os dois relacionamentos sexuais tremendamente nocivos que teve. O primeiro foi o mais abusivo. Pude sentir a dor crua em KT ao me contar: havia grandes lacunas entre as palavras. Elu lutava para encontrar as palavras para aquilo que não queria recordar, mas com o qual sabia que devia se reconciliar caso quisesse ter um novo relacionamento. O caso durara dois anos, entre os dezessete e os dezenove. Foi abusivo emocional e fisicamente: a pessoa mentiu, abusou sexualmente delu e manipulou-le para que continuasse no relacionamento, fazendo ameaças de suicídio. KT denunciou o assédio à polícia; não houve inquérito.

Senti-me anestesiada ao ouvir as palavras de KT, embora achasse que por trás da minha apatia houvesse raiva. Aquilo era pesado demais para eu sentir algo. Talvez por conta disso, ou por intuição, eu tenha percebido que não era o momento certo para me aprofundar — embora eu soubesse que precisaríamos revisitar a questão muitas vezes e em profundidade. Foi preciso muita coragem para KT me contar o que havia acontecido. Elu não havia expressado totalmente o fato de que um homem le agredira antes — nem mesmo para a mãe, com quem tinha abertura para isso. O primeiro relacionamento com alguém é formador e molda nosso senso de identidade como adulto, como ser humano sexual e, até onde eu sabia, como homem ou mulher. As consequências para KT teriam que ser plenamente exploradas para que cicatrizassem.

Em seguida, KT falou com mais força, como se sua história estivesse esperando para ser contada com um ímpeto próprio, lutando para ser verbalizada. Seu segundo relacionamento, que começou alguns meses depois, estava indo bem, ou pelo menos elu assim pensava, até que, no nono mês, sofreu *ghosting* do parceiro, que desapareceu por completo. KT desesperou-se, tentando encontrá-lo. Enquanto procurava, entrou em pânico, e só ao se dar conta de que ele havia deliberadamente desaparecido de sua vida, ficou furiose. Nesse momento se deteve, tentando não pensar tanto naquilo: era muito doloroso. Ignorar tanta coisa levava a imaginar inúmeras hipóteses do que poderia ter levado àquilo — a imaginação é ilimitada e muitas vezes tende a ser pior que a realidade.

Comentei que o *ghosting* sempre existiu, sob outras formas, mas que parecia mais frequente agora. Também parecia mais brutal hoje, quando há inúmeras maneiras de fazer contato sem se encontrar — era incompreensível para mim que alguém pudesse sumir sem dizer adeus. O modo como os relacionamentos terminam, assim como as pessoas morrem, tem um grande impacto na capacidade de recuperação do outro. Decerto há finais felizes e finais tristes. Para KT, o impacto foi que elu ficou quatro anos sem se relacionar com ninguém.

Senti raiva, aquela raiva silenciosa que se instala e vai aumentando. Nem cheguei a reconhecer como raiva — mas sabia quais os sinais: quando sinto vontade de recuar e não falar nada, em geral é porque estou sentindo uma raiva de baixa intensidade. Parte dela muito provavelmente tinha sido transferida de KT para mim, mas se intensificou ao conectar-se com minha própria experiência. Fiquei em silêncio por um tempo que pareceu muito longo. E então praguejei: "Que babaca". Às vezes um xingamento curto e repentino resolve as coisas, mostrando mais empatia que reações verborrágicas. Então surpreendi-me me inclinando em direção a KT e dizendo: "Lamento profundamente que isso tenha acontecido com você. Não deveria ter acontecido. É preciso que saiba que o problema não é seu, o problema é dele". KT chorou lágrimas silenciosas. Lágrimas purificadoras. A história tinha sido contada, não estava mais oculta pela vergonha. Eu a ouvira e fiz um gesto em direção a KT, para que soubesse que não precisava mais guardar aquilo para si.

Pelo que pude entender sobre KT a partir de sua breve história, parecia-me que sua atitude-padrão era não confiar: o mundo lhe parecia inseguro e, como resultado, muitos de seus problemas giravam em torno de poder. Já que a dinâmica de poder entre nós era desigual — eu detinha o poder, sendo aquela que ouvia e não se revelava —, quis me certificar de que tínhamos a mesma força. Havia outros marcadores externos de poder: eu era consideravelmente mais velha que os 24 anos de KT. Minha experiência de vida foi fazendo parte da maioria: branca, heterossexual, casada. Nunca tinha conhecido o que era viver em minoria para sentir a dor do preconceito ou de ser excluída. Por isso, eu queria estar atenta para não fazer suposições. Tampouco queria forçar o processo de KT: queria que elu seguisse seu próprio ritmo. Queria entendê-le. Eu não tinha uma agenda ou um lugar onde quisesse chegar. Senti que quanto mais poder KT pudesse ter em nosso relacionamento, mais iria aprender a deter esse poder por dentro, e depois por fora, na relação com as pessoas ao seu redor.

Falei longamente, até demais, e KT me interrompeu: "Mas eu confio em você". A fragilidade da sua voz nas falas anteriores, comparada à confiança de suas palavras naquele momento, atingiu-me em cheio. Sua vulnerabilidade crua exerceu uma atração sobre mim: eu queria combinar aquela crueza com minha própria autenticidade.

Eu queria enxergar de forma mais clara onde KT poderia buscar apoio. Fiquei contente ao saber que sua família estava "cem por cento no barco". A mãe dava apoio total ao fato de KT ser bi. Fez pesquisas sobre identidade de gênero e até pediu esclarecimentos em relação a termos como "gênero neutro". Pude ouvir o orgulho na voz de KT por seus pais serem exceção nesse aspecto, com a cabeça muito mais aberta que a de muitos de seus colegas, o que era reconfortante. Elu ainda não tinha revelado ser não binárie ou assexuade, embora soubesse que, teoricamente, a mãe não veria problema nisso. KT sentiu que naquele momento este seria um passo maior que as pernas. A mãe adotou uma linguagem sensível, como "minha criança", em vez de "minha filha/meu filho", e "pessoa adorável" em lugar de "menino/menina adorável". O pai de KT não se envolvia muito, embora fizesse algumas perguntas sensíveis. Ele não era crítico, "só não era a praia dele", o que não parecia perturbar KT, numa aceitação da personalidade do pai.

KT notou que a mãe havia aprendido muito ao travar contato com muitas culturas diferentes, o que lhe abriu a mente, tornando-a menos rígida. Quando mais jovem, a mãe era cristã devota: pegavam o carro para ir à igreja todo domingo, onde quer que vivessem. Agora, ela questionava a religião em muitos aspectos, incluindo identidade de gênero e orientação sexual.

Depois de algum tempo, nossa banda larga voltou a funcionar e eu pude ver KT. Isso não trouxe a profundidade extra de conexão que eu esperava. Àquela altura, eu sentia que nosso elo era forte, e eu havia criado imagens em minha mente a partir de sua narrativa. Era uma sintonia de mente a mente, e não face a face. Eu tinha conseguido desacelerar, ser mais cuidadosa na escolha das palavras, ouvir com maior intensidade. Isso me fazia sentir que estava enxergando KT por dentro com mais precisão.

Ler o rosto do cliente é meu estilo de agir, como acontece com todos nós: nosso cérebro parte de pressupostos sobre a aparência como um atalho para descobrir se há amor, ódio, perigo ou segurança. Quando vi KT, a imagem física combinou com a mental: cabelo preto penteado para trás, elegantemente cortado, em contraste com sua pele clara e perfeita e os olhos castanhos. Elu usava calça escura e camisa xadrez que não ocultavam a cintura fina e o peito volumoso. A silhueta de KT era a clássica ampulheta dos anos 1950. O que mais chamava a atenção eram as unhas, de um verde vivo. Elu me disse: "Era uma cor meio esquisita, então eu gostei". Mas observar sua linguagem corporal foi bom: quando falava, ficava puxando a beirada da cadeira, de forma sistemática e ritmada, pelos cantos, inclinando-se ligeiramente para a frente. KT distraiu-se com uma mancha na calça e esfregou-a, como se olhar e esfregar fossem fazer com que a mancha desaparecesse num passe de mágica. Naquele momento, eu não tinha como saber o significado daquilo, mas percebi nelu a necessidade de se acalmar: o mais provável é que fosse ansiedade. Conjecturei se, por trás do fato de elu conhecer todo o seu mundo interior, não haveria algo que, naquele momento, não combinava com sua imagem externa.

KT se candidatou a vários empregos no setor de meio ambiente, em diferentes cidades. Ao longo de várias sessões, analisamos o significado daquela necessidade de um novo emprego. Isso nos trouxe ideias sobre as forças internas que se opunham dentro delu. KT morava em York havia seis anos, duas vezes mais tempo do que já havia morado em qualquer lugar. Sentia necessidade de se mudar para ter "uma vida nova, amigos novos, energia nova... Quando as pessoas já conhecem você há algum tempo, criam expectativas a seu respeito. Quando me mudo, estou brincando com a pessoa que sou e como sou. Já sou a mesma pessoa há alguns anos e quero me livrar disso um pouco". Fiquei pensando: do que KT queria se livrar agora? Elu achava que "se mudar tira um peso", e interpretei que, quando havia uma parte de que KT não gostava, elu podia se reinventar em outro lugar e se sentir mais leve. "Parte disso é a identidade de gênero. Quero me envolver mais na comunidade LGBTQ+, construir relacionamentos mais significativos com as pessoas. Aqui estou limitade, é uma comunidade pequena... Quando terminei com meu primeiro namorado, Joe, me afastei de muitos amigos."

Curiosamente, no momento em que KT estava pensando em se mudar, uma amizade íntima, exatamente do tipo pela qual KT dissera que ansiava, começava a despontar, com uma ex-colega. Essa pessoa tinha sido sua chefe e mentora, mas saíra da empresa. Antes da entrevista de KT para um novo emprego, ela lhe dedicou tempo para uma conversa estimulante, dizendo o quanto elu era valorizade. Isso tinha feito KT chorar. E essa era uma coisa que não fazia nunca: foi uma experiência inteiramente nova. Mas também le abalou:

"Nunca me senti tão vulnerável assim antes". Pude ver lágrimas em seus olhos. Essa recordação reacendeu a profundidade do sentimento. Percebemos que isso mostrava que KT ansiava por conexão, por ser conhecide e amade pelo que era visível — a amiga acreditava em KT e sabia de seu potencial. Isso significava que KT não precisava vestir sua armadura. Era uma conexão que KT nem sequer havia buscado: "Aconteceu sem eu me dar conta". O que mais le tocou foi que a chefe tinha ido embora, mas "não se esqueceu de mim, essa percepção de que ela havia se mudado, mas não tinha acabado tudo, ela se lembrava de mim, eu ainda estava em sua mente...". Isso era o contrário do que KT fizera a vida toda: "Então é isso, a amizade acabou". KT sabia viajar, sabia manter-se em movimento e certamente sabia chegar, mas não sabia como se conectar plenamente com alguém: essa era uma questão crucial.

Fiquei algum tempo em silêncio, não porque não tivesse palavras, e sim por sentir a profundidade da tristeza de KT, a quantidade de perdas acumuladas ao longo da vida. Senti no peito, subindo até o queixo, uma montanha de dor represada: a perda de lugares, lares, amigos, escolas, tudo bloqueando sua abertura. KT, claro, havia pesquisado esse fenômeno, o da "criança de terceira cultura": alguém que passa seus anos de formação em uma cultura na qual não nasceu, não chega a se identificar com a cultura local e depois vai em busca da identidade tendo a família como fonte. Amizades perdidas criam um luto suspenso; em decorrência das múltiplas perdas, a pessoa não consegue fazer o luto de maneira adequada. É o que chamo de "luto em vida".

Perguntei a KT o que elu estava sentindo no corpo. "Não sei, acho que é uma sensação de peso. Nunca tinha falado sobre tudo isso, e falei tanta coisa, falamos sobre tanta coisa, mas você é a única pessoa para quem contei. Falar dá uma sensação boa... Na verdade dá um pouco de medo, você se sente exposte e um pouco aliviade..."

KT acabou não conseguindo o emprego. Sentiu que a experiência foi útil e recebeu um feedback positivo. Isso nos trouxe de volta ao debate sobre se a necessidade de elu se mudar geograficamente era um reflexo: essa compulsão de nunca ficar em nenhum lugar por muito tempo era um hábito ou de fato era o melhor? KT insistiu: "Sinto-me um pouco prese aqui — fazendo o mesmo trabalho, na mesma cidade. Vai ficando meio chato... Quero aprender um pouco mais sobre mim. Mudar de lugar é uma oportunidade de se transformar". Comentei que as pessoas angustiadas anseiam por se livrar do tédio, e quando se sentem entediadas muitas vezes isso serve de defesa para bloquear os verdadeiros sentimentos.

KT fez uma cara de espanto, percebendo que queria justamente deixar de ser outsider. "Eu nunca penso em tomar a iniciativa do contato. Quando era criança, reclamava com a minha mãe: 'Não querem brincar comigo'. Eu não começava a brincadeira, e quando os outros começavam eu insistia na brincadeira que eu queria...". O hábito da necessidade de controle tinha raízes precoces. Ao reconhecer isso, KT se perguntou se era mais prisioneire de seus próprios pensamentos dolorosos do que de York. Indaguei se ficar no mesmo lugar lhe daria a oportunidade de evoluir por dentro, sem a necessidade de se esforçar para descobrir uma nova cidade, um novo emprego, novos amigos. KT respondeu: "Será que eu posso ficar aqui, crescer e ampliar meu mundo? Se eu fizesse isso, seria algo muito diferente do que sempre fiz... Não preciso aumentar o número de pessoas em minha vida, mas tenho dificuldade com a profundidade dos relacionamentos. Não tenho alguém por quem ficar". Senti o vento gelado da sua solidão.

Isso levou kt a confessar que tinha começado a procurar um novo relacionamento romântico. Testara todos os aplicativos de namoro, conheceu algumas pessoas, mas assim que elas passavam de certo ponto kt pulava fora. "Eu vou a um encontro e depois não respondo às mensagens. Tenho a sensação de que as pessoas são autoritárias, muito grudentas. Então me afasto — corto mesmo." Internamente, concluí que era um eco do que haviam feito com elu no passado, e fiquei me perguntando se era hora de verbalizar isso. Mas foi kt quem o expressou para mim, reconhecendo o quanto era frustrante: queria um novo relacionamento, mas, quando se via diante dessa perspectiva, não conseguia fazer o esforço necessário: "O risco de a relação não dar certo...". kt inclinou-se para a frente, esfregou as unhas, falou devagar, descobrindo o significado de suas palavras à medida que saíam de sua boca: "Não quero me abrir para uma pessoa e confiar nela... para o caso de isso se voltar contra mim... e aí a pessoa ir embora".

Perguntei a kt o que tinha acontecido com o seu corpo: parecia pesado, os ombros e o peito encolhidos. Elu estremeceu. Pedi que respirasse e tentasse entrar em seu corpo. Ao fechar os olhos, eles focaram e viram um espaço preto, e em seguida a imagem de Joe. Ele era o pior. Era a única pessoa com quem kt se abrira de verdade. Quando elu estava vulnerável, Joe dizia que não conseguia lidar com isso, invalidava suas emoções e se afastava, pondo a culpa nelu. Isso impedia kt de dizer o que sentia. No segundo namorado já não confiava realmente, mas seu desaparecimento reforçou a convicção de que as pessoas em geral não eram confiáveis e iam embora.

Eu estava ciente de que uma experiência ruim gruda como velcro no cérebro, por razões evolutivas compreensíveis, para nos proteger da repetição desse tipo de acontecimento ruim, o que não quer dizer de modo algum que seja sempre útil. É preciso processar e liberar, para permitir que novos sentimentos bons aflorem. Vimos juntos como aqueles dois namorados haviam magoado profundamente KT. Perguntei o que elu queria que fosse diferente. "Gostaria de poder deixar as pessoas chegarem, encontrar as pessoas certas para confiar. Muitas vezes, sair do armário é o passo mais difícil. Pois eu acho que isso não é nada comparado com aceitar ser emocionalmente aberto e vulnerável."

Analisamos como o melhor jeito de nos conectarmos de maneira autêntica é mostrarmos abertamente o que sentimos, por mais confuso que seja. Rimos quando KT falou sobre "vulnerabilidade radical". Eu nunca tinha ouvido falar disso, mas era exatamente o caso daquela intensidade "radical" de compartilhar e ser aberto. Quando via no Facebook as pessoas serem abertas, elu invejava e desejava poder fazer o mesmo, mas "não quero ser um estorvo para as pessoas, não quero me abrir para elas. Quando faço isso, elas pulam fora". Enquanto KT falava, sua voz ia baixando novamente. Pressionou os olhos com as mãos. Verifiquei se estava chorando. Estava. Eu disse calmamente que elu estava sendo vulnerável comigo. KT concordou, enquanto enxugava as lágrimas.

Com o prosseguimento do nosso trabalho, dei-me conta de que queria um esclarecimento sobre a identidade de gênero de KT, imaginando como se descreveria por dentro. Elu me disse: "Sou bissexual e minha identidade de gênero é não binária. Em um sentido mais amplo, não sou homem nem mulher. Pendo mais para o assexual. Não sinto atração sexual. O desejo de sexo é nulo ou raro. Tem mais a ver com a conexão emocional". Isso me deixou curiosa para saber como funcionava sua orientação sexual, por saber que suas relações anteriores haviam sido com homens. "Procuro os dois gêneros, com quem quer que eu me dê bem — o sexo não está em primeiro plano quando penso em um relacionamento. Sexo é como um bônus. Vem depois de todo o resto... Para os meus amigos, sexo é uma das primeiras coisas que procuram." Comentei que, da forma como eu entendia a vida, até então, o sexo costuma ser o catalisador para a atração inicial entre duas pessoas: gostar da aparência de alguém, ser atraído por ela, conversar, passar mais tempo juntos, até o primeiro contato físico, muitas vezes um beijo, podia ou não levar ao sexo em algum momento.

KT esclareceu que não era que não quisesse sexo, mas para elu era algo que vinha depois, o que muitas vezes era frustrante, porque as pessoas queriam sexo logo. Essa era uma questão sensível, nova para mim. Eu queria que minha resposta fosse precisa, de modo a dar uma satisfação a KT enquanto organizava minhas ideias. "Quero responder o seguinte a você, e ver se entendi bem — sua relação consigo mesme é importante. Sua identidade de gênero é não binária, nem masculina nem feminina, e é assim que você quer que le tratem quando está namorando. Sendo assexual, você está em busca de formas de se conectar com as qualidades dessa pessoa, e esse é o seu jeito de criar um relacionamento. O mais comum, o mais rápido, é por meio da atração sexual. O que eu acho, e talvez esteja errada, então me corrija, é que poder escolher um homem ou uma mulher lhe confere, de certa forma, muitas opções, mas encontrar alguém que tenha as mesmas percepções que você, que queira o mesmo tipo de relacionamento que você, restringe o campo. Na prática, é mais difícil encontrar alguém? Isso limita suas escolhas?"

KT concordou que, em geral, namorar era um pesadelo. Não só as pessoas queriam fazer sexo, mas suas opiniões "eram intrinsecamente sexistas, misóginas e influenciadas por um mundo onde os homens estão acostumados a namorar de uma certa maneira. Eles me veem como uma mulher e esperam que eu me comporte de certa maneira". Dava para notar a frustração de KT, e fiquei pensando se seu estilo de roupa, mais para a seção masculina, destoava das formas de seu corpo, fazendo-le ser viste como uma mulher que os homens não desejavam. A raiva de KT era visível: o descompasso entre a forma como se enxergava e a forma como le enxergavam na rua, como mulher; a sensação de paternalismo ao ser chamade de "amorzinho", "querida", "senhorita", "bela garota". "Homens abrindo a porta para mim. Isso não faz a minha cabeça." Mesmo no trabalho voluntário, quando KT pedia que o pronome não binário fosse usado, nem sempre le levavam a sério.

Em meio às idas e vindas com namoros e pronomes, tive um lampejo de clareza que resolvi testar com KT. Elu adentrava um território novo e desconhecido, navegando os desafios diários de como se enxergava versus como le enxergavam, o que exigia certa robustez. Relacionamentos românticos também pareciam um novo território. KT havia atravessado muitos continentes, passado a vida toda viajando: não estaria fazendo agora o que sempre fizera, só que psicologicamente? A resposta foi: "Talvez eu queira me mudar porque é difícil olhar para dentro. Um novo lugar pode ser uma fuga de mim mesme. Por mais que eu tenha vontade de viajar, quero ficar aqui, passar um tempo comigo, insistir nisso por um tempo". Pareceu-me uma mudança real. Uma revelação importante.

Nós tivemos um mal-entendido. Esqueci de avisar a KT que ia sair de férias. Quando contei, senti sua voz vacilar e, naquele momento, elu saiu correndo. Eu tinha feito o que elu mais temia. A única coisa que eu não pretendia fazer. Reconheci meu erro e fiz o possível para tranquilizá-le, dizendo que estaria de volta e que trabalharíamos juntes pelo tempo que fosse necessário. KT pareceu acalmar-se, mas cancelou as duas sessões seguintes: uma alegando motivos de trabalho e outra porque estava com enxaqueca. A responsabilidade era minha de consertar aquela ruptura de forma aberta e franca, e vital para que continuássemos. KT teria que ser capaz de me dizer o quanto se irritara comigo, o quanto tinha se desapontado. Eu devia consentir nesses sentimentos e, nessa hora, estar presente, sem rejeitá-le. Por mais que me sentisse mal pela ruptura, sabia que isso era inevitável em todos os relacionamentos, e é a capacidade de reparar que constrói a confiança, não a perfeição.

Passado o verão, enviei um e-mail para retomar nossa terapia e não tive resposta. Foi como se elu tivesse desaparecido sem nenhuma explicação e sem adeus. Achei que podia ter perdido KT e me senti vítima de *ghosting*. Senti a ansiedade, a obsessão por buscar, questionar e não encontrar. Algumas semanas depois, que me pareceram bem mais tempo, fiquei imensamente aliviada quando KT enfim me mandou uma mensagem. Expliquei meu processo e elu pediu desculpas por ter sido rude: tivera vários problemas no trabalho e simplesmente se esquecera de mim. Fiquei curiosa para saber se estava acontecendo alguma coisa, mas KT não demonstrou interesse em analisar nenhum processo inconsciente e nosso trabalho continuou sem novas rupturas.

Eu havia discutido o caso de kt com minha supervisora, e ela, do nada, me perguntou como era a relação de kt com seu corpo. Fiz a pergunta a kt, que respondeu: "Não tenho relação com o meu corpo. Tento me desligar dele. Não me sinto feliz ou particularmente infeliz com qualquer parte dele... Aceito meu corpo com resignação". Cruzou os braços com firmeza enquanto falava. Senti um "ai". Que resposta dura para com o seu corpo.

O motivo disso tinha muitas camadas. kt se desenvolveu precocemente, tendo menstruado aos nove anos, muito mais cedo que as colegas. Ser diferente fez com que elu se distanciasse das meninas da mesma idade. Não que isso le tenha feito surtar, mas o sentimento era complicado. "Era como se meu corpo estivesse trabalhando contra mim." kt adorava brincar usando o mínimo de roupa, o que teve que parar de imediato. Na hora de fazer compras, jamais gostou da seção feminina, optando sempre por roupas no estilo masculino. Com a cabeça inclinada para um lado, lembrou-se de nunca ter pensado que não era uma menina, coisa que não passava por sua cabeça como possibilidade. Mas desde então kt sentiu que nunca mais ia poder usar as roupas que queria, porque o formato do corpo, de cintura fina, quadris cheios e seios grandes, não se adequava facilmente nas roupas masculinas. A partir daí, sua imagem corporal ficou desequilibrada. Queria ser mais achatade em cima e embaixo, ter menos curvas. Às vezes, usava tops esportivos para apertar o peito, e conhecia pessoas que chegavam a enfaixá-lo, mas não iria tão longe. Quando se olhava no espelho, porém, não gostava do que via.

Perguntei se isso estaria relacionado à sua assexualidade: haveria uma desconexão? Estaria se abstendo de ter um relacionamento sexual? kt ficou imóvel e olhou para cima.

"Você acertou na mosca." O primeiro namorado de KT le castigou quando começaram a fazer sexo: "Ele me fez sentir muito mal por querer sexo — ele instigava a coisa e, quando eu retribuía, me acusava de estupro".

Nesse ponto do triângulo dramático de assediador-vítima-salvador, KT transitava entre salvador e vítima, sem jamais encontrar uma voz que falasse por si. Nunca tivera um orgasmo com outra pessoa, nem mesmo sentira prazer com outra pessoa, somente sozinhe. Esse trauma permaneceu em seu corpo nos anos subsequentes, doloroso demais para se chegar perto. KT simplesmente resolveu desistir. Provoquei-le dizendo que talvez não fosse assexuade, mas simplesmente tivesse uma experiência traumatizante com o sexo.

KT ficou em silêncio, assentiu com a cabeça e depois riu. E chorou. Em seguida, perdeu-se em pensamentos, puxando a cadeira. "Tenho tendência ao assexual, mas não tenho cem por cento de certeza se isso tem a ver com a desconexão com meu corpo." Perguntei-lhe o que estava acontecendo em seu corpo. Elu respondeu que estava "tenso", e então me disse que tinha que ir embora. Era o suficiente por ora. A revelação assustou KT, além de lhe oferecer novas possibilidades. Tínhamos feito um trabalho importante, descoberto o terrível legado daquele homem destrutivo.

KT tomou a decisão de continuar morando em York: "Posso criar raízes. Posso me concentrar em fazer as coisas a longo prazo, sem medo de pensar que de tantos em tantos meses tudo vai mudar e aquela vida não existirá mais... Ficar é como se fosse uma mudança: passar um tempo comigo e com minhas amizades, sem entrar no modo de sobrevivência. Estou me empenhando para deixar de ser outsider". Uma energia nova parecia ter sido liberada em KT. No trabalho, tinha conseguido um projeto novo e empolgante, que aumentou sua confiança como profissional competente em sua área. Passou a ter conversas que nunca tivera antes. "Fiz força para me abrir mais — depois da semana passada, um amigo me ajudou com a apresentação para conquistar esse projeto — foi a primeira vez que fiz isso. Normalmente eu é que estou lá pelos outros, e não o contrário, como agora. Foi muito bom." Senti um grande orgulho de KT por ousar se arriscar.

KT começou a falar mais sobre sua identidade de gênero e como vinha evoluindo. Quatro anos antes, se interessara por um não binário, seu namorado. Com seu jeito de ser, ele anulou a experiência de KT, levando-le a reprimi-la. KT conseguia se lembrar do momento exato em que sua identidade de gênero emergiu com mais clareza. Estava ao telefone com um amigo íntimo que le chamou de "mulher". "Naquela hora alguma coisa me deu uma sensação estranha, algo que eu nunca tinha experimentado antes. Não esperava me sentir assim, mas sabia que não estava certo — minha sensação foi: de quem ele está falando? Não é de mim. Isso mexeu comigo." Na verdade, aquilo deu início a um processo que despertou KT para a ousadia da descoberta de sua identidade de gênero.

Levamos muito tempo testando a voz interior de KT, e como essa voz se relacionava com o mundo exterior. "Ser não binárie é confuso. O mundo diz que você é A ou B, e é assim que funciona. Dos banheiros aos formulários, passando pelos cartões de aniversário, estou o tempo todo lutando contra aquilo que a sociedade me diz... É difícil ter confiança em minha identidade, e sei que minhas dúvidas vêm do desejo de me encaixar." Avançamos e recuamos com esse dilema, e por meio de um processo gradual de apropriação, permitindo que seus impulsos internos se alinhassem com a forma como eram descritos, ficou claro que KT era não binárie. Não se via como homem nem como mulher. "Olho para ambos os gêneros e me encaixo um pouco nos dois — não quero percepções estereotipadas, que façam suposições a meu respeito. Odeio isso. Odeio tanto a reação masculina quanto a feminina. Não correspondem a mim." KT adquiriu mais clareza de que não se encaixava de modo algum em uma caixa certinha: queria encontrar seu próprio caminho e seu jeito de ser como não binárie.

Embora conjecturasse se aquelas perguntas sabotavam a si mesme, foi ficando aparente que "questionar" o Q de LGBTQ+, o queer, era um passo fundamental para descobrir quem elu era. A cada vez que pensava nisso, KT ia encontrando sua própria resposta: "Est sou eu", "Ah, agora est sou eu", até que a resposta foi ficando mais clara e constante. "Dou cada vez menos ouvidos às minhas dúvidas. Sou mais capaz de ignorá-las. Quanto mais assumo diante das pessoas, e elas me aceitam, me ouvem e corrigem o uso dos pronomes, mais me sinto confiante em mim mesme, mais escuto a mim mesme." Eu estava testemunhando essa mudança, aquela coisa complicada e confusa, acontecendo diante dos meus olhos.

Fiquei com pena de KT quando elu disse que namorar por aplicativo era "um pesadelo". Quando dizia que queria conhecer alguém com a intenção de ter um relacionamento a longo prazo, defrontava-se com o silêncio. Os homens estavam à procura de sexo: "É desmoralizante. Perdi o interesse. Também é humilhante — todo esse batalhão de homens que ignoram minha identidade de gênero e me chamam de 'baby', 'amor' e só querem sexo. A internet permite que as pessoas sejam sexualmente explícitas como nunca seriam cara a cara — e permite que decepcionem você sem sentirem que estão decepcionando. Eu mando uma mensagem e a pessoa não responde ou mente". Concordamos que KT deveria mudar de rumo e encontrar pessoas no mundo real.

Em poucas semanas, apesar de todo o medo, KT respirou fundo, superou o receio, entrou para um grupo de trilheiros e marcou com um amigo uma sessão de *speed dating*. Contou-me com orgulho: "Estou chegando lá". Fiquei animada com as possibilidades que o futuro lhe reservava.

Com o passar das semanas, estávamos cientes de que KT ganhava confiança, aumentava a conexão com seu mundo interior e, mais importante, adquiria um senso de si mesme como um todo: suas vulnerabilidades, seus pontos fortes e fracos, talentos e, claro, sua identidade de gênero. KT estava se dando tempo e atenção. Ter falado sobre seu corpo despertou-le para decidir fazer as coisas de que gostava, para se tornar amigue de seu corpo e ficar mais em forma. O mal causado por Joe não era mais uma ferida aberta: "Estou em paz com o que vivi com ele. Quase não penso mais nele. Reconciliei-me com o que aconteceu, olhei para isso objetivamente. Tem coisas cuja responsabilidade eu assumo, mas muitas delas não foram minha culpa. Na maior parte, muito do que aconteceu foram manipulações dele, situações criadas por ele. Foi tudo culpa dele, e dos problemas que ele tinha, fossem lá quais fossem. Só sei que era inaceitável".

Música para meus ouvidos: KT revira toda a sua experiência, encaixando-a de forma mais precisa em sua verdade. Esse processo fez com que se curasse. Libertou-le para ousar construir amizades mais íntimas e abertas, que lhe pareciam relevantes e satisfatórias, embora às vezes ainda acidentadas — risco sempre existe. "Estou investindo de verdade nos relacionamentos. Na teoria, eu já sabia disso, mas agora estou colocando em prática, e não há nada me impedindo — estou vivendo aquilo que instintivamente já sabia. Ter uma noção clara de mim mesme é uma grande parte disso. Agora tenho clareza de que sou não binárie. Ainda tenho que fazer um esforço para saber se sou assexual ou não. Ter estabilidade e ficar no mesmo lugar por algum tempo vai ajudar. Eu me dei esse tempo para descobrir."

Nosso trabalho juntes por ora estava terminado. Tive a felicidade de receber uma atualização de KT: elu está feliz, vai bem no trabalho e está namorando.

REFLEXÕES SOBRE IDENTIDADE

UMA EXPLICAÇÃO PESSOAL

Concordo com Reni Eddo-Lodge, jornalista e escritora nigeriana-britânica: "A Grã-Bretanha ainda sente um profundo incômodo com raça e diferença". Por esse motivo, embora eu não tenha precisado assumir minhas circunstâncias pessoais em nenhuma outra parte deste livro, descobri que não poderia escrever sobre identidade sem explicar de onde venho. Como alguém que nasceu sob a cultura dominante e cujo modo de vida está alinhado com a maioria, tenho a sensação inata de pertencimento — minha forma de sentir, de ser, de viver é o que considero "normal". Isso me fez, em relação à identidade, navegar com mais facilidade pelo mundo. Tive o privilégio de não ter de lutar com minha identidade. Quando me tornei terapeuta, a identidade não era uma questão que estava no radar. Ignorar isso não seria possível se eu tivesse nascido em circunstâncias diferentes. Mesmo como terapeuta, minha formação abordava raça, classe (minimamente) e identidade sexual, mas não havia nada sobre gênero ou religião. Por mais que eu me esforce, isso pode me le-

var a ignorar sensibilidades, nuances e experiências de vida daqueles que integram uma minoria.

Quando nos perguntamos "Quem sou eu?", muitas vezes é por meio da identidade que encontramos nossas respostas. Acredito que a identidade é a base sobre a qual construímos uma vida. Defino identidade como uma coisa composta de uma série de tijolinhos. No mundo ideal, esse pilar sustenta a autoestima e a confiança. Alguns desses tijolos são fixos, como nossa raça. Outros podem permanecer fixos ou evoluir com o tempo, como nossa sexualidade, e há outros, ainda, que mudam ao longo da vida de acordo com os papéis que desempenhamos no trabalho, no amor e na vida. Parte de nossa identidade é formada por nossos pais, colegas e outros modelos de comportamento, e nossa missão de desenvolvimento, à medida que progredimos vida afora, é alinhar isso com quem acreditamos ser. Por meio das escolhas que fazemos, nossa identidade expressa nossos valores e crenças. É crucial compreender que em cada tijolinho reside a necessidade básica de ser amado e pertencer. Se essa necessidade não for atendida, isso leva ao medo da rejeição da família ou da sociedade, o que causa profunda angústia.

A identidade é algo complexo e difícil de definir. Todos nós podemos ter várias identidades e vários "eus" ao mesmo tempo: por exemplo, podemos ser britânicos, católicos, cientistas, mães, pais solteiros e nos sentirmos e até nos comportarmos de maneira ligeiramente diferente no desempenho desses diferentes papéis. À medida que progredimos na vida e as mudanças vão acontecendo conosco, sempre há ajustes a serem feitos em nossa identidade. Essas mudanças podem ser simples ou complexas: tornar-se marido ou mulher, trocar de posição política, mudar de gênero, passar para outra classe social ou migrar para outro país. A identidade está no cerne da mudança e é onde residem algumas das dificuldades em torno da mudança. Podemos temer ser quem somos agora e não sermos mais amados. Podemos resistir à mudança, pois ela pode colocar em risco nosso senso de poder e status.

Sair do armário, como Owen, por exemplo, pode expor uma sensação de vulnerabilidade como pessoa e o isolamento de estar em uma minoria. Podemos até ficar em negação por muito tempo, quando aquilo que nos parece autêntico acolher em nós não é socialmente aceito. Resistimos porque significa passar do conhecido ao desconhecido, da segurança ao risco. Por fim, podemos deixar de estar em negação quando a dor que isso provoca é maior que o medo do perigo.

Em nossa necessidade inata de pertencer, como seres humanos, tendemos a ver a diferença como uma ameaça, em geral devido à ignorância sobre o outro. Isso pode criar um conflito interno ao eu, ou um conflito externo entre pessoas com identidades diferentes. É só por meio do diálogo compassivo, quando a diferença é analisada e se abre uma compreensão maior, que vemos que há mais coisas que nos unem do que nos separam. Parte do desafio para aqueles que nascem com uma identidade em conflito com a sociedade como um todo, como Owen, Sara e KT, é como serem plenamente eles mesmos, já que nem sempre podem mudar o julgamento alheio. Eles também podem ter internalizado a vergonha, quando a cultura em que cresceram é uma cultura da vergonha.

Meu foco, ao contar as histórias deles, é ilustrar essa complexidade. Como seu senso de gênero, raça e identidade sexual e cultural impactou suas vidas através do processo de mudança — a forma como se enxergavam estava em descompasso com a forma como eram vistos pelos outros. O contexto em que viviam desempenhou um papel central em seu empoderamento na bem-sucedida transição para a nova identidade. Owen e KT estavam, de forma geral, em um ambiente empático, o que deu suporte à sua mudança. Sara, que não tinha uma família que a apoiasse, precisou lutar por seu empoderamento: teve que aprender um novo idioma, buscar acesso à educação, adquirir habilidades para ganhar dinheiro e ser extremamente adaptável para realizar seus sonhos. Com os exemplos delus, percebemos que a confiança no próprio senso de identidade foi fundamental para a forma de atuar no mundo. Enquanto lutavam contra esse senso de identidade causaram prejuízo ao próprio bem-estar e à capacidade de se comprometer com a própria vida.

Como crianças, e mesmo como adultos, aprendemos as regras que regem nossas identidades, quais aspectos são aprovados e quais são proibidos ou reprimidos na nossa família, na comunidade e no contexto cultural. Nunca subestime o poder dessas mensagens que são transmitidas antes mesmo de a criança possuir uma linguagem, nem a oportunidade de questioná-las ou entendê-las. As regras são aprendidas implícita e explicitamente. Muitas vezes surgem questões-chave para aqueles que optam por agir contra sua família tradicional, a comunidade e a identidade cultural, quando temem não serem mais amados ou perderem a sensação de pertencimento.

A identidade é uma questão cada vez mais importante em nossa sociedade: ela pode causar conflitos para aqueles cuja experiência de vida está impregnada de preconceito. Algumas dessas pessoas sem voz lutam por ela, e, por meio delas, nossa compreensão cresce — ou nos recusamos a ouvir. Ao pesquisar o assunto, meu objetivo é esclarecer as questões que surgem psicologicamente por meio da identidade; e, ao fazer isso, expandir nossa compreensão.

IDENTIDADE E EVOLUÇÃO

Reza Ziai, professor de psicologia norte-americano, explica por meio da ciência evolutiva que a razão de nosso desejo de sermos vistos como indivíduos únicos é nos destacarmos e atrairmos um parceiro em potencial. Fazemos isso exibindo nossas características particulares, sejam elas a aparência, as habilidades ou a personalidade, para sobrepujar a concorrência.

Sentimos um desejo inato de sermos únicos, mas precisamos pertencer a um grupo. Do ponto de vista evolutivo, faz sentido: na época de nossos ancestrais, ser banido podia significar a morte, por perda de recursos, parceiros e status, e pela ameaça de predadores. O legado fisiológico de nossos antepassados está vivo até hoje dentro de nós: ser expulso de um grupo (seja ele qual for) desencadeia uma resposta de estresse que lembra uma dor física.

Pesquisas adicionais do professor Ziai mostram que ouvir mensagens dissonantes também desencadeia a resposta de estresse, porque confunde nosso senso de conexão de grupo. Novamente, de um ponto de vista evolutivo, assimilar uma mensagem dissonante, contrária à narrativa do grupo, pode levar ao ostracismo e até à morte. É compreensível, portanto, que grupos e indivíduos reajam violentamente quando percebem que suas ideias estão sendo atacadas.

Historicamente, nunca tantos grupos dissonantes se reuniram em qualquer outro momento da evolução humana quanto nas últimas décadas. Hoje vivemos em um mundo altamente conectado por viagens, pela tecnologia e pela globalização. Em compensação, nossos sistemas internos não se adaptaram tão depressa a essas mudanças. Somos primitivamente programados para enxergar a diferença como uma ameaça potencial à nossa existência: "Estranho = perigo".

Ao que tudo indica, frequentemente não temos consciência dessa resposta evolutiva e não usamos nossas habilidades cognitivas para desacelerar o sistema a fim de nos contrapormos ao reflexo instintivo e favorecer outro, mais pensado e sensato.

A INFLUÊNCIA HISTÓRICA
SOBRE A IDENTIDADE, HOJE

Um aspecto da identidade muitas vezes ignorado é a importância do passado na forma como enxergamos as identidades no presente. Nossa história costuma ser contada pela cultura dominante, carecendo das vozes de múltiplas perspectivas e, portanto, moldando as narrativas com as quais vemos a identidade agora. Criou-se uma imagem dinâmica do "mocinho" e do "bandido" para contar a história. As consequências são múltiplas: se nos dizem que somos o "bandido", começamos subconscientemente a manifestar qualidades de "bandido"? Se ouvirmos apenas histórias que descrevem imagens de nós mesmos, nossa identidade se fortalece, mas o preço disso não seria a falta de empatia e de percepção da identidade do outro? Quando não somos representados e ouvidos, isso faz com que aspectos específicos de nossas identidades pareçam menos importantes e menos compreendidos. Considerando que as histórias são nossas formas de nos entendermos, não temos como aprender verdadeiramente sobre nós mesmos quando nossa história é apagada ou distorcida.

O cruzamento da história com nossa identidade atual muitas vezes cria desafios para nosso significado pessoal e social. É do nosso maior interesse aprender e não repetir o comportamento do passado, para compreender e criar novas normas e regras sociais que evoluam de acordo com o mundo moderno.

PODER E IDENTIDADE

Existe um elemento pessoal e individual em nossa identidade. Precisamos reconhecer que algumas pessoas encaram menos desafios que outras em relação à identidade. Quando possuímos uma identidade "popular" ou reconhecida como "melhor", é provável que naveguemos pelo mundo com mais facilidade. Em geral, isso faz com que não se imponham opiniões e barreiras, o que torna a progressão da vida mais bem-sucedida. Isso é verdade sobretudo com relação à hegemonia da raça branca, que, no Ocidente, tem maior poder e privilégio. Podemos vê-la como uma força estrutural da cultura que se espalha, enxergando o homem branco como bom e marginalizando os outros, o que aumenta as chances da maioria. Há na identidade uma dimensão política vital, que não será analisada aqui, visto que nos concentramos no aspecto psicológico.

Há uma tensão especial relacionada a poder e identidade nas interseções das identidades marginalizadas com as dominantes. Um possível exemplo da dificuldade na interseção de identidades é ser gay e ao mesmo tempo praticar uma religião cuja comunidade considera a homossexualidade imoral. As pesquisas mostram que "as mulheres negras são socialmente ignoradas, considerando que não correspondem nem ao estereótipo do negro nem ao estereótipo da mulher". Kimberlé Crenshaw, que cunhou o termo "interseccionalidade", argumenta que, quando se é negra, mulher e deficiente (como a dupla de ativistas mulheres que se autodenomina The Triple Cripples (As Triplamente Aleijadas), você enfrenta a opressão social em três níveis diferentes. Possui um terreno comum com as mulheres, tanto as negras quanto as brancas; um terreno comum com outras pessoas com deficiência de todas as etnias; e um terreno comum com todos os negros. Todas as opressões enfrentadas por esses três grupos se aplicarão a você. Você não enfrenta apenas a opressão "negra", "feminina" ou "deficiente", mas as três a um só tempo. Todas as três são sua identidade — e até mais, se além disso você não for hétero.

AS PESQUISAS SOBRE GÊNERO E IDENTIDADE SEXUAL

Geralmente, os homens e mulheres heterossexuais são considerados a norma, da qual os outros se desviam. No entanto, agora sabemos que as diferenças entre homens e mulheres, sua sexualidade e seus relacionamentos se situam em uma linha que varia continuamente, e que sua posição nessa linha pode ser afetada por elementos externos. Aquelus que são vistos como com não conformidade de gênero, sexualidade e preferência de relacionamento muitas vezes sofrem psicologicamente: apresentam taxas de doenças mentais mais elevadas do que as pessoas heterossexuais, por serem marginalizades, discriminades ou vistes como anormais.

É importante analisar como o panorama da orientação sexual vem mudando depressa, o que pode ser visto claramente nas estatísticas extraídas do UK Office for National Statistics:

- Em 2017, pouco mais de 1 milhão (2%) dos habitantes do Reino Unido com 16 anos ou mais se identificavam como lésbicas, gays ou bissexuais (LGB). [Esse índice era de 1,7% em 2015.]

- A população de 16 a 24 anos era o grupo de idade com maior probabilidade de se identificar como LGB em 2017 (4,2%).

- Mais homens (2,3%) do que mulheres (1,8%) se identificaram como LGB em 2017.

- A população que se identificou como LGB em 2017 tinha maior probabilidade de ser solteira, nunca ter se casado ou tido uma união civil: 69,4%.

- Entre março de 2014 e outubro de 2015, aproximadamente 15 mil casamentos do mesmo sexo foram realizados na Inglaterra e no País de Gales; 55% desses casamentos ocorreram entre casais do sexo feminino e 45% entre casais do sexo masculino.

Atualmente faltam dados demográficos sobre identidade trans no Reino Unido: desde 2009 reconheceu-se a necessidade de coletar e registrar informações como parte do censo de 2021. Isso reflete como as mudanças recentes de nossas visões sobre a identidade de gênero evoluíram e, espera-se, chegaram à vanguarda do mainstream.

Pesquisas mostram que os jovens, como KT, consideram mais fácil sair do armário para os colegas do que para os pais, tutores ou qualquer pessoa das gerações anteriores. Se os jovens acham difícil sair do armário para os mais velhos, talvez seja porque estes tenham dificuldade em ser sinceros sobre sua orientação sexual com seus pares (comparativamente mais velhos), muitas vezes escondendo-a ou vivendo-a com dupla identidade.

Os jovens menores de dezoito anos se identificam com mais frequência como LGBTQ+ e vivem em um entorno considerado mais receptivo. Além disso, os jovens discutem mais a sexualidade e o gênero, e se veem mais representados nas redes sociais. Também é importante notar que o amadurecimento psicológico de jovens como KT tem ocorrido em um ritmo mais lento que o da geração anterior, dando mais tempo para explorar quem são. Prevê-se que essa fluidez de gênero seja mantida à medida que envelhecem.

O termo "binário" é relativamente novo, embora o conceito não seja. Segundo o psicólogo Jack Drescher, foi na cultura ocidental dos anos 1970 que as variações de gênero surgiram, desafiando a norma binária de macho e fêmea. Em diversas culturas foram documentadas identidades variadas, ainda que representadas erroneamente como "doentes mentais" ou "desviantes". A opinião de Drescher é contestada por outros especialistas, que a consideram a-histórica e incorreta. Pesquisas mostram que as redes sociais permitiram que esse grupo minoritário, assim como outros, se fizesse representar com uma voz mais potente.

Pesquisas voltadas para aquelus que se identificam como não bináries, ou seja, as pessoas que não identificam seu gênero como masculino ou feminino, vêm aparecendo com maior frequência. A psicóloga irlandesa Mairéad Losty afirma, em seu artigo "Failing Outside of the 'Nice Little Binary Box" [Saindo da "Linda caixinha binária"], que "a descoberta da categoria de gênero não binário permitiu a essas pessoas contextualizar suas experiências únicas de identificação e/ou desidentificação de seu sexo biológico". Não surpreende que a experiência de rejeição e invalidação, quando a categoria de não binário não é reconhecida, tenha se mostrado prejudicial à autoconfiança.

Usar a terminologia correta é importante: não basta simplesmente usar as palavras certas, mas fazer uma utilização sensível da linguagem em geral, permitindo que a pessoa tenha um sentido melhor de si mesma. Esses termos não foram criados apenas para que os outros saibam em que caixa colocar alguém, mas para a pessoa de quem se trata compreender melhor sua identidade. Ao falar sobre gênero, é essencial a linguagem que utilizamos para aquelus com não conformidade de gênero: elus querem que se empregue a terminologia correta, por exemplo o pronome "elu" em vez de "ele" ou "ela". É importante dar um senso de pertencimento àquelus que muitas vezes se sentem marginalizades.

AS PESQUISAS SOBRE O DESENVOLVIMENTO DO GÊNERO DESDE O NASCIMENTO

Em um estudo, perguntou-se aos pais, logo após o nascimento dos filhos, quais eram as perguntas mais frequentes que amigos e familiares faziam. Concluiu-se que 80% das perguntas iniciais eram sobre o sexo do bebê: "É menino ou menina?". Sei que é a primeira pergunta que faço, e é algo que parece, por algum motivo, importante, mas não consigo determinar por quê. Fico me perguntando se é porque queremos possuir algum tipo de controle sobre o recém-nascido. Como eles não falam e não sabemos como são, buscamos a conexão por meio do gênero. Tendo um gênero em mente, formamos uma imagem de como aquela menina ou menino se situará dentro da família.

Desde os primeiros dias, a definição mais importante de nossa identidade é o gênero: menino ou menina, azul ou rosa, sem nenhuma zona cinzenta envolvida. Nossos primeiros anos são, é certo, a fase em que o senso de nosso próprio gênero se desenvolve: pesquisas mostram que desdobramentos importantes para a formação de gênero ocorrem nos primeiros dois ou três anos de vida. A criança entende seu gênero e o das pessoas ao seu redor e, a partir dos três anos, toma decisões baseadas no gênero, como o corte de cabelo e o jeito de falar. Isso não chega a causar surpresa, sabendo que o gênero é uma parte importante de como se é percebido nos anos de formação.

Ainda está em aberto o debate sobre se o comportamento masculino e feminino é condicionado. Mas cada vez mais o gênero é reconhecido, de forma ampla, como uma construção social.

MIGRAÇÃO, REFUGIADOS E IDENTIDADE

Em 2017, 258 milhões de pessoas eram migrantes, cerca de 3% da população mundial. Em 2017, 64% dos migrantes em todo o mundo — um total de 165 milhões de migrantes internacionais — viviam em países de renda alta. A população migrante cresceu 200% nos últimos cinquenta anos.

Apesar de óbvio, não deixa de ser válido observar que apenas os pertencentes a grupos minoritários são tidos como detentores de uma identidade "étnica", enquanto a maioria tem a identidade "da nação". Não se pode esquecer que, em escala global, a etnia branca é minoria (11,5% globalmente). Sara resumiu a vivência disso ao afirmar: "Não quero sentir vergonha de ser síria, mas não quero racismo nem pena. Quero respeito e valor por quem eu sou... Sou tratada como uma estranha".

Como demonstramos, pertencer é um impulso central da identidade, e aqueles que migram para novos países, seja por uma necessidade ou antecipando-se a ela, deixam de pertencer. Mesmo pessoas que em seu país de origem são vistas como bem-sucedidas, instruídas e de classe alta, ao migrar perdem todo esse valor. Qualquer que seja a formação anterior, há perda de status e da consideração social e destruição da identidade. Elas chegam desconectadas de tudo o que conheceram e enfrentam as formidáveis barreiras de seu novo país, sendo uma delas, e não das menores, o fato de não falarem o idioma. Acabam recebendo essa nova e indesejada identidade de "refugiado". A sociedade categoriza as pessoas, rotulando-as como "refugiados" ou "migrantes", o que reduz a percepção de suas qualidades humanas, limitando então nossa abertura a elas, de ser humano para ser humano.

Parte da extrema dificuldade e complexidade de se assimilar uma nova cultura é que a pessoa pode ter vindo de um lugar com certo tipo de regras estabelecidas, por exemplo, para as mulheres, e ir para um lugar com outro conjunto de regras ou expectativas sociais. Essas regras podem comprometer a identidade da pessoa e gerar segregação e incapacidade de se adaptar socialmente a certas atividades.

Isso é particularmente verdadeiro quando se parte de um país não ocidental para um país ocidental: a dificuldade, talvez, de sair de um ambiente rural para um urbano, o que gera desorientação e sobrecarga, quando a pessoa não possui as habilidades necessárias para trabalhar na cidade. O estigma de ser visto como refugiado, combinado à falta de poder, sejam quais forem os planos ou desejos particulares, faz com que se esteja à mercê do novo país. Além disso, a situação costuma ser precária, com a insegurança de ser mandado de volta ao país de onde fugiram por causa do medo ou da miséria. O reconhecimento dessa dificuldade levou à definição de um tipo específico de estresse: o "estresse aculturativo" é "o nível de tensão psicossocial vivenciado por imigrantes e seus descendentes em resposta aos estressores relacionados à imigração que encontram ao se adaptarem à vida em um novo país".

Não chega a surpreender que o êxito ou fracasso do migrante ou refugiado na integração ao novo país dependa do tipo de personalidade do migrante e da forma como o país receptor reage a ele. O processo de assimilação é extremamente difícil. Quem busca se sair bem na sociedade nova precisa abandonar a identidade de refugiado e, enquanto luta por um senso de pertencimento, negociar sua nova identidade e reconstruir sua vida no novo ambiente. Isso leva tempo. Mas também é necessário um ambiente acolhedor e um sistema de apoio. Quando não valorizamos a diversidade ou não ampliamos continuamente nossa conscientização, não permitimos a formação de laços culturais, dificultando assim a aquisição ou adaptação da identidade do indivíduo a um novo ambiente.

AS REDES SOCIAIS E A IDENTIDADE

As mídias sociais terão um papel fundamental na representação e, mais importante até, na representação correta de todas as formas de identificação. Como a socióloga e demógrafa americana Ann Morning afirmou, de forma sensata: "O que há de novo na contestação pública dos nossos dias é a forma como as redes sociais propiciam uma ampla arena — muito além do círculo de fofocas da cidade, do tribunal ou do cartório — onde uma multidão de pessoas comuns pode acompanhar e opinar no debate sobre a identidade racial de determinados indivíduos".

O PROCESSO DE MUDANÇA DE IDENTIDADE

O primeiro passo no processo de mudança é a conscientização. Podemos dizer a nós mesmos: "Este é quem sou", porque quem somos foi estabelecido para nós desde o nascimento, e é tudo o que sabemos. A maioria não escolhe avaliar essas mensagens e crenças, ou questionar se elas se encaixam em nós, ou se nos limitam, porque é assustador romper o vínculo de conexão com nossa família biológica. Ser diferente de tudo o que conhecemos pode levar a uma sensação de exclusão.

O incômodo costuma ser o canto de sereia da mudança, um aviso de que a forma como estamos vivendo ou sendo vistos não se encaixa mais. A mudança pode nos ser imposta por circunstâncias acima do nosso controle, o que intensifica o nível de angústia. Podemos tentar recuperar o controle e desejar nos apegar ao nosso eu passado, mas não temos escolha a não ser nos rendermos a essa nova situação. Isso nos forçará a nos diferenciar de como fomos moldados no passado, de modo a receber amor e aceitação. E abarca todos os setores de nossa personalidade, desde sexualidade, gênero, religião, papéis profissionais e pessoais até nosso senso de identidade, condicionado por nossos pais e pelo ambiente.

É preciso coragem, autocompaixão e determinação para ousar fugir daquilo que foi projetado em nós. Encontrar a clareza nessa dimensão evolutiva do eu envolve muita conversa e idas e vindas dentro da mente. É complicada a atração entre os dois polos da identidade de nascença e o eu novo ou o eu real, qualquer que seja a forma que ele assuma. Nossa voz crítica interna pode nos frustrar, aquilo que chamo de "comitê do vai-dar-merda". Convém ouvir claramente o que essa voz nos diz e desafiá-la: ela pode murmurar baixinho, criando uma aversão a si próprio que é nociva. É possível criarmos um diálogo interior mais gentil, que seja curioso, compassivo e paciente, uma voz positiva que nos dê apoio em direção à abertura para essa nova dimensão do nosso eu.

O processo de mudança é facilitado quando se experimentam uma nova atitude, a conexão com novos grupos e a geração de conhecimento para se criar melhor entendimento e familiaridade com a nova paisagem. Encontrar um novo senso de pertencimento é uma espécie de luto, a dor de perder o eu do passado para assumir um novo eu: quanto maior a mudança, maior a perda. Tal como acontece com o luto, a natureza paradoxal desse processo é um fato. Como disse o psicólogo americano Carl Rogers: "Quanto mais pudermos aceitar os aspectos de nosso eu que consideramos inaceitáveis, mais provável será que a mudança ocorra".

É importante, se possível, não romper os relacionamentos com aqueles que estão ligados ao nosso eu anterior. Consegue-se isso por meio da construção de pontes de entendimento com essas pessoas essenciais em nossa vida, sem aliená-las nem cortar os laços com o passado. Em alguns casos muito dolorosos, isso pode ser impossível. A chave para se reconciliar com todas as perdas é o apoio. Não é possível realizar o processo isoladamente. Além disso, é importante lembrar que isso leva tempo, mais do que a maioria das pessoas deseja. A paciência é a atitude necessária o tempo todo.

À medida que mudamos nossa identidade, o sentido que damos, ou desejamos dar, para a vida inevitavelmente também mudará. Isso envolverá encontrar respostas para perguntas sobre aquilo que atualmente dá significado à nossa vida. Quando nos sentimos realizados e em paz com quem somos, nossa satisfação é maior. Dar sentido à nossa vida, o que não é o mesmo que buscar a felicidade, leva ao bem-estar a longo prazo.

Quando, com o passar do tempo, a pessoa consegue se transformar em quem ela quer ser, ou se adaptar às novas circunstâncias em que se encontra, o processo é doloroso, mas fortalecedor. Ele é necessário. Viver uma vida não autêntica é um preço muito alto a se pagar pelo medo da mudança. Dada a complexidade da estrutura de identidade de qualquer indivíduo, é improvável que isso ocorra de uma só vez. À medida que entramos em novas fases de nossa vida, ou novas circunstâncias nos são impostas sob diferentes aspectos, nossa identidade exigirá uma contínua renegociação.

Conclusão

Adorei escrever este livro sobre como mudamos, o que sentimos quando mudamos, como progredimos daí em diante e o que nos faz empacar. É um projeto muito pessoal, reunindo tudo aquilo que aprendi com meus clientes, minhas pesquisas e minha vida pessoal. Busquei fazer dele o livro que eu gostaria de ter recebido aos vinte anos para me ajudar a compreender a mim mesma, tanto naquela época quanto em cada fase da vida, como guia e fonte de ideias ao longo do tempo. Quero que seja um livro que, depois de lido, fique na prateleira como um lembrete para não sermos autodestrutivos e termos compaixão por nós mesmos em tempos de mudança.

Se eu tivesse apenas um desejo para este livro — e a verdade é que tenho muitos —, seria que, através destas páginas, aqueles cujos relacionamentos passaram por conflitos com outras pessoas ou consigo mesmos durante o processo de mudança encontrem um caminho para compreender melhor a si mesmos e aqueles que amam. Espero que essas histórias e reflexões o auxiliem a entender o que causou os bloqueios, a descortinar novos modos de ser e o ajudem a entender que, por mais anormal que possa se sentir, você é normal. Que essa nova sabedoria lhe permita criar laços mais estreitos com aqueles que você ama e de quem mais precisa, entre eles você mesmo.

Quando a mudança acontecia para meus clientes, sobretudo a mudança indesejada, eles, como todos nós, tendiam a recorrer às suas defesas naturais: atacar, fechar-se, teimar, o que trazia mais sofrimento. Quando estamos sofrendo, muitas vezes nos comportamos de uma maneira que leva a reações e consequências negativas, o que é cruel. Enquanto redigia as histórias de meus clientes, eu não parava de me admirar com a coragem deles para resolver as próprias dificuldades. Instintivamente eles sabiam algo que as pesquisas mostram o tempo todo: quanto mais cedo a dificuldade é enfrentada, melhor será o resultado. Em muitas histórias, vimos a natureza contraditória do ser humano, o conflito entre desejo de previsibilidade e liberdade — segurança versus emoção. A natureza humana funciona melhor na rotina, e damos preferência aos hábitos, mas podemos concluir que isso é insuportavelmente enfadonho. Então botamos a cabeça para fora da janela em busca de algo novo, o que aciona a batalha entre a ordem e o caos.

As histórias que reuni mostram como esse processo se deu individualmente. Ilustram como podemos administrar a mudança em pequenas etapas, mas como uma transformação repentina ou imensa pode nos atingir como um tigre que salta sobre nós, espalhando medo por todo o nosso ser. Com essas histórias, descobrimos que a dor não mata: não há um tigre de verdade nos ameaçando. Compreendemos que, no fim das contas, no caso da maioria, se confiarmos no ir e vir de nossas emoções e tivermos resistência para suportar o incômodo, iremos sair dessa mais fortes.

Meus pacientes questionaram, como a maioria acaba

questionando em algum momento, o que é justo esperar da vida e o que devemos aceitar. Dizem para mirarmos na lua, porque assim acertaremos as estrelas. Para alguns, a sorte, a vida e os sonhos vêm juntos. Para outros, a realidade está a anos-luz de sua visão, talvez por conta de decisões erradas ou, na maioria das vezes, por falta de sorte. Ou talvez o sonho não fosse realista. Enfatizei ao longo deste livro a importância da esperança, mas quando essa esperança é falsa? Tem gente que costuma dizer que sonhou durante uma década inteira, ou que não sabe o que a levou a determinada trajetória de trabalho ou relacionamento. A visão da vida não vivida acaba sendo muito mais atraente do que a vida que efetivamente aconteceu.

Para mim, essas histórias são a afirmação do valor de passar algum tempo examinando nossa vida e nossos sonhos. Reconhecemos com essa análise como nossa experiência nos moldou e que assumir a mudança expande nosso horizonte, enquanto bloqueá-la o reduz. Não temos como fazer isso sozinhos. Precisamos de um bom ouvinte: um amigo ou terapeuta para descobrir quem realmente somos, o que é mais importante para nós e o que esse processo significa. Isso pode nos poupar uma vida inteira de arrependimento.

Este livro talvez tenha suscitado sentimentos muito fortes: você pode concordar ou discordar veementemente de seu conteúdo. Seja qual for a resposta, ela é útil. São informações que ajudam a esclarecer aquilo em que acreditamos, aquilo que nos importa e aquilo que não queremos. Também imagino que muitos leitores terão procurado uma história em especial que jogasse luz sobre suas próprias experiências ou fantasmas e podem não ter encontrado. Se eu tivesse clientes diferentes, alguém passando por um divórcio mais destrutivo que o de Isabel ou por uma transição mais difícil para se aposentar do que Heinrich, o livro teria sido diferente. Mas a mensagem continuaria a mesma. Ela é simples. A vida é mudança; não temos como evitá-la; nossa capacidade de nos adaptarmos às mudanças costuma levar mais tempo do que imaginamos; e raramente acontece sem trazer muitos sentimentos — inquietação na ponta menos difícil do espectro, sofrimento na outra. Quanto maior nossa capacidade de adaptação, mais rica provavelmente será nossa existência; questões não resolvidas do passado levam a transições mais difíceis na vida adulta. O mais importante é que precisamos do amor e da conexão dos outros para nos mantermos íntegros quando sentimos que vamos desabar.

Por fim, também precisamos encontrar maneiras de nos dar sustentação durante esse processo. Por esse motivo desenvolvi os Oito Pilares da Força, detalhados a seguir: eles são um guia concreto das coisas reais que podemos fazer para ajudar a nós mesmos quando nos sentimos oprimidos e imobilizados por sentimentos do presente, ou perdidos em um futuro imaginário que tememos ou pelo qual ansiamos. Fazendo essas coisas, podemos aumentar nossa robustez.

Meu desejo é que todos aqueles que leiam este livro, qualquer que seja o motivo, vivendo sua existência de desconcertante e fascinante complexidade, encontrem nele alguma sabedoria, algum consolo ou momento de iluminação. Que isso os ajude a dar o próximo passo no ímpeto natural da vida com um pouco mais de alegria, clareza, confiança e, claro, esperança. Sempre sabendo que "vai passar".

OS OITO PILARES DA FORÇA PARA TEMPOS DE MUDANÇA

Os Oito Pilares da Força

Desenvolvi este modelo a partir do meu trabalho com clientes e pesquisas. É claro que falar e refletir enquanto estamos em uma fase de mudança é a chave, caso queiramos realizar nosso potencial e prosperar. É importante termos uma abordagem holística e nos conscientizarmos a respeito de como tudo o que decidimos fazer ou não fazer tem impacto. Os Oito Pilares da Força servem como um enquadramento para encontrar as atitudes, os modos de ser e os bons hábitos que ajudarão a nos fortalecer para lidar com os altos e baixos ao longo da vida.

Não tenho como enfatizar o bastante quanto importa para cada um de nós desenvolver sua própria "caixa de ferramentas" de apoio, em busca de nosso jeito de fazer particular. Erguer esses pilares exige trabalho e compromisso para seguir em frente. É algo que funciona melhor como um todo integrado. É você quem decide quais são cruciais para você.

1. RELACIONAMENTO CONSIGO MESMO

O relacionamento consigo mesmo é o pilar que influencia todos os outros relacionamentos em nossa vida e é fundamental para o nosso bem-estar. Precisamos ter consciência daquilo que acontece dentro de nós e aceitar quem acreditamos ser. Uma boa regra é ser tão bom e respeitoso conosco como seríamos com um bom amigo.

Coisas que ajudam:

- Dentro da nossa mente às vezes há muitas mensagens diferentes, conflitantes e confusas. Um bom jeito de descobrir o que estamos pensando é escrever um diário. Colocar no papel as mensagens conflitantes e o que estamos sentindo nos permite começar a esclarecer o que está acontecendo dentro de nós e nos proporciona as informações necessárias para assegurar que encontremos o apoio certo. Diários, como demonstram as pesquisas, servem como uma fonte de autoapoio e são tão eficazes quanto terapia. Você pode fazer isso, por exemplo, antes ou depois dos exercícios de relaxamento no pilar corpo-mente.

- Todos nós precisamos de mecanismos de defesa: descubra quais são os seus e verifique se, no seu caso, eles continuam úteis ou não. Por exemplo, caso tenha tendência a se recolher e se afastar das outras pessoas quando fica aborrecido, isso pode indicar que você não tem o apoio de que realmente precisa. É bom ter consciência disso e dizer às pessoas próximas que você precisa que elas o escutem, o confortem ou o ajudem a descobrir o que está lhe causando o incômodo.

- À medida que vamos mudando, com o passar do tempo, a

confiança e o senso de identidade mudam também. Talvez no passado tenhamos lançado mão de força física, aparência, esforço, memória ou talento, e estes podem ter diminuído ou mudado. Precisamos de autocompaixão para nos apoiar, fazer o luto dessas qualidades e buscar ativamente novas fontes de confiança e senso de significado.

- Ter uma atitude de gratidão pelo que possuímos, em vez de buscar sempre mais no mundo exterior, é cada vez mais visto como componente-chave de um relacionamento saudável consigo mesmo. Um exercício rápido e fácil é manter anotações no celular ou em um bloco ao lado da cama, e escrever todas as noites três coisas pelas quais você é grato naquele dia — mesmo algo minúsculo pode ajudar. Ao olhar para trás, semanas depois, é muito provável que tenha se formado uma maravilhosa tapeçaria de memórias que fornecerão uma base rica e gratificante para a vida.

2. RELACIONAMENTO COM OS OUTROS

Ter relacionamentos bons e sólidos é o princípio central de uma vida boa e feliz. Relacionamentos exigem autoconhecimento, comprometimento e tempo, além de amor. Se quisermos ter êxito, precisamos fazer esse esforço, e é um esforço árduo, garantindo que daremos e receberemos o amor que faz a vida valer ser vivida.

Coisas que ajudam:

- Admitir que, à medida que mudamos, nossos relacionamentos também mudam, junto com nosso parceiro, a família e os amigos. Isso significa que precisamos encontrar maneiras de comunicar nosso amor e aquilo de que precisamos, bem como ter conversas difíceis, mas importantes, e formas de fazer as pazes depois de um atrito. O poder secreto da comunicação é a capacidade de ouvir — sim, precisamos ser capazes de nos comunicar honestamente, mas, a menos que sejamos plenamente ouvidos, a iniciativa não adianta de nada. Comunicar-se é a capacidade de ser reflexivo ao ouvir. Por "ouvir" quero dizer escutar ativamente: ouvir com o coração, ouvir com os olhos para captar pistas visuais e ouvir prestando atenção ao que está sendo dito, e não pensando no que responder. A franqueza dessas conversas gera confiança, uma das pedras fundamentais de um bom relacionamento. Um exercício útil é revezar-se ao falar, cinco minutos para cada pessoa, e antes de falar refletir, como ouvinte, sobre o que foi dito.

- Isso significa priorizar nossos relacionamentos principais, o que envolve reservar um tempo de verdade: tempo para se divertir juntos, para brincar juntos e tempo para simplesmente estar juntos. Pode ser uma saída noturna de vez em quando, se dedicar a um hobby em comum ou simplesmente passear.

3. FORMAS DE LIDAR COM AS EMOÇÕES

Se pudéssemos forçar nossos sentimentos a obedecer aos nossos pensamentos, a vida seria infinitamente menos complicada, mas também um bocado mais chata e monótona. Embora não possamos controlar o que sentimos, quanto mais temos noção daquilo que estamos sentindo e do diálogo interior rodopiando em nossa cabeça, maior a probabilidade de conseguirmos impedir que esses sentimentos predominem.

Nosso cérebro tem uma parte constantemente em alerta, de olho no perigo — ela existe para nos proteger —, mas isso significa que temos um viés negativo, de procurar as coisas ruins em vez das boas. Quando essa parte do cérebro é ativada, por exemplo, ao ouvirmos uma notícia ruim, ela pode acionar o sistema de luta-fuga-paralisia, que, repito, existe para nos proteger, a fim de que possamos fugir ou lutar, mas que nos impede de pensar com clareza. Precisamos criar formas de mediar isso com um "cérebro positivo", para, ao ouvirmos notícias ruins, não aceitarmos nossa reação inicial, que provavelmente será negativa. Tire um tempo para se acalmar, reflita mais profundamente, discuta o assunto com outras pessoas e só então responda.

Oitenta por cento do processo de tomada de decisão é influenciado pela emoção e por nossa experiência. Quanto mais controlarmos o que está acontecendo dentro de nós, mais bem informadas serão nossas decisões.

Um elemento crucial para o êxito na vida é o controle dos impulsos, a capacidade de adiar a gratificação ou escolher o que dizer e quando. Isso faz com que precisemos encontrar maneiras de calibrar nossos sentimentos extremos, não adotando maus hábitos, como drogas e álcool, para anestesiá-los ou descarregá-los nas pessoas mais próximas.

Coisas que ajudam:

- Assumir a responsabilidade por nós mesmos e pelo nosso impacto sobre os outros.

- Conscientizar-se é o primeiro passo: saber quais são seus gatilhos. A sigla HALT (fome, raiva, solidão e cansaço, em inglês) lista situações de vulnerabilidade que podem nos levar, por exemplo, a disparar uma mensagem furiosa. Não faça isso. Lembre-se do HALT.

- Respirar ao perceber que um possível gatilho está para chegar. A atitude ideal é desacelerar, dar um tempo.

- Para barrar um desejo persistente ou uma imagem negativa recorrente, pode ser bom fechar os olhos e visualizar essa imagem como se fosse uma tela de televisão. Respire e mude de canal. Visualize uma imagem positiva, ou seu lugar seguro, olhe ao redor e respire. Respire novamente, abra os olhos e concentre-se em uma tarefa. Repita quantas vezes achar necessário. O uso regular dessa ferramenta aumenta sua velocidade e eficácia.

- Sentimentos não são fatos. Podemos nos sentir onipotentes ou, na outra extremidade do espectro, culpados e impotentes — mas sentir uma coisa não quer dizer que aquilo seja verdade. Ser capaz de identificar todas as nossas diferentes emoções nos proporciona mais clareza para saber como reagir a uma situação específica. Isso assegura que nos orientemos na direção certa, de acordo com quem somos e aquilo em que acreditamos.

4. TEMPO

Nossa relação com o tempo sofre uma alteração radical à medida que envelhecemos. Quando somos jovens, acreditamos que a vida é eterna, nos sentimos imortais, mas à medida que envelhecemos temos a apavorante consciência da mortalidade. O tempo tem diferentes tons, dependendo do nosso humor: quando estamos infelizes, ele parece desacelerar. Quanto mais pudermos estar atentos ao presente e ao momento que estamos vivendo, mais rica pode ser nossa vida. Como escreveu Annie Dillard: "Como passamos os nossos dias é, obviamente, como passamos as nossas vidas". Vale a pena se lembrar disso.

Coisas que ajudam:

- Estar atento significa concentrar a atenção no momento presente, ter consciência das sensações no corpo, das imagens e sons ao redor, enquanto aceitamos com calma nossos sentimentos. Aplicativos como o Headspace são guias úteis. (Veja também o pilar 8, na p. 393.)

- A adaptação às mudanças leva mais tempo do que desejamos ou esperamos. Não podemos lutar contra isso ou apressar o processo voluntariamente. O máximo que se pode fazer é encontrar formas de apoio. Aceitar a mudança, sermos pacientes e gentis conosco aumenta a probabilidade de que o ajuste se torne mais rápido. A longo prazo sairemos ganhando.

- Reservar mais tempo do que normalmente seria de esperar para tomar decisões, tanto as mais imediatas quanto as para a vida toda. Podemos sentir a pressão para agir em razão de um sentimento muito forte de impotência, mas só o tempo garante a reflexão adequada para evitar o arrependimento.

- Nossa relação com o tempo parece confusa. O futuro pode parecer assustador e sentimos vontade de estar no passado. O melhor a fazer é olhar para o curto prazo, manter a atenção no aqui e agora. Quando você se surpreender fazendo um filme mental sobre um futuro desconhecido e negativo, volte a atenção para o presente, para a tarefa que está executando, com os pés firmes na terra, respire e planeje o que precisa fazer hoje. "Um dia de cada vez" é um mantra dos AA muito útil.

5. CORPO-MENTE

Hoje em dia, corpo e mente são pensados como uma coisa só, e não como dois sistemas separados. Sabemos que a mente racional/sentimental afeta o corpo físico e vice-versa: em todos os momentos, aquilo que pensamos envia sinais ao nosso corpo, e uma sensação no corpo envia sinais à mente. O corpo-mente é um conjunto de conexões entrelaçadas que influencia profundamente nosso humor, nossas decisões e nossos comportamentos. Muitas vezes, é nossa fonte de informação mais poderosa. O famoso neurocientista António Dámasio afirmou: "O corpo tem memória, o corpo mantém o registro", o que significa que cada experiência por que passamos deixa uma marca em nós, que pode ser ativada pela experiência seguinte.

É importante saber que aquilo que deixamos entrar na mente terá uma influência fundamental em nossas emoções. Precisamos estar cientes, por exemplo, de que o que estamos assistindo ou ouvindo tem uma influência poderosa em nosso humor. Seu impacto é semelhante ao daquilo que colocamos na boca, ou à forma como nossa atividade (ou falta dela) afeta nosso corpo.

O exercício regular é um dos pilares de uma vida saudável, mais eficaz do que qualquer pílula já desenvolvida para a saúde física e mental. Para obter o melhor resultado possível, deve-se estabelecer um padrão de prática desde a adolescência até a velhice, embora nunca seja tarde para começar. Os exercícios não apenas ajudam a prevenir o aparecimento de muitas doenças; também podem ajudar a curá-las ou aliviá-las.

As diretrizes do National Institute for Health and Care Excellence, órgão vinculado ao Ministério da Saúde britânico, afirmam que o exercício *regular* é o equivalente a uma dose baixa de antidepressivos — melhora nosso humor.

Coisas que ajudam:

- O exercício cardiovascular é o caminho mais rápido para desestressar o corpo. Nossos níveis de estresse aumentam com o corre-corre diário da vida, enquanto correr, caminhar ou praticar um esporte diminui instantaneamente os níveis de cortisol; depois de se exercitar, nosso corpo é avisado para não ficar em alerta, pois estamos em segurança, e é liberado o neurotransmissor dopamina, que faz com que nos sintamos bem. Nunca se pergunte "Devo me exercitar hoje?". Tome uma decisão óbvia: vá lá e faça.

- Acompanhe o exercício com uma prática de relaxamento/meditação, que ajuda a controlar a ansiedade. Você pode usar um aplicativo ou vídeos no YouTube, ou apenas inspirando e expirando. O exercício respiratório mais simples é inspirar contando até cinco, segurar contando até cinco, expirar contando até cinco, segurar contando até cinco e repetir.

- Isso deve ser combinado a uma alimentação saudável. O que comemos e bebemos afeta nosso humor, assim como nossa saúde. Quando estamos estressados, açúcar, café e álcool podem nos atrair — pensamos neles como substâncias de que precisamos para melhorar, mas na verdade eles pioram a situação: fazem o corpo ir até o limite e pifar. Isso não quer dizer que não se pode nunca ingerir açúcar, café ou álcool: uma noite divertida e um capricho também são importantes.

- Conceda a si mesmo um pequeno luxo ao concluir essa série de tarefas, o que o ajudará a incorporá-las como um hábito regular. Por exemplo, se você fizer isso pela manhã, prepare um delicioso café da manhã como recompensa.

6. LIMITES

À medida que envelhecemos, muitos limites diferentes podem surgir, entre eles os do nosso êxito, da nossa capacidade e da nossa vida. Se tomarmos a iniciativa de cuidar de cada um deles, como a redução da capacidade, reconhecendo que nos cansamos com mais facilidade, podemos ajustar criativamente nossa rotina para estar à altura do nosso nível de energia, em vez de nos exaurirmos num esforço para continuar fazendo o mesmo de sempre.

Coisas que ajudam:

- Aprender a dizer NÃO com convicção. Ser assertivo e dar um "não" confiante, em vez de dizer "sim" a algo que não se quer, só para agradar os outros, fará você ter mais prazer naquilo para o que disser "sim", pois seu envolvimento será maior.

- Estabelecer limites é crucial para nosso senso de ordem em um mundo que pode parecer opressor. Por exemplo, a cultura "24 horas por dia, sete dias por semana" e sua capacidade ilimitada de transmitir conteúdo: desligue o telefone das 20h30 às 7h. Limites pessoais, como reservar um tempo para ficar sozinho, protegem você de intromissões. Quanto aos limites profissionais, faça uma distinção entre trabalho e casa, uma fronteira cada vez mais importante a ser estabelecida.

- Reconheça os limites do que você pode controlar, mudar e influenciar — sem confundir esperança ou força de vontade com realidade.

7. ESTRUTURA

A estrutura auxilia a nos dar estabilidade e propicia uma base sobre a qual nos apoiarmos quando nosso mundo estiver instável. Ajuda a criar um pilar de sustentação, embora permita alguma flexibilidade interna — um controle excessivo do comportamento pode ser contraproducente. Em tempos de mudança, porém, um andaime nos ajuda a fazer a travessia.

Desenvolva bons hábitos, tais como:

- Começar o dia fazendo exercícios.

- Envolver-se no trabalho ou nas tarefas domésticas.

- Reservar tempo para refletir sobre o presente e o passado; use esse aprendizado para fazer planos, se informar sobre as possibilidades, pesquisar um pouco, conversar com gente diferente para explorar ideias.

- Tomar a iniciativa de fazer coisas relaxantes, como comprar flores, agendar uma massagem, preparar uma comida gostosa, assistir a uma série, ouvir música, ler (embora para algumas pessoas concentrar-se na leitura leve tempo).

- Assegurar hábitos saudáveis de sono.

Criar essa estrutura de boas rotinas tem um efeito multiplicador: quanto mais a cumprimos, melhor nos sentimos. Leva cerca de seis semanas para que um bom hábito se desenvolva e se torne tão automático que o façamos sem pensar.

8. FOCO

Nossa mente muitas vezes fica remoendo aquilo que não podemos mudar, ou então uma experiência nos deixa frustrados ou entorpecidos. Estes são sentimentos que costumam permanecer no corpo sem transparecer, mas sabemos que estamos tensos e inquietos. Focar é um modo de se conectar com as sensações do corpo e encontrar palavras para elas: é uma técnica que ajuda a abrir e liberar sua inteligência corporal. Isso pode ser feito em questão de minutos ou bem mais demoradamente.

Fazer isso com regularidade ajuda a pessoa a se sentir mais calma e capacitada para enfrentar cada novo dia de forma renovada.

A técnica de concentração que peço que meus clientes façam, e que você mesmo pode fazer, é:

Feche os olhos.
Respire profunda e lentamente. Inspire pelo nariz e expire pela boca. Repita três vezes.
Mude o foco interno de sua atenção.

Mude o foco de sua atenção pelo seu corpo até encontrar o lugar onde está concentrada a sensação.
Respire levando a consciência para esse lugar.
Encontre uma palavra para descrever esse lugar: ele tem uma forma, uma cor? É duro, macio?
Se essa imagem pudesse falar, o que diria?
Em seguida, vá para onde a imagem o levar.

ÚLTIMA PALAVRA

Há uma grande quantidade de informação nos Oito Pilares, mas não deixe que isso o desanime. Comece escolhendo um ou dois pilares e descubra como você pode integrá-los à sua vida diária. Quando tiver se acostumado, escolha outro. Depois de sentir os benefícios, será fácil continuar.

Apêndice: Desenvolver-se a vida toda

O ser humano aprecia a ordem: quer ser capaz de dar sentido à vida e, embora logicamente entenda que não há uma maneira fixa de determinar sua narrativa, gosta de uma história com começo, meio e fim. Neste livro, mostrei essa história de uma perspectiva psicológica. Os psicólogos que estudam a vida em todas as suas fases criaram uma série de enquadramentos úteis para refletirmos sobre o tempo de vida; considero este o mais útil.

TAREFAS DE DESENVOLVIMENTO

As tarefas de desenvolvimento são uma lista não fechada do que podemos enfrentar, e quando. Organizar a vida inteira em capítulos nos permite levar em conta todos os tipos de tarefa que alguém pode vir a encarar em qualquer estágio, propiciando uma espécie de corte transversal do indivíduo. Quer estejamos olhando para o passado, quer imaginando o futuro, ver a vida em estágios nos ajuda a construir uma narrativa, crucial para criar e manter um senso de identidade — como já argumentei, um dos pilares da estabilidade psicológica. Isso também nos dá a direção da jornada que almejamos, seu propósito e os objetivos. Essa visão abrangente das tarefas nos permite levar uma vida de realizações bem-sucedidas — conforme a definição de sucesso para cada um — que traz felicidade. Para cada indivíduo, sucesso e felicidade serão muito diferentes. O que me interessa aqui são aqueles momentos em que a pessoa tem dificuldade de realizar suas tarefas de desenvolvimento, mais do que o esforço de identificá-las; seguir essa nova fase da nossa vida é mais uma questão de compreender, enfrentar, fazer os ajustes dentro de nós e depois cumpri-las.

As tarefas de desenvolvimento adulto abrangem um leque de problemas sociais, físicos e espirituais que as pessoas normalmente enfrentam. Algumas delas surgem de desejos individuais (apaixonar-se); algumas são imperativos físicos (a passagem pela menopausa); outras são construções sociais (aposentadoria). Muitas são uma mistura das três; portanto, dependem, até certo ponto, da cultura e da época em que vivemos e das expectativas da sociedade. Claro, nem todos escolherão dar conta de todas as tarefas, e essa lista está sempre aberta a mudanças. Um resumo das tarefas de desenvolvimento equivale a uma descrição daquilo que as pessoas tendem a fazer em determinado momento da vida. A maioria de nós tem um "despertador social" que marca dentro da cabeça se somos adiantados, pontuais ou atrasados em relação a nossos pares nessas tarefas — por exemplo, se nossos amigos estão se casando e tendo filhos, enquanto continuamos solteiros. Vai contra nosso instinto de sobrevivência nos sentirmos atrasados: dá a sensação de que estamos no primeiro degrau da escada e que todos os outros estão à frente, o que é incômodo e amedrontador.

Qual é a definição de adulto, tirando a jurídica, de dezoito ou 21 anos de idade? Eu caracterizaria como adulto alguém, de qualquer idade, que se conhece bem, cujas decisões são informadas, que tem consciência e se responsabiliza por seus deveres e obrigações. O adulto é a pessoa responsável pelas próprias ações, pela forma como elas afetam os outros, bem como a si mesmo, que tem maior controle dos impulsos do que tinha na juventude e é disciplinado no cumprimento de seus compromissos.

Os estudos de caso deste livro mostram esses processos absolutamente individuais, seu significado, o sentido (ou a falta dele) que cada pessoa deu a estes processos e como chegou aceitá-los ou não. Pois embora haja muito a ganhar com uma estrutura que nos diga quais tarefas cabem na nossa vida e quando podem surgir, ela não dá conta do quadro inteiro. Não joga luz sobre como essas tarefas podem ser sentidas por um indivíduo, ou como ele está equipado para enfrentá-las. Em outras palavras, a estrutura pode nos dizer algo sobre *o que* enfrentamos, mas não muito sobre *como* enfrentamos. Para aprender mais a respeito, precisamos nos concentrar na pessoa, e não no acontecimento — mais especificamente, em como essa pessoa lida com o processo de transição. Isso depende de sua capacidade individual de contrabalançar recursos psicológicos e sociais. Quais são suas estratégias de enfrentamento e os pontos fortes de personalidade? Quão sólida é sua rede de apoio? Quais são suas condições de saúde e socioeconômicas? Qual sua estabilidade em outras áreas da vida? E, o que é fundamental, como o acontecimento é encarado? É bem-vindo, inesperado, controlável, temporário, conhecido, desafiador? As respostas a essas perguntas ajudarão a situar um evento no contexto específico da vida do indivíduo, dando alguma ideia de como será abordada a transição.

Para aqueles que, como eu, consideram mapas úteis, listo a seguir as tarefas de desenvolvimento mais comuns, agrupadas de forma não muito rígida ao longo dos diferentes estágios da vida. Foram elaboradas pelos renomados psicólogos americanos Philip e Barbara Newman, que identificaram cinco estágios, do início da idade adulta até a velhice.

TAREFAS DA VIDA

Primeira idade adulta (18-22 anos)
- Autonomia em relação aos pais
- Identidade de gênero
- Internalização da moralidade
- Escolha da carreira

Jovem adulto (22-40 anos)
- Exploração dos relacionamentos íntimos
- Criação dos filhos
- Trabalho
- Estilo de vida

Meia-idade (40-60 anos)
- Gestão da carreira
- Cuidados com o relacionamento do casal
- Expansão das relações de afeto
- Gestão da casa

Idade adulta avançada inicial (60-75 anos)
- Estímulo ao vigor intelectual

- Redirecionamento de energia para novos papéis e atividades
- Aceitação da própria vida
- Desenvolvimento de um ponto de vista a respeito da morte

Idade adulta avançada tardia (75+)
- Enfrentamento das mudanças físicas do envelhecimento
- Desenvolvimento de uma perspectiva psicológica histórica
- Jornada por terrenos desconhecidos
- Enfrentamento da morte (*acréscimo meu*)

CONTEXTO E DEFINIÇÃO PARA AS DIFERENTES GERAÇÕES

TRADICIONALISTAS — NASCIDOS ENTRE 1928 E 1945

Os tradicionalistas já foram chamados de "filhos da crise". Os pais lutaram na Segunda Guerra Mundial e os criaram durante os anos de escassez que se seguiram. Cresceram conscientes dos sacrifícios feitos pelos pais e não estavam dispostos a criar caso. Chegaram à maioridade em uma época de relativa prosperidade, durante a qual suas atitudes socialmente conservadoras pesaram a seu favor. Aqueles que seguiram as regras conseguiram, com certa facilidade, encontrar um emprego, comprar uma casa e fazer uma poupança. Gozaram de melhor saúde do que as gerações anteriores e se aposentaram cedo.

Ao contrário dos pais, que foram forçados a amadurecer precocemente em razão da guerra e das necessidades econômicas, a geração tradicionalista foi uma das primeiras a desfrutar de uma "cultura jovem", facilitada pelo surgimento da televisão e do consumismo. Embora os pais gostassem de ver os filhos aproveitando as oportunidades dos tempos de paz, também ficou mais difícil para as duas gerações se relacionarem, alimentando ansiedades intergeracionais. Quando os tradicionalistas se tornaram pais, a diferença de gerações os fez ir em busca de modelos de comportamento. Foi a primeira geração a fazer uso generalizado de guias para a criação dos filhos, cujo conselho predominante era encorajar os pais a seguir seus instintos e permitir a progressão natural da infância para a idade adulta, o que representou uma grande mudança de estilo parental. Os tradicionalistas se casaram cedo e, embora as taxas de divórcio tenham começado a aumentar nessa geração, ser solteiro ou divorciado ainda era exceção.

Os tradicionalistas são vistos como leais, cumpridores do dever e respeitadores da autoridade. São muito dedicados ao trabalho, dificilmente mudam de profissão, gastam com prudência e abominam o desperdício. Podem sofrer com a mudança e a incerteza e serem vistos como mais inflexíveis. Alguns tradicionalistas acham difícil entender por que as gerações mais jovens têm dificuldade com a carreira e o dinheiro, e às vezes alimentam a crença de que os jovens simplesmente não se esforçam tanto quanto eles se esforçaram em sua época. Acreditam em fazer o melhor possível evitando criar caso — um estoicismo que pode torná-los menos propensos a compartilhar seus problemas ou buscar apoio para a saúde mental.

"BABY BOOMERS" — NASCIDOS ENTRE 1946 E 1964

Hoje, talvez os tradicionalistas sejam mais conhecidos por uma coisa acima de tudo: o número de filhos que tiveram. A paz e a prosperidade levaram a um aumento nas taxas de natalidade, criando a famosa geração baby boomer. Ela nasceu em tempos de paz e desfrutou de uma cultura jovem em expansão. Os baby boomers se rebelaram: enquanto os pais silenciavam, eles faziam barulho. Incentivados pelos pais e pelos marqueteiros de produtos de consumo a se considerarem especiais, os baby boomers cresceram acreditando que poderiam realizar mudanças e, em seguida, colocaram essa crença em prática. Foram os radicais dos anos 1960 e 1970 e os yuppies dos anos 1980. De fato, alguns viram o verdadeiro "boom" desta geração não na taxa de natalidade, mas no abalo sísmico provocado por suas atitudes e atividades de contracultura.

Entre os acontecimentos marcantes para essa geração estão o pouso na Lua e os movimentos pelos direitos civis, a Guerra Fria, a Guerra do Vietnã e os protestos contra a guerra, o escândalo Watergate, os Anos Rebeldes, as experiências com drogas e o aumento da liberdade sexual graças à pílula anticoncepcional. Essa mistura inebriante fomentou um idealismo de espírito livre e uma desconfiança em relação a toda autoridade e a qualquer tipo de governo. Acima de tudo, encorajou o individualismo: muitos queriam definir seus próprios valores.

Eles também eram propensos a dizer que queriam dar aos filhos "bons valores", mais que bens materiais, e que gostariam de passar mais tempo com eles. Apesar disso, são deles os primeiros filhos da "geração com a chave de casa".

A busca da realização individual dos baby boomers, combinada a uma forte disciplina profissional e maior participação materna na força de trabalho, fez com que tivessem um estilo parental mais distante que as gerações anteriores. Essa geração também viu o primeiro salto nas taxas de divórcio, levando a um inevitável aumento do índice de pais ausentes.

Os baby boomers evitavam depender das instituições e uns dos outros; embora essa independência trouxesse recompensas, também enfraquecia os laços sociais e familiares tradicionais, deixando-os mais vulneráveis ao isolamento e à solidão. À medida que envelhece, a geração que se deleitou com a cultura jovem está precisando enfrentar os desafios do envelhecimento. Para muitos, a perspectiva de perder a tão prezada independência é profundamente perturbadora, enquanto do ponto de vista prático o grande número de baby boomers está gerando pressão sobre os serviços sociais.

GERAÇÃO X — NASCIDOS ENTRE 1965 E 1980

Imprensada entre os boomers e os millennials, que geram mais cobertura na imprensa e interesse dos marqueteiros, a geração X é às vezes vista como o "filho do meio negligenciado" das gerações. Em termos demográficos, são relativamente poucos, já que uma combinação de planejamento familiar e desaceleração econômica levou a uma "recessão de bebês".

Entre os acontecimentos relevantes para a geração X estão o fim da Guerra Fria, a epidemia de aids, a MTV, os videogames, a cultura rave, o thatcherismo, a *Reaganomics* e o surgimento da internet. Mas, em muitos aspectos, a influência definidora para essa geração foi a longa sombra projetada pelos valores dos baby boomers. As crianças da geração X conheceram uma gama completa de estilos parentais, do atencioso ao permissivo, passando pelo absolutamente negligente. As taxas de divórcio dispararam e os sistemas escolares se fragmentaram. Não estamos dizendo que a geração X careceu de educação e amor, mas que aprendeu a não *confiar* nos mais velhos ou nas instituições, tornando-se realistas autossuficientes.

Essa independência tinha um viés claramente mais pragmático que a de seus pais, e os membros da geração X apresentam maior probabilidade de se concentrar nos resultados financeiros do que na jornada pessoal. Isso levou alguns a caracterizar essa geração como irreverente, distanciada, cínica, enquanto outros a veem como um retorno necessário à sanidade depois da utopia fracassada dos boomers.

Em termos de estilos parentais, também houve uma correção geracional, e a geração X se transformou em pais atentos e até angustiados, bastante ciosos das questões da guarda e desejosos de passar mais tempo com os filhos. Muito tem se falado sobre a determinação da geração X de chegar a um equilíbrio satisfatório entre vida profissional e pessoal, e o alto valor que atribuem à flexibilidade de emprego. Embora seja verdade que alguns — principalmente os homens — estejam decidindo se envolver mais ativamente com a família do que seus pais, outros têm pouco a dizer sobre o assunto.

A geração X foi duramente atingida por sucessivos altos e baixos da economia, culminando na prolongada recessão de 2008, e o fato de trabalharem em meio período nem sempre se deve à vontade própria. Em termos materiais, os membros da Geração X estão muito atrás de seus pais boomers, sobretudo na questão da casa própria, e essa discrepância pode fomentar ansiedades profundas e ressentimento entre gerações. As mães da geração X também se encontram em uma situação difícil, encorajadas, por um lado, a tirar proveito dos direitos feministas conquistados a duras penas, com grandes ambições profissionais, e, por outro lado, a serem mães atenciosas e presentes. Sentir-se incapaz ou simplesmente relutar em "ter tudo" acaba se tornando um segredo inconfessável.

MILLENNIALS (GERAÇÃO Y) — NASCIDOS ENTRE 1981 E 1996

Ao longo do tempo, as gerações mais velhas sempre fizeram comentários e críticas em relação às mais jovens, expressando suas esperanças e — na maior parte das vezes — seus receios em relação ao futuro da sociedade. A geração agora sob os holofotes são os millennials, também chamados de geração Y, nascidos entre 1981 e 1996 (data final que ainda é motivo de debate). O mais interessante que se diz sobre eles talvez seja a simples intensidade do foco, que revela a existência de um importante abismo entre gerações. As gerações mais velhas estão lutando o quanto podem para entender os comportamentos e mentalidades da geração Y. Nas frentes mais importantes — estilos parentais, condições políticas e econômicas e tecnologia —, a experiência dos millennials é diametralmente diferente da de seus avós.

As crianças millennials receberam mais atenção dos adultos do que qualquer outra geração viva. O jeito de criar os filhos se tornou muito mais próximo, e as questões de segurança subiram na escala de importância social. Os pais monitoram mais de perto as atividades dos filhos, da segurança e localização até o desenvolvimento escolar e emocional, e são incentivados a recompensar os filhos não apenas por suas realizações, mas também pelos esforços. Isso levou a acusações de que os pais "helicópteros", como são chamados nos Estados Unidos, estão criando uma geração em que todos são vencedores e esperam ser premiados simplesmente pela participação. Mas cumpre também notar que essa mudança no estilo de criação parece fortalecer os laços familiares. Os jovens adultos de hoje continuam próximos dos pais depois de crescidos, e os estudos sugerem que eles se sentem mais à vontade que as gerações anteriores para discutir os eventos emocionais da vida com os pais.

O acontecimento político mais marcante para a geração dos millennials foi o 11 de Setembro. Quer tenham idade para se lembrar dos ataques ou não, essa geração cresceu num cenário de terrorismo internacional e conflito global prolongado, porém de contornos imprecisos. É impossível quantificar até que ponto isso afetou uma geração, mas os millennials certamente levam a vida a sério e muitos relatam lutar contra a ansiedade. A crise econômica pouco ajudou a reduzir o fardo, e as perspectivas dos millennials em termos de salário e casa própria estão muito aquém das dos boomers. A dura comparação pode ser uma fonte de tensão entre gerações. O conservadorismo social dos tradicionalistas também parece ressurgir, com a queda nos índices de abuso de drogas e álcool, de crimes violentos e de gravidez na adolescência.

A atitude dos millennials em relação ao trabalho se adaptou às realidades econômicas e, em vez de segurança no emprego e remuneração elevada, alguns dizem que o que torna a vida difícil para eles é outra questão: "Viver constantemente na precariedade — psicológica ou econômica". Como contraponto, buscam guias inspiradores, redes fortes e experiências significativas. Os chefes baby boomers podem interpretar precipitadamente as demandas dos millennials por feedback e envolvimento como arrogância — outro sinal do atual abismo entre gerações. Esse abismo talvez seja mais profundo na relação dos millennials com a tecnologia. Eles chegaram à maioridade num momento em que a tecnologia estava remodelando quase todos os aspectos da vida — mudança radical que os situa em uma fase diferente da dos mais velhos e traz novas oportunidades e desafios. O desejo humano de se conectar foi enormemente facilitado, e os millennials estão desenvolvendo maneiras interessantes de fortalecer suas redes pessoais e realizar mudanças políticas e sociais. Ao mesmo tempo, a cultura de estar sempre on-line e as pressões das redes sociais geram ansiedade, que os pais podem notar mas não compreender totalmente. Aqueles que buscam diminuir o abismo de gerações com os millennials precisam de curiosidade e empatia para acompanhá-los enquanto enfrentam as transições da vida em uma era totalmente nova.

GERAÇÃO Z — NASCIDOS ENTRE 1996 E 2010

Como acontece com as outras gerações, há controvérsias em relação a quando começa e quando termina a geração Z. Alguns a situam entre 1995 e 2009, o que significaria que os nascidos entre 1996 e 2000 agora estão na universidade ou começando a trabalhar. É uma geração incipiente, da qual temos apenas uma visão limitada, mas a informação de que já dispomos provém de sua pegada digital, embora eles possam estar cansados do excesso de conexão e prefiram as reuniões e os contatos presenciais às mensagens on-line.

É provável que a geração Z tenha muito em comum com os millennials, particularmente em relação à forma como foram educados, embora, de modo característico, pareçam mais autônomos e independentes que a geração anterior.

O acontecimento marcante de suas vidas, até o momento, foi a crise econômica de 2008 e a recessão subsequente. Isso teve enormes consequências financeiras para muitos de seus pais, testemunhadas por eles durante boa parte da infância. Acredita-se que, por conta disso, a geração Z será menos idealista que a geração Y e ansiará por segurança e dinheiro. Vão querer fazer a diferença, mas a motivação subjacente provavelmente será mais pragmática. Será uma geração que espera ser adaptável, dedicada, competitiva, mas exigirá uma remuneração justa. Na busca por segurança financeira e diante do aumento do custo das mensalidades, muitos pularam a universidade e foram direto para o mercado de trabalho.

Essa é a geração que nasceu com a internet: para eles, é tão natural quanto a televisão para as gerações anteriores. A geração Z são os verdadeiros nativos digitais e, em consequência, não se incomodam com a alternância entre plataformas e tecnologias. São sofisticados e rápidos na busca daquilo que é relevante para eles, estando mais propensos a apoiar marcas que defendam causas em que acreditem. Podem ser empreendedores, usando seu conhecimento de tecnologia para ganhar dinheiro.

Os jovens, incluindo a geração Z, estão na vanguarda da luta para enfrentar as mudanças climáticas, aderindo com força, de forma coletiva, às campanhas pelo futuro do planeta que, acreditam eles, estamos destruindo. No mundo todo eles pressionam para que sejam tomadas atitudes quanto ao problema, apoiando políticos cujas ideias incluem menores emissões de carbono.

    É a geração que tem o nosso futuro nas mãos, já lidando com os principais problemas do momento, apesar da idade. Convém escutá-los e apoiá-los, em vez de desdenhar de sua sensibilidade e paixão.

Eu como psicoterapeuta

Tenho enorme gratidão por todos os meus fascinantes e extraordinários clientes, que me permitiram falar do relacionamento que tive com eles.

Pensei que seria útil escrever algumas linhas sobre que tipo de psicoterapeuta eu sou.

Ao escrever, centrei meu foco, de modo intencional, no processo de mudança. Propositalmente, não usei a terminologia ou as teorias da psicologia. Limitei-me à "terapia light". Mesmo o pouco que mostrei me deixa com a sensação de ter ficado exposta a outros terapeutas que trabalham de maneira diferente e que podem criticar minha abordagem. Mas uma mensagem ficou na minha cabeça desde meu primeiro treinamento em psicoterapia com Carl Rogers: "O mais pessoal é o mais universal". Meu trabalho com esses clientes, embora seja uma relação profissional, não poderia ser mais pessoal. Sou uma terapeuta centrada na pessoa, o que significa que acredito que o paciente é especialista em si mesmo, e crio um relacionamento autêntico, sem julgamentos e empático, permitindo que meu cliente o utilize para seu crescimento pessoal. Recorri a muitas outras teorias para enriquecer minha prática. Encaro as teorias sem rigidez. Não tenho pontos de vista fixos. Minhas respostas têm o objetivo de afirmar aos clientes que consigo enxergar como eles se veem, além de acrescentar algo no limite do nosso entendimento. Posso dizer coisas duras quando acho que o paciente está prejudicando a si mesmo, sem criticá-lo ou dar lição de moral, mas sendo honesta. É possível que às vezes eu cometa enganos. Talvez eles fiquem com raiva de mim, e preciso respeitar isso e descobrir por que estão se sentindo assim. Vou reconhecer o fato e trabalhar com eles para acertar as arestas. Acontece de cairmos num impasse, e não vou esconder isso. Às vezes encontramos algo novo, às vezes não. Perguntas podem aparecer. Tudo é informação, e o esclarecimento aumenta a confiança e a compreensão recíprocas.

Com frequência me perguntam como posso entender a dificuldade de outra pessoa sem ter tido eu mesma a experiência. É uma boa pergunta, e a resposta é direta: jamais consigo entender totalmente o que é ser o outro. Acredito, sim, que consigo entrar no mundo alheio e enxergá-lo "como se" fosse o meu. Na melhor das hipóteses, isso traz para o primeiro plano minha versão ideal. Quando me aproximo da pessoa à minha frente, baixa uma espécie de serenidade. Minha curiosidade engajada é a busca da sintonia com o cliente, do desenvolvimento do canal de comunicação entre nós. Consigo manter nossa distância e ao mesmo tempo me envolver o mais completamente possível em sua percepção de si mesmo. O que enxergo é inevitavelmente influenciado pela minha própria experiência.

Minha esperança é que essa forma de se relacionar desperte algo em todos os que lerem estas histórias — que podem tomar emprestadas ideias para o tipo de relacionamento que lhes seja útil, o que não exige necessariamente um terapeuta. Ser um amigo amoroso ou membro da família capaz de escutar de verdade, sem julgamento, tem um poder curativo.

Agradecimentos

Este livro não existiria sem a generosidade corajosa e sincera de meus clientes, que me deram permissão para proteger suas identidades mas contar suas histórias ou aspectos de suas vidas durante nosso trabalho juntos. Sou profundamente grata a cada um deles pela inspiradora franqueza e pela confiança em me deixar descrever seus processos de mudança. Uma preocupação geral, ao escrever, foi manter a confidencialidade e o anonimato — e, para repetir pessoalmente o *disclaimer*, fiz todo o esforço possível para preservar o anonimato das pessoas e dos acontecimentos reais, procurando manter o espírito da obra.

Minha agente literária, Felicity Rubinstein, tem o dom mágico de uma encantadora de serpentes. Vi minha convicção absoluta de que eu só era capaz de escrever um único livro ser derrubada no pequeno percurso de carro para chegar à feira literária de Hay. Sem que eu me desse conta, já tinha escrito uma nova proposta de livro e assinado contrato com a Viking Penguin. Agradeço a Deus por essa magia. A sensatez, a experiência e a integridade de Felicity fazem com que eu tenha a sorte de ter a meu lado uma das melhores agentes do ramo. Tenho uma dívida eterna para com ela, como minha agente e amiga querida.

Minha brilhante editora, Venetia Butterfield, acreditou em mim, me incentivou e editou este livro incansavelmente e com mais paciência do que eu teria conseguido reunir. Ela lançou mão de toda a sua inteligência, seu conhecimento, foco e combatividade para extrair o melhor de *Vai passar*. Cada reunião, discussão e edição esteve imbuída de nosso profundo afeto, respeito e confiança. Obrigada de todo o coração.

Sou grata a Maisy Ash, que trabalhou arduamente para encontrar centenas de excelentes artigos de pesquisa a respeito de cada assunto, fornecendo-me notas claras sobre todos eles. Magdalen Howard explorou de forma inteligente o campo do desenvolvimento adulto, filtrando as pesquisas e me proporcionando um conteúdo de coerência brilhante para as seções sobre o desenvolvimento ao longo da vida e as definições das diversas gerações. Por tudo isso, sou extremamente agradecida. O olhar de especialista de Ben Kalin para os mínimos detalhes tornou as referências e a pesquisa de dados mais respaldadas.

Sou imensamente afortunada por ter contado com esta ampla lista de pessoas fantásticas que fizeram comentários sobre o livro: reconheço enormemente o feedback equilibrado e inspirador das terapeutas Geraldine Thomson, Tracy Jarvis, dra. Belinda Giles e Christabel McEwan. O dr. Thomas Vann me concedeu uma bem informada orientação para a seção sobre identidade. Haydn Williams, CEO da British Association of Counselling, deu-me excelentes conselhos, que muito apreciei. Amigos, tanto os mais íntimos quanto os mais distantes, foram maravilhosamente generosos, cedendo seu tempo, experiência e ideias: Rachel Wyndham, Catherine Soames, Juliet Nicolson, Jane Northumberland, James Leigh-Pemberton, Ann Pleshette-Murphy, Cari Rosen,

Anya Hindmarch, Clare Asquith, dra. Helen Asquith, Kate Weinberg, Joanna Weinberg, Sue Peart, Cathy Rentzenbrink, Amrita Das, Fiona Golfar, Raqhee Haque, Johan Jensen e Ben Seary. A todos eles, sou extremamente grata por um ato tão generoso de amizade.

Quero agradecer aos grandes teóricos da psicoterapia, pela inspiração e pela contínua orientação em meus anos de leitura, escritura e ensino: Sigmund Freud, Carl Rogers, John Bowlby e Fritz Perls; e mais recentemente Esther Perel, Helen Fisher e John Gottman, para citar apenas alguns. Absorvi suas ideias e as adotei como minhas. Reconheço a profundidade de sua influência sobre mim e meus escritos.

Para manter o fluxo de leitura, não inseri notas de rodapé ao longo do texto. Em vez disso, as referências podem ser encontradas na seção de Fontes e referências para saber mais (pp. 416-37). Aceite, por favor, meu sincero pedido de desculpas em caso de alguma omissão ou erro de crédito, pelo que assumo inteira responsabilidade.

A equipe da Viking Penguin foi incrível: gostaria de agradecer, em especial, a Marianne Tatepo, assim como a Isabel Wall, Julia Murday, Hazel Orme, Corinna Bolino, Emma Brown e Ellie Smith.

Meu amado marido, Michael, aquele com quem me casei cinco vezes, me ensina, me contesta, ri comigo, me leva à loucura, mas acima de tudo me ama e me deixa amá-lo há décadas. Sua crença em mim, quando duvido de mim mesma, mais recentemente como escritora, é meu poder secreto. Nossos filhos, Natasha, Emily, Sophie e Benjamin, e respectivos cônjuges, Rich, Keenan, Jake e Drusie, todos deram sugestões bem-vindas e apoio afetuoso enquanto estive imersa neste projeto. Sou eternamente grata a todos eles.

Fontes e referências para saber mais

TÍTULO

"The Revolutions in Europe". *Blackwood's Edinburgh Magazine*, p. 638, maio 1848.

INTRODUÇÃO [pp. 11-6]

DARWIN, Charles. *On the Origin of Species*. Londres: John Murray, 1859. [Ed. bras.: *A origem das espécies*. Trad. de Daniel Moreira Miranda. São Paulo: Edipro, 2018.]
ELDER, Glen H. "Time, Human Agency, and Social Change: Perspectives on the Life Course". *Social Psychology Quarterly*, v. 57, n. 1, pp. 4-15, 1994.
JOYCE, L.-J. *Fertile Void: Gestalt Coaching at Work*. Londres: AoEC Press, 2014.
MCORMAND, T. *Changes in Working Trends Over the Past Decade*. Labour Market Division, NOS, jan. 2004.
OFFICE FOR NATIONAL STATISTICS. *Families and Households*, nov. 2014, nov. 2015 e nov. 2017. Disponível em: <www.ons.gov.uk>.
REITMAN, F.; SCHNEER, J. "Enabling the New Careers of the 21st Century". *Organization Management Journal*, v. 5, n. 1, pp. 17-28, 2008.
SCOTT, A.; GRATTON, L. *The 100 Year Life*. Londres: Bloomsbury, 2017.
WALDINGER, R. *75-year Harvard Study of Happiness*. 2017. Disponível em: <https://news.harvard.edu, 2017>.

O PROCESSO DE MUDANÇA NA VIDA [pp. 17-24]

ARMSTRONG, T. "The Stages of Life According to Rudolf Steiner", 2012. Disponível em: <www.institute4learning.com/2012/08/07/the-stages-of-life-according-to-rudolf-steiner/>.

BRIDGES, W. *Transitions: Making Sense of Life's Changes*. Boston: Da Capo Press, 2004.

DWECK, C. S. *Mindset: The New Psychology of Success*. Londres: Random House, 2006. [Ed. bras.: *Mindset: A nova psicologia do sucesso*. Trad. de S. Duarte. São Paulo: Objetiva, 2017.]

FISHER, H. "Is There a Biological Basis for the Famous Seven-year Itch?". *SA Mind*, v. 26, n. 1, p. 74, jan. 2015. Disponível em: <doi:10.1038/scientificamericanmind0115-74>.

PERLS, F. *Gestalt Therapy Verbatim*. Londres: Real People Press, 1969.

_____. *The Gestalt Approach & Eye Witness to Therapy*. Londres: Bantam Books, 1973.

PROCHASKA, J. O.; REDDING, C. A. "The Transtheoretical Model and Stages of Change Health Behavior: Theory, Research, and Practice". In: GLANZ, K.; RIMER, B. K.; VISWANATH, K. (Orgs.). *Health Behavior Theory, Research, and Practice*. San Francisco: Jossey-Bass, pp. 125-48.

ROGERS, Carl R. *On Becoming a Person: A Therapist's View of Psychotherapy*. Londres: Constable, 1961. [Ed. bras.: *Tornar-se pessoa*. Trad. de Manuel J. Ferreira. São Paulo: Martins Fontes, 1990.]

SNYDER, C. R. "Hope Theory: Rainbows in the Mind". *Psychological Inquiry*, v. 13, n. 4, pp. 249-75, 2002.

_____. *Psychology of Hope: You Can Get There from Here*. Nova York: Free Press, 2003.

SUGARMAN, L. *Lifespan Development: Frameworks, Accounts and Strategies*. 2. ed. Hove: Psychology Press, 2001.

THE PROCESS OF TRANSITION. Disponível em: <www.bodycoachclub.com/the-process-of-transition/>.

WHITLOCK, J.; PURINGTON, M. *Understanding and Using the Stages of Change Model*. Série Practical Matters, Cornell Research Program on Self-Injury and Recovery. Ithaca: Cornell University, 2013.

WILLIAMS, D. "Transitions: Managing Personal and Organizational Change". Boletim da Association for Clinical Data Management, abr. 1999.

FAMÍLIA [pp. 25-83]

ALLEN, K. R. et al. "Older Adults and Their Children: Family Patterns of Structural Diversity". *Family Relations*, v. 48, n. 2, pp. 151-7, 1999.

BARCLAY, L.; LUPTON, D. "The Experiences of New Fatherhood: A Socio-Cultural Analysis". *Journal of Advanced Nursing*, n. 29, pp. 1013-20, 1999.

BINGHAM, J. "Til Retirement us Do Part: 'Silver Splitter' Divorces up by Three-quarters in Generation". *Daily Telegraph*, 2013.

BODNAR, J. "When the Kids Move Back". *Kiplinger's Personal Finance*, v. 67, n. 8, p. 4, 2013.

BOSTWICK, E. N.; JOHNSON, A. J. "Family Secrets: The Roles of Family Communication Patterns and Conflict Styles between Parents and Young Adult Children". *Communication Reports*, v. 31, n. 2, pp. 91--102, 2018.

BRANN, D. *Reluctantly Related*. Londres: Ambergris Publishing, 2013.

CHATZKY, J. "Just When You Thought It Was Safe to Retire...". *Money Magazine*, v. 35, n. 10, 2006. Disponível em: <https://money.cnn.com/magazines/moneymag/moneymag_archive/2006/10/01/8387557/index.htm>.

COHEN, G. J. "Helping Children and Families Deal with Divorce and Separation". *American Academy of Paediatrics*, v. 110, n. 5, pp. 1019-23, nov. 2002.

CRESPI, I.; RUSPINI, E. "Transition to Fatherhood: New Perspectives in the Global Context of Changing Men's Identities". *International Review of Sociology*, n. 25, pp. 1-6, 2015.

DEFRAIN, J. "Strong Families around the World". *Family Matters*, n. 53, pp. 6-13, inverno 1999.

DUNNING, A. "Grandparents — An Intergenerational Resource for Families: A UK Perspective". *Journal of Intergenerational Relationships*, v. 4, n. 1, pp. 127-35, 2006.

FINGERMAN, K. et al. "In-Law Relationships before and after Marriage: Husbands, Wives, and Their Mothers-in-Law". *Research in Human Development*, v. 9, n. 2, pp. 106-25, 2012.

FINGERMAN, K. L. et al. "The Baby Boomers" Intergenerational Relationships". *Gerontologist*, v. 52, n. 2, pp. 199-209, 2012.

FORWARD, S. *Toxic Parents*. Nova York: Bantam Books, 1989.

GEGGIE, J. et al. *The Family Strengths Research Report*. Newcastle: Newcastle University, Nova Gales do Sul: Family Action Centre, 2000.

GROSSMAN, L. et al. "Grow Up? NOT SO FAST". *Time*, v. 165, n. 4, p. 42, 2004.

GUINART, M.; GRAU, M. "Qualitative Analysis of the Short-Term and Long-Term Impact of Family Breakdown on Children: Case Study". *Journal of Divorce and Remarriage*, n. 55, pp. 408-22, 2014.

HALPERN, H. *Cutting Loose*. Nova York: Simon & Schuster, 1990.

HERMANSEN, S.; CRONINGER, B.; CRONINGER, S. "Exploring the Role of Modern-day Fatherhood". *Work*, v. 50, n. 3, pp. 495-500, 2015.

HESSE, C.; MIKKELSON, A. C.; SARACCO, S. "Parent-Child Affection and Helicopter Parenting: Exploring the Concept of Excessive Affection". *Western Journal of Communication*, v. 82, n. 4, pp. 457-74, 2017.

HIDEG, N. A. et al. "Do Longer Maternity Leaves Hurt Women's Careers?". *Harvard Business Review*, set. 2018.

HILPERN, K. "Dad Was Crying on One Shoulder and Mum on the Other". *Guardian*, 13 mar. 2009.

JACKSON, M. "Motherhood: The Third Act". *Maclean's*, v. 123, n. 37, pp. 67-9, 2010.

JUANG, L. et al. "Reactive and Proactive Ethnic-Racial Socialization Practices of Second-generation Asian American Parents". *Asian American Journal of Psychology*, v. 9, n. 1, pp. 4-16, 2018.

KIRKE, J. "Total Parenting Control is Futile". *Time*, 15 out. 2015.

LAKOMY, M.; KREIDL, M. "Full- time versus Part-time Employment: Does It Influence Frequency of Grandparental Childcare?". *European Journal of Ageing*, n. 12, pp. 321-31, 2015.

MCBAIN, S. "The New Cult of Perfectionism". *New Statesman*, n. 147, 8 maio 2018.

MCGARRIGLE, C. A.; TIMONEN, V.; LAYTE, R. "Choice and Constraint in the Negotiation of the Grandparent Role: A Mixed-Methods Study". *Gerontology and Geriatric Medicine*, n. 4, pp. 1-12, 2018.

MCGOLDRICK, M. *The Expanded Family Life Cycle*. 3. ed. Londres: Pearson, Allyn & Bacon, 2010.

_____. Entrevista. S. d. Disponível em: <www.psychotherapy.net/interview/monica-mcgoldrick>.

MESSINGER, L.; WALKER, K. N. "From Marriage Breakdown to Remarriage: Parental Tasks and Therapeutic Guidelines". *American Journal of Orthopsychiatry*, v. 51, n. 3, pp. 429-38, 1981.

MILLARD, C. "Later Life Parents Helping Adult Children". *Family Matters*, n. 50, pp. 38-42, inverno 1998.

NCT. "Dads in Distress: Many New Fathers are Worried about Their Mental Health", 2015. Disponível em: <www.nct.org.uk/aboutus/media/

news/dadsdistress-many-new-fathers-are-worriedabout-their-mental-health>.

OFFICE FOR NATIONAL STATISTICS. "Why are More Young People Living with Their Parents?", 2016. Disponível em: <www.ons.gov.uk/people populationandcommunity/birthsdeathsandmarriages/families/articles/whyaremoreyoungpeoplelivingwiththeirparents/2016-02-22>.

OLIKER, D. M. "The Importance of Fathers: Is Father's Day Real?". Tese de doutorado, 2011. Disponível em: <www.psychologytoday.com/intl/blog/the-long-reach-childhood/201106/ the-importancefathers>.

"ONLY Children More Likely to Support Parents in Old Age than Children with Siblings". *LSE News*, 12 abr. 2017.

OSTERKAMP, L. *How to Deal with Your Parents When They Still Treat You Like a Child*. Nova York: Berkley Books, 1992.

"PARENTS Lives Made More Miserable by Boomerang Generation". *LSE News*, mar. 2018.

PILL, C. "Stepfamilies: Redefining the Family". *Family Relations*, v. 39, n. 2, pp. 186-93, 1990.

ROGAN, F.; SHIMED, V.; BARCLAY, L. "Becoming a Mother: Developing a New Theory of Early Motherhood". *Journal of Advanced Nursing*, v. 25, n. 5, pp. 877-85, 1997.

ROSENBERG, J.; BRADFORD WILCOX, W. "The Importance of Fathers in the Healthy Development of Children". US Department of Health and Human Services, 2006. Disponível em: <www.childwelfare.gov/pubs/usermanuals/fatherhood/fatherhood.pdf>.

SEGRIN, C. et al. "The Association between Overparenting, Parent-Child Communication, and Entitlement and Adaptive Traits in Adult Children". *Interdisciplinary Journal of Applied Family Science*, v. 61, n. 2, pp. 237-52, 2012.

STERN, J. et al. "Developmental Processes across the First Two Years of Parenthood: Stability and Change in Adult Attachment Style". *Developmental Psychology*, v. 54, n. 5, pp. 975-88, 2018.

STONE, J.; BERRINGTON, A.; FAKINGHAM, J. "Gender, Turning Points, and Boomerangs: Returning Home in Young Adulthood in Great Britain". *Demography*, n. 51, p. 257, 2014. Disponível em: <https://doi.org/10.1007/s13524-013-0247-8>.

TOLSTÓI, Liev. *Anna Karenina*. Nova York: Thomas Y. Cromwell & Co, 1887. Oxford: Oxford University Press, 1980. [Ed. bras.: *Anna Kariênina*. Trad. de Rubens Figueiredo. São Paulo: Companhia das Letras, 2017.]

UNGAR, M. *I Still Love You*. Toronto: Dundurn Press, 2005.

WALSH, W. "Twenty Major Issues in Remarriage Families". *Journal of Counselling and Development*, v. 70, n. 6, pp. 709-15, 1992.

ZERVIDEZ, S.; KNOWLES, A. "Generational Changes in Parenting Styles and the Effect of Culture". *E-Journal of Applied Psychology*, n. 3, pp. 65-7, 2007.

AMOR [pp. 84-192]

BARLOW, A. The 10 Questions You Should Ask Your Partner So Your Relationship Can Thrive. Estudo. Faculdade de Direito da Universidade de Exeter, 2018. Estudo.

BATES, L. "How to Have A Feminist Wedding". *Guardian*, 28 jun. 2014.

BAUMAN, Zygmunt. *Liquid Modernity*. Cambridge: Polity Press, 2000. [Ed. bras.: *Modernidade líquida*. Trad. de Plínio Dentzien. Rio de Janeiro: Zahar, 2021.]

BEALL, Anne E.; STERNBERG, Robert J. "The Social Construction of Love". *Journal of Social and Personal Relationships*, v. 12, n. 3, pp. 417-38, 1995.

BRADFORD WILCOX, W.; DEW, J. "Is Love a Flimsy Foundation? Soulmate versus Institutional Models of Marriage". *Social Science Research*, v. 39, n. 5, pp. 687-99, 2010.

BULCROFT, K.; O'CONNOR, M. "The Importance of Dating Relationships on Quality of Life for Older Persons". *Family Relations*, v. 35, n. 3, pp. 397-401, 1986.

CALHOUN, A. "Searching for a Soul Mate is Futile: The Ideal Partner Is the One You Create". *Time*, v. 189, n. 20, p. 22, 2017.

CAROLYN, E. C. "A Psychological Perspective: Marriage and the Social Provisions of Relationships". *Journal of Marriage and Family*, v. 4, n. 4, p. 992, 2018.

COYNE, S. M. et al. "'I luv u:)!': A Descriptive Study of the Media Use of Individuals in Romantic Relationships". *Family Relations*, v. 60, n. 2, pp. 150-62, 2011.

CUTRONA, C. E. "A Psychological Perspective: Marriage and the Social Provisions of Relationships". *Journal of Marriage and Family*, v. 66, n. 4, pp. 992-9, 2004.

DE MARNEFFE, D. *The Rough Patch: Marriage and the Art of Living Together*. Nova York: Simon & Schuster, 2018.

DONNELY, A. D.; BURGESS, O. "The Decision to Remain in an Involuntarily

Celibate Relationship". *Journal of Marriage and Family*, v. 70, n. 2, pp. 519-35, 2008.

FERDMAN, R. A. "How Well Online Dating Works by Someone Who Has Been Studying it for Years". *Washington Post*, 23 mar. 2016. Disponível em: <www.washingtonpost.com/news/wonk/wp/2016/03/23/the-truth-about-online-dating-according-to-someone-who-hasbeen-studying-it-for-years/?utm_term=.3d402199de0e>.

FINKEL, E. *The All or Nothing Marriage: How the Best Marriages Work*. Nova York: Dutton, 2017.

FISHER, H. *Why We Love: The Nature and Chemistry of Romantic Love*. Londres: Holt McDougal, 2005.

_____. "Why We Love, Why We Cheat". TED Talk, 2006.

_____. "The Brain in Love". TED Talk, 2008.

_____. *"Why Him? Why Her?": Finding Real Love by Understanding Your Personality Type*. Londres: Oneworld Publications, 2011.

_____. "Technology Hasn't Changed Love. Here's Why". TED Talk, 2016.

_____. *Anatomy of Love*. Nova York: W.W. Norton, 2017.

GILVARRY, C. *Children of Alcoholics: The UK's Largest Survey*. National Association of Children of Alcoholics, 2005.

GOTTMAN, J. M. "A Theory of Marital Dissolution and Stability". *Journal of Family Psychology*, n. 7, pp. 57-75, 1993.

_____. "Gottman Method Couple Therapy". In: GURMAN, A. S. (Org.). *Clinical Handbook of Couple Therapy*. Nova York: Guilford Publications, 2008, pp. 138-64.

_____. "The Four Horsemen: Criticism, Contempt, Defensiveness and Stonewalling". 2013. Disponível em: <www.gottman.com/about/john-julie-gottman/> e <www.gottman.com/blog/thefour-horsemen-recognizing-criticism-contempt-defensivenessand-stonewalling/>.

_____. *What Makes Love Last? How to Build Trust and Avoid Betrayal*. Londres: Simon & Schuster, 2013.

GOTTMAN, J. M.; SILVER, N. "The Seven Principles for Making Marriage Work". Nova York: Three Rivers Press, 1999.

GROHL, John M. "After Divorce, Happiness Levels Decrease and May Never Completely Rebound". *Psych Central*, dez. 2005. Disponível em: <www.psychcentral.com>.

HOBBS, M.; OWEN, S.; GERBER, L. "Liquid Love? Dating Apps, Sex, Relationships and the Digital Transformation of Intimacy". *Journal of Sociology*, v. 53, n. 2, pp. 271-84, 2017.

HUYCK, M. "Romantic Relationships in Later Life". *Generations*, v. 25, n. 2, pp. 9-17, 2001.

ILZE, S.; GREEN, S. "Types of Domestic Violence Experienced by Women in Abusive Relationships". *Social Work/Maatskaplike Werk*, v. 49, n. 2, pp. 234-47, 2013.

JEANFREU, M.; JURICH, A.; MONG, M. "Risk Factors Associated with Women's Marital Infidelity". *Contemporary Family Therapy: An International Journal*, v. 36, n. 3, pp. 327-32, 2014.

KARNEY, B.; BRADBURY, T. "Neuroticism, Marital Interaction and the Trajectory of Marital Satisfaction". *Journal of Personality and Social Psychology*, v. 72, n. 25, pp. 1075-92, 1997.

KATZ, J.; SCHNEIDER, M. E. "Casual Hook-up Sex During the First Year of College: Prospective Associations with Attitudes about Sex and Love Relationships". *Archives of Sexual Behaviour*, v. 42, n. 8, pp. 1451-62, 2013.

KLINENBERG, E. *Going Solo: The Extraordinary Rise and Surprising Appeal of Living Alone*. Londres: Penguin, 2012.

KOPOTSHA, J. "Adam's Behaviour on Love Island is Textbook Gaslighting". *Grazia*, 2018. Disponível em: <https://graziadaily.co.uk/life/tv-and-film/adam-collard-love-island-gaslighting/>.

LABRECKE, L. T.; WHISKMAN, M. A. "Attitudes Toward and Prevalence of Extramarital Sex and Descriptions of Extramarital Partners in the 21st Century". *Journal of Family Psychology*, v. 31, n. 7, p. 952, 2017.

LISITSA, E. 2013. "The Four Horsemen: Criticism, Contempt, Defensiveness and Stonewalling Blog", 2013. Disponível em: <www.gottman.com/blog/the-four-horsemen-recognizing-criticism-contempt-defensiveness-and-stonewalling/>.

MANNING, J. C. "The Impact of Internet Pornography on Marriage and the Family: A Review of the Research, Sexual Addiction & Compulsivity". *Journal of Treatment and Prevention*, v. 13, n. 2-3, pp. 131-65, 2006.

MARK, K. P. "Maintaining Sexual Desire in Long-Term Relationships: A Systematic Review and Conceptual Model". *Journal of Sex Research*, v. 55, n. 4-5, pp. 563-81, 2018.

MARKMAN, H. J. et al. "Preventing Marital Distress through Communication and Conflict Management Training: A 4 and 5 Year Follow-up". *Journal of Consulting and Clinical Psychology*, v. 61, n. 1, pp. 70-7, 1993.

MARRIAGE AND MEN'S HEALTH. Harvard Medical Health Watch, Harvard Health Publishing, 2010. Disponível em: <www.health.harvard.edu/newsletter_article/marriage-and-mens-health>.

MAUER, D. E. "Are Sexless Marriages More Common Than We Think?".

Reader's Digest, 2018. Disponível em: <www.rd.com/advice/sex/are-
-sexless-marriages-more-common-than-we-think/>.
MCCARTHY, J. "What You Don't Know about Marriage". TED Talk, 2011.
MCNULTY, J. K.; KARNEY, B. R. "Positive Expectations in the Early Years of
Marriage: Should Couples Expect the Best or Brace for the Worst?".
Journal of Personality and Social Psychology, v. 86, n. 5, p. 729, 2004.
MILLS, M. "Modern Love: Dating in the Digital Age". Tortoise ThinkIn,
2019. Notas do evento.
MURRAY, C.; CAMPBELL, E. "The Pleasure and Perils of Technology in Intimate Relationships". *Journal of Couple and Relationship Therapy*, v. 14,
n. 2, pp. 116-40, 2015.
OFFICE FOR NATIONAL STATISTICS. *Families and Households*, 2017.
_____. *Marriage, Cohabitation and Civil Partnerships*, 2017.
OLOSKI, K. et al. "The Social Construction of Love Through Intergeracional Processes". *Contemporary Family Therapy; An International Journal*, v. 35, n. 4, pp. 773-92, 2013.
PALMER, B.; MURPHY, M. "Love". *Encyclopaedia of Health*. Nova York: Salem Press, 2013.
PARIS, W. "Still Doing It". *Psychology Today*, v. 43, n. 3, p. 44, 2010.
PEREL, Esther. *Mating in Captivity*. Nova York: Harper Paperback, 2007.
[Ed. bras.: *Sexo no cativeiro*. Trad. de Adalgisa Campos da Silva. São Paulo: Objetiva, 2018.]
_____. "The Secret to Desire in a Long-Term Relationship". TED Talk, 2013.
_____. "Rethinking Infidelity... a Talk for Anyone Who Has Ever Loved".
TED Talk, 2015
PERRY, Samuel L.; SCHLEIFER, C. "Till Porn Do Us Part? A Longitudinal Examination of Pornography Use and Divorce". *Journal of Sex Research*, v. 55, n. 3, pp. 284-96, 2018.
RHOADES, G. K. et al. "Breaking Up is Hard to Do: The Impact of Unmarried Relationship Dissolution on Mental Health and Life Satisfaction". *Journal of Family Psychology*, v. 25, n. 3, pp. 366-74, 2011.
ROSENBERG, K. P. *Infidelity: Why Men and Women Cheat*. Londres: Da Capo Press, 2018.
RYFF, C. D.; SINGER, B. "Interpersonal Flourishing: A Positive Health Agenda for the New Millennium". *Personality and Social Psychology Review*, v. 4, n. 1, pp. 30-44, 2000.
SCUKA, R. "A Clinician's Guide to Helping Couples Heal from the Trauma of Infidelity". *Journal of Couple and Relationship Therapy*, v. 14, n. 2, pp. 141-68, 2015.

SELIGMAN, Martin E. P. *Authentic Happiness*. Nova York: Simon & Schuster, 2002. [Ed. bras.: *Felicidade autêntica*. Trad. de Neuza Capelo. São Paulo: Objetiva, 2004.]

SMITH, M. R.; PATTERSON, G. T. Artigo apresentado no grupo de apoio Adult Children of Alcoholics. Nova York, 1992.

SOLOMON, A. H. *Loving Bravely: 20 Lessons of Self-Discovery to Help You Get the Love You Want*. Nova York: New Harbinger Publications, 2017.

STERNBERG, R. J. "A Triangular Theory of Love". In: REIS, H. T.; RUSBULT, C. E. (Orgs.). *Close Relationships*. Nova York: Psychology Press, 2004, p. 258.

THE PLEASURE MECANICS (site e podcast). Disponível em: <www.pleasuremechanics.com/courses/>.

TIMMERMANS, E.; VAN DEN BULCK, J. "Casual Sexual Scripts on the Screen: A Quantitative Content Analysis". *Archives of Sexual Behaviour*, v. 47, n. 5, pp. 1481-96, 2017.

VEDANTAM, S. "When Did Marriage Become So Hard?". Podcast Hidden Brain, 2018.

VINOPAL, L. "A Year-by-Year Guide to Your Risk of Divorce". 2017. Disponível em: <www.fatherly.com/health-science/twenty-yearguide-divorce-risk/>.

WALDINGER, R. 2015. "What Makes a Good Life? Lessons from the Longest Study on Happiness". TED Talk, 2015.

_____. "75-year Harvard Study of Happiness", 2017. Disponível em: <https://news.harvard.edu>.

WITTENBERGER, J. F.; TILSON, R. L. "The Evolution of Monogamy: Hypotheses and Evidence". *Annual Review of Ecology Systematics*, n. 11, pp. 197--232, 1980.

WOLFINGER, N. H. "American Generation Gap in Extramarital Sex". 2017. Disponível em: <https://ifstudies.org/blog/number-4-in-2017-americas-generation-gap-in-extramarital-sex>.

TRABALHO [pp. 193-263]

ARMSTRONG, J. "Higher Stakes: Generational Differences in Mothers and Daughters Feelings about Combining Motherhood with a Career". *Studies in the Maternal*, v. 9, n. 1, p. 3, 2017.

ARNETT, J. J. *Emerging Adulthood: The Winding Road, the Late Teens through the Twenties*. Nova York: Oxford University Press, 2006.

ARON, E. N. *The Highly Sensitive Person: How to Thrive When the World Overwhelms You*. Londres: Thorsons, 1999.

BARBAN, N. et al. "Causal Effects of the Timing of Life-Course Events: Age at Retirement and Subsequent Health". *Sociological Methods and Research*, 13 nov. 2017.

BORELLI, J. L. et al. "Gender Differences in Work-Family Guilt in Parents of Young Children". *Sex Roles*, v. 76, n. 5-6, pp. 356-68, 2017.

BUKIDI, E.; DEX, S. "Bad Start: Is There a Way Up? Gender Differences in the Effect of Initial Occupation on Early Career Mobility in Britain". *European Sociological Review*, v. 26, n. 4, pp. 431-46, 2010.

CHAN, S.; HUFF STEVENS, A. "Job Loss and Employment Patterns of Older Workers". *Journal of Labor Economics*, v. 19, n. 2, pp. 484-521, 2001.

CLANCE, P. R.; O'TOOLE, M. A. "The Imposter Phenomenon". *Women and Therapy*, v. 6, n. 3, pp. 51-64, 1987.

DANMAN, M.; HENKENS, K.; KALMJIN, M. "Missing Work After Retirement: The Role of Life Histories in the Retirement Adjustment Process". *Gerontologist*, v. 55, n. 5, pp. 802-13, 2015.

DAVEY, R.; FEARON, C.; MCLAUGHLIN, H. "Organizational Grief: An Emotional Perspective on Understanding Employee Reactions to Job Redundancy". *Development and Learning in Organizations*, v. 27, n. 2, pp. 5-8, 2013.

DINGEMANS, E.; HENKENS, K.; VAN SOLING, H. "Access to Bridge Employment: Who Finds and Who Does Not Find Work After Retirement?". *Gerontologist*, v. 56, n. 4, pp. 630-40, 2016.

ELDER, G. H. "Time, Human Agency, and Social Change: Perspectives on the Life Course". *Social Psychology Quarterly*, v. 57, n. 1, pp. 4-15, 1994.

FREY, C. B.; OSBORNE, Michael A. "The Future of Employment: How Susceptible are Jobs to Computerization?". Disponível em: <www.oxfordmartin.ox.ac.uk/downloads/academic/The_Future_of_Employment.pdf>.

GERGERLY, E.; PIEROG, A. "Motivation, Values and Career Research among University Students". *Annals of Faculty of Economics*, Faculdade de Economia, Oradea University, v. 1, n. 1, pp. 933-43, jul. 2016.

GOLDMAN, Z. W.; MARTIN, M. M. "Millennial Students in the College Classroom: Adjusting to Academic Entitlement". *Communication Education*, v. 65, n. 3, pp. 365-7, 2016.

HALL, D. T.; CHANDLER, D. E. "Psychological Success: When the Career is a Calling". *Journal of Organizational Behavior*, n. 26, pp. 155-76, 2005.

HAYNIE, J. M.; SHEPERD, D. "Toward a Theory of Discontinuous Career Transition: Investigating Career Transitions Necessitated by Traumatic Life Events". *Journal of Applied Psychology*, v. 96, n. 3, pp. 501--24, 2011.

HEILMAN, M. E.; OKIMOTTO, T. G. "Motherhood: A Potential Source of Bias in Employment Decisions". *Journal of Applied Psychology*, v. 93, n. 1, pp. 189-98, 2008.

HIDEG, I. et al. "The Unintended Consequences of Maternity Leaves: How Agency Interventions Mitigate the Negative Effects of Longer Legislated Maternity Leaves". *Journal of Applied Psychology*, v. 103, n. 10, pp. 1155-64, e-pub 7 jun. 2018, doi: 10.1037/apl0000327.

HOWKER, E.; MALIK, S. 2010. *The Jilted Generation: How Britain Has Bankrupted Its Youth*. Londres: Icon, 2010.

JOSEPH Rowntree Foundation, Relatório de 2018. Disponível em: <www.jrf.org.uk/report/uk-poverty-2018>.

JUNGMEEN E. K.; MOEN, P. "Retirement Transitions, Gender, and Psychological Well-Being: A Life-Course, Ecological Model". *Journals of Gerontology: Series B*, v. 57, n. 3, pp. 212-22, 2002.

KETS DE VRIES, M. "The Retirement Syndrome: The Psychology of Letting Go". *European Management Journal*, n. 21, pp. 707-16, 2003.

KOLLIGIAN JR., J.; STERNBERG, R. J. "Perceived Fraudulence in Young Adults: Is There an 'Imposter Syndrome'?". *Journal of Personality Assessment*, v. 56, n. 2, p. 308, 1991.

LEONARD, G. *Mastery: The Keys to Success and Long-Term Fulfillment*. Nova York: Plume, 1992.

LINKEDIN (pesquisa). "Research Shows 75 Per Cent of 25-33 Year-Olds Have Experienced Quarter-life Crisis", nov. 2017.

LUCKING, L. "50-Plus-Year-Olds Control 75% of Britain's Housing Wealth". *Mansion Global*, 4 abr. 2018.

MCHUGH, P. P. "The Impact of Compensation, Supervision and Work Design on Internship Efficacy: Implications for Educators, Employers and Prospective Interns". *Journal of Education and Work*, v. 30, n. 4, pp. 367-82, 2016.

MCKINSEY. "Jobs Lost, Jobs Gained: Workforce Transitions in a Time of Automation", 2017. Estudo.

MCCORMAND, T. *Changes in Working Trends over the Past Decade*. Labour Market Division, Office for National Statistics, 2004.

MERKEL, J. "Coworking in the City". *Ephemera*, v. 15, n. 1, pp. 121-39, 2015.

MITCHELL, K. E.; LEVIN, A. S.; KRUMBOLTS, J. D. "Planned Happenstance: Constructing Unexpected Career Opportunities". *Journal of Counselling and Development*, v. 77, n. 2, pp. 115-24, 1999.

OKAY-SOMMERVILE, B.; SCHOLARIOS, D. "Position, Possession or Process? Understanding Objective and Subjective Employability during University-to-work Transitions". *Studies in Higher Education*, v. 42, n. 7, pp. 1275-91, 2015.

OXFORD. Martin Commission for Future Generations. "Now for the Long Term". Universidade Oxford, Oxford Martin School, 2013.

PERLEZS, A. et al. "Organizing Work and Home in Same-Sex Parented Families: Findings from the Love Work Play Study". *Australian and New Zealand Journal of Family Therapy*, v. 31, n. 4, pp. 374-91, 2010.

PSYCG Central. "10 Tips to Build Resilience in Teens and Young Adults". American Psychological Association, out. 2018.

REITMAN, F.; SCHNEER, J. "Enabling the New Careers of the 21st Century". *Organization Management Journal*, v. 5, n. 1, pp. 17-28, 2008.

RIFFLE, O. M. "Posttraumatic Growth and Career Calling in Undergraduates". Charlotte, North Carolina: Universidade da Carolina do Norte, 2016. Tese de doutorado.

RIBAK, E. "Generation Y on the Labour Market: Expectations for Shaping the Work-Life Balance". Working Papers 100/2017, Institute of Economic Research, 2017.

ROBINSON, O. C. "Emerging Adulthood, Early Adulthood and Quarterlife Crisis: Updating Erkison for the 21st Century". In: ŽUKAUSKIENE, R. (Org.). *Emerging Adulthood in a European Context*. Nova York: Routledge, 2015, pp. 17-30.

_____. "A Longitudinal Mixed-methods Case Study of Quarter-life Crisis During the Post-university Transition: Locked-Out and Locked-In Forms in Combination", 2018. Disponível em: <https://journals.sagepub.com/doi/abs/10.1177/2167696818764144>.

SCOTT, A.; GRATTTON, L. *The 100-Year Life*. Londres: Bloomsbury, 2016.

SEALY, R.; SINGH, V. "Role Models, Work Identity and Senior Women's Career Progression: Why are Role Models Important?". Relatório do Encontro Anual da Academy of Management, 2006.

SENGE, P. M. *The Fifth Discipline: The Art and Practice of the Learning Organization*. Nova York: Random House, 2006 [1990].

SHRAGAI, N. "How to Cope with Trauma in Working Life". FT.Com, 2017.

SMITH, J. "7 Things You Probably Didn't Know about your Job Search". 2013. Disponível em: <www.forbes.com/sites/jacquelyn-smith/

2013/04/17/7-things-you-probably-didnt-know-about-your-job-search/?sh=6132e5238110>.
STAICULESCU, C. et al. "Managing the Need for Career Guidance and Counseling for Students Case Study". *Review of International Comparative Management*, v. 18, n. 2, pp. 158-70, 2017.
SUNGDOO, K. "'Managing Millennials' Personal Use of Technology at Work". *Business Horizons*, v. 61, n. 2, pp. 261-70, 2018.
THE Percentage of Women in Senior Roles Is Declining Globally, 2018. Disponível em: <www.catalyst.org/research/ women-in-management/>.
VALLERAND, R. "On the Role of Passion for Work in Burnout: A Process Model". *Journal of Personality*, v. 8, n. 1, pp. 289-312, 2010.
WIESE, B. S.; FREUND, A. M. "Parents as Role Models: Parental Behavior Affects Adolescent Plans for Work Involvement". *International Journal of Behavioral Development*, v. 35, n. 3, pp. 218-24, 2011.
WILLETS, D. *The Pinch*. Londres: Atlantic Books, 2010.
YOUGOV.CO.UK. "How Many Brits Like Their Jobs and Their Wages", 2017.

SAÚDE [pp. 264-312]

BOWLING, A.; ROWE, G.; MCKEF, M. "Patients' Experiences of Their Healthcare in Relation to Their Expectations and Satisfaction: A Population Survey". *Journal of the Royal Society of Medicine*, v. 106, n. 4, pp. 143-9, 2013.
BRADY, G.; LOWE, P.; OLIN LAURITZEN, S. "Connecting a Sociology of Childhood Perspective with the Study of Child Health, Illness and Wellbeing: Introduction". *Sociology of Health and Illness*, v. 37, n. 2, pp. 173-83, 2015.
BUETTNER, D. "How to Live to be 100". TED talk, 2004.
BURNSTEIN, H. J.; GELBER, S.; GUADAGNOLI, E. et al. "Use of Alternative Medicine by Women with Early-Stage Breast Cancer". *New England Journal of Medicine*, n. 340, pp. 1733-9, 1999.
CAMPBELL, D. "Loneliness as Bad for Health as Long-term Illness, Says GPs' Chief". *Guardian*, 11 out. 2017.
_____. "We'll Live Longer but Suffer More Ill-health by 2035, Says Study". *Guardian*, 23 jan. 2018.
CHIPPERFIELD, J. G. et al. "Differential Determinants of Men's and Women's Everyday Physical Activity in Later Life". *Journals of Gerontology: Series B*, v. 63, n. 4, pp. 211-8, 2008.

CLARK, C. et al. "Impact of Childhood and Adulthood Psychological Health on Labour Force Participation and Exit in Later Life". *Psychological Medicine*, n. 47, pp. 1597-1608, 2017.

COPELAND, W. et al. "Longitudinal Patterns of Anxiety from Childhood to Adulthood: The Great Smoky Mountains Study". *Journal of the American Academy of Child and Adolescent Psychiatry*, v. 53, n. 1, pp. 21--33, 2014.

DOW, K. H. et al. "An Evaluation of the Quality of Life Among Long-Term Survivors of Breast Cancer". *Breast Cancer Research Treatment*, n. 39, pp. 261-73, 1996.

GODFREY, M.; TOWNSEND, J. "Older People in Transition from Illness to Health: Trajectories of Recovery". *Qualitative Health Research*, v. 18, n. 7, pp. 939-51, 2008.

GOLICS, C. J. et al. "The Impact of Patients' Chronic Disease on Family Quality of Life: An Experience from 26 Specialties". *International Journal of General Medicine*, n. 6, pp. 787-98, 2013. e-pub 18 set. 2013, doi: 10.2147/IJGM.S45156.

GOSTIN, L. O.; GARSIA, A. "Governing for Health as the World Grows Older: Healthy Lifespans in Aging Societies". *Elder Law Journal*, n. 22, pp. 111-40, 2014.

GRUNDY, E.; READ, S. "Pathways from Fertility History to Later Life Health: Results from Analyses of the English Longitudinal Study of Ageing". *Demographic Review*, v. 31, n. 4, pp. 107-46, 2015.

HEALD, A. et al. "The LEAVE Vote and Racial Abuse towards Black and Minority Ethnic Communities across the UK: The Impact on Mental Health". *Journal of the Royal Society of Medicine*, v. 111, n. 5, pp. 158-61, 2018.

HOLLAND, J. "Use of Alternative Medicine: A Marker for Distress". *New England Journal of Medicine*, n. 340, pp. 1758-9, 1999.

HURD CLARKE, L.; GRIFFIN, M. "Failing Bodies: Body Image and Multiple Chronic Conditions in Later Life". *Qualitative Health Research*, v. 18, n. 8, pp. 1084-95, 2008.

JONES, R. "Expectations and Delay in Seeking Medical Care". *Journal of Social Issues*, v. 46, n. 2, pp. 81-95, 1990.

LIN, M. C. et al. "Increased Risk of Depression in Patients with Rheumatoid Arthritis: A Seven-Year Population-Based Cohort Study". *Clinics (São Paulo)*, v. 70, n. 2, pp. 91-6, 2015. doi:10.6061/clinics/2015(02)04.

ONG, A. D.; LÖCKENHOFF, C. E. "Bridging the Dynamic Aspects of Personality and Emotion that Influence Health". *Emotion, Aging, and Health*, American Psychological Association, 2016.

PATEL, V. "Acting Early: The Key to Preventing Mental Health Problems". *Journal of the Royal Society of Medicine*, v. 111, n. 5, pp. 153-7, 2018.

PETITTE, T. et al. "A Systematic Review of Loneliness and Common Chronic Physical Conditions in Adults", 2015. doi: 10.2174/1874350101508010113.

RABKIN, J. G. et al. "Resilience in Adversity among Long-Term Survivors of Aids". *Hospital Community Psychiatry*, v. 44, pp. 162-7, 1993.

ROBLEDO, I. "Social-Media Hype about Diseases and Treatments Does Patients No Favors". scientificamerican.com, 2016.

SCHON, U.-K.; DENHOV, A.; TOPOR, A. "Social Relationships as a Decisive Factor in Recovering from Severe Mental Illness". *International Journal of Social Psychiatry*, v. 55, n. 4, pp. 336-47, 2009.

SHORT, H. "Let's Talk Menopause Because We are Failing 13 Million Women". *Guardian*, 1 abr. 2015.

SPIEGEL, D. "Healing Words: Emotional Expression and Disease Outcome". *JAMA* Network (*Journal of the American Medical Association*), n. 281, p. 1328, 1999.

STRAUSS, J. "The Baby Boomers Meet Menopause: Fertility, Attractiveness, and Affective Response to the Menopausal Transition". *Sex Roles*, v. 68, n. 1-2, pp. 77-90, 2013.

THOMAS, C.; BENZEVAL, M.; STANSFELD, S. "Psychological Distress after Employment Transitions: The Role of Subjective Financial Position as a Mediator". *Journal of Epidemiology and Community Health*, n. 61, pp. 48-52, 2007.

TIMMERMAN, C.; UHRENFELDT, L. "Room for Caring: Patients' Experiences of Well-being, Relief and Hope during Serious Illness". *Scandinavian Journal of Caring Sciences*, v. 29, n. 3, pp. 426-34, 2014.

WELSH, T. L. "Healthism and the Bodies of Women: Pleasure and Discipline in the War against Obesity". *Journal of Feminist Scholarship*, n. 1, pp. 33-48, 2011.

WICKS, S. L. "An Exploration into Identity Formation in Young People Living with a Chronic Illness". DClinPsych, Canterbury: Kent University, 2011. Tese de doutorado.

WINGROVE, C.; RICKWOOD, D. "Parents and Carers of Young People with Mental Ill-health: What Factors Mediate the Effect of Burden on Stress?". *Counselling Psychology Quarterly*, v. 32, n. 1, pp. 121-34, 2017. doi: 10.1080/09515070.2017.1384362.

WOOD, C. "Are Happy People Healthier?". Artigo de discussão, *Journal of the Royal Society of Medicine*, n. 80, pp. 354-6, 1987.

IDENTIDADE [pp. 313-77]

ANTHIAS, F. "Translocational Belonging, Identity and Generation: Questions and Problems in Migration and Ethnic Studies". *Finnish Journal of Ethnicity and Migration*, v. 4, n. 1, pp. 6-15, 2009.

ARVONA, C. et al. "Acculturative Stress among Documented and Undocumented Latino Immigrants in the USA". *Hispanic Journal of Behavioural Science*, v. 32, n. 3, pp. 362-84, 2010. doi:10.1177/0739986310373210.

BROMLEY, C.; CURTICE, J.; GIVEN, L. *Attitudes to Discrimination in Scotland: 2006 Scottish Social Attitudes Survey*. Oxford: Blackwell, 2007.

BURNHAM, J. "Developments in Social GGRRAAACCEEESSS: Visible-Invisible, Voiced-Unvoiced". In: KRAUSE, I. (Org.). *Cultural Reflexivity*. Londres: Karnac, 2013.

CAROTHERS, B. J.; REIS, H. T. "Men and Women Are from Earth: Examining the Latent Structure of Gender". *Journal of Personality and Social Psychology*, v. 104, n. 2, pp. 385-407, 2013.

COOLEY, E. et al. "Bias at the Intersection of Identity: Conflicting Social Stereotypes of Gender and Race Augment the Perceived Femininity and Interpersonal Warmth of Smiling Black Women". *Journal of Experimental Social Psychology*, v. 74, pp. 43-9, 2018.

CRENSHAW, K. et al. *Critical Race Theory: The Key Writings that Formed the Movement*. Nova York: New Press, 1995.

DIAMOND, M. "Sex and Gender are Different: Sexual Identity and Gender Identity Are Different". *Clinical Child Psychology and Psychiatry*, v. 7, n. 3, pp. 320-34, 2002.

DRESCHER, J. "Transsexualism, Gender Identity Disorder and the DSM". *Journal of Gay and Lesbian Mental Health*, v. 14, n. 2, pp. 109-22, 2010.

DULIN-KEITA, A. et al. "The Defining Moment: Children's Conceptualization of Race and Experiences with Racial Discrimination". *Ethnic and Racial Studies*, v. 34, n. 4, pp. 662-82, 2011.

EDDO-LODGE, R. *Why I'm No Longer Talking to White People About Race*. Londres: Bloomsbury, 2017.

EPSTEIN, Rebecca; BLAKE, Jamila J.; GONZÁLEZ, Thalia. "Girlhood Interrupted: The Erasure of Black Girls' Childhood". Washington, DC: Georgetown, LawCenter on Poverty and Inequality, 27 jun. 2017. SSRN: <https://ssrn.com/abstract=3000695> ou <http://dx.doi.org/10.2139/ssrn.3000695>.

EVANZ, G.; MELLON, J. "Social Class — Identity, Awareness and Political Attitudes: Why are We Still Working Class?". *British Social Attitudes*, n. 33, 2016.

GALLIHER, R. V.; MCLEAN, K. C.; SYED, M. "An Integrated Developmental Model for Studying Identity Content in Context". *Developmental Psychology*, v. 53, n. 11, pp. 2011-22, 2017.

GIBSON, M. A. "Exploring and Explaining the Variability: The School Performance of Today's Immigrant Students". Paper apresentado à Conferência sobre a Segunda Geração, Jerome Levy Economic Institute, Bard College, 1997.

GILLIG, T. K. et al. "More than a Media Moment: The Influence of Televised Storylines on Viewers' Attitudes Toward Transgender People and Policies in Sex Roles". *Journal of Research*, v. 78, n. 7-8, pp. 15-27, 2017.

GLICKSMAN, E. "Gender Identity: Biology or Environment?". *American Psychological Association*, n. 44, 2013, p. 4.

HAMMACK, P. L. "Narrative and the Cultural Psychology of Identity". *Personality and Social Psychology Review*, v. 12, n. 3, pp. 222-47, 2008.

HESHMAT, S. "The Basics of Identity: What Do We Mean by Identity and Why Does Identity Matter?". *Psychology Today*, 2014. Disponível em: <www.psychologytoday.com/gb/blog/science-choice/201412/basics-identity>.

IYER, A.; JETTEN, J. "What's Left Behind: Identity Continuity Moderates the Effect of Nostalgia on Well-Being and Life Choices". *Journal of Personality and Social Psychology*, v. 101, n. 1, pp. 94-108, 2011.

JAMES, P. "Despite the Terrors of Typologies: The Importance of Understanding Categories of Difference and Identity". *International Journal of Postcolonial Studies*, v. 17, p. 2, pp. 174-95, 2015.

KAY, A. C. et al. "The Insidious (and Ironic) Effects of Positive Stereotypes". *Journal of Experimental Psychology*, v. 49, n. 2, pp. 287-91, 2013.

LOSTY, M.; O'CONNOR, J. "Falling Outside of the 'Nice Little Binary Box': A Psychoanalytic Exploration of the Non-Binary Gender Identity". *Psychoanalytic Psychotherapy*, v. 32, n. 1, pp. 40-60, 2017.

MORNING, A. "Kaleidoscope: Contested Identities and New Forms of Race Membership". *Ethnic and Racial Studies*, v. 41, n. 6, pp. 1055-73, 2018.

NORMAN, H.; ELLIOT, M.; FAGAN, C. "Does Fathers' Involvement in Childcare and Housework Affect Couples' Relationship Stability?". *Social Science Quarterly*, v. 99, n. 5, pp. 1599-1613, 2018.

PAREKH, B. C. *The Future of Multi-ethnic Britain*. Londres: Profile Books, 2000.

SONG, M. "Why We Still Need to Talk About Race". *Ethnic and Racial Studies*, v. 41, n. 6, pp. 1131-45, 2018.

WEEDON, C. "Identity and Culture: Narratives of Difference and Belonging". *History, Nation and Identity*. Maidenhead: Open University Press, 2004.

WESTRATE, N. M.; MCCLEAN, K. C. "The Rise and Fall of Gay: A Cultural-Historical Approach to Gay Identity Development". *Memory*, v. 18, n. 2, pp. 225-40, 2010. doi: 10.1080/09658210903153923.

WHITTLE, S.; TURNER, L.; AL-ALAMI, M. "Engendered Penalties: Transgender and Transsexual People's Experiences of Inequality and Discrimination". *Equalities Review*, Metropolitan University, 2007. Disponível em: <www.ilga-europe.org/sites/default/files/trans_country_report_-_engenderedpenalties.pdf>.

XIAMEI, Z.; SHIMIN, W. "Political Identity: A Perspective from Cultural Identity". *Social Sciences in China*, v. 35, n. 2, pp. 155-73, 2014.

ZIAI, R. "The Evolutionary Roots of Identity Politics". *Areo*, 2017. Disponível em: <https://areomagazine.com/2017/08/24/the-evolutionary-roots-of-identity-politics/>.

ZUCKER, K. "Intersexuality and Gender Identity Differentiation". *Annual Review of Sex Research*, v. 10, n. 1, pp. 1-69, 1999.

CONCLUSÃO [pp. 378-94]

AA WORLD SERVICES. *Alcoholics Anonymous*. 4. ed. Nova York: AA Grapevine, 2001.

ACTION FOR HAPPINESS. Disponível em: <www.actionforhappiness.org>.

BEATTIE, G. *Visible Thoughts: The New Psychology of Body Language*. Londres: Routledge, 2004.

BEN-SHAHAR, T. *Happier: Learn the Secrets to Daily Joy and Lasting Fulfillment*. Nova York: McGraw-Hill, 2001. [Ed. bras.: *Seja mais feliz: Aprenda os segredos da alegria de cada dia e da satisfação permanente*. São Paulo: Academia, 2008.]

CHATTERJEE, R. *The 4 Pillar Plan: How to Relax, Eat, Move and Sleep Your Way to a Longer, Healthier Life*. Londres: Penguin, 2017.

DAMÁSIO, António. *The Feeling of What Happens: Body, Emotion and the Making of Consciousness*. Londres: Heinemann, 1999. [Ed. bras.: *O mistério da consciência: do corpo e das emoções ao conhecimento em si*. São Paulo: Companhia das Letras, 2015.]

DUGGAL, N. A. et al. "Major Features of Immune Senescence, Including Thymic Atrophy Are Ameliorated by High Levels of Physical Activity in Adulthood". *Aging Cell*, v. 17, n. 2. e-pub 8 mar. 2018, doi:10.1111/acel.12750.

DUHIGG, C. 2012. *The Power of Habit*. Londres: Random House, 2012. [Ed. bras.: *O poder do hábito*. São Paulo: Objetiva, 2012.]

HONE, L. *Remembering Abi*. Blog. 2016. Disponível em: <i.stuff.co.nz>.

KABAT-ZINN, J. *Mindfulness for Beginners: Reclaiming the Present Moment and Your Life*. Louisville: Sounds True, 2012. [Ed. bras.: *Atenção plena para iniciantes*. Rio de Janeiro: Sextante, 2017.]

_____. *Full Catastrophe Living: How to Cope with Stress, Pain and Illness Using Mindfulness Meditation*. Londres: Doubleday, 2001. [Ed. bras.: *Viver a catástrofe total*. São Paulo: Palas Athena, 2017.]

LAZARUS, N. "Can Exercise Reverse the Ageing Process?". Artigo encomendado pela BBC, 2019. Disponível em: <www.bbc.co.uk/news/health-47331544>.

MEHRABIAN, A. *Nonverbal Communication*, Chicago, Illinois: Aldine-Atherton, 1972.

MIND.ORG.UK. "The Mind Guide: Food and Mood". Disponível em: <www.mind.org.uk/information-support/tips-for-everyday-living/food-and-mood/about-food-and-mood/>.

MINDFUL RESEARCH AND EVIDENCE. Disponível em: <https://bemindful.co.uk/evidence-research/>.

NICE. *Treatment for Mild to Moderate Depression*. Orientações de 2009, atualizadas em 2016.

PENNEBACKER, J. W. *Opening Up: The Healing Power of Expressing Emotion*. Nova York: Guilford Press, 1997.

_____. W. *Writing to Heal: A Guided Journal for Recovering from Trauma and Emotional Upheaval*. Oakland, Califórnia: New Harbinger Press, 2004.

POLLOCK, R. D. et al. "Properties of the Vastus Lateralis Muscle in Relation to Age and Physiological Function in Master Cyclists Aged 55- -79 Years". *Aging Cell*, v. 17, n. 2. e-pub 2018, doi: 10.1111/acel.12735.

SCHORE, A. *Regulation and the Repair of the Self*. Londres: Norton Books, 2003.

TEDESCHI, R. G.; CALHOUN, L. G. *Resilience: The Science of Mastering Life's Greatest Challenges*. Londres: Cambridge University Press, 2012.

TRIMBOLY, A.; WALKER, M. "Nonverbal Dominance in the Communication of Affect: A Myth?". *Journal of Nonverbal Behavior*, v. 11, n. 3, pp. 180- -90, 1987.

APÊNDICE: DESENVOLVER-SE A VIDA TODA [pp. 395-408]

BRIDGES, W. *Transitions: Making Sense of Life's Changes*. Nova York: Addison- -Wesley, 1980. [Ed. bras.: *Transições: Compreendendo as mudanças da vida*. São Paulo: Efeb; Fundo Educativo Brasileiro, 1982.]

HAVIGHURST, R. J. *Developmental Tasks and Education*. 3. ed. Nova York: David McKay, 1972.
HOPSON, B. "Response to the Papers by Schlossberg, Brammer and Abrego". *Counselling Psychologist*, n. 9, pp. 36-9, 1981.
HOPSON, B. ; ADAMS, J. *Towards an Understanding of Transition: Defining Some Boundaries of Transitions Dynamics*. Oxford: Pergamon Press, 1977.
HOPSON, B. ; ADAMS, J.; HAYES, J. (Orgs.). *Transition: Understanding and Managing Personal Change*. Londres: Martin Robinson, 1977.
NEWMAN, B.; NEWMAN, P. *Development through Life: A Psychosocial Approach*. 6. ed. Pacific Grove: Brooks; Cole, 1995.
SCHLOSSBERG, N. K.; WATERS, E. B.; GOODMAN, J. *Counselling Adults in Transition: Linking Practice with Theory*. Nova York: Springer, 1995.
SUGARMAN, L. *Lifespan Development: Frameworks, Accounts and Strategies*. 2. ed. Hove: Psychology Press, 2001.

GERAÇÕES

COHE, R. "Why Generation X Might be Our Last, Best Hope". *Vanity Fair*, ago. 2017. Disponível em: <www.vanityfair.com/style/2017/08/why-generation-x-might-be-our-last-best-hope>.
HOWE, N. "The Boom Generation: What a Long Strange Trip". *Forbes Magazine*, 2014.
PATEL, D. "8 Ways Generation Z Will Differ from Millennials in the Workplace". Disponível em: <www.forbes.com/.../8-ways-generation-z-will-differ-from-millennials-in-the-workplace>.
PETERSEN, A. H. "The Burnout Generation: Millennials and the Mindset of Working All the Time". Buzzfeed; Wbur on point, 2019.
PEW RESEARCH CENTRE. "Generations and Age", 2018. Disponível em: <www.pewresearch. org/topics/ generations-and-age/>.
WOODWARD, A. "Millennials and GenZ are Finally Gaining Ground in the Climate Battle: Here are the Signs They're Winning", 2019. Disponível em: <www.businessinsider.com/signs-millennials-gen-z-turning-tide-climate-change-2019-4?r=US&IR=T>.

TIPOGRAFIA Adriane por Marconi Lima
DIAGRAMAÇÃO acomte
PAPEL Pólen Natural, Suzano S.A.
IMPRESSÃO Lis Gráfica, julho de 2022

A marca FSC® é a garantia de que a madeira utilizada na fabricação do papel deste livro provém de florestas que foram gerenciadas de maneira ambientalmente correta, socialmente justa e economicamente viável, além de outras fontes de origem controlada.